LA TIGRESSE DES MERS
ou
Les vies tumultueuses d'Anne Bonny

DU MÊME AUTEUR

Bayou, Presses de la Renaissance, 1992.

Columbia, Belfond, 1993.

PAMELA JEKEL

LA TIGRESSE DES MERS

ou

Les vies tumultueuses d'Anne Bonny

Traduit de l'américain
par Nicole Bensoussan et André Dommergues

belfond
216, boulevard Saint-Germain
75007 Paris

Cet ouvrage a été publié sous le titre original
SEA STAR
par Harmony Books, a division of Crown Publishers, Inc.,
New York.

Si vous souhaitez recevoir notre catalogue
et être tenu au courant de nos publications,
envoyez vos nom et adresse, en citant ce livre,
aux Éditions Belfond,
216, bd Saint-Germain, 75007 Paris.
Et, pour le Canada, à
Édipresse Inc. 945, avenue Beaumont
Montréal, Québec H3N 1W3.

ISBN 2.7144.3208.5

Première Partie

1700
CORK
(IRLANDE)

Vide, vide ta chope, toi qui braves la mort,
Laisse chacun bourlinguer à son gré,
Laisse le ciel gronder, laisse le diable hurler,
Vide, vide ta chope et remplis-la encore!

Vieille chanson de pirate,
attribuée à Anne Bonny

Margaret Mary Brennan, allongée sur son lit, ruisselante de sueur, était en proie aux douleurs de l'enfantement qui, depuis des heures, la torturaient sans répit. Son ventre, naguère bien plat, était gonflé et marbré; le bébé allait naître d'un moment à l'autre. Sa chevelure auburn s'étalait sur le drap de grosse toile et, lorsque les douleurs s'apaisaient, elle se fredonnait un air triste.

– Allons! ma fille, il faut crier plus fort que ça, maugréa la sage-femme. Vas-y! Il n'y a que moi qui peux t'entendre.

Ses mains parcheminées et agiles exerçaient tour à tour des pressions et des tractions sur les jambes tremblantes de Mary et tambourinaient sur la peau tendue comme si elles marquaient le rythme d'une danse ancienne. La flamme vacillante d'une chandelle à deux sous éclairait la pierre rugueuse du mur de la chaumière. Mary entendait le vent monter du port et souffler dans le toit de chaume; les douleurs déferlaient en elle, pareilles aux lames de la mer dans le lointain.

– Le vent qui vient de la baie souffle bien fort, ce soir, dit-elle d'une voix entrecoupée.

Certes tout était bon pour détourner l'esprit de Mary de la souffrance atroce qui lui déchirait le ventre.

– Ouais, c'est un sale vent de mars qui souffle dans le coin, un vent à décorner les bœufs.

La sage-femme quitta des yeux Mary dont le corps s'arc-boutait et posa son regard sur la chandelle maintenant à demi consumée dans la pénombre.

– Allons ! Faut que tu pousses de toutes tes forces ! Que tu pousses à te faire éclater, car ça fait près d'une journée que tu as perdu les eaux et faut que le bébé naisse ou meure ce soir.

Soudain la sage-femme se pencha en avant, redressa brutalement le corps de Mary en la tirant par les épaules, et l'obligea à rapprocher ses seins gonflés de son ventre énorme. Mary haleta et se tordit de douleur. Ses yeux s'ouvrirent tout grands, pleins de furie. La souffrance causée par la brusque secousse la fit hurler, mais il ne lui restait plus de souffle pour maudire la sage-femme. Elle referma les yeux et serra les paupières. Sa peau blanche se marbra de rouge tant elle avait de peine à respirer.

Ce fut le premier et le seul cri perçant qu'elle poussa malgré elle. Elle s'était promis de garder le silence pendant toute la durée de l'accouchement, car elle souhaitait mettre le bébé à l'abri des regards hypocrites des gens de la ville. Elle étouffa son cri et on n'entendit que le halètement d'une femme en couches.

– Je vois la tête, les cheveux ! Pousse ! Pousse donc encore une fois !

Rassemblant toutes ses forces, Mary repoussa les mains de la sage-femme qui cherchait de nouveau à lui saisir les jambes, elle les replia sur son ventre et parvint soudain, dans les affres d'une douleur atroce, à la délivrance. Elle sentit le corps de l'enfant la meurtrir au passage puis glisser, comme emporté par une forte marée. Ses jambes tremblantes s'écartèrent et son ventre se gonfla une dernière fois. Mary retomba en arrière sur le drap trempé, libérée de ce nouveau-né couvert de sang qui vagissait. Elle avait porté ce fardeau comme un défi pendant neuf longs mois.

Dans le brouillard qui lui obscurcissait l'esprit, Mary entendit la sage-femme répéter sa litanie :

– C'est une belle petite fille aux cheveux roux, une parfaite petite Irlandaise, belle comme le jour.

Le bébé agita ses poings tachés de sang et brailla à tue-tête dans la pièce envahie par une odeur fétide. Mary ouvrit les yeux avec peine tant elle était lasse. Peu à peu elle reprenait le contrôle de son corps qui avait été soumis à tant de violence. Elle détourna son regard de l'enfant.

– Une petite fille. Alors que je lui ai promis un fils vigoureux pour cracher à la figure de cette femme. (Elle ferma les yeux pour ne pas voir le nouveau-né.) Va chercher une nourrice pour qu'elle cesse de crier, puis dis à son père de venir.

Mary essaya de lisser ses cheveux emmêlés et de s'essuyer le front. Ses mains furent prises d'un léger tremblement. Elle serra les lèvres et s'assoupit en attendant William.

La propriété de William Cormac se trouvait à une certaine distance du port de Cork, presque au faîte d'une colline. De là, on apercevait les innombrables mâts sombres des gros navires grâce auxquels on avait pu construire l'imposante maison de brique. En cette année 1700 une activité fébrile régnait dans le port de Cork, pointe extrême de l'Occident face à l'Atlantique, et ville jumelle de Bristol de l'autre côté du canal Saint-George. La baie située dans une région côtière plate abritait des deux-mâts et des trois-mâts venus des quatre coins du monde, Dublin, Bristol, Londres, la côte sud de la France, l'Espagne, Lisbonne, Tanger et même les colonies méridionales du Nouveau Monde.

Le père de William Cormac était arrivé avec la première vague de négociants protestants. Ils avaient envahi l'Irlande après que Cromwell eut dévasté le pays. Profitant de la ruine des propriétaires catholiques vaincus, Cormac fit construire son magnifique manoir avec l'argent obtenu grâce aux Actes royaux sur la navigation, lois draconiennes qui faillirent asphyxier la colonie irlandaise et son commerce.

Quand William atteignit sa majorité, il fut envoyé en Angleterre pour étudier le droit, et revint prêt à exploiter le minuscule royaume insulaire, comme s'il lui appartenait. Il était anglais, son père le lui rappelait fréquemment, il avait donc gagné le gros lot à la loterie de la vie. Véritable colon lui aussi, il en vint à considérer les Irlandais comme une simple main-d'œuvre au service des Anglais, et l'Irlande comme le pays idéal pour y acheter des terres et mettre ses biens à l'abri.

Là, debout près de la fenêtre sombre, il regardait le vent de mars s'acharner sur les arbres de la route, attendant des nouvelles de sa bien-aimée et de son futur héritier. On frappa doucement à la porte et son serviteur, Thomas, entra avec une chandelle qui brillait d'un vif éclat.

– Du nouveau?

Cormac se tourna vers lui impatiemment. Il devinait que l'enfant était né.

– Tout s'est bien passé, milord.

Cormac sentit une certaine hésitation. Irrité, il lui saisit le bras, faisant vaciller la flamme de la chandelle.

– Allons, parle, mon brave! Et la mère?

Thomas, arrivé d'Angleterre avec le père de Cormac, connaissait bien William et savait très bien marquer sa réprobation par ses silences. Il posa sans hâte la chandelle sur la table d'un air digne et compassé, puis il regarda Cormac en face, le visage dénué d'expression.

– Mary va bien, milord. Elle vous a donné une petite fille.

Cormac remarqua que Thomas appelait sa maîtresse par son prénom, ce qui prouvait qu'il n'avait point de respect pour elle, mais la nouvelle importante qu'il venait d'apprendre lui accaparait l'esprit.

Voyant la surprise se peindre sur le visage de son maître, le vieux serviteur s'attendrit. Il se rappela l'impétuosité de William lorsqu'il était enfant; c'était un garçonnet exubérant et rebelle, qui ne se souciait guère des valeurs prônées par ses aînés.

– Je suis désolé, milord. Mais peut-être que l'année prochaine lady Elizabeth pourra vous donner un fils.

L'expression du visage de Cormac passa en un instant de la surprise au dégoût. Haussant les épaules, il repoussa les paroles réconfortantes de Thomas.

– Qu'est-ce que tu racontes là, mon brave? Je préfère

avoir une petite fille, sortie des entrailles de Mary, à toute une ribambelle de fils sortis du gros ventre d'Elizabeth Sweeney. Mais tu dis qu'elle va bien? Demande-t-elle à me voir?

Sans attendre la réponse, il prit sa lourde cape sur la chaise.

– Je pars la voir tout de suite.

Tandis qu'il quittait Cork à cheval pour se rendre au village tout proche où se trouvait Mary, il se remémora la jeune fille sensuelle, aux formes généreuses, que le hasard avait mise dans sa chambre. Elle était déjà bien en chair, avant de s'arrondir au cours de sa grossesse. Il se sentait seul – ce n'était pas son épouse Elizabeth qui lui manquait, mais c'était sans aucun doute une femme. Il se rappela la première fois qu'il avait vu Mary. Ses cheveux châtain foncé étaient maintenus par un bonnet, mais de longues et fines mèches bouclées lui tombaient dans le cou. Ses yeux d'un vert profond croisèrent les siens sans ciller et elle lui retourna son regard avec assurance. Ses seins se gonflaient sous son corsage serré, alors qu'elle s'affairait avec les lourdes malles de sa maîtresse. Elizabeth était si pressée de rentrer chez sa mère qu'elle ne remarqua pas l'intérêt que portait William à sa servante.

Tout d'abord, il se l'avoua avec une ironie désabusée, Mary n'avait été rien d'autre qu'un divertissement commode et agréable. Margaret Mary Brennan était le contraire de sa femme mal fagotée et grincheuse, pensait-il. Elle était grande et svelte, avait des yeux très mobiles et une peau diaphane; ses traits délicats rappelaient à Cormac un oiseau de mer aux lignes pures et au plumage lisse. Il n'était pas, après tout, le genre d'homme qui peut se passer longtemps de la compagnie d'une femme. Solidement charpenté, il avait la trentaine et débordait de vie, mais les profits grisants qu'il tirait des navires amarrés dans la baie ne satisfaisaient pas tous ses appétits. Il sentait souvent monter en lui un désir, frémir une audace qui l'exaltait comme le rhum qu'on boit sur le port.

Mary l'avait rejoint de bon gré dans son lit, loin des regards importuns des habitants de Cork et de tous les autres Sweeney. Elle n'était pas vierge, pourtant elle avait assez de pudeur virginale pour que ce fût un défi d'essayer de la séduire – il sourit en y songeant – ou du moins était-elle assez futée pour lui en donner l'impression.

William ne savait pas à quel moment il avait cessé de considérer Mary comme un divertissement et commencé à l'aimer vraiment. Peut-être le jour où il s'était rendu compte qu'il avait à cœur de lui donner du plaisir. Elle était plus grande que la plupart des femmes; ses longues jambes et ses hanches bien galbées faisaient onduler ses jupes avec une grâce des plus séduisantes. En dépit de son manque d'instruction, elle s'exprimait fort bien, elle était vive et même intelligente. Elle savait un peu lire et écrire, ce qui était inhabituel chez une femme de sa condition.

Mais maintenant la condition de Mary avait changé. Il y avait veillé. Il l'avait autorisée à quitter le manoir pour ses couches uniquement parce qu'elle avait insisté. Telle une renarde en quête d'une tanière cachée, elle avait cherché un coin sombre et secret pour donner naissance à cette enfant. Déjà il ne pouvait pas lui refuser grand-chose. William éperonna son cheval afin de parcourir plus vite le dernier kilomètre qui le séparait de la petite chaumière, un des nombreux biens qu'il possédait dans le village.

Il se rappelait comme elle avait répondu à sa passion et à son amour toujours plus fou, résolue à lui rendre chaque étreinte avec une ardeur impétueuse et une joie brûlante. Bientôt il lui arriva de rester toute la nuit dans son lit, pourtant ils n'eurent jamais l'impression de se livrer à la luxure... C'était seulement le désir d'être unis l'un à l'autre. Même à présent, dans ce vent glacé de mars, il sentait le contact de sa bouche offerte et il la désirait. En comparaison Elizabeth avait l'air d'une vieille fille. Mary était pleine de vie. La grossesse l'avait rendue plus désirable que jamais. Et puis elle lui avait donné un enfant. Une petite fille – garçon ou fille cela n'avait pas d'importance. Il savait qu'il ne pouvait les abandonner, ni elle ni leur enfant.

Mary entendit le martèlement des sabots du cheval porté par le vent et sut que William était arrivé. Elle n'avait pas dormi, elle n'avait pas voulu tenir l'enfant dans ses bras tant qu'il ne serait pas avec elle. Elle se souleva du lit en s'appuyant sur un coude et fut surprise de se sentir si faible.

Elle jeta un coup d'œil à la sage-femme qui était dans un coin de la pièce, puis à l'enfant qu'elle tenait sur ses genoux, et murmura :

– Apporte-moi le bébé et laisse-nous. M. Cormac te paiera pour les soins que tu m'as prodigués.

La sage-femme se leva et lui tendit le bébé emmailloté dans du linge propre. Seules des petites mèches de cheveux roux apparaissaient au-dessus des langes. Mary pensa lui demander de ne pas souffler mot de la naissance au village, mais elle comprit, d'instinct, qu'une telle requête était inutile. Le bébé serait bientôt l'objet des commérages de tout le comté. Et elle n'était pas sûre d'éprouver le moindre regret.

William fit irruption dans la chambre, hors d'haleine, au moment où la sage-femme s'éclipsait. Il ne prêta attention qu'à Mary et tomba à genoux à son chevet. Sans mot dire, il lui prit les deux mains et lui rejeta les cheveux en arrière sur l'oreiller, les étalant en éventail sur la taie, lissant les boucles emmêlées.

– Ma colombe, Dieu merci, tu vas bien.

Au contact de ses lèvres sur son visage, Mary sentit jaillir une force du plus profond d'elle-même. Elle leva les paupières et admira la peau basanée et les cheveux noirs de William. On ne l'aurait pas pris pour un Anglais. Seuls ses yeux bleus au regard perçant et ses traits superbement arrogants révélaient ses origines. Alors elle lui prit la tête dans ses mains et la serra contre sa poitrine.

– William, regarde le fruit de notre amour : un petit bout de chou aux cheveux flamboyants comme le soleil.

Rien en elle ne laissait paraître de regret, ni son expression, ni son intonation. Elle scrutait le visage de William, cherchant à y déceler les signes d'une déception qu'elle jugeait inévitable. Il n'y en eut aucun.

Il entoura en silence la femme et l'enfant de ses grands bras et les serra tendrement sur sa poitrine, l'une contre l'autre, comme s'il voulait les unir à tout jamais. Appuyée contre son épaule, Mary souriait sans rien dire et le tumulte s'apaisa en elle.

Ils bavardèrent jusqu'à une heure avancée de la nuit, tandis que l'enfant dormait dans les bras de son père.

– Mme Sweeney est au courant de la naissance, n'est-ce pas ?

Mary ne pouvait jamais se résoudre à appeler son ancienne maîtresse par son prénom.

– Oui, mon amour. Tu peux être sûre qu'à présent elle est au courant de l'existence du bébé. (Il eut un rire désabusé.) Sans aucun doute elle a été navrée d'apprendre que c'est une fille.

– Et toi?

Mary ne le regarda pas avec autant d'attention cette fois-ci, car elle connaissait déjà la réponse.

– Ma chérie, je m'en moque comme d'une guigne. Où est-il écrit que seul un mâle peut hériter du monde? Cette demoiselle peut posséder toutes les qualités pour être une autre Elizabeth, une autre reine de l'Empire.

Il caressa la joue du nouveau-né avec son pouce. La bouche minuscule de la petite fille qui gémissait se tourna instinctivement vers son doigt, cherchant à atteindre de ses lèvres ce qui lui donnait tant de plaisir.

– Peu importe ce qu'elle est, elle est à nous, ajouta Mary. Et que le comté aille se faire fiche!

– Ah oui! Mary Brennan a une jolie petite fille, mais il y en a qui ne la laisseront pas entrer au manoir sur la colline. (Elle tendit les bras pour prendre le nouveau-né et le mit au sein.)

– Il est indispensable que nous ayons toutes les deux de quoi manger, milord. Croyez-vous que la garce va revenir?

Cormac eut un large sourire comme toujours lorsque Mary se montrait particulièrement vulgaire.

– Non, Elizabeth m'a clairement fait comprendre qu'elle en avait fini avec moi. Elle est retournée pour de bon chez ces maudits Sweeney.

Mary lissa le duvet sur la tête du nouveau-né et garda les yeux baissés pour ne pas voir la souffrance que susciterait la question qu'elle allait poser.

– Mais qu'en est-il de ta propre mère, William? Est-elle revenue à de meilleurs sentiments?

Cormac détourna son regard du nouveau-né qui tétait le sein gonflé; son visage fut un instant sans expression, comme s'il se rappelait un souvenir lointain, puis il haussa les épaules.

– Ma vieille mère est bien décidée à me punir de mes péchés.

Voyant Mary froncer les sourcils, il sourit et poursuivit avec conviction :

– Qu'elle laisse tout son bien jusqu'au dernier sou à Elizabeth, qu'elle le remette entre ses grosses mains moites. Elizabeth n'aura rien d'autre de moi, je te le jure.

Mary eut un petit rire lorsque la bouche du bébé chercha à nouveau le téton glissant, gorgé de lait. L'enfant téta quelques instants avant de s'endormir.

– Ne t'inquiète pas, ma colombe. Nous pouvons nous en sortir sans son fichu argent. Les profits devraient être substantiels cette saison et les impôts sont payés. Le prix de la laine irlandaise est si élevé que seuls les gens de la noblesse peuvent s'en offrir ; j'en ai plein mon entrepôt et j'ai aussi de la bonne toile. Quand le *Caroline* arrivera de Bristol, il nous apportera à tous deux une fortune. Tu ne mourras pas de faim et le bébé non plus.

Il tendit les bras et prit le bébé endormi. L'enfant ouvrit ses petits yeux bleus comme l'azur. Ses joues étaient roses, et ses paupières si transparentes qu'on pouvait voir la vie battre dans le réseau de leurs veines minuscules. Elle ouvrit une bouche bien rouge et bâilla, puis elle serra ses menottes qui tâtonnaient et les agita en direction de la lumière.

– Comment allons-nous appeler cette petite friponne ? Voudrais-tu l'appeler Catherine ou Isobel comme l'une des saintes de la paroisse, des femmes toutes simples ?

– Jamais je ne lui donnerai le nom d'une sainte. Regarde comme elle bâille. Elle en a déjà assez de nous. (Mary leva les yeux vers lui en souriant.) Nous lui donnerons le nom d'une reine, comme tu l'as dit. Mais pas d'une reine de jadis. D'une future reine... Elle s'appellera Anne.

La naissance de la bâtarde de Cormac était un défi lancé à la communauté étroitement unie de Cork. Les catholiques ne s'étonnèrent pas des agissements d'un négociant protestant impie, mais même les protestants du village se liguèrent pour exprimer leur réprobation unanime. Les liaisons clandestines entre maître et servante, et la progéniture illégitime qui en résultait n'étaient pas rares. Mais pour un maître – et de plus un maître bien établi –, préférer une domestique et sa descendance à sa femme légitime et à ses héritiers futurs, voilà qui n'avait rien de romantique. C'était une atteinte à tout le système social, une menace qui le mettait en danger.

Les Sweeney proclamèrent à tous vents qu'ils allaient intenter une action en justice, mais Elizabeth ne voulut pas en entendre parler. Elle resta chez son père et refusa sèchement le moindre contact avec William Cormac. En son for intérieur elle éprouvait presque un soulagement, car elle n'avait pas trouvé le mariage et la couche conjugale à son goût. La propre mère de Cormac, humiliée et peinée par l'ostracisme du comté, tomba malade et finit par mourir. Ainsi qu'elle avait menacé de le faire, dans une dernière tentative de conciliation, elle légua ses biens à Elizabeth Sweeney et à ses futurs héritiers, espérant ainsi inciter William à retourner auprès de son épouse légitime.

Elizabeth fit savoir, par l'intermédiaire du clan Sweeney, qu'elle attribuerait à William une rente annuelle prélevée sur les biens de sa mère, s'il acceptait de vivre séparé de « la catin qu'il s'était réservée ». Cormac accepta à contrecœur. Il n'avait guère le choix. Les bénéfices tirés de ses entreprises n'avaient pas été aussi élevés qu'il l'avait escompté et le nombre des consultations juridiques qu'on lui demandait avait considérablement diminué en raison du scandale.

Durant sept longues années il ne cohabita pas avec Mary et Anne ; il les avait installées dans une chaumière voisine et subvenait généreusement à leurs besoins. Chaque jour il rendait visite en secret à Mary Brennan et les rencontres clandestines auxquelles ils étaient contraints ajoutaient du piquant à leur passion. Une fois il lui demanda ce qui lui donnait le plus de plaisir.

– Tout, dit-elle en souriant.

Elle évoqua pour lui leurs ébats amoureux; ils se mettaient tout nus, se pinçaient, se mordillaient, se donnaient des petits coups de langue, riaient aux éclats, se couvraient de baisers, se câlinaient, puis l'instinct se déchaînait et c'étaient les titillations et la lente montée du désir jusqu'au moment où il était prêt à l'assaut final. Jamais il n'avait connu une telle vitalité chez une femme. Et il ne pouvait se passer d'elle. Quand, à l'occasion, elle se mettait à récriminer et à se faire du mauvais sang en songeant à l'incertitude de sa situation, il lui jurait de faire d'elle sa femme dès qu'il aurait plus d'argent. Pour Cormac il y avait toujours une flotte qui devait arriver avec la prochaine marée et lui apporter la richesse. Mary n'avait pas de peine à le croire.

Anne, elle non plus, n'était pas privée de son amour. Il se voyait dans le reflet de ses yeux verts et y lisait son avenir. Elle grandissait et devenait une enfant robuste, précoce et volubile. Elle avait hérité la beauté de sa mère et la vivacité d'esprit de son père. Souvent il l'emmenait en ville ou sur les quais, habillée en garçon. Elle commençait à imiter la démarche conquérante des marins et portait un petit bonnet vert sur ses boucles d'un blond tirant sur le roux. Quand on lui posait des questions à son sujet, Cormac la faisait passer pour le neveu de quelque parent éloigné en visite. Mais on lui en posait rarement.

Bien sûr Elizabeth Sweeney Cormac finit par déjouer la ruse grossière à laquelle son mari recourait. Elle découvrit qu'il avait toujours une liaison avec Mary et l'entretenait ainsi que sa bâtarde. Aigrie, elle lui supprima sa rente du jour au lendemain et le laissa sans le moindre revenu. Cormac tempêta, s'emporta et jura, mais toutes ses colères eurent pour seul effet d'éloigner de lui ses clients qui, peu à peu, l'abandonnèrent eux aussi.

Le choc fut encore plus grand lorsque Cormac s'aperçut qu'Anne, l'unique héritière légitime de ses terres et de son amour, avait atteint sa huitième année sans avoir jamais mis de jolie robe, attaché ses longs cheveux avec des rubans de couleur, joué avec une poupée de porcelaine ou appris à se servir d'une fourchette. Elle semblait plutôt satisfaite de son sort quand, habillée en garçon, elle suivait son père dans ses pérégrinations et singeait ses manières.

Cormac s'opposait résolument à ce que l'avenir d'Anne fût compromis à cause des préjugés de ce ramassis d'hypocrites impénitents qui ne voyaient pas plus loin que le bout de leur nez. Il constatait que son jeune esprit se trouvait à l'étroit dans cette petite communauté, tout comme son corps musclé était comprimé dans ses vêtements. Ses mains étaient faites pour des objets plus raffinés que des coquillages brisés et des plumes de mouette, ses jouets favoris. Il lui fallait une gouvernante, une qui ait du caractère. Anne était entêtée, sa mère avait affaire à forte partie au cours de leurs altercations de plus en plus fréquentes. Mais une gouvernante respectable ne voudrait pas mettre les pieds dans la maison de Cormac pour servir sous les ordres d'une maîtresse telle que Mary Brennan. Cormac estima qu'il ne pouvait plus rester à Cork avec les Sweeney et le reste de la communauté ainsi dressés contre lui.

Alors, tout comme certains Irlandais, qui étaient la fine fleur de leur pays, il se mit à rêver de quitter le Vieux Monde pour le Nouveau. Cependant il se sentait partagé comme la plupart des colons. Il avait songé à retourner dans sa patrie, l'Angleterre, mais il avait toujours le sentiment d'être étranger dans le pays qu'il avait quitté, et également étranger en Irlande, ce pays où il était venu en usurpateur. Mais alors, s'il était étranger, pourquoi ne vivrait-il pas là où il n'y avait que des étrangers, le Nouveau Monde? Cette pensée couvait en lui comme le feu dans une meule de foin trop humide, et le brûlait au plus profond de lui-même.

Peu de temps après, un navire en provenance des colonies du Sud fit une brève escale à Cork pour charger de la laine irlandaise à destination de Bristol. Il transportait des liasses de circulaires grossièrement imprimées que l'on se passait de main en main sur les quais et dans le village. Cormac en lut une qui avait été clouée au mur d'une taverne.

Avis de peuplement des Carolines

S'il est un cadet bien né, que le caractère élève au-dessus du commun des mortels et que la rigueur des usages de notre pays a cependant privé d'une fortune convenable, il ne craindra certainement pas de quitter son sol natal afin que sa fortune soit à la hauteur de sa naissance et de son caractère. Ainsi évitera-t-il d'avoir recours à des pratiques illégales, comme le font trop de nos jeunes gentilshommes pour subvenir à leurs besoins, compte tenu de leur haut degré d'instruction, alors qu'ils ne possèdent que des biens modestes.

Avec quelques domestiques et un petit capital, il lui est possible d'édifier une grosse fortune. Bien que sa naissance, en tant que cadet, ne lui ait donné droit à aucune des terres de ses ancêtres, il pourra en acquérir à force de labeur, afin de devenir en Caroline le chef d'une famille aussi prestigieuse que celle dont il est issu.

LES PRINCIPAUX AVANTAGES

Une totale et entière liberté de conscience est accordée à chacun, de telle sorte que nul ne sera molesté ni mis en accusation pour des motifs religieux, mais tous devront obéir au gouverneur civil, tout en vénérant Dieu à leur guise.

Les colons devront avoir un gouverneur et un Conseil qu'ils auront eux-mêmes désignés afin de veiller à ce que les lois de l'Assemblée soient appliquées comme il convient, mais le gouverneur ne sera mandaté que pour trois ans; il ne pourra ni lever d'impôt, ni promulguer, ni abroger de loi sans l'assentiment de la colonie réunie en Assemblée.

Allez chez maître Wilkinson, le ferrailleur, à l'enseigne des Trois Plumes, dans le quartier de Bishops Gate, à Londres, où vous pourrez vous informer de la date de départ des navires et de ce que vous devrez emporter.

Signé par les Maîtres Véritables et Absolus
LORDS PROPRIÉTAIRES DES CAROLINES

Le soleil de l'après-midi semblait faire miroiter le mur blanchi à la chaux de la taverne. Cormac lut deux fois la circulaire d'un bout à l'autre avec une émotion mal contenue. Anne, silencieuse à ses côtés, scrutait son visage.

– Qu'y a-t-il, père? Notre navire est-il enfin arrivé? demanda-t-elle à voix basse, s'assurant qu'il n'y avait personne alentour.

Elle savait qu'elle ne devait pas l'appeler père en public.

– C'est peut-être notre billet pour le paradis, ma chérie.

Il se pencha vers sa fille dont les cheveux étaient cachés sous un béret écossais défraîchi. Elle grandissait de jour en jour. Il l'observa attentivement et lui dit d'un ton bourru :

– Nous allons quitter cette île de malheur. J'en ai pardessus la tête des Sweeney, des officiers de police, de ces imbéciles de bigots.

Cormac ne savait pas au juste quelle serait la réaction de sa fille, mais il ne s'attendait pas du tout à l'expression de joie immense qui illumina sa figure.

– Alors, nous allons partir? Tous les trois? dit-elle d'une

voix soudain grave qui tentait d'imiter celle de son père. Quelle chance! Ils me donnent tous envie de vomir. On sera forcément mieux ailleurs.

Cormac s'esclaffa, une fois de plus surpris de voir que rien n'échappait à ce jeune esprit.

– Oui, c'est vrai, ma fille. Et ça te dirait de voyager en bateau?

La prenant par la main, il lui fit traverser le quai et l'amena jusqu'au port. Du quai, ils apercevaient les énormes navires de commerce alignés le long de la baie. Il y avait de gros bricks marchands, qui s'enfonçaient dans l'eau. Leurs voiles rapiécées s'enroulaient autour des mâts comme des écharpes faites à la main. Pavillons et drapeaux multicolores de toutes les nations flottaient au vent. Des sloops pimpants se balançaient doucement au gré des flots, des mouettes tournoyaient dans le soleil en poussant des cris stridents. Des navires se croisaient à courte distance, des maîtres d'équipage se hélaient par-dessus le grincement des coques. L'agitation dans le port impressionna Anne. Son père en eut conscience lorsqu'il sentit sa petite main serrer plus fort la sienne. Anne respira l'air marin à pleins poumons.

William, le regard perdu sur la mer, demanda d'un ton apparemment détaché :

– Alors, ça ne t'ennuierait pas de quitter ta maison et de partir pour les colonies? Qu'est-ce que tu penses du nom de ce pays, la Caroline?

Anne ne fut guère décontenancée par les questions de son père. Il était toujours sérieux quand il lui adressait la parole, mais elle comprenait rarement tout ce qu'il disait. Elle avait, bien sûr, entendu parler du Nouveau Monde – quel enfant n'en avait pas entendu parler? – mais le mot Caroline était nouveau pour elle. Toutefois dans la bouche de son père il avait une sonorité cristalline. Elle ne pouvait imaginer une terre, par-delà l'océan, qu'elle n'aimerait pas s'il s'y trouvait.

Il prit Anne dans ses bras et sa voix se fit douce et câline.

– Ah, Annie. Tu auras des précepteurs, des gouvernantes, des dames de bonne famille, qui te feront connaître la vie, te donneront des livres à lire et t'apprendront à danser, toutes ces choses merveilleuses qu'une belle jeune femme doit connaître.

Elle lui rit au nez et secoua la tête.

– Je ne veux pas être une grande dame. Je serai marin.

– Oh! Oh! Alors tu veux te faire marin! Eh bien, tu ne penses pas qu'avant de partir nous devrions demander l'avis de ta mère sur tous ces beaux projets? murmura William d'un ton désinvolte. Que va-t-elle dire, à ton avis?

Il se parlait à lui-même tout en s'adressant à Anne qui répondit du tac au tac.

– Elle ira là où tu iras.

Cormac ne dit rien, une fois de plus stupéfait de la perspicacité de sa fille.

Ce soir-là, Cormac eut à lutter contre les appréhensions de plus en plus vives qu'avait Mary lorsqu'elle songeait à cette terre inconnue, la Caroline.

– Il paraît qu'il y fait chaud toute l'année, qu'il y a des fruits et des fleurs exotiques toujours épanouies. On peut faire fortune en cinq ans, alors qu'il faudrait une vie entière pour y parvenir en Angleterre.

– Oui, mais comment dépenser tout cet argent, William? C'est encore un pays sauvage. J'ai entendu dire qu'on dort sur des paillasses remplies d'enveloppes d'épis de maïs et qu'on boit une eau saumâtre en guise de bière.

– Pas dans les colonies du Sud, ma chérie. Les maisons sont en brique et toutes donnent sur la mer; les femmes portent les plus belles dentelles venues de Londres et il suffit de demander de la terre pour en avoir.

– Peux-tu gagner ta vie comme avocat en donnant des consultations?

– Non, ce n'est pas possible.

Mary s'étonna de sa franchise. Aussi poursuivit-il sans plus attendre :

– Aux colonies il est interdit à un homme de loi de demander des honoraires. On estime que la justice est gratuite et à la disposition de tous. Mais il y a des fortunes à faire dans le commerce et, à dire vrai, je suis prêt à abandonner un métier qui dépend tellement du caprice et de l'approbation de tous les abrutis du comté. En Caroline, si un homme fait fortune – et c'est mon intention, ma colombe –, on lui pardonne tout, quel que soit son passé.

– Est-ce qu'on se mariera, William ?

Il n'hésita pas une seconde.

– Dès qu'Elizabeth sera morte et enterrée. Même aux colonies, un homme peut aller en prison pour bigamie, ma belle. Mais nous garderons nos secrets et personne n'aura jamais besoin de savoir. À l'instant où nous apprendrons qu'elle n'est plus de ce monde, nous nous marierons discrètement. Et ça ne saurait tarder, dans l'état pitoyable où elle se trouve. Elle est pleine d'amertume et de fiel.

Mary, les yeux soudain étincelants de colère, s'emporta.

– Qu'elle crève sans tarder et que le diable l'emporte !

William posa les mains sur ses épaules blanches et rondes, et enfouit ses lèvres dans son cou.

– Elle ne pourra jamais nous trouver en Caroline, ma chérie. Pas plus que les autres. Parbleu ! Nous pourrons faire tout ce qui nous plaira. Pas de salauds de prêtres toujours prêts à s'entre-tuer, pas de vieilles filles toujours prêtes à se crêper le chignon ou à nous agresser. C'est un pays sans foi ni loi, qui se moque des bonnes manières et encore plus des conventions. Là-bas le tintement d'une pièce d'or fait d'un homme un lord.

Elle lui passa nerveusement les deux mains dans les cheveux.

– Emmène-moi alors, William. Emmène-moi dans ton nouveau monde, en Caroline.

Elle gémit tant l'étreinte de William était forte.

– Dès la prochaine marée. J'en ai assez de me sentir prisonnière dans ma propre maison.

Elle lui mit les bras autour du cou et pressa son corps contre le sien, cherchant le contact de son sexe qu'elle connaissait si bien. Soudain elle recula et lui lança un regard malicieux.

– Je peux être ta catin là-bas comme ici.

Il éclata de rire et la poussa sur le lit.

– Mieux que ça, je parie. Encore mieux.

La veille du jour où le navire devait quitter Cork, Anne, debout sur la haute banquette près de la fenêtre du premier étage, contemplait les lumières du port. Tout au loin, en direction de la mer, elle distinguait le noir profond de l'horizon qui soulignait le noir moins intense du ciel. Mais plus noire encore était la terre qui empiétait sur la mer. S'embarquer. Partir en bateau, toutes voiles dehors, à destination de Londres. La ville la plus splendide du monde. Puis traverser le plus vaste des océans pour aller dans un pays neuf. Un pays où il y a de la place. De la place pour un poney et un petit chien, peut-être. Un pays où il ne pleut jamais, où des oranges poussent dans votre jardin toute l'année. Et elle n'entendrait plus jamais des lèvres entrouvertes chuchoter : « La petite bâtarde de Cormac » ; elle ne sentirait plus jamais de regard la suivre lorsqu'elle se promènerait aux côtés de son père. Anne regarda au loin : un navire se balançait dans le port, une lanterne accrochée à la proue se reflétait dans l'eau noire, et tout là-haut, une étoile amie allait l'accompagner jusqu'à Charles Town, comme la lune l'accompagnait toujours.

La traversée de la Manche fut rapide et s'estompa dans la mémoire d'Anne. Des années plus tard, elle se souvint seulement de s'être embarquée en cachette, la nuit, à bord de ce petit bateau.

– On sera partis à l'aube, ma fille, lui confia son père. Plus tôt je mettrai la Manche entre moi et ces satanés Sweeney, mieux je me porterai.

Sa mère resta étrangement silencieuse durant la courte traversée ; elle tournait le dos à la côte anglaise voilée de brume, et se tenait face à Cork et au village éclairé par les premières lueurs de l'aube. Quand le brouillard de la Manche enveloppa la baie, Anne quitta d'un pas alerte son poste sur le beaupré d'où elle regardait le large pour rejoindre sa mère. Elle mit sa main brune dans la main blanche de sa mère. Inconsciemment, elle imita le ton familier de son père et dit :

– N'aie pas peur, mère. Vois-tu, nous aurons à Charles Town une demeure bien plus magnifique que toutes celles que nous avons eues jusqu'à présent. Et tu en seras la vraie maîtresse.

D'un geste brusque, sa mère retira sa main et, s'en prenant à Anne, chuchota d'une voix sifflante :

– Qu'en sais-tu, petite sotte?

En voyant l'air blessé de sa fille soudain repliée sur elle-même, Mary poussa un soupir d'exaspération.

– Allons! Anne. Nous verrons bien. Peut-être que là-bas nous aurons une vie beaucoup plus facile. Mais ne me parle pas d'être maîtresse de ceci ou de cela. Tu n'es pas assez mûre pour parler de tout ça.

Elle regarda la tenue de voyage d'Anne, son pantalon fort élégant et tout à fait pratique pour escalader les ponts glissants et se faufiler dans l'obscurité des cales empestant le soufre.

– Et tu peux être sûre que tu verras d'autres changements une fois que nous serons à Charles Town, ma fille. Tu ne porteras plus de pantalons. Il est temps que tu mettes des jupes. Si tu veux parler comme une grande, tu ferais mieux d'apprendre à te conduire aussi comme une grande. Crois-moi, on ne voit pas les jeunes dames de Charles Town traîner sur les quais comme des vauriens.

Anne s'apprêtait à répliquer vivement mais se ravisa. Elle ne pouvait pas dire grand-chose quand sa mère était de si méchante humeur. Au même instant elle entendit son père approcher et reconnut le crissement familier de ses bottes. Il arriva derrière Mary et lui passa les bras autour des épaules. Sa mère se détourna d'Anne et posa la joue sur son manteau. Il lui murmura de tendres paroles qu'Anne n'entendit pas. Anne retourna à sa place sur le beaupré et vit l'Angleterre surgir, énorme, à travers la brume de mer.

À ses yeux, Londres n'était rien de plus qu'un autre Cork en plus laid. Le brouillard londonien semblait plus froid, plus humide que tout ce qu'elle avait connu en Irlande. Une fumée âcre, provenant d'une forêt de cheminées qui cachaient la lumière du jour, lui piquait les yeux et le nez. Suie et brouillard se mêlaient au-dessus des toits pour retomber partout en une pluie noire, allant jusqu'à souiller les flaques d'eau entre les pavés. Les tavernes pullulaient dans les rues étroites; des monceaux d'ordures s'amassaient sous les porches de bois qui n'étaient pas balayés. À l'aube, des files d'enfants au visage blême, certains du même âge qu'Anne, se dirigeaient d'un air las vers les fabriques, pareils à des somnambules livides. Ils ramenaient sur eux leurs vêtements en lambeaux pour essayer de se protéger du froid.

Une fois arrivée sur les quais, Anne fut enfin détendue. Les navires ressemblaient à ceux qu'elle avait vus dans le port de Cork, mais ils étaient mieux entretenus et leur tirant d'eau était plus important. Elle resta près de son père, au bord de la Tamise, à regarder le vaste bassin hérissé de mâts.

Il avait fallu un jour et une nuit pour loger sa mère dans une auberge convenable. Il avait fallu encore un mois pour trouver l'enseigne des Trois Plumes, pour savoir ce dont ils auraient besoin pour la traversée, et pour inscrire leur nom sur le registre du navire qui devait les transporter en Caroline. Sa mère avait mal supporté le tangage et avait eu des remontées de bile toute la nuit. Elle prenait enfin conscience de l'épreuve qui l'attendait au cours de cette traversée d'un mois vers le Nouveau Monde. Elle était d'une humeur exécrable. Cormac prit Anne à part.

– Elle se sentira mieux quand on aura quitté l'Ancien Monde pour de bon. Les adieux sont toujours pénibles pour une femme.

Quand il l'emmena sur les quais voir les bateaux tirer sur leurs amarres, il lui communiqua sa nervosité. Il la prit par la main et l'arracha au spectacle des mouettes qui tournoyaient dans le soleil en jacassant.

– Viens, ma fille, nous avons beaucoup à faire avant d'embarquer. Il nous faudra plus de deux semaines pour vendre ce que nous possédons et ne garder que le strict nécessaire.

Elle enfouit ses poings dans ses poches afin de se protéger de l'humidité qui montait du fleuve.

– On doit tout vendre, père?

– Non, pas tout. Mais on ne peut emporter que trois malles à bord du *Profit*. C'est un beau nom pour notre navire, hein?

– Dis, montre-le-moi encore une fois.

– Le voilà, ma fille. Dans peu de temps tu respireras les fleurs d'oranger de Charles Town.

Là-bas, de l'autre côté du fleuve, Anne pouvait voir à nouveau le navire qui l'emmènerait au Nouveau Monde. Il lui semblait que ce vaisseau lui appartenait. Elle avait déjà repéré à la proue et à la poupe plusieurs très bons postes d'observation qu'elle se réservait.

Le *Profit* était un navire marchand à trois mâts originaire de Portsmouth. Avec son gréement carré et ses dix voiles, tous ris serrés, il attendait d'être mis à l'épreuve. Les ponts, larges et massifs, remontaient légèrement à l'avant et à l'arrière. Vingt-quatre mètres de bout en bout, briqué et luisant comme la peau lisse d'un lion de mer. Ses ponts de couleur foncée étaient tachés de soufre et de goudron. Du sable propre avait été répandu sur les bordages et crissait quand on passait de la planche d'embarcation à l'étroite coursive qui menait aux cabines. Douze canons étaient solidement arrimés au pont, six de chaque côté sur de petits chariots de bois, la gueule pointée vers la mer. Tout en haut du grand mât, juste au-dessus de la brume, un pavillon anglais flottait fièrement au soleil.

À l'aube, le jour du départ, la famille Cormac descendit avec peine la berge escarpée du fleuve et alla jusqu'au quai pour voir le *Profit* de plus près. La veille, leurs malles avaient été entreposées côte à côte dans un minuscule compartiment du pont inférieur. Ils l'appelaient « leur » cabine, pourtant il leur fallait la partager avec les Beauchamp, des gens d'un certain âge, qui venaient de Bristol. Ils allaient être confinés dans une pièce de un mètre cinquante sur deux, sans fenêtre, durant un mois ou plus, ce dont ils prirent conscience avant même l'arrivée de leurs compagnons de voyage.

Lorsqu'ils avaient fait leur connaissance, quelque temps auparavant, les Beauchamp leur étaient apparus comme un couple assez sympathique. Ils avaient souri à Anne et serré la main de chacun. À l'entendre parler et à la voir habillée tout en noir, Mary soupçonnait Mme Beauchamp d'être quaker, mais décida d'éviter toute allusion à la religion dans l'espoir qu'inversement aucune question embarrassante ne lui serait posée.

William, Mary et Anne montèrent à bord du *Profit*.

Une voix rauque les salua.

– Il est pas encore prêt pour la visite, messieurs dames. Faudra redescendre.

Le capitaine Samuel Russell Nimrod s'avança à grandes enjambées vers le petit groupe; il tendait la main comme pour leur souhaiter la bienvenue mais en même temps il les invitait à quitter le bateau. Cormac fit un pas en avant sans hésiter.

– Vous avez dit à l'aube, je crois, capitaine. Nous sommes prêts à embarquer.

Le capitaine avait le regard ténébreux. Il s'adressa à Cormac, mais pendant tout ce temps il examinait Mary en connaisseur.

– Ouais, c'est vrai que j'ai dit au petit matin. On a une tonne de plus de cordage à charger. Mais je peux toujours vous montrer votre cabine.

Anne avait les yeux fixés sur le visage aux poils noirs hérissés comme ceux d'un ours en colère. Cormac fit les présentations d'usage.

– Capitaine Nimrod, voici ma famille, Mme Cormac et ma fille, Anne.

– Votre fille, eh ben! fit-il en partant d'un gros éclat de rire. On dirait plus un gars qu'une fille. C'est comme ça que vous comptez l'habiller à Charles Town?

Mary intervint sans hausser le ton, prenant l'accent des gens distingués:

– Non, capitaine. C'est son père qui a eu l'idée de lui faire porter une tenue plus confortable pour la traversée. J'ose espérer que l'équipage ne se montrera pas trop familier avec elle, bien qu'elle soit habillée en garçon.

Elle fit semblant de ne pas voir que les yeux du capitaine étaient fixés sur elle avec une insistance qu'elle avait remarquée dès ses premiers pas à bord du *Profit*. Anne vit sa mère soutenir le regard du capitaine qui la dévisageait puis, avec pudeur, l'obliger à le détourner sans jamais lui montrer le moindre signe de connivence. Elle avait déjà vu auparavant sa mère se comporter ainsi avec d'autres hommes. Cependant, en dépit de l'insolence du capitaine, elle aima tout de suite ce marin au front bombé et basané.

– Oui, madame. Vous avez pas besoin de vous faire de souci pour l'équipage. Ce sont des lourdauds, mais ils savent se tenir. Eh bien ! Venez. J'ai pas beaucoup de temps mais je vais vous faire faire le tour complet du plus beau bateau qui se trouve dans le port.

Le capitaine Nimrod criait à tue-tête chaque fois qu'il signalait telle ou telle pièce de gréement tout en guidant la petite famille jusqu'à la coursive obscure entre deux ponts.

– Il a beaucoup d'allure, plus d'allure que les vieilles flûtes de son époque. Il a aussi plus de voilure. Il peut faire la traversée jusqu'en Caroline en quatre semaines si le temps le permet. Notre équipage au complet comprend dix-neuf matelots, et nous aurons à bord trente-six passagers payants comme vous. Et la cale est pleine de marchandises pour les colonies.

– Pourquoi ces canons de chaque côté ? demanda Cormac en scrutant le visage du capitaine d'aussi près que possible dans l'obscurité.

Il se faufila dans l'écoutille étroite et descendit par l'échelle alors que le navire roulait doucement sous l'effet de la marée montante. Mary s'agrippait à son bras.

Dès qu'il eut posé cette question, Cormac le regretta car le capitaine n'était pas loquace.

– Il y a les pirates. Je ne veux pas abandonner ce navire à cette maudite engeance, à cette chienlit, si je peux faire autrement. Ce serait une excellente prise pour eux, mais il n'est pas question qu'ils s'emparent de mon bateau, du moins tant que je serai à la barre. Le *Profit* tient son rang, il vaut bien les meilleurs.

– Les pirates ? lança Anne.

– Oui, ma mignonne, dit le capitaine en lui souriant. Ça fait des mois maintenant qu'ils harcèlent les navires au large de la baie d'Albemarle, mais ils osent pas s'en prendre au *Profit*. Ses canons sont pointés vers le large de l'aube au crépuscule, prêts au combat. Jusqu'à présent nous avons jamais eu besoin de nous en servir.

Il écarta un petit rideau et fit signe au trio d'entrer. Leurs malles occupaient toute la surface du plancher à l'exception d'une étroite bande de vingt centimètres au milieu de la cabine. Il y avait quatre couchettes, deux supérieures et deux inférieures. Chaque couchette formait un petit rectangle de un mètre cinquante de long sur moins de un mètre de large aménagé dans le flanc du navire. Seul un rideau crasseux en toile isolait les couchettes les unes des autres.

– Puisque vos compagnons ne sont pas encore montés à bord, vous pouvez choisir la meilleure. La supérieure ou l'inférieure, madame?

– Que voulez-vous dire?

Ahurie, Mary ouvrait de grands yeux. Elle ne pouvait pratiquement rien voir tant il faisait sombre dans la cabine humide.

– La couchette, madame!

L'énorme main du capitaine écarta un pan de toile crasseuse. Mary prit un air pincé quand elle finit par se rendre compte du peu d'espace dont William et elle disposeraient, mais elle ne dit rien.

– Anne, sois gentille, grimpe dans la couchette supérieure, dit gaiement Cormac, qu'on voie un peu sa dimension.

Anne monta de bon gré dans la couchette supérieure et s'étendit de tout son long, les mains croisées sur la poitrine comme si elle dormait. Elle se sentait à l'abri et bien protégée par la paroi de bois sombre de la coque. Le courant du fleuve faisait osciller le navire et Anne était impatiente de partir.

– Ça va très bien, père. Est-ce que je vais dormir ici alors?

– Oui, fillette. Et ta mère et moi, nous nous mettrons dans la couchette inférieure. Les Beauchamp pourront prendre les deux couchettes de l'autre côté.

– Vous avez l'œil, Cormac! Elles ont près de quinze centimètres de moins à bâbord, s'esclaffa le capitaine.

Une fois de plus, il toisa Cormac et estima qu'il pourrait trouver en lui un adversaire à sa taille, puis il détourna lentement son regard de la femme de Cormac, du moins pour l'heure.

– L'accès à la partie du navire que nous venons de quitter est libre; c'est votre gaillard d'avant, l'endroit où les passagers se retrouvent pour manger. Souvenez-vous qu'il est interdit d'aller dans la cale ou sur la partie du gaillard d'avant réservée à l'équipage, dit-il en souriant. Et vous en aurez pas envie. En ce qui concerne la cuisine, c'est à vous de vous entendre avec le cuistot comme bon vous semble. Maintenant je vais m'occuper du chargement. Mettez-vous à l'aise.

Il ôta son chapeau pour saluer Mary, qui se contenta de baisser les yeux pour lui rendre son salut et, à grandes enjambées, il s'éloigna de la cabine qui parut plus vaste dès qu'il l'eut quittée.

Les Beauchamp arrivèrent peu de temps après, conduits par un petit mousse. Il y eut un silence pénible quand les deux couples se rendirent compte qu'ils allaient partager cet espace minuscule pendant plus d'un mois. Il avait semblé tellement plus vaste sans leurs malles et lorsqu'il n'y avait qu'un couple à la fois.

Cormac rompit le silence en s'inclinant devant Mme Beauchamp et en lui tendant la main.

– C'est un honneur que de partager cet espace avec une dame. Mon épouse et moi ferons tout notre possible pour vous rendre le voyage agréable.

Mme Beauchamp, subjuguée par la galanterie de Cormac, leva vers lui un visage rayonnant afin de marquer son approbation, surtout en voyant les draps luxueux que Mary sortait des malles bien remplies. Anne remarqua que son père, malgré sa courtoisie, ne proposa pas aux Beauchamp d'échanger les couchettes, ce qui la fit sourire.

Enfin le *Profit* fut prêt à appareiller. Les voiles furent toutes déployées tandis que les hommes, agiles comme des singes, grimpaient jusqu'au ciel le long des cordages bien tendus. On s'affaira auprès des écoutes et des drisses, la toile claqua au vent et se gonfla. L'écume et la houle du large succédèrent aux eaux calmes de la Tamise. Mary prenait appui sur le bras de William, elle sentait monter en elle une nausée et une peur incontrôlables.

– Il faut que je m'allonge, William.

Elle tourna vers lui un visage livide.

– Reste un moment avec moi, ma chérie. Faisons ensemble nos adieux à l'Angleterre et au passé.

Mary supporta encore quelques instants le roulis, juste assez longtemps pour voir disparaître les falaises, puis elle se dirigea vers la cabine obscure où elle allait passer la plus grande partie de son temps pendant le voyage. Parfois elle était si mal en point qu'elle en venait presque à souhaiter la mort.

Le *Profit* resta près d'un mois dans l'Atlantique nord, vaste océan de grisaille et de brume balayé par les vents. Les jours se suivaient mais ne se ressemblaient pas : des tempêtes d'une violence inouïe alternaient avec des journées où la mer, pareille à un miroir, était d'un calme inquiétant. À la vue du ciel rouge, vert, bleu ou noir, Anne s'émerveillait de l'immensité de l'univers. Le navire semblait perpétuellement aux prises avec des éléments contraires, tout en ne faisant qu'un avec l'océan sur lequel il voguait.

L'Atlantique enveloppait Anne comme un grand manteau gris soulevé par le vent. Elle s'était sentie à l'étroit dans un village étriqué, poursuivie par des regards inquisiteurs et harcelée par des langues perfides. Maintenant la mer avait pour elle le goût délicieux de la liberté.

Après quelques difficultés avec l'équipage, dès les premiers jours Anne fut acceptée et traitée comme une jeune adulte et, de surcroît, une adulte qui avait du cran. À cause de son pantalon et de sa taille exceptionnelle pour son âge, il était facile d'oublier que c'était une gamine. Elle passa bientôt ses journées à flâner en compagnie des matelots qu'elle suivait partout sur le bateau. Cormac, qui était à court d'idées pour l'occuper, n'était que trop heureux de la laisser se distraire toute seule.

Il allait dans l'entrepont s'agenouiller au chevet de Mary. Après avoir salué la servante Clara d'un petit signe de tête, il parlait à Mary à voix basse en lui caressant les mains.

– Il faut que tu viennes là-haut respirer un peu l'air frais, ma colombe. Ça sent terriblement la bile dans cette couchette.

Cependant Mary était trop faible pour se déplacer, elle restait allongée à gémir, refusait qu'il la touche et demandait à Clara de lui apporter à nouveau la cuvette pour vomir.

Anne était fascinée par le mouvement de l'océan; il lui semblait qu'elle pouvait rester des journées entières à regarder onduler les vagues. Les voix rauques et les histoires paillardes avec leur parfum d'aventure en haute mer l'ensorcelaient. Toute sa vie elle resterait sous ce charme qu'elle ne pourrait jamais rompre.

Elle voyait les marins aux pieds nus et aux grosses mains hâlées se balancer dans le ciel au-dessus du pont et elle mourait d'envie de regarder la mer du haut de la vigie. Un jour, n'y tenant plus, elle se mit à grimper le long d'un hauban du grand mât en progressant centimètre par centimètre. Soudain un colosse la saisit par la taille et lui fit lâcher prise sans ménagement.

– Hé! toi là-bas, nom de Dieu, où vas-tu?

Il la dévisagea et s'écria :

– Merde, c'est la petite Anne! Tu mérites une bonne fessée!

En apercevant une énorme barbe noire et deux yeux courroucés qui la regardaient fixement, Anne fut décontenancée. Elle fit une grimace comme si elle allait pleurer et marmonna :

– Il n'y a pas de marin ici capable de grimper mieux que moi.

La voix du matelot se fit moins bourrue. Il lui prit la main et ramena Anne sur le pont du gaillard d'avant.

– Oui, petit singe. Si tu veux grimper, il y a l'échelle de l'écoutille!

– Ce n'est pas drôle, répliqua Anne d'un air renfrogné.

– Alors tu t'ennuies en mer? Eh bien! C'est pas mon travail d'amuser les jeunes polissonnes comme toi, petite chipie. Fiche-moi le camp, sinon on va te fourrer dans la cale avec les autres bagnards.

Anne lui fit un grand sourire; elle savait que la cale était pleine de futailles remplies de clous, de drap et de thé, mais qu'il n'y avait pas de bagnards. Robin était un jeune marin qui effectuait son troisième voyage avec le capitaine Nimrod à bord du *Profit*. Il avait laissé sa jeune femme à Bristol et trouvé en Anne une compagne pleine de charme pour la remplacer.

Pendant tout le reste du voyage elle suivit Robin partout. Elle se glissait derrière lui lorsqu'il parcourait les ponts et, passant sous son bras, se faufilait dans la cuisine où les hommes se réunissaient le soir. Elle était la seule fille de moins de douze ans à bord du navire. Sa mère était toujours couchée et son père ne savait pas lui dire non, aussi pouvait-elle faire presque les quatre cents coups. Sa conception de la liberté était tout à fait personnelle. Elle avait le sentiment qu'il y avait une sorte de lien entre elle et les marins, comme s'ils appartenaient tous à la même famille.

Robin lui fit cadeau d'une poupée en bois articulée qu'il avait faite pour elle. Mais devant l'expression d'Anne, il rit et la reprit.

– Je vois bien que tu préfères comme poupée un garçon à une fille, hein ?

Il prit son couteau et enleva les boucles sculptées dans le bois, fit une moustache au-dessus de la lèvre supérieure et lui rendit la poupée.

Anne gloussa de rire.

– C'est un vrai matelot maintenant, il ne lui manque plus qu'un bateau pour naviguer.

– Oui, je lui en ferai un et il pourra être capitaine.

– Moi, je serai capitaine un jour.

Robin avait appris à ne pas se moquer de la fillette, mais il se permit d'ébaucher un sourire.

– Oui, ma petite. Je signerai tes papiers et je serai ton quartier-maître.

– Écoute-moi bien, Robin, il *faut* que je sois capitaine. Je grimperai dans le gréement comme je voudrai et tu ne m'en empêcheras pas.

Le soir Anne écoutait en silence les histoires que l'on débitait au-dessus de sa tête dans la partie du gaillard d'avant réservée à l'équipage. Elle avait appris que si elle se faisait toute petite et se taisait, on ne la remarquait pas aussi facilement et elle pouvait alors rester plus longtemps sans qu'on lui fasse la moindre observation. Toutefois, dès l'instant où elle posait une question, on la renvoyait aussitôt dans sa cabine. Elle ne comprenait pas ou comprenait mal une bonne partie de ce qui se disait, mais le ton sur lequel les paroles étaient prononcées l'envoûtait toujours.

Elle entendait parler de combats avec d'énormes otaries attrapées dans des filets tout là-bas dans les mers du Nord, de villages engloutis, d'églises dont les cloches sonnaient encore au fond de l'eau au changement de marée et avertissaient les marins de la présence d'écueils cachés et de tempêtes au cours desquelles la mer ressemblait à de la crème devenue verte à force d'être battue par les vents, et alors les marins affolés plongeaient par-dessus bord et disparaissaient. Elle entendait des allusions à des femmes différentes de sa mère; elles avaient de grosses cuisses blanches, une bouche grande ouverte et des lèvres rouges qui donnaient des baisers ardents. Elle entendait parler de la grande flotte espagnole qui transportait des coffres remplis d'or, plus grands que deux des malles de sa mère, et qui contenaient plus de trésors que tout l'Orient. Elle était assise là, mi-éveillée, mi-assoupie, tandis que faiblissait la lumière des lanternes et que s'épaississait la fumée des pipes, et les voix des hommes pénétraient sa conscience ou l'effleuraient à peine alors qu'ils racontaient des histoires à tour de rôle.

Un soir où Anne observait paisiblement, tapie sous le siège du maître d'équipage, elle entendit les marins évoquer les esprits. Les fantômes et les histoires de fantômes étaient chose courante à bord du navire. Les nuits de tempête, quand le navire fendait avec peine les vagues de l'Atlantique, même les hommes les plus rationnels se laissaient aller à parler de fantômes. Pour Anne, dont l'enfance avait été bercée par les légendes irlandaises, c'était un plaisir familier et cela n'avait rien de terrifiant.

Une fois que les marins eurent commencé, le grincement de la chaîne de l'ancre se fit plus lugubre, la lampe à huile projeta des ombres pareilles à des ailes de chauves-souris, et les vagues qui balayaient la coque en sifflant chuchotèrent mystérieusement. Puis les marins formèrent un cercle, joignirent les mains sur un petit tabouret qu'ils avaient mis à l'envers sur une table pour le faire tourner.

– Esprit, es-tu là? interrogea un matelot qui n'avait pas froid aux yeux.

Le tabouret se déplaça avec le roulis et le tangage puis répondit aux questions qu'on lui posait comme si véritablement un esprit le faisait tournoyer à son gré. L'atmosphère s'alourdit; des histoires à vous faire dresser les cheveux sur la tête ressortirent : histoires de vaisseaux fantômes, de revenants qui prédisaient le destin tragique de navires aperçus au large, de rats vampires et d'albatros mythiques, de voiles rouge sang qui s'enflammaient et attiraient des navires sans défense sur des hauts-fonds invisibles où ils se fracassaient. Et la mer semblait le lieu le plus approprié pour tous ces fantasmes de l'esprit humain.

Ce qui passionnait surtout Anne au cours de ces soirées, c'était les pirates. Pour les matelots, c'étaient « ces chiens de pirates », « cette racaille immonde » et ils utilisaient d'autres expressions du même genre, sur un ton qui attirait l'attention d'Anne. À tout prendre, pensait-elle, les pirates étaient traités de tous les noms par ceux-là mêmes qui leur vouaient une secrète admiration. Car chaque membre de l'équipage, s'il avait un tant soit peu d'expérience, pouvait évoquer une traversée particulièrement détestable, avec un capitaine exceptionnellement tyrannique qui lui avait rendu la vie impossible.

– Eh ben, moi, j'ai vu un salaud forcer un maître d'équipage à avaler des cafards vivants qui couraient dans tous les sens, lui casser les dents quand il s'est mis à dégueuler, et l'étouffer avec son propre sang en lui fichant un épissoir dans les mâchoires. Tout ça parce qu'il bâillait à la barre.

– Ouais, et moi, j'ai vu le capitaine Staines du *Rochester* donner à un matelot six cents coups de fouet avec une corde d'au moins deux centimètres d'épaisseur et couverte de goudron.

– Bon Dieu! Petit morveux, moi, j'y étais et je me rappelle pas t'avoir vu à bord. Et j'ai vu pire. J'ai vu un second, tiré derrière le bateau pour le punir, tandis que les requins lui arrachaient des morceaux de chair, et il criait comme un cochon qu'on égorge pour qu'on vienne à son secours. Je l'entends encore parfois brailler – sa voix monta de deux octaves – « Sauvez-moi, les gars! » Et ses deux jambes jusqu'en haut des cuisses étaient couvertes de sang et d'écume.

– Par la Sainte Vierge, je jure que si je voyais ça de mes propres yeux, je me ferais pirate. Eux, au moins, ils possèdent leur propre navire.

Tous acquiescèrent sans mot dire, d'un signe de tête. Au fond d'eux-mêmes ils comprenaient ces hommes qui écumaient les mers en toute liberté.

– Quand on est engagé pour un travail honnête, la nourriture n'est point bonne et les rations sont maigres, dit Robin d'une voix douce. On ne met de côté qu'une livre par mois et c'est la galère pour la gagner. Un pirate se nourrit de fruits frais et de gibier, et il peut s'emparer d'un butin qui ferait pâlir de jalousie un gouverneur. Les bateaux pirates croisent dans les mers chaudes tandis que nous, nous gelons en longeant les côtes là-haut dans le Nord. Oui, tout ça c'est pire que d'être pirate.

– Fais attention à ce que tu dis, Robin, Nimrod est un bon capitaine, mais il te ferait la peau s'il t'entendait.

– J'en doute, mon vieux. C'est rien d'autre que des paroles. Mais il est clair qu'un pirate a la vie belle.

– Tu dis vrai. Belle, mais courte, affirma le maître d'équipage.

Après quoi toute conversation cessa.

À midi, le 17 septembre, se fit entendre le cri que tout le monde attendait, « Terre ! » et Charles Town apparut comme un mirage, miroitante, à l'horizon.

Le *Profit* pénétra dans le port, passa devant l'île aux Cochons et le Fort Johnson, remonta jusqu'à la Battery pour jeter l'ancre dans les eaux paisibles de la Cooper. Anne resta à regarder la ville tandis que son père aidait sa mère à retrouver ses esprits pour descendre du navire.

Sous un soleil implacable, de belles maisons s'alignaient face au fleuve ; de l'autre côté de la promenade de la Battery et de son parc verdoyant, Anne voyait les balcons de bois finement sculptés, les jardins entourés de grands murs, les vastes porches, et les élégantes bâtisses blanches qui semblaient vibrer sous la chaleur. Elle apercevait des chiens qui se reposaient sous les épais ombrages, des chevaux attachés à des poteaux et des poulets aux plumes ébouriffées par le vent qui soulevait la poussière de la route. Sur le quai, d'énormes barriques attendaient d'être chargées, et il y avait dans l'air une odeur de fruits mûrs et de fleurs fanées.

Gadsden's Wharf était l'embarcadère principal de la ville et Anne compta près de trente navires groupés dans le bassin d'East Battery. Par-delà les grandes portes de la ville, elle aperçut les briques décolorées par le soleil et l'air marin, les palmiers nains au tronc lisse, et la mousse espagnole grisâtre qui pendait aux branches des chênes. Alors qu'ils montaient à bord du petit bateau qui allait les emmener à quai, Anne se retourna et bouscula quelques passagers pour faire un dernier signe d'adieu à Robin penché par-dessus le bastingage. Ils s'étaient fait leurs adieux la veille au soir, mais elle était certaine de le revoir. À vrai dire il le lui avait promis :

– Quand tu seras une grande dame et que toute la ville de Charles Town sera à tes pieds, alors je reviendrai et te mettrai dans l'embarras en te rappelant de vieux souvenirs.

– Tu ne serais pas capable de faire ça, Robin.

Il avait ri et lui avait pincé la joue.

– N'oublie pas, dit-il, je t'aurai avertie !

En 1709 Charles Town avait tout d'une colonie de Sa Majesté. Dans le port la plupart des navires battaient pavillon britannique ; ils appartenaient aux propriétaires des grandes demeures blanches ou aux tons pastel qui donnaient sur les docks d'East Battery. Charles Town produisait de l'indigo – on pratiquait alors à titre expérimental cette nouvelle culture pour laquelle la Grande-Bretagne versait d'importantes subventions – et de la soie. L'indigo était une plante utilisée pour faire de la teinture bleue et pourpre, les couleurs des rois, et très recherchée par suite de sa rareté et du prestige dont elle jouissait. Cependant la richesse de Charles Town provenait surtout du riz cultivé dans de vastes plantations qui s'étendaient en amont des rivières. On en avait produit des tonnes cette année-là. On l'expédiait en Angleterre dans de grands fûts à bord de navires semblables au *Profit*. Charles Town devait également sa réputation à son commerce florissant. Les navires à destination des colonies du Nord, de Londres, d'Afrique et des Antilles s'y approvisionnaient. Des navires en provenance de ports étrangers revenaient avec des cargaisons d'épices, de sucre et de rhum des Caraïbes, et leur cale était remplie d'esclaves d'Afrique, de drap et de divers articles de luxe fabriqués en Europe, et de beaucoup d'autres choses qui rendaient la vie plus agréable dans les colonies du Sud que dans les ports du Nord.

La population de Charles Town était exceptionnellement colorée et cosmopolite, en particulier lorsqu'on la comparait à celle des colonies puritaines plus homogènes et moins libres de mœurs. Il y avait des nobles expatriés d'Europe, des pirates des Caraïbes et des esclaves d'Afrique récemment débarqués, qui se mêlaient à des Noirs venus des îles. Des « volontaires », qui se vendaient aux planteurs pour une durée de cinq à sept ans en échange de la traversée gratuite, du gîte et du couvert, des serviteurs sous contrat venus d'Angleterre, des huguenots de France, des Irlandais mâtinés d'Écossais qui avaient échappé à l'épuration entreprise par Cromwell, des non-conformistes qui fuyaient les persécutions religieuses, des bons vivants qui aspiraient au farniente en plein soleil, tous étaient amenés par la mer comme autant d'épaves dans le port de Charles Town.

À en croire les marins, il y avait plus de femmes à Charles Town que dans les ports du Nord, parce que la colonie du Sud était réputée pour sa beauté, ses terres bon marché, ses nuits chaudes et ses nombreux esclaves. Il y avait moins d'églises, moins de prisons, plus de catins pour chaque marin et bien plus de maladies que les vingt-quatre médecins qui exerçaient dans la ville n'en pouvaient guérir.

Officiellement Charles Town appartenait aux lords propriétaires qui en assuraient l'administration. C'étaient les survivants de familles anglaises nobles et la seule aristocratie que tolérait la bourgeoisie de la ville. En fait il s'agissait de la première colonie capitaliste du Nouveau Monde et l'argent y était roi.

Les marchands, les corsaires, les pirates et les planteurs s'entendaient pour ne point servir d'autre maître que leur propre intérêt. Il fallait seulement posséder vingt-cinq hectares pour avoir le droit de vote et personne ne vous posait de questions embarrassantes sur votre religion, vos opinions politiques ou votre passé. De nombreux planteurs parmi les plus âgés étaient venus directement de la Barbade et pensaient que le style de vie des Antilles était le plus agréable qui soit. Leur présence contribuait à créer en ville une atmosphère décontractée et nonchalante. Mais à bien d'autres égards, et cela surprenait et indignait, Charles Town était plus anglaise que Boston ou Portsmouth, d'où sa fierté. Les colons de Charles Town avaient tous à cœur de maintenir certaines traditions de la mère patrie comme pour se préserver de la corruption introduite par les gens de couleur.

Les cochers qui conduisaient les voitures noires, toutes rutilantes, devant la résidence du gouverneur au 34 Meeting Street, auraient pu venir tout droit de Londres, de même que leurs grandes redingotes boutonnées de haut en bas et leurs perruques. Dans Broad Street, Tradd Street, Elliott Street et Church Street ainsi que dans Stoll's Alley les vastes demeures bâties pour résister aux ouragans regorgeaient de bibelots de famille et de meubles importés du Sussex, du Devon ou du Kent.

Chaque planteur possédait aussi une maison en ville où il pouvait résider avec sa famille pendant la saison d'été extrêmement malsaine, loin des rizières inondées et des moustiques, et ces trêves estivales pouvaient se prolonger jusqu'aux vacances de Noël. Charles Town était célèbre pour ses cotillons, ses soirées, ses bals, ses réceptions, ses parties de cartes et ses jeux de dés, ses ventes d'esclaves aux enchères, ses tavernes, ses courses de chevaux, ses combats de coqs et ses pendaisons.

Une pendaison pouvait attirer un public comprenant même des fermiers venus des basses terres car, en général, à cette occasion on entendait des discours, on voyait donner le fouet ou parfois mettre des hommes au pilori. Les lois de la colonie étaient aussi impitoyables que celles de la mère patrie. On appliquait le châtiment du fouet pour un simple outrage aux bonnes mœurs et on pendait pour des vols insignifiants.

La population, pour moins d'un tiers, était blanche. Des esclaves, des domestiques sous contrat et une vingtaine d'Indiens donnaient aux citoyens blancs noyés dans la masse un sentiment d'insécurité ; ils se vengeaient en usant souvent de représailles et en infligeant des châtiments sévères. On marquait au fer rouge un V sur le visage des voleurs quand on ne les pendait pas. On pouvait mettre un homme au pilori pour avoir dormi dans la rue. Le pauvre bougre sous le coup de cette accusation était suspendu une journée entière, en place publique, par des crochets placés sous ses aisselles et ses oreilles étaient clouées à la potence pour l'empêcher de remuer la tête. Les procès de sorcellerie et les lapidations n'étaient pas rares. La peur régnait mais le cadre de vie était magnifique.

Lorsque Cormac débarqua avec sa famille, jamais la colonie n'avait été à ce point pénétrée de son importance. Il y avait tout juste un mois, Nathaniel Johnson, le gouverneur, et sa milice avaient piégé, puis taillé en pièces la flotte française. Les habitants de Charles Town étaient en fête, brûlaient les drapeaux français dans le port et mettaient à cul des barriques de cognac dans les rues. Lorsque Anne arriva, il y avait encore des marins ivres adossés aux murs des tavernes, épuisés par les fêtes de la victoire.

Derrière le décor chatoyant, la barbarie était toujours prête à se déchaîner avec la violence d'un ouragan. Les ruelles étroites et les somptueuses demeures annonçaient à Anne le paradis que son père lui avait promis.

Deuxième Partie

1712
CHARLES TOWN
(CAROLINE)

Il est écrit : une fille est un trésor illusoire pour son père. Il passe des nuits blanches, rongé par l'anxiété ; ne risque-t-elle pas d'être séduite dans sa prime jeunesse, de quitter le droit chemin à l'adolescence, de ne pas avoir d'enfants une fois mariée, et de pratiquer la sorcellerie à la fin de sa vie ?

Le Talmud

Seul le bel oiseau se fait mettre en cage.

Proverbe chinois

Anne descendit à pas de loup. Les premières lueurs de l'aube filtraient par la fenêtre, mais dehors, il n'y avait pas le moindre mouvement sur la vaste pelouse, l'embarcadère, ou même la rivière.

– Que le diable emporte cette espèce de fainéant ! marmonna-t-elle, plaquant son arc contre son pantalon sous l'effet de la colère qu'elle s'efforçait de maîtriser.

Elle ouvrit avec précaution l'énorme porte d'acajou et se rendit à la cuisine par le chemin creusé d'ornières. Anne avait souvent déploré que la cuisine de la plantation fût si loin de la maison de maître, surtout lorsque les plats avaient perdu leur saveur en arrivant tout froids sur la table mais, ce matin-là, elle fut soulagée à l'idée que des serviteurs seraient déjà occupés à attiser le feu dans la grande cheminée. Personne, dans la vaste demeure, ne remarquerait à quel point elle était exaspérée.

La porte grinça sur ses gonds de bois, Anne entra dans la cuisine et secoua le sable de ses mocassins. Même à travers ses chaussures elle sentait le froid, car le feu était presque éteint dans la cheminée.

La vieille négresse, debout devant le four, fit semblant de sursauter, mais elle savait pertinemment que sa maîtresse venait d'entrer.

– Seigneur Jésus, mam'zelle Anne. Vous êtes debout bien tôt ce matin. Vous m'avez fait peur.

Anne feignit de ne pas comprendre la remarque.

– Cassie, tu as vu Charley Fourfeathers? Il devait me retrouver devant la maison au lever du jour.

Cassie répondit d'une voix traînante, ravie de cafarder.

– Je suppose qu'il dort encore, mam'zelle Anne. Avec Jonah, ils sont restés tard dans la remise à se raconter des histoires et à fumer du tabac.

– Ce fainéant d'Indien, il va me faire rater le meilleur gibier de la rivière. Et je ne peux pas attendre davantage, sinon toute la maison va se réveiller.

Cassie lui lança un regard malicieux; elle savait exactement jusqu'où pousser la raillerie.

– Et Madame va vous trouver quelque chose de mieux à faire.

Anne s'abstint de riposter et se contenta de tourner le dos à la vieille esclave; regardant par la vitre sale de l'unique fenêtre de la cuisine, elle scrutait l'horizon, voilé d'une brume grise, qui montait de la rivière. Elle pouvait tout juste apercevoir une silhouette voûtée qui avançait d'un pas nonchalant le long de l'allée bordée de chênes menant à la maison. Sans dire un mot de plus à la vieille femme, elle prit quelques galettes de maïs et des fruits secs dans le garde-manger, puis sortit en claquant la porte.

Légère comme une biche, Anne traversa à la hâte la vaste pelouse, laissant dans l'herbe drue et humide l'empreinte de ses mocassins. Elle se retourna : une seule lumière brillait dans la chambre du premier étage.

– Juste ciel! Fully est debout. Elle va commencer à s'affoler et à caqueter comme une vieille poule jusqu'à mon retour. Du coup, je ne vais pas chasser longtemps.

Elle se hâta de rejoindre le vieil Indien.

– Charley, tu es en retard ce matin, murmura-t-elle.

Elle lui saisit le bras pour l'entraîner sous le couvert d'un chêne, à l'abri des regards indiscrets des gens de la maison.

– Ouais, mam'zelle Anne. Me voilà. Il y a pas de vent, il y aura plein de gibier.

Anne retrouva peu à peu sa sérénité tandis qu'elle s'abandonnait au plaisir de passer quelques heures sur la rivière. Ils se laissèrent aller au fil du courant; l'eau, colorée par le tanin que sécrétaient les énormes racines des cyprès, était toute noire. Anne et son vieil ami avancèrent avec précaution sur la rive marécageuse de la rivière, surprenant des petits rongeurs en quête de nourriture dans le silence de l'aube. Souvent elle bandait son arc, mais presque aussi souvent elle renonçait à tirer, tant elle craignait de mutiler les animaux.

Enfin lorsque le soleil fut haut dans le ciel et l'air plus doux, Anne quitta le bord de la rivière et la forêt qu'elle et Charley connaissaient à merveille, et rentra seule à la maison. Une douzaine de bardanes s'étaient prises dans ses cheveux. Elle portait sur son épaule deux beaux lapins dont elle se débarrassa dans la cuisine et s'apprêta sans hâte à affronter le reste de la journée.

Il était près de huit heures, la maison était en pleine effervescence. Les fenêtres étaient ouvertes pour laisser entrer l'air du matin. On aurait dit une vingtaine d'yeux braqués sur Anne. Sa mère préférait qu'elle se mette en jupe pour le petit déjeuner mais, cette fois-ci, Anne supposa que sa mère était encore au lit. Déjeuner le matin avec son père était un plaisir grisant. Elle jeta un coup d'œil dans la petite salle à manger et l'aperçut, penché sur son bureau, des papiers à la main, une table dressée à côté de lui avec plusieurs plats. Lorsqu'elle entra à pas furtifs, l'arc encore en bandoulière, il leva les yeux et eut du mal à garder son sérieux.

– Tu as l'intention de me transpercer d'une flèche, ma petite? Je ne vais pas me laisser faire, tu peux me croire.

Anne esquissa un sourire.

– J'ai eu deux lapins, pa. Je les ai tués au marais.

Son père s'indigna et lui dit sèchement :

– Alors, c'est « pa » maintenant. Tu t'exprimes de plus en plus comme tes nègres, ma fille. Il fut un temps où tu m'appelais « père », et c'était agréable à entendre. (Il pela une orange et la lui tendit.) Ta mère a raison. Tu as passé l'âge de faire les quatre cents coups avec un arc et des flèches, habillée en garçon et accompagnée nuit et jour par ce sauvage un peu fou. On dirait un vieux chien, ma parole.

– C'est mon ami, *père*, dit-elle en insistant volontairement sur ce mot pour le taquiner. C'est toi-même qui as dit que je ne devais pas me promener toute seule dans les champs, alors il faut bien qu'il soit avec moi. De plus, il connaît les pistes comme Fully connaît tous les recoins de cette maison. Mère est-elle debout?

– Oui, il n'y a pas longtemps. Et ne va pas lui raconter tes histoires de lapins, ma fille. Les domestiques s'en chargeront bien assez tôt. Tu crois pouvoir t'en tirer à bon compte, mais tout le monde t'observe. Et on me répète tout, ne l'oublie pas.

– Oui, pa. Et ton petit doigt aussi, il te raconte tout!

Elle éclata de rire et fila dans sa chambre avant d'être surprise par sa mère, l'arc à l'épaule, dans la salle à manger. Il suffisait bien que sa servante Fullborn la réprimande comme une gamine. Elle n'avait aucune envie d'être vertement tancée par sa mère par-dessus le marché.

Cormac se replongea dans ses papiers, mais ses pensées le ramenaient toujours vers Mary. Il embrassa du regard les vastes espaces verdoyants, les nombreuses dépendances, les rangées d'arbres, l'étang, l'embarcadère, et, au loin, la rivière. Il se rengorgeait quand il faisait le bilan de sa vie.

Trois ans auparavant, il avait débarqué à Charles Town. Il n'était alors qu'un jeune avocat, accompagné d'une servante, sa maîtresse, et de sa fille coiffée d'un bonnet de marin, un vrai garçon manqué. Il avait pris d'énormes risques à l'époque et, chaque fois, il avait été récompensé au centuple. Ses talents d'avocat lui avaient valu le respect et un certain prestige dans cette ville côtière en pleine expansion. Tous trois avaient quitté la petite maison qu'ils avaient d'abord occupée dans une ruelle de Charles Town, pour aller habiter une demeure imposante dans le quartier d'East Battery. Et puis les bateaux avaient commencé à rapporter à

Cormac d'énormes profits. Depuis trois ans il récoltait, comme des fruits mûrs, des bénéfices grâce à ses navires qui sillonnaient les mers. Depuis trois ans il courtisait habilement tous les notables de la ville, jouait au nouveau venu respectueux des règles qu'ils avaient établies. Après quelques opérations fructueuses et des services astucieusement rendus, il fut enfin accepté comme l'un des leurs.

Il avait trouvé une concession exceptionnelle, de bonnes terres alluviales proposées au plus offrant, et avait usé de son crédit pour éviter les surenchères. Les deux cents hectares de plaines fertiles de la Cooper River – à savoir cent cinquante hectares de champs, vingt-cinq de futaie, vingt-cinq pour le domaine et les dépendances, tout cela dans le district opulent de Goose Creek – c'était l'idéal pour une plantation de riz. Même en employant des femmes qui revenaient moins cher à quarante-cinq dollars par tête que des hommes à soixante dollars, il avait dépensé une véritable fortune au cours de la première saison, simplement pour cultiver la terre. Mais il avait su gérer son domaine avec rigueur et s'était bien tiré d'affaire. Maintenant tout lui appartenait.

Seulement il y avait Mary. Elle lui donnait vraiment du souci. Certes, elle n'avait pas eu de peine à se faire accepter des meilleures familles de Charles Town malgré son accent irlandais. Elle avait pour elle la beauté et l'intelligence, et savait en user pour plaire aux hommes aussi bien qu'aux femmes. Mais ces efforts lui avaient coûté, Cormac en avait conscience. Sa santé s'était altérée depuis leur arrivée. Après avoir reçu durant deux ans les femmes les plus huppées de la ville, elle se confinait de plus en plus dans ses appartements. Et à présent, elle attendait un enfant... Sa santé le préoccupait. Lorsqu'il observait son visage, il avait l'impression qu'une étrangère se dissimulait sous ses traits familiers. Il émanait d'elle une grande lassitude, une profonde mélancolie que rien ne parvenait à dissiper, ni les invités, ni les riches soieries, ni les vins capiteux. Mary avait toujours pour compagne, partout où elle allait, sa servante Clara. L'intimité entre sa maîtresse et cette... traînée le mettait mal à l'aise. Une servante de la plus vile espèce. Mais lorsqu'il s'enhardissait au point de demander à Mary de renvoyer Clara et d'engager une autre servante, elle était piquée au vif et boudait.

– Des bruits courent à son sujet, ma chérie. Les mêmes qu'à bord du *Profit*.

– Quels bruits, William? Et puis je m'en moque. Je ne veux rien savoir. Un mensonge fait le tour du monde avant qu'on sache que c'en est un.

– On dit qu'elle a poignardé son amant dans un accès de colère. Qu'elle a dû quitter Londres parce que sa tête était mise à prix.

– C'est sans doute un homme qui a fait ces racontars. Aucune femme ne croirait ça d'elle. Elle a un cœur d'or et ne ferait pas de mal à une mouche. Il n'y a pas son pareil dans cette colonie bénie des dieux.

– Tu es sûre de ne pas vouloir une autre servante, ma chérie? Ça m'agace de vous voir toujours ensemble jour et nuit...

– Eh bien, moi, ça me met du baume au cœur, William. Mais, de grâce, ne me parle plus de tout cela. Elle m'a sauvé la vie sur ce fichu rafiot. Et elle est tout ce qui me reste de mon pays. Je ne la renverrai pas. Non, il n'en est pas question!

Il haussa les épaules d'un air résigné, mais il était contrarié; c'était comme une souffrance aiguë que rien ne pouvait apaiser. Leur relation avait changé depuis qu'ils avaient quitté Londres. Alors qu'auparavant elle était docile et passionnée, à présent elle était toujours lasse, irritable, et avait souvent l'air absent. Lorsqu'il faisait l'amour avec elle, c'était en général lui qui en exprimait le désir, car il était rare qu'elle ait envie de se blottir contre lui. C'était peut-être simplement la venue du bébé, se disait-il. Pourtant il n'avait pas remarqué un tel changement lorsqu'elle attendait la petite Anne.

Enfin, sur un point au moins, Mary et lui continuaient de s'entendre. Les vieilles douairières avaient beau essayer de l'attirer dans telle ou telle église, elle refusait de se laisser circonvenir par leurs paroles doucereuses. Elle les rencontrait à des cotillons, des réceptions, des bals, et aucune ne pouvait rivaliser avec elle. Mais elle refusait de mettre les pieds à l'église anglicane, maintenant appelée Saint-

Philippe, à l'église baptiste au bout de la rue, au temple quaker, ou à la chapelle luthérienne.

Ah, quelle fière allure elle avait eue à la réception des Drayton au printemps précédent! Partout dans la salle il y avait des jolies femmes, vêtues de leurs plus belles soieries et de velours dernier cri importés d'Angleterre. Ce soir-là, elle portait un corsage brodé bien ajusté, qui mettait sa poitrine en valeur. Elle n'avait pas changé depuis qu'elle avait attiré son regard dix ans auparavant. Elle avait refusé de mettre une capeline car, disait-elle, cela suffisait pour un soir d'être emprisonnée dans un corset. Sa chevelure abondante tombait sur ses épaules. Son parfum était plus enivrant que le madère qu'il avait dans son verre. Elle but du vin blanc, dansa avec lui et rit de bon cœur comme elle le faisait chaque fois qu'il rêvait d'elle.

« Maintenant..., soupira-t-il d'un air songeur, maintenant elle paraît bien distante. » Et il avait du mal à l'admettre, elle n'était plus aussi affectueuse, aussi passionnée. Elle ne ressemblait plus à l'image qu'il se faisait d'elle. Il tressaillit en secret. « Il est vrai que la terre et les champs accaparent tout mon temps. C'est indispensable pour entretenir cette grande maison et subvenir aux besoins de ceux qui l'habitent. » Deux nouveaux esclaves venus des plantations en amont du fleuve étaient attendus le jour même. Son contremaître les avait achetés à la vente de Black Cypress. Le mâle était robuste et la fille large de hanches. « Ce serait un bon couple pour la reproduction, ils feraient aussi de bons travailleurs. Il allait bientôt falloir également une nourrice pour le bébé. » Ses pensées se tournèrent vers Anne.

Elle grandissait si vite et n'était pas du tout comme il l'avait imaginée. Elle possédait la beauté de sa mère, avec sa chevelure fauve et son teint coloré, mais là cessait la ressemblance. Il reconnaissait, avec une ironie désabusée, qu'à tous autres égards elle tenait bien plus de lui que de Mary. « Bon sang, quelle vivacité d'esprit! » Le maître qui lui enseignait le français lui avait déclaré que dans le comté il n'y avait aucune fille de son âge aussi futée. « Trop futée », songea-t-il en fronçant les sourcils. Elle n'avait pas encore appris à tenir sa langue ou à imiter les bonnes manières dont elle aurait besoin pour gagner les faveurs des jeunes gens de Charles Town. Elle virevoltait sur les pistes de danse, mais peu lui importaient les conversations raffinées. Un jeune homme avait tenté de l'approcher; soudain écarlate, il s'était mis à bredouiller. Elle lui avait sans doute posé une question inconvenante, s'imagina Cormac, ou bien lancé un défi. « Ah, c'est encore une sauvageonne, mal dégrossie comme ce satané Indien avec lequel elle se promène dans la brousse par-delà les rizières. » La danse, le français, le latin, la tapisserie à l'aiguille n'avaient guère atténué la fougue de son tempérament.

« Et elle est beaucoup trop gâtée, pensa-t-il avec regret. Elle a sa chambre, ses esclaves, son chien, ses chevaux, et même son Indien. » Il sourit en évoquant le jour où elle lui avait dit qu'elle avait « acheté » Charley Fourfeathers.

Charley était le chasseur attitré de la plantation, un Indien « civilisé », qui troquait ses talents de chasseur à l'arc, au pistolet, au mousquet, au couteau et au tomahawk contre le gîte et le couvert. Il était également le garde du corps d'Anne : son père ne pouvait avoir toujours les yeux sur elle, et la tribu des Yemassee représentait encore une menace à la frontière du comté.

Anne avait dit à son père que Charley était son frère. Ils s'étaient juré fidélité; elle s'était entaillé le bras et avait mêlé son sang à celui de l'Indien au-dessus d'un tomahawk dans une clairière, au plus profond de la forêt. Lorsqu'elle avait affirmé que Charley lui appartenait, Cormac avait trouvé cela drôle. Mais il s'était offusqué lorsqu'elle avait déclaré qu'elle appartenait à l'Indien. Il était courroucé et peut-être même attristé. Il avait le sentiment qu'Anne lui échappait et il n'arrivait pas à s'expliquer pourquoi. Tout comme Mary lui échappait. Il haussa les épaules et se versa deux doigts de rhum. Il était encore tôt pour prendre un remontant, pourtant il ne voyait rien de mal à cela. À Bellefield ou dans toute la colonie, personne n'était à même de lui dire ce qu'il fallait faire. Mais à quoi bon rêvasser? Une nouvelle cargaison d'outils était attendue dans une heure sur les quais. Pour l'instant, il y avait des problèmes plus urgents à régler.

Cet après-midi-là, au cours du dîner copieux que Cormac

et la maisonnée prenaient à trois heures, Anne décida de provoquer son père une fois de plus en lui faisant part de la dernière idée qui lui était venue à l'esprit. Cormac, involontairement, lui en donna l'occasion.

– Sam Brailsford a un lot d'esclaves qui arriveront dans trois jours à Gadsden. On pourrait aller en ville acheter un nouvel équipage pour le bateau cet été. Et peut-être, par la même occasion, trouver une nourrice pour le bébé.

Mary leva les yeux de son assiette et le remercia d'un sourire.

Durant le silence qui s'ensuivit, Anne posa avec soin son couteau en haut de son assiette, comme on le lui avait appris, croisa les doigts et dit :

– Oui, et je pourrai aller voir la nouvelle école de Saint-Philippe.

Elle sentit le regard désapprobateur de sa mère, baissa les yeux et ajouta aussitôt :

– Mère, je veux apprendre le calcul, mais il n'y a personne ici, à Bellefield, pour me l'enseigner.

D'un geste de la main sa mère arrêta le flot de ses paroles, tandis que de l'autre main elle se tenait le front d'un air las.

– Anne, il vaudrait mieux apprendre ce dont tu auras besoin quand tu seras mariée. Tu négliges ta tapisserie et ton clavecin, de plus tu ne sais pas du tout tenir une maison. Tu as largement dépassé l'âge de vagabonder dans la campagne comme une sauvageonne.

Elle poussa un profond soupir, posa la main sur celle de William et ajouta :

– C'est ma faute. J'aurais dû t'obliger à porter un corset à cinq ans, à te mettre un masque sur le visage et des gants pour te protéger la peau. Je t'ai laissée faire ce que tu voulais. Maintenant tes mains sont aussi laides et aussi noires que celles d'une négresse qui travaille dans les champs. Tu vas bientôt être en âge de te marier, ma petite. Mais qui voudra d'un garçon manqué comme toi ?

– Personne peut-être, mère. Il est possible que je ne me marie jamais ; c'est pourquoi il faudrait que j'apprenne le calcul pour aider père.

– Toi, ne jamais te marier ? railla sa mère. Bien sûr que tu te marieras, ma fille, et sans doute d'ici peu. Des filles plus jeunes que toi se fiancent et se marient moins d'un an après. Et elles ne tardent pas à être mères. Non, Anne, tu n'es plus en âge de faire des caprices de petite fille, et tu dois apprendre les manières d'une grande dame. Quand je pense que tu ne sais même pas te servir d'un éventail pour aguicher les garçons. J'ai vu avec quelle maladresse tu le tenais à la réception de Margaret, tu as failli le laisser tomber. Il n'y a pas une seule fille qui sait compter dans toute la ville de Cork et aucune ne l'a jamais regretté, je te l'assure.

Anne avait écouté sans mot dire les récriminations de sa mère, mais en entendant parler de l'éventail, l'accessoire le plus absurde de la parure féminine, elle vit rouge. « Tout aussi inutile que l'est un tablier pour une vache », pensa-t-elle, et elle se tourna vers son père en espérant qu'il prendrait son parti.

Il observa le visage d'Anne comme s'il lisait ses pensées, puis il regarda Mary avec un sourire ambigu.

– Peut-être n'est-ce pas une si mauvaise idée, ma chérie, car sans aucun doute savoir compter ne peut lui faire de mal; cela peut même lui être fort utile un jour quand elle devra gérer le domaine de son mari. Elle pourra aussi apprendre le reste petit à petit.

Le visage d'Anne rayonna de gratitude, mais elle eut la sagesse de garder le silence.

– Je refuse qu'elle quitte Bellefield, William. Elle a besoin qu'on la surveille plus étroitement et non pas qu'on lui lâche la bride.

– Oui, mais elle a également besoin de la compagnie d'enfants bien élevés qui lui donneront le bon exemple. J'ai entendu dire qu'Elias Ball a l'intention d'engager un certain Benjamin Dennis d'Édimbourg pour ouvrir une école communale à Goose Creek. Ce serait plus commode pour la petite. Et toi ou Fullborn, vous pourriez compléter son éducation le soir.

Lorsque Anne apprit cette nouvelle, son cœur bondit dans sa poitrine. Elle savait que sa mère n'avait guère envie de l'instruire et qu'elle ne voulait pas non plus la voir quitter la plantation. C'était peut-être là le moyen de s'échapper et d'être enfin libre. Mais sa mère allait-elle se rebiffer? Comme d'habitude Clara était derrière son dos, insistait pour qu'elle mange et fusillait Anne du regard; elle se comportait ainsi chaque fois qu'on contrariait sa maîtresse. Indifférente à ce qu'on pouvait penser d'elle, Anne à son tour jeta à Clara un regard malveillant. Elle sentait que la victoire était proche.

– Mais quels enfants bien élevés peut-elle espérer rencontrer dans ce genre d'école? Il n'y aura que des petits moricauds et des gosses de familles sans le sou. Et comment ce Benjamin Dennis peut-il lui apprendre tout ce que doit savoir une jeune fille accomplie?

Sa mère n'avait pas abandonné la partie.

Anne fut incapable de se taire plus longtemps. Sans tenir compte du clin d'œil que lui fit son père pour la mettre en garde, elle adressa à sa mère son sourire le plus suave.

– Mère, je connais les pas de menuet à la mode. Je ne me débrouille pas trop mal au clavecin et je sais faire le point de Turquie en tapisserie quand je m'applique. Ici, au Nouveau Monde, les manières sont différentes. Je suis certaine que, même s'il ne possède pas grand-chose, un homme ne voudrait pas d'une femme qui ait une tête de linotte. Si je dois être une vraie épouse pour mon mari, alors savoir compter devrait être pour moi un atout et non pas un obstacle à mon mariage. D'ailleurs il n'est pas nécessaire que cela se sache.

Elle avait gardé un argument de choc pour la fin.

– De plus, mère, je m'ennuie ici, à Bellefield. Et tu le sais bien, quand je m'ennuie je risque de faire des bêtises. Laisse-moi aller à cette école de Goose Creek et je te promets que je ne te ferai pas honte. Je mettrai un corset, je monterai en amazone et je me coifferai convenablement.

Mary réfléchit. Elle décida d'exploiter la situation à son avantage.

– Et commenceras-tu alors à te conduire comme il convient à la jeune maîtresse de Bellefield? Te prépareras-tu au rôle légitime que doit jouer l'épouse d'un homme de mérite?

Anne détestait les termes mêmes de la promesse qui lui était arrachée, mais l'attrait de la victoire d'aujourd'hui lui permit de ne pas penser à l'avenir

– Oui, mère, je ferai de mon mieux.

Sa mère sourit et tourna son regard vers William. À nouveau elle lui prit la main. Ce soir-là, elle avait le sentiment d'avoir pour une fois remporté une victoire sur Anne.

Vingt-sept enfants blancs, deux Indiens et un Noir fréquentaient l'école de Goose Creek. Benjamin Dennis, qui avait fait ses études en Écosse et qu'on avait expressément fait venir d'Angleterre, enseignait dans une pièce au-dessus de la remise. Les jours de chaleur, c'était l'endroit le plus frais de la plantation d'Elias Ball à Kensington, en amont de la rivière. Au début Anne fut ravie de se trouver dans une salle de classe en compagnie de tant d'autres enfants. Pour aller à l'école elle s'habillait avec bien plus de soin que s'il s'était agi de se rendre à un cotillon : elle mettait un corset bien serré, un jupon à fleurs, une robe de damas, un tablier et un bonnet. Chaperonnée par Charley en justaucorps de cuir impeccable, elle allait à Kensington sur sa plus belle jument et portait son pistolet personnel à crosse d'argent dissimulé sous sa ceinture autant pour se protéger que pour son plaisir.

Durant la première semaine, son maître l'impressionna. Mais elle s'aperçut bientôt qu'il n'était pas à la hauteur et lui témoigna son mépris. Elle le harcela de questions en français auxquelles il ne sut répondre. Son rêve d'apprendre l'arithmétique s'écroula quand elle découvrit que cet homme ne connaissait guère autre chose que la règle de trois et n'était même pas capable de faire une division.

Anne n'avait jamais su ce que c'était que de s'ennuyer avant d'être obligée de passer un après-midi entier, par une chaleur étouffante, à somnoler sur des psaumes qu'elle avait déjà lus plus de dix fois, en attendant que le plus jeune de la classe, qui zozotait, réponde en bégayant à une question élémentaire.

Anne ne resta même pas une année à la petite école où elle apprit bien plus de choses sur ses camarades qu'elle n'acquit de connaissances livresques. Tout d'abord elle avait proposé, avec réticence il est vrai, d'aider les enfants les plus jeunes; mieux valait faire n'importe quoi que de s'ennuyer à mourir. Après avoir essuyé un refus, elle estima que son maître était un sot, puis elle l'ignora complètement.

Elle se mit à faire de timides avances aux autres filles de l'école – il n'y en avait que quatre – mais elle fut rabrouée parce qu'elle était trop grande et avait l'esprit trop vif. Une jeune personne, coiffée avec des anglaises, lui dit qu'elle « n'était pas assez pieuse » et que « ça ne lui servait à rien d'être trop intelligente ». Quand Anne la poussa dans une flaque d'eau pour se venger, la fille monta une cabale contre elle et elle se trouva ostracisée par toute la clique.

Avec les garçons il était plus facile de s'amuser, mais à leur tour ils perdirent bientôt tout intérêt pour Anne. Au début ils la considérèrent comme leur égale et la laissèrent jouer avec eux. Quand on commença à raconter des histoires sur son compte, Anne fut exclue de leurs jeux. Elle ne savait pas exactement pourquoi on la rejetait. Au bout d'un certain temps, cela la laissa indifférente ou, du moins, c'est ce qu'elle prétendit. Dans un ultime effort pour prouver ce dont elle était capable, elle provoqua un garçon à la lutte. Il lui pocha l'œil, après quoi elle le plaqua au sol.

Au début Anne put esquiver les questions que lui posaient ses parents sur l'école. Même le jour où elle rentra chez elle avec un œil au beurre noir, Charley confirma son récit : Foxfire avait fait un écart et elle avait heurté le pommeau de sa selle.

Et puis soudain toutes les questions cessèrent. Pendant sept jours sa mère ne sortit pas de ses appartements. Le docteur venait et s'en allait, revenait et repartait, fermant doucement les portes pour se rendre dans le bureau où William s'isolait. Quand Mary quitta sa chambre, elle était pâle et sans force ; ses yeux creux semblaient ne rien voir. Elle avait perdu le bébé. « Oui, avait dit le docteur, elle a encore une chance de pouvoir mettre un autre enfant au monde. Ma foi, elle ne se porte pas mal. » Mais Anne savait que ce n'était pas vrai. Elle regardait les yeux cernés de sa mère, ses cheveux clairsemés autour des tempes. Elle devinait que jamais plus elle ne serait enceinte.

Anne avait entendu les toasts que l'on portait au cours des réceptions et d'autres célébrations importantes ; les hommes se mettaient debout et levaient leur verre en l'honneur de l'Angleterre, de la reine, et pour finir « de notre pays libre, de nos hommes honnêtes et de nos femmes fécondes ». En effet les femmes capables d'avoir une nombreuse progéniture ne manquaient pas dans la colonie. Anne connaissait plusieurs familles de dix ou douze enfants, dont la mère n'était pas plus âgée que Mary. Souvent les femmes étaient mères à quinze ans et grand-mères à trente. La plupart, à peine relevées de leurs couches, se trouvaient de nouveau enceintes. Mary avait, conformément à l'usage, préparé les draps pour le lit du bébé. Elle avait un berceau recouvert de satin piqué, des robes en soie damassée et des petites chemises de différentes tailles ornées de dentelle. Anne avait vu la layette qui lui appartiendrait quand viendrait son heure, lui avait dit Mary.

Anne se demandait si sa mère avait perdu l'enfant parce qu'on n'avait pas satisfait ses envies. Elle avait entendu parler d'une femme à qui on avait refusé un morceau de lard et qui avait fait une fausse couche. À vrai dire elle supposait que ces envies étaient le prix que payait une femme pour avoir un enfant.

La perte d'un frère ou d'une sœur suscita chez Anne des sentiments mitigés. Elle se sentait très seule et souhaitait parfois avoir un ami. Pourtant, en dépit de sa solitude, elle n'était pas sûre de vouloir partager sa vie et sa maison avec quelqu'un d'autre. Anne et ce nouvel enfant auraient été très différents. Peut-être n'auraient-ils même pas eu l'air d'être de la même famille. Elle avait été allaitée par une nourrice irlandaise et avait donc, comme ses parents, une intonation irlandaise quand elle parlait. Cependant sa sœur ou son frère aurait été allaité par une négresse et aurait imité sa façon de s'exprimer et ses manières. « Peut-être, supposa Anne, ne se seraient-ils même pas ressemblés, tant sa mère était différente à présent de ce qu'elle était quand elle avait eu son premier enfant. »

Au bout de quelque temps Anne ne regretta plus du tout la mort de ce bébé. Le comportement de sa mère resta à peu près le même. Simplement elle gardait plus souvent le silence et quittait la table plus tôt.

Au début son père fut attristé, puis il s'employa à distraire Mary du mieux qu'il put. Il parla de voyages à l'étranger, de retourner en Irlande ou d'aller à Newport pour la saison. Mais en voyant le peu d'intérêt manifesté par Mary, il se tut.

Et bientôt, comme toujours, les affaires de Bellefield l'accaparèrent à nouveau.

Pendant ce temps-là, Anne faisait tout ce qu'elle voulait.

Des rumcurs finirent par atteindre Bellefield : tout ne se passait pas bien à l'école de Goose Creek. Un soir William appela Anne dans son bureau. Anne savait que cette fois elle allait être obligée de passer aux aveux. Son père était furieux.

– Qu'en est-il de ta promesse à ta mère, ma fille ? Tu m'as fait honte dans tout le comté. On dit que ma fille se dispute avec des garnements et leur donne des coups !

Anne commit l'erreur de sourire.

– Et cela te fait rire ? Alors tu brutalises un petit garçon ? Oh, n'essayez pas de le nier, mademoiselle. Je n'écouterai aucune de vos excuses cette fois-ci. Brailsford en personne m'a pris à part à la vente aux enchères de la semaine dernière pour se plaindre de votre conduite ! Un marché aux esclaves, est-ce là l'endroit pour parler de ma propre fille avec le gratin du comté ?

Anne fut profondément affectée d'apprendre qu'on parlait d'elle dans tous les salons.

– Mère le sait-elle ?

– Elle est uniquement au courant des choses qu'elle voit. Elle sait que tu n'as pas tenu ta promesse de te conduire comme une jeune fille bien élevée. Ce n'est pas une imbécile, ma fille, bien que tu essaies de la faire passer pour telle. Elle comprend qu'il faut te tenir la bride haute, ne jamais la lâcher, comme si tu étais une pouliche borgne.

Exaspéré, il remit en place les mèches de cheveux qui lui tombaient sur le front.

– Maintenant écoute-moi bien, ma fille, et prends garde à ce que je te dis. À mon avis tu es une bonne à rien. Tu as rompu tes engagements vis-à-vis de ta mère et en un an tu n'as appris qu'à te chamailler et à te battre comme un coq.

– Pa, il n'y a rien d'autre à apprendre dans ce genre d'école ! Maître Dennis est un sot !

– Mais c'est toi qui as demandé d'y aller ! Tu fais fausse route, Anne. La vérité, c'est que tu as déshonoré notre nom.

Cormac arpentait la pièce de long en large, en proie à une grande agitation et les basques de sa veste se soulevaient.

– Père, ils ne se battent pas à la loyale! Ils m'embêtent et ne me laissent jamais tranquille, et puis ils ne veulent pas se défendre quand je leur donne une raclée, et ils se mettent tous ensemble contre moi pour me chasser!

Un ancien souvenir lui revint en mémoire.

– C'est comme les Sweeney, pa!

Au lieu de convaincre son père, sa remarque le fit blêmir de rage. Anne frémit quand elle vit battre une veine de son front. Il lui dit à voix basse d'un ton menaçant :

– Ne t'avise pas de me reparler des Sweeney! Tu te tais, ma fille, ou c'est moi qui vais te donner une raclée. Ne te rends-tu pas compte de ce que tu as fait. Il nous a fallu des années pour montrer qui nous étions, pour bâtir notre vie. Tu es trop gâtée, c'est sûr. Je t'ai vue peu à peu devenir une fille de rien. J'ai bien envie de te renvoyer en Angleterre pour que tu sois vendue comme domestique, simplement pour que tu voies ce que c'est que de gâcher ses chances.

Cette menace fit un tel choc à Anne qu'elle ne put refouler ses larmes. Son père était si furieux qu'elle oublia sa belle résolution de se défendre et n'éprouva plus que de la honte. Elle se tenait là sans bouger, toute droite et livide. On lisait sa souffrance dans son regard. Elle fut incapable de contenir ses pleurs qui ruisselèrent sur ses joues. Son père fut bouleversé car elle pleurait rarement, même quand elle était toute petite. Anne représentait tout pour lui. Pourtant il durcit le ton.

– Ne crois pas non plus que tu vas t'en tirer avec tes pleurnicheries, ma petite, car cette fois-ci je ne me ferai pas avoir. Tu as brisé tous les espoirs que je mettais en toi.

Il regarda de nouveau Anne. Elle baissait la tête comme pétrifiée, on aurait dit une condamnée qui attend son exécution. Il ne put supporter de la voir pleurer. Il s'avança vers elle et l'entoura tendrement de ses bras, tout en lui parlant d'un ton bourru.

– Voyons, ma chérie, ne pleure pas comme une madeleine. Tu nous as joué un sale tour à ta mère et à moi, et tu t'es fait encore plus de tort à toi-même. Mais je ne vais pas te chasser. Désormais il faudra que tu sois une jeune fille accomplie. Tu tiendras la promesse faite à ta mère. Plus question d'école. Tu auras une gouvernante digne de ce nom à Bellefield. Plus question d'étudier le calcul. Tu seras fière de porter des jupes et d'apprendre tout ce que doit savoir une femme pour bien tenir sa maison.

Anne se raidit dans les bras de son père. Elle se sentait à la fois aimée et acceptée, mais aussi en quelque sorte prise au piège. Elle ferma les yeux et laissa les paroles de son père la caresser comme un rayon de soleil. Peut-être était-il temps qu'elle grandisse après tout. Elle s'était sentie si seule. Elle ne pouvait supporter l'idée que d'un bout à l'autre du pays toutes les vieilles harpies parlent d'elle. Peut-être la solution proposée était-elle la meilleure. Mais elle se demandait si elle serait aussi heureuse que par le passé.

Pendant plus d'un an Anne s'efforça d'être une jeune fille modèle. Elle se débattit avec son corset, apprit à se servir d'un éventail pour communiquer ses états d'âme, s'entraîna à mettre des petites mouches noires sur ses joues pour rehausser l'éclat de son regard ou pour cacher une tache de rousseur. En voyant sa table de toilette on se serait cru chez un apothicaire.

– Anne, pour un homme l'éventail est aussi important que le regard, lui disait sa mère, tandis que Fully se tenait un peu à l'écart, intimidée par tous les préparatifs.

Anne cligna les yeux, car elle n'en était pas persuadée.

– Mais si, c'est la vérité, ma fille. Il faut que tu saches jouer de l'éventail comme tu sais faire la révérence. Chaque éventail...

Mary en étala une demi-douzaine sur la courtepointe pour les montrer à sa fille qui manifestait peu d'enthousiasme.

– ... chaque style d'éventail a une signification tout à fait différente et il faut apprendre à choisir celui qui convient pour la circonstance. Voici un éventail de Mecklembourg, voici un éventail de mariage, un éventail de deuil, un éventail de demi-deuil...

– Qu'est-ce qu'un éventail de demi-deuil ?

– Eh bien ! C'est celui qu'on utilise quand le cher disparu ne nous était pas aussi cher que celui pour lequel on utilise l'éventail de *grand* deuil.

– Ah bon !

– Voici un éventail pour dire à un monsieur que tu ne

repousseras pas ses avances. Tu agites simplement cet éventail de dentelle rouge sous son nez, et il comprend.

– Pourquoi ne pas tout simplement le lui dire, maman?

– Parce que agir ainsi serait compromettre ta vertu. L'éventail parle à ta place.

– C'est commode!

Elle sourit pour dissimuler son irritation.

– Oui, tout à fait. Et à propos, ma fille, je t'ai déjà dit de ne pas m'appeler « maman » ni ton père « pa ». C'est vulgaire et mal élevé. Les gens de la campagne appellent la négresse qui les a allaités « maman ». Je suis ta mère et ton père est ton père, et c'est ce que nous souhaitons t'entendre dire en public ou en privé, je te prie.

Mary continua de la guider dans le labyrinthe des parures et objets qu'une femme doit posséder. Sur son lit il y avait des manchons en plumes et des étoles, des bourses en maroquin à fermoir d'argent, des crochets de corset, des flacons gravés contenant des sels dans des boîtes ouvragées au cas où elle aurait des vapeurs, des tabatières élégantes, non point pour son usage personnel, mais simplement pour être en mesure d'offrir une prise à un monsieur, un étui et un nécessaire de couture. Tout cet étalage était impressionnant.

Mary prit un crochet de corset et l'attacha à l'ourlet du corsage d'Anne. Fully rayonnait de joie en voyant la fillette dont elle avait la charge métamorphosée grâce à ses beaux atours. Au crochet, qui avait la taille d'un gros hameçon, sa mère suspendit l'étui – une petite pochette – et le nécessaire de couture – une pochette un peu plus grande. Elle glissa dans l'étui un flacon de sels, un cure-dent en os et un mouchoir de soie; dans le nécessaire de couture elle introduisit une paire de minuscules ciseaux, un dé et un sachet d'aiguilles.

– Faut-il que je transporte tout cela suspendu à mon corsage comme si j'étais un navire avec ses deux ancres?

– C'est ce que font les vraies dames, ma fille.

– Alors je me demande comment elles peuvent bien se tenir droites. C'est plus raisonnable d'avoir des poches.

Fully ouvrit de grands yeux.

– Peut-être, dit sa mère sans perdre son calme. Nous ne

parlons pas de raison, ma fille, mais de mode. Tous ces accessoires de toilette sont également pour toi, ma chérie.

On voyait sur la table des eaux de toilette importées, de la poudre, des fards, du baume pour les lèvres, de l'alcool, de la poudre dentifrice, des lotions pour garder un teint de lait, de la pâte d'amande pour le visage et de la lavande, sans doute pour cacher l'odeur de transpiration, se dit Anne, qui sentait maintenant sa propre sueur lui couler dans le dos et sous son corset. Elle se demanda si c'était sa longue maladie ou la perte du bébé qui avait amené sa mère à haïr son corps et à changer à ce point. Sinon pourquoi une femme se compliquerait-elle ainsi la vie?

– Je vais te laisser seule, Anne, pour que tu essaies tous ces produits. Fullborn peut t'aider si tu as un doute sur leur usage.

– Oui, mère.

Anne la regarda sortir de la pièce en faisant froufrouter avec grâce ses jupes étroites sur le plancher de sapin. Elle s'allongea doucement sur le lit de plumes, car les baleines de son corset lui meurtrissaient la chair.

– Fully, ôte-moi donc ce carcan. Je ne peux plus respirer et je suis trempée jusqu'aux os sous ces fichues baleines.

– Eh oui! ma fille, il va falloir t'y habituer. Mais tu aurais dû commencer plus tôt. Maintenant tu as une taille trop grosse pour ton corset.

– C'est plutôt mon corset qui est trop petit pour ma taille. Fully, comment font les dames pour marcher et courir ou même parler quand elles sont soumises à un tel supplice?

– Elles apprennent surtout à marcher lentement ou à rester sur place. Respire de la poitrine et non pas du ventre comme une vieille femme poussive. Tu vas t'y faire.

– Et si je ne m'y fais pas? Si je me trouve mal presque à chaque pas?

– Allons! Tu as des sels pour reprendre tes esprits. Rappelle-toi ça : une fois que tu as tapé dans l'œil d'un homme, tu peux faire ce que tu veux.

Les paroles de Fully ne furent pas d'un grand réconfort pour Anne car, à ce qu'elle pouvait voir, aucune femme ne faisait jamais ce qu'elle voulait, quelle que soit sa beauté, son intelligence ou son charme.

Ses débuts de grande dame furent de courte durée. En effet Anne finit par reprendre ses vieilles habitudes qui lui demandaient moins d'efforts. Elle veilla davantage à cacher ses goûts à ses parents. Cependant William et Mary étaient de plus en plus accaparés par leurs propres affaires. Il y avait à Bellefield de nouveaux invités, des gens importants, maintenant que l'argent de Cormac fructifiait.

À Charles Town les pirates étaient reçus dans les meilleures familles, comme c'était souvent le cas aux colonies. On les appelait corsaires, afin de ne pas mettre leurs protecteurs dans l'embarras. En tant que partenaires commerciaux des négociants, ils remplissaient les coffres de la ville de doublons en or d'Espagne, de piastres d'argent, de pièces de huit, de dollars, de couronnes et des richesses dont ils avaient dépouillé des navires du monde entier. Ils attaquaient les vaisseaux espagnols qui faisaient concurrence aux flottes de la colonie, et puis ils vendaient les marchandises volées meilleur marché que celles importées d'Angleterre. Plus de soixante navires arrivaient chaque année de la mère patrie et quatre-vingts autres faisaient la navette entre les Caraïbes et les colonies du Nord. Comme la ville de Charles Town à elle seule avait besoin de plus de mille esclaves nouveaux chaque année et que le commerce avec l'Angleterre ne rapportait guère plus de cent soixante livres sterling par an, on considérait que les pirates contribuaient utilement à la bonne marche de l'économie.

En effet l'Angleterre écrasait les colonies de taxes, de même qu'elle asphyxiait le commerce de l'Irlande. En vertu des lois sur la navigation, toutes les marchandises à destination des colonies devaient transiter par la mère patrie où elles étaient taxées, avant d'être réexpédiées au Nouveau Monde. Dans tout le pays, quand ils se retrouvaient autour d'une table, les négociants, les planteurs et les nobles, aussi loyaux qu'ils fussent à la Couronne, se plaignaient en privé de ce que leur coûtait leur allégeance.

Quand Anne les entendait s'en prendre au « gouvernement de Sa Majesté » et aux « maudits whigs assoiffés d'argent », elle regardait autour d'elle dans la salle et passait en revue tout ce qui avait été acheté aux forbans. Le rhum sur la table, le velours de la robe de sa mère, la dentelle de son corsage, sa carabine damasquinée, le vin de la cave, les chandeliers et leurs trépieds, les bijoux, les épices et même la table – tout cela avait été acheté aux pirates, au prix qu'ils avaient fixé.

En 1713, le plus célèbre capitaine pirate de Charles Town était Paul Raynor. Il soupait souvent à Bellefield avec son compagnon, Con Kesby, un pirate comme Anne les imaginait. Alors que Raynor était grand, séduisant, basané mais avait des manières raffinées – il mettait pour dîner une belle redingote avec un jabot tout en dentelle et des manchettes de linon de Hollande –, Kesby était un vulgaire rat de cale : il était borgne et son visage était rougeaud tant il buvait de rhum et de vin capiteux. Il portait une culotte rouge et un anneau d'or à une seule oreille. Raynor commandait une flotte puissante et importante et des équipages expérimentés. Des Antilles il avait rapporté une cargaison de mélasse et de tabac, et avait fait fortune ainsi que Cormac par la même occasion. Ce soir-là, ce qui importait surtout à Cormac, c'était de lui plaire et de s'attirer ses faveurs. Or Raynor prenait le plus grand plaisir à raconter des histoires de marins et à voir étinceler les yeux des dames qui écoutaient le récit de ses aventures.

– Parlez-nous de vos récents engagements en mer, Raynor, dit Cormac pour encourager son hôte.

Le capitaine pirate se carra dans le grand fauteuil à haut dossier et alluma sa pipe de Cuba. Il loucha à travers la fumée, et la flamme des chandelles trembla comme si le vent montait de la mer tandis qu'il parlait. Il s'adressait à Cormac, mais ses yeux de fauve se posaient tour à tour sur Anne et sur sa mère.

– Nous sommes une bande de lascars rapides comme l'éclair, Cormac. La vitesse et l'effet de surprise, voilà nos armes; la terreur, c'est notre principal atout. J'ai vu des hommes tués quand un canon avait fait voler en éclats, pareils à des dagues de quinze centimètres de long, les planches de chêne du pont, et le chirurgien de bord faire un carnage en charcutant ceux qui avaient survécu à leur martyre. La gangrène n'est pas belle à voir sous les tropiques, madame.

Il inclina la tête en adressant à Mary un petit sourire.

– Nous avons livré une grande bataille au cours de notre dernier voyage en mer. Nous étions loin au large de la Jamaïque. L'homme de vigie aperçut avec sa longue-vue un navire à près de douze milles à tribord, et cria : « Ohé, un navire ! » C'était un brigantin qui arborait le pavillon espagnol. Il venait de la Côte de l'Or, sans doute faisait-il route vers l'Espagne. Nous savions que sa cale était pleine, car il enfonçait profondément. Alors nous avons voté, l'un après l'autre, et avons décidé de nous en emparer. Nous l'avons suivi pendant une demi-journée pour voir si ses sabords étaient vrais ou faux. Vous savez, ces diables d'Espagnols sont tellement fourbes qu'ils peignent des faux canons sur les plus petits de leurs navires. Mais leur ruse a été déjouée.

– L'avez-vous fait sauter ?

Cormac était impatient de connaître la fin de l'histoire. Anne restait immobile de façon à ne pas attirer l'attention et à ne pas se faire renvoyer de table au moment le plus palpitant.

– Non, nous tirons rarement plus d'une fois sur un navire, l'ami. Nous voulons nous en emparer, pas le couler. Nous avons tiré un seul coup en travers de sa proue, hissé notre drapeau noir et il a baissé pavillon sans se défendre. C'est le genre de combat qui nous plaît, cela va sans dire.

Cormac était visiblement exaspéré.

– Mais alors, l'ami, vous n'avez jamais livré de véritable bataille.

Raynor eut un sourire forcé.

– Si, monsieur. J'ai eu ma part de combats en mer et j'ai vu couler le sang. Est-ce donc de cela que vous voulez que je parle ? J'étais à bord du navire de Tew, vous savez, l'*Amity* qui avait quitté les Bermudes en 92. C'était un bon capitaine qui avait sous ses ordres un équipage de soixante hommes ; il a même reçu des lettres de marque du gouverneur des Bermudes, Isaac Richier, l'autorisant à piller les navires français au large des côtes d'Afrique. Si nous étions capturés, nous avions alors un passeport pour la liberté. Nous pouvions tout simplement déclarer que nous poursuivions les ennemis du roi et on nous considérait comme des héros.

Il leva son verre de vin rouge au fond duquel il voyait jouer la lumière. Tandis qu'il parlait, il semblait perdu dans ses pensées.

– Ainsi, avec ces documents qui faisaient de nous des corsaires, nous avons entamé la traversée de l'Atlantique par une mer calme. Alors ce fut la surprise. Avait-on envie de devenir pirates ? De faire fortune avec ou sans la permission du gouverneur ? demanda Tew. Un coup d'audace, ajouta-t-il, et nous pourrions vivre dans le confort et l'abondance jusqu'à la fin de nos jours. Comme un seul homme, on est tous tombés d'accord pour le suivre. On aura une chaîne d'or ou une jambe de bois, voilà ce qu'on a dit. On a donc fixé l'itinéraire pour atteindre le cap de Bonne-Espérance et puis on a gagné la mer Rouge.

Raynor prit une bonne bouffée de sa pipe et regarda un instant par la fenêtre, comme s'il s'y voyait encore.

– Pendant des mois nous avons fureté à la recherche de la prise parfaite, nous avons sillonné l'océan Indien infesté de requins et nous avons parfois été encalminés. Jusqu'à ce que nous tombions sur un navire appartenant aux Grands Moghols. Il avait quitté les Indes et cinglait vers les ports arabes, chargé d'énormes richesses. Et par-dessus le marché, il transportait trois cents soldats indiens.

– Ils se sont battus ? interrompit encore une fois Cormac.

– Oui, l'ami, ils se sont battus comme des lions et c'était justice, car les trésors de leur cargaison méritaient bien qu'on meure pour eux. C'était la rançon d'un roi : des défenses d'éléphant et des épices ; des coffres remplis de joyaux et des balles de soie chatoyante, et de l'or et de l'argent pour une valeur de plus de cent mille livres.

Cormac ouvrit de grands yeux tandis qu'il essayait d'imaginer une telle fortune.

– Nous nous en sommes emparés. Avec des mousquets et des sabres nous sommes montés à l'abordage en pleine mer ; les quatre-vingts hommes de l'*Amity* se sont mesurés aux trois cents soldats. Pas une seule perte de notre côté. On a passé au peigne fin cette saloperie de rafiot indien, on l'a nettoyé à fond, on a balancé tout l'équipage par-dessus bord pour nourrir les requins, puis on a filé vers le sud et on s'est retrouvé à Sainte-Marie, au large de Madagascar. Tew a partagé le butin et nous sommes entrés dans Newport en avril 1694 où on nous a accueillis comme des héros. Tous les négociants du port se sont mis en quatre pour nous fournir ce qu'ils avaient de mieux. Nous sommes allés rendre visite au gouverneur, qui a donné un bal en notre honneur dans sa résidence. Mme Tew et sa fille Meg portaient plus de bijoux pour l'occasion que la femme du gouverneur et toutes les autres dames réunies. Lorsque nous sommes revenus à Newport, la ville entière voulait s'engager pour la prochaine expédition de Tew, car alors un pirate arrivait à gagner davantage en une seule année que le gouverneur en trois. Tout le monde rêvait de cheikhs et de Moghols, et mourait d'envie d'aller en mer Rouge.

– Alors vous êtes repartis?

Cormac était penché en avant, fasciné. Sans quitter des yeux Anne et sa mère, Raynor prit son temps pour répondre.

– Oui, j'ai repris la mer avec lui cette année-là, mais sa chance a tourné. Un pirate doit compter sur sa chance autant que sur son navire. Cette fois le gouverneur Fletcher, qui n'était que trop heureux d'investir dans une pareille entreprise, nous remit à son tour des lettres de marque. Nous avons cinglé à nouveau vers la mer Rouge. Pendant une bonne partie de l'année nous avons rempli notre cale de trésors en provenance de l'Orient. Cela dépassait tout ce qu'on peut imaginer : des diamants, de l'or, de l'argent, des coffrets d'ivoire et des barriques de vin. Et puis, alors que nous montions à l'abordage d'un petit navire, Tew a reçu une balle dans le ventre. La balle a emporté un gros morceau de chair, et il est mort en tenant ses boyaux à pleines mains.

Autour de la table ce fut le silence. Cormac avait les yeux rivés sur Raynor et puis, trop tard, il se rappela que sa femme et sa fille étaient présentes. Il leur jeta un coup d'œil à la dérobée. Mary avait l'air calme. Le visage d'Anne était tout rouge tant elle était excitée. Le regard de Raynor suivit celui de son hôte.

– Mesdames, pardonnez-moi de vous avoir raconté une histoire aussi horrible. J'espère ne pas avoir heurté votre sensibilité. Mais c'est ça, la vie des pirates. La guerre, voilà ce que nous faisons en mer. Le sang est le prix à payer quand on se bat. On essaie de ne pas le payer soi-même et on s'efforce, du mieux qu'on peut, de le faire payer aux autres.

Cormac observa attentivement sa femme et sa fille. Peut-être Mary n'avait-elle écouté qu'une partie de l'histoire mais, sans aucun doute, il était trop tard pour empêcher Anne de l'entendre.

– Je suis sûr qu'on leur a raconté des histoires plus affreuses, capitaine.

Il se hâta de changer de sujet.

Quand ils se mirent à parler affaires, Anne cessa de leur prêter attention. Malgré la séduction que Raynor exerçait sur elle, elle préférait Con Kesby. Il l'effrayait et la fascinait à la fois avec son unique boucle d'oreille en or et le poignard à manche d'ivoire dissimulé dans sa culotte rouge, même lorsqu'il était assis à la table de Cormac. Elle lui adressait rarement la parole mais elle l'épiait par-dessous ses paupières baissées. De temps à autre, elle avait le sentiment qu'il l'observait lui aussi.

Anne grandissait rapidement. Elle s'en rendait compte quand, debout toute nue devant la glace, elle se regardait. Ses seins se formaient petit à petit, mais ce qui attira tout d'abord son attention, ce furent ses cuisses. Alors que, jusque-là, elles avaient toujours été plates, elles commençaient à s'arrondir. Elle se regardait prendre une silhouette de femme avec un détachement mêlé de curiosité.

À treize ans elle était grande pour son âge, presque aussi grande que son père. Elle commença à avoir ses règles trois mois après son douzième anniversaire. Anne ne fut pas prise au dépourvu. Fullborn avait remarqué qu'elle se développait vite et l'avait préparée à ce qui l'attendait. Anne avait peine à imaginer qu'elle allait être incommodée à ce point. C'était une nouvelle gêne, aussi désagréable que le corset qu'elle détestait et les chaussures pointues en maroquin qui lui comprimaient les pieds.

– Tu ne peux pas te baigner, ma fille, pendant tes règles. Tu ne peux pas rester dans les courants d'air, manger du porc ou boire du vin rouge, et si la douleur est trop vive...

– La douleur? Est-ce que ça fait mal, Fully?

– Oui, ma fille. C'est parfois le cas. J'ai connu des dames qui restaient couchées une semaine tous les mois. Et certaines souffraient tellement qu'elles en perdaient presque la raison.

– Et *toi*, est-ce que ça te fait mal?

– Non, ma fille, dit Fully en riant. Ça fait des années que ça s'est arrêté. Ça ne me tracasse plus. C'est terminé.

– Doux Jésus! Au moins cela ne dure pas toujours. Dans combien de temps en serai-je débarrassée?

– Dans des années, ma fille. Peut-être trente ou plus.

– C'est un sale tour qu'on joue aux femmes! Il me semble que tous les ennuis sont pour nous, Fully, et que les hommes ont tous les avantages.

– Ma fille, ça ne sert à rien de te révolter ainsi contre l'existence ou de raisonner comme une fille de taverne. T'entends pas les autres femmes se plaindre de leur sort, pas vrai? Maintenant, viens ici que je te montre ce qu'il faut faire quand ça vient.

Anne l'écouta mais ne se résigna pas. Quand vinrent ses règles, elle fut soulagée de ne pas trop souffrir. Elle ressentit simplement une lourdeur qui l'engourdissait, un mal de tête insupportable qui l'énervait et la rendait irascible. Elle découvrit que le meilleur remède consistait à monter Foxfire et à la faire galoper de plus en plus vite dans la plaine jusqu'à ce qu'elles soient épuisées toutes les deux. Elle regrettait souvent de ne pas être rapide comme sa jument, de ne pas avoir le pied aussi sûr et d'être gênée chaque mois par ces linges souillés de sang.

À mesure qu'elle se transformait, son père devenait plus tendre avec elle. Anne sentait qu'il l'observait; souvent sur son visage un sourire révélait combien il l'aimait. Quand elle allait de pièce en pièce dans la maison et que ses jupes ondulaient avec grâce derrière elle, il ne manquait jamais de remarquer un nouveau bijou qu'elle portait ou une nouvelle façon de coiffer ses cheveux roux aux mèches rebelles.

– C'est ton flambeau, ma fille. Ne te coupe jamais les cheveux. C'est comme le soleil sur ta tête. De loin, je pourrais te reconnaître entre mille à tes cheveux.

Il caressait doucement ses boucles. Anne s'apaisait au contact de ses doigts et se promettait, une fois de plus, d'apprendre à dompter sa folle crinière pour lui faire plaisir.

Son corps ne semblait plus lui appartenir à présent et elle sentait une personnalité inconnue grandir en elle. Les hommes la suivaient plus souvent des yeux. Ils les détournaient quand ils voyaient qu'à son tour elle les observait.

Lorsqu'elle se rendit à la soirée donnée à la plantation de Drayton, tous les regards semblèrent converger sur elle sitôt qu'elle apparut dans la salle de bal. Elle n'attira pas seulement l'attention des hommes, les femmes la regardèrent aussi avec des yeux pleins d'envie.

Phillip Drayton, le fils cadet de leurs voisins les plus proches, s'avança vers elle et s'inclina en lui serrant la main. Il l'entraîna à vive allure sur la piste de danse en la tenant délicatement par la taille. Anne connaissait Phillip depuis son enfance. Pourtant sa main, quand il prit celle d'Anne, était moite et, à travers son gant, elle sentit qu'il tremblait. Troublée, elle fronça les sourcils et se demanda ce que pouvait bien avoir ce garçon.

Et puis John Drayton les sépara. Il donna à son fils une petite tape sur l'épaule et la prit par la taille. Elle fut alors encore plus étonnée. M. Drayton avait l'âge de son père; néanmoins, elle aurait juré qu'elle sentait ses doigts se déplacer sur son dos, exercer une légère pression semblable à une caresse qui se voulait intime. Elle sourit pour dissimuler sa surprise. C'était donc cela le flirt entre un homme et une femme. Elle respira profondément de sorte que la forme de ses seins se dessina sous son corsage et, les paupières mi-closes, épia M. Drayton. Elle vit le rouge lui monter au visage tandis qu'il suivait les mouvements gracieux de son corps. « Voilà une leçon que je retiendrai sans peine », pensa-t-elle.

Cet hiver-là Mary voulut retourner à Charles Town pour les vacances. William fut heureux de la voir s'intéresser de nouveau aux mondanités. Il acheta une maison en ville dans une rue ombragée, un peu en retrait du front de mer.

Tôt le matin, le moment préféré d'Anne, elle entendait les marchands ambulants parcourir les rues en répétant, toujours sur le même air, leur refrain qui couvrait les bruits venus du port. Le marchand de poisson vendait des crevettes grises, des crabes bleus, des bars rouges, des pompanos et des mulets. Il chantait :

Ohé! V'là l'marchand de poisson,
Y a d'la crevette, du bar et du crabe femelle
Du poisson bien frais, d'la marchandise bien belle
Y a tout c'qui nage et qui a échoué là.
V'nez acheter, v'nez acheter tout ça.

Plus tard, lorsque Anne entendait le « Ohé! » au petit matin, elle souriait et était prête à affronter les difficultés de la vie.

Les Cormac possédaient une des rares maisons en brique de Bay Street. La brique n'était pas rouge mais rose, décolorée par le soleil et l'air marin, et le toit était couvert de grosses tuiles. Elles étaient suffisamment épaisses pour ne pas être arrachées par les ouragans, et elles devenaient noires et luisantes quand elles étaient mouillées. Les larges vérandas et les portes et fenêtres à jalousie laissaient entrer la brise marine et tamisaient la lumière aveuglante du soleil. D'élégantes voitures noires tirées par deux ou quatre pur-sang descendaient la rue dans un bruit de sabots; des messieurs qui se rendaient à des réunions du jockey club, de belles métisses qui allaient à Market Street et passaient devant le jardin en jetant un coup d'œil furtif par-dessus la haute clôture, et des dames vêtues de soieries marchant bras dessus, bras dessous, tout ce beau monde défilait sous la fenêtre d'Anne.

Anne aimait la foule qui grouillait dans la ville, elle adorait le bruit et l'activité fébrile qui y régnaient. Les vautours étaient tellement peu farouches à Charles Town qu'ils se faufilaient entre les pieds des clients qui attendaient devant les étals des bouchers. Mary les trouvait répugnants, mais Anne pensait que c'étaient des oiseaux magnifiques qui donnaient une impression de force avec leur grand cou dénudé. Quand l'eau se retirait de l'arrière-port deux fois par jour, mouettes et buses le débarrassaient de tous les détritus, de sorte que l'air était moins nauséabond, les jours de canicule.

Souvent, lorsque la chaleur étouffante de midi était tombée, Anne s'asseyait sous la véranda et écoutait les bruits qui montaient du port. Les Indiens appelaient Charles Town « l'oiseau moqueur », comparant la ville à l'oiseau polyglotte. Dans les rues on entendait toutes sortes de langues : l'anglais parlé comme dans la mère patrie ou avec l'accent écossais ou encore avec l'accent irlandais, un français aux intonations traînantes, des dialectes indiens et africains, l'espagnol, l'allemand, le gullah – dialecte africain émaillé de mots français et anglais. Les Noirs ne savaient pas prononcer certaines syllabes, aussi les laissaient-ils tomber et allongeaient-ils les voyelles en compensation. Bien sûr les enfants élevés par les nourrices noires imitaient leur façon de parler; ainsi des générations entières de messieurs et de dames comme il faut, parmi les Blancs du Sud, parlaient le même anglais bâtard que leurs esclaves.

Une des distractions favorites d'Anne, c'était d'aller au marché où elle avait une chance de voir les chasseurs descendus des montagnes. Ils venaient à Charles Town sans perruque, sans dentelles, avec des jambières de daim, des mocassins usés jusqu'à la corde et des mousquets à pierre. Ils apportaient des choses extraordinaires : des peaux de jaguar et de bison, des bois d'élan et d'énormes couvertures en peau d'ours jetées sur leurs épaules comme autant de sacs de farine. On trouvait sur les étals des oranges bien mûres, des mangues encore toutes pleines du soleil des Antilles, des citrons verts et d'autres agrumes, des carcasses de bœuf, des porcs, des poulets troussés; des plantes qui guérissent et d'autres qui empoisonnent comme l'herbe de Saint-Christophe, l'ellébore et la ciguë; du cognac, du vin, du rhum fait avec les meilleurs sucres et mille autres produits caractéristiques des pays exotiques.

Plutôt que de dépendre des arrivages par bateau ou de Charley pour le gibier, Gillah, la cuisinière, se faisait un plaisir d'acheter ses denrées directement aux marchands ambulants. Grâce à ces approvisionnements variés, elle agrémentait le menu habituel de la plantation avec du pâté de crevettes, du crabe à la cocotte, des huîtres à la crème, du blanc-manger et de la bavaroise, autant de mets délicats qu'elle ne pouvait préparer avec les produits de Bellefield.

Cet hiver-là, deux voleurs furent pendus dans le quartier de Battery. La foule accourut au spectacle. Anne pouvait tout juste apercevoir la potence depuis la véranda. La corde n'était jamais assez longue, semblait-il, aussi les pauvres bougres mettaient-ils un certain temps à mourir et se balançaient-ils avec des soubresauts. Quand ils étaient condamnés à être pendus, traînés sur une claie et coupés en quartiers, leur supplice durait encore plus longtemps. Après avoir été pendues haut et court jusqu'à ce qu'elles soient presque mortes, les victimes étaient éventrées et leurs entrailles arrachées. Puis leur corps était découpé en quartiers qu'on exposait en divers lieux publics sur le port. Il y avait presque toujours foule en pareille circonstance et on hissait les enfants sur les épaules afin qu'ils puissent mieux voir à quoi mène le péché et en tirent toutes les conséquences.

Depuis 1657, aucune femme n'avait été condamnée au bûcher à Charles Town ; à vrai dire les lords propriétaires étaient hostiles à de telles atrocités. Néanmoins deux femmes avaient été soumises au supplice de l'écrasement. Ce châtiment n'était pas infligé sur la place publique pour ne pas porter atteinte à la pudeur de la criminelle. D'après ce qu'Anne avait entendu dire, on obligeait la condamnée à s'allonger par terre, toute nue ; seul un masque lui couvrait le visage. Puis on lui posait une énorme pierre sur la poitrine. Chaque jour on ne lui donnait que trois morceaux de pain d'orge à manger et une petite gorgée d'eau tirée de la mare la plus proche de la prison, juste de quoi la maintenir en vie. Et chaque fois on posait sur elle une pierre plus lourde. On disait qu'il fallait souvent trois jours pour mourir de cette façon.

Anne s'étonnait parfois de la brutalité qui régnait autour d'elle et se demandait comment on pouvait tout à la fois faire des choses pareilles et chanter avec ferveur les cantiques qu'elle entendait monter chaque matin des six églises de la ville. Mais elle n'en savait pas plus – à vrai dire personne n'en savait plus – et elle se joignait à la foule qui se rendait à White Point pour assister aux exécutions, persuadée que la justice administrée en Caroline était bien plus civilisée et respectait bien mieux les convenances que celle des colonies du Nord sur lesquelles on racontait des histoires affreuses.

Anne aurait aimé aller se promener tous les jours dans la ville, mais son père avait d'autres projets pour son avenir. Après avoir réfléchi à la question et sans l'avoir consultée, Cormac envoya Anne chez la veuve Varnod pour qu'elle y apprenne à faire des broderies, de la dentelle, de la tapisserie, du dessin et tout ce que devaient savoir les dames élégantes de la ville. Comme Anne lisait déjà Milton, Boccace et Boileau, elle ne put longtemps supporter que la veuve accorde tant d'importance à l'enseignement de la pâtisserie et à la dentelle à l'aiguille.

Un jour, une jeune fille au teint de rose réprimanda Anne pour son comportement « irrespectueux ».

– Si vous n'apprenez pas à être une dame comme il faut, mademoiselle Anne, lui dit cette fille en battant des paupières, vous ne serez jamais une épouse comme il faut.

– Une épouse ! rétorqua Anne de façon à être entendue de la plupart des personnes présentes. Pourquoi une femme un tant soit peu sensée souhaiterait-elle un tel destin ? Je ne veux être la servante d'aucun maître, merci bien !

En voyant autour d'elle les visages scandalisés, Anne comprit qu'elle s'était de nouveau rendue désagréable.

Bientôt elle fit l'école buissonnière et passa ses journées au port avec les nouveaux compagnons qu'elle s'était trouvés sur la jetée.

Elle errait dans la foule des acheteurs et des vendeurs, examinant d'un œil attentif ce qu'il y avait sur les quais et les étrangers que les navires avaient amenés. Elle plongeait son regard au fond des tavernes obscures tout imprégnées d'une odeur de sel, de vin et de sueur. Elle apercevait des catins dont les seins débordaient du corsage, assises sur les genoux de marins ivres, ou penchées aux fenêtres pour exposer leurs appas. Elle voyait des bagarres éclater et des gens se battre dans les rues. Des hommes chipotaient sur le prix du rhum, juraient et s'insultaient pour des histoires de femmes. Comme elle en avait assez d'être simplement spectatrice, Anne se joignit à une petite bande de jeunes voyous sur le port.

Son père passait son temps dans ses entrepôts et sa mère se levait rarement avant la fin de l'après-midi, aussi Anne avait-elle maintenant plus de liberté qu'elle n'en avait jamais eu à Bellefield où elle n'échappait point aux regards attentifs des domestiques. Elle apprit à cacher un pantalon et un justaucorps dans les lieux d'aisances derrière la véranda de la veuve Varnod. En ville, nul ne se souciait de ce qu'elle faisait ou des endroits qu'elle fréquentait. La veuve remarquait simplement qu'Anne était de plus en plus souvent absente mais supposait qu'elle s'occupait de sa mère. Du moment qu'on la payait, elle ne posait pas de questions. Quand la voiture de Cormac déposait Anne à la porte de la veuve, elle contournait subrepticement la maison, enlevait sa jupe et enfilait prestement son pantalon. Puis, alors que les jeunes filles entraient une par une dans le salon de la veuve, Anne enfonçait son bonnet sur ses yeux et se dirigeait vers le front de mer.

Deux ou trois jours par semaine elle allait traîner avec une bande de garçons âgés de dix à quinze ans, des gars qui espéraient être moussaillons ou apprentis à bord d'un navire marchand. Certains souhaitaient avant tout être pirates et commander leur propre navire. Tous rêvaient du jour où ils pourraient entrer dans le port avec leur propre équipage : les femmes en bonnet blanc les attendraient en foule sur le quai, le regard plein d'admiration et cela leur réchaufferait le cœur. C'est à cela qu'ils pensaient quand ils criaient, se battaient et couraient dans les docks, rapides comme des mouettes. La vie, le monde qui les attendait, c'étaient les bannières rouges, les hurlements des blessés, les cris des hommes valeureux et le retour au pays, au soleil couchant, avec tous les habitants de Charles Town présents sur le port qui scandaient : « Vive les braves ! Vive le capitaine ! »

Avec l'espoir d'attirer l'attention, tous les garçons qui rêvaient d'être marins s'entraînaient sur les quais à se battre avec des épées en bois et des poignards volés. Anne avait un avantage sur la plupart d'entre eux : Charley Fourfeathers lui avait appris très jeune à manier l'épée, le pistolet et le tomahawk. Elle avait aussi une demi-tête de plus que les gars qu'elle fréquentait sur les quais.

Son initiation fut brutale et rapide. Elle venait de faire une course pour une catin à l'enseigne de la Mouette Verte. Celle-ci lui avait donné un shilling pour aller porter du vinaigre de la part de la sage-femme. Anne était habillée en garçon, avait les cheveux relevés en chignon sous son bonnet ; ses seins étaient comprimés et cachés sous son justaucorps. Alors qu'elle retournait à la taverne, elle fut accostée par trois jeunes vauriens désireux d'en découdre avec un petit jeunot.

– Eh là-bas! s'exclama un garçon dégingandé qui l'arrêta en la tirant par la manche. Voilà une espèce d'andouille qui se balade.

Anne se raidit en entendant l'insulte; d'instinct elle mit la main sur son poignard qui était dans son pantalon.

– Il a l'air d'un pauvre minable, pas vrai Tom? Il est aussi pâlot qu'une putain.

Anne poussa un grognement sourd, dégagea son bras de l'étreinte du garçon et lui lança un direct dans la mâchoire. L'adversaire, pris au dépourvu par la rapidité du coup, recula en titubant, mais il retrouva vite son équilibre, fit volte-face et lui assena un coup sur la tête. Anne s'affala dans la poussière; tout en se colletant avec le voyou, elle l'attira avec elle dans sa chute, le renversa sur le dos et essaya de s'asseoir sur sa poitrine. Comme il était un peu plus fort qu'elle, il la repoussa et lui arracha son bonnet. Les cheveux emmêlés d'Anne tombèrent sur ses épaules.

– C'est une fille.

Le garçon s'écarta, abasourdi, et d'un bond se remit debout.

– Alors quoi, mon vieux, tu sais pas distinguer un gars d'une fille? s'écria un de ses camarades en ricanant. Si on te pissait dessus, tu ne saurais pas si c'est un chien ou une chienne!

Les garçons firent cercle autour des deux combattants en riant aux éclats et Anne ne put s'empêcher de rire, elle aussi, en voyant l'air penaud de son adversaire.

Pourtant elle ne fut pas acceptée avant d'avoir fait ses preuves en montrant son audace. Plus question de commissions pour les catins. Anne fut baptisée Andrew et on lui apprit à voler de menus articles sur les étals en bordure du quai et à les apporter à Tom, le chef de bande. Plus grand et plus âgé que les autres, Tom menait cette bande de jeunes chenapans avec une poigne énergique et s'imposait par sa fougue de fier-à-bras. Il jurait et frappait plus fort que les autres. Aussi, comme cela se passe chez les chevaux sauvages, il prit la tête de la horde, faute de rival.

Lorsque Anne se fut montrée capable de voler des fruits et des choses sans grande valeur, on lui demanda de faire les poches des marins ivres adossés aux murs des tavernes. Au début un contact aussi direct lui faisait battre le cœur à tout rompre et ses mains tremblaient, mais après avoir effectué quelques larcins et reçu les félicitations et l'approbation de ses camarades avides d'argent, elle prit plaisir à filouter d'une main preste et légère. Comme elle était la seule fille du groupe, il lui restait à faire ses preuves dans le domaine sexuel.

Au cours des rixes, Anne apprit qu'il fallait répondre au bluff par l'action et que le défi était une arme efficace. Les plus jeunes n'osaient pas l'affronter car elle était d'un tempérament violent et avait le coup de poing facile, mais Tom n'avait pas peur de la réputation qu'elle s'était acquise, et il mettait Anne à l'épreuve chaque fois qu'il en avait l'occasion. Au départ elle remarqua qu'il cherchait toujours à s'approcher d'elle et laissait ses mains s'égarer sur sa poitrine, évitant de la regarder dans les yeux. Elle n'avait pas peur de lui, seule sa balourdise l'irritait. Il finit par la prendre à part un après-midi et lui exhiba son sexe.

– Regarde-moi ça, fillette. En as-tu jamais vu un pareil?

Anne jeta un coup d'œil circonspect derrière elle et vit qu'ils étaient seuls. Il avait tout fait pour la contraindre à une confrontation dont elle devait sortir vainqueur, sinon elle devrait quitter la bande pour de bon. Ce qu'il voulait, c'était le pouvoir, non pas le plaisir.

Elle le regarda bien en face.

– Bien sûr que j'en ai déjà vu de pareils.

Tandis qu'elle le regardait, son engin devint de plus en plus gros et se balança en l'air par saccades.

– Faut-il que je m'évanouisse de plaisir, qu'espères-tu, bougre d'imbécile? Tu ferais bien mieux de tirer dessus tous les matins pour lui donner de la force, mon gars. Car on dirait qu'il va se plier au moindre coup de vent. Regarde donc ceux-là, peut-être que ça va le redresser.

Anne déboutonna lentement son justaucorps et dégagea ses seins. Ils étaient encore petits mais fermes, coquins avec un petit bout tout rose. Soudain Tom eut l'air moins sûr de lui.

– Espèce de petit coq! Tu es pris de court, hein?

Elle s'avança et lui tendit ses seins en l'aguichant avec un sourire tendre, tout en priant dans son for intérieur qu'il battît en retraite comme l'avait fait Phillip. Sa voix rauque se fit encore plus sourde, à la fois menaçante et... prometteuse.

– Voilà de quoi donner du plaisir à un *homme*, mon gars. Mais toi, tu ne les toucheras jamais avec tes grosses pattes, crois-moi.

Il la fit sursauter en se précipitant sur elle. Son pantalon était toujours baissé et il haletait, en se serrant contre elle.

Effrayée, Anne le repoussa.

– Fiche-moi le camp, espèce d'idiot! Lâche-moi!

D'un mouvement rapide elle se dégagea de son étreinte. Tom perdit l'équilibre, si bien qu'au moment où Anne retrouvait sa liberté, il bascula dans le vide et tomba dans l'eau du bassin. Son pantalon était toujours descendu à mi-jambe. Anne le regarda faire la culbute tout en réajustant à la hâte son justaucorps, les yeux écarquillés de surprise. Elle n'avait pas eu l'intention de le pousser si violemment. En entendant le plouf, elle retrouva sa présence d'esprit. Elle savait qu'il ne supporterait plus d'être tourné en ridicule. Si elle voulait rester son amie, il fallait lui éviter toute autre forme d'humiliation. Aussi, étouffant son rire, elle s'éloigna rapidement des docks et le laissa seul reprendre une tenue décente. Ni l'un ni l'autre ne fit jamais allusion à la défaite qu'il avait subie.

Anne ne resta pas longtemps avec ces pirates amateurs. Cette expérience lui avait beaucoup appris. Maintenant elle savait mieux manier le couteau qu'elle avait jamais su manier l'aiguille. Un an après qu'elle se fut lassée de leur compagnie, le gouverneur des Carolines lança un mandat d'arrêt pour vol à l'encontre de « William Saunders, taille moyenne, teint frais, cheveux bruns, dix ans environ; Tee Weatherly, trapu, de petite taille, borgne, quatorze ans environ, et Thomas Simpson, grand, affecté de strabisme, seize ans ». Tous avaient été ses compagnons de jeu pendant sa jeunesse.

Mary avait espéré que le séjour à Charles Town lui ferait retrouver son énergie. Elle se rappelait le tourbillon de la vie mondaine et la gaieté des premières années qu'elle et Cormac avaient passées dans cette ville. Maintenant, c'était tout à fait différent. Bien que son statut social fût le même et qu'elle fût toujours considérée comme faisant partie de l'élite de Charles Town, elle était beaucoup moins capable physiquement de profiter des avantages de sa situation. Elle commençait chaque journée avec une appréhension toujours plus grande, une profonde lassitude et une peur qui lui donnait presque la chair de poule à la pensée qu'on pourrait lui demander de quitter ses appartements où elle se réfugiait. Il était de plus en plus difficile de voir Mary sur laquelle Clara exerçait une influence grandissante, ce qui contrariait vivement Anne. Un jour celle-ci, résolue à faire pour une fois une confidence à sa mère, était allée sur la pointe des pieds jusqu'à la porte de sa chambre, qui était ouverte ; elle vit la vieille femme bossue et ridée serrer Mary contre sa poitrine, la bercer et lui fredonner une chanson comme à une enfant désemparée. Anne ne put s'empêcher de faire une grimace qui se figea sur son visage, et elle s'esquiva sans bruit.

Une autre fois Anne rentra des docks toute guillerette et se dirigea vers sa chambre pour ôter son pantalon et remettre sa jupe. Au cours de la semaine précédente elle avait réussi à effectuer ce changement de tenue à deux reprises, apparemment sans se faire remarquer. Alors qu'elle s'arrêtait au pied de l'escalier, elle entendit la voix de sa mère au salon et un murmure à l'arrière-plan. La présence de la veuve Varnod en ce lieu était inattendue. Anne eut un petit frisson dans le dos : elle ne pouvait échapper à la confrontation. Elle monta l'escalier deux marches à la fois, en évitant soigneusement celles qui craquaient, se glissa dans sa chambre, puis elle sursauta et rougit. Clara était assise sur son lit, les bras croisés, les paupières mi-closes.

– Alors, dit Clara d'une voix sifflante, tu es encore allée traîner dans les docks. Et maintenant tu crois pouvoir rentrer en douce une fois de plus sans que ta mère te voie, et jouer à la femme savante une fois que tu auras mis ta jupe.

Sa voix était sourde et menaçante. En l'entendant, Anne décida de ne pas se laisser faire.

– Alors, tu m'épies, vieille sorcière?

Anne eut de la peine à se calmer.

– Faut bien que quelqu'un regarde et écoute à la place de ta mère, ma fille. Ça t'est bien égal d'être la honte de toute la maison avec tes mauvaises manières.

Anne tourna le dos à Clara et se redressa d'un air très digne.

– Ma mère a des yeux et des oreilles, vieille folle. Et elle a une langue. Je n'accepterai pas ce genre de remarques de la part d'une souillon à notre service.

Perdant tout contrôle d'elle-même, elle fit volte-face. Ses yeux verts lançaient des éclairs.

– Sors de ma chambre et n'y remets plus les pieds.

Clara se leva lentement.

– D'accord, maîtresse. Je ferai tout ce que vous direz, maîtresse, dit-elle en se moquant manifestement de l'ordre que lui avait donné Anne.

Elle se retourna à la porte.

– Mais tu n'en as plus pour longtemps à me donner des ordres, sale môme. Quand ta mère apprendra comment tu passes tes journées et dépenses l'argent de ton père à courir après la racaille des docks comme une vulgaire putain, elle t'expédiera dans un couvent où on se moquera pas mal de tes caprices.

Clara rit méchamment.

– Ah oui! poursuivit-elle, tu pourras alors donner tous les ordres que tu voudras derrière les grands murs et tu ne verras plus la lumière du jour avant d'être bel et bien mariée. Il y a pas d'autre façon de traiter les filles de ton espèce. Et si j'étais ton père, je te ficherais une bonne raclée jusqu'à ce que tu hurles et demandes grâce.

– Je vais le dire à mon père, et il te vendra à un marchand d'esclaves, vieille garce, rétorqua Anne.

Clara sourit d'un air narquois et suffisant.

– On verra bien qui le dira à qui, milady.

Elle tourna les talons et quitta la pièce en tapant des pieds.

Anne respira profondément à plusieurs reprises pour essayer de se calmer. Elle tremblait de rage. Cela ne suffisait pas d'avoir à affronter la veuve et sa mère; il fallait encore qu'elle fût harcelée par des domestiques qui se mêlaient de ce qui ne les regardait pas.

D'un geste rageur elle enleva son pantalon et enfila par la tête une robe de mousseline. « Au diable cette vieille harpie! Comment avait-elle découvert ce qu'elle faisait? » Anne l'ignorait; Clara fourrait son nez partout et, par-dessus le marché, elle avait la langue bien pendue. Anne se sentit soudain impuissante. Il n'y avait pas grand-chose à faire pour empêcher Clara de tout raconter à la maison. Mais elle se promit de mettre un terme à ses commérages. En attendant, la comédie qu'elle allait devoir jouer ne la réjouissait guère.

Quand elle entra au salon, elle entendit la voix de sa mère, sépulcrale et rébarbative comme un mur de prison.

– Tenez! Voici notre Anne, madame Varnod.

Sa mère tourna vers elle un regard dépourvu d'amour, un regard qui la toisait.

« Elle va me jeter dans ses griffes, songea Anne. Il faut que je m'en sorte toute seule. » Elle s'assit sagement dans le fauteuil le plus éloigné, croisa les doigts en silence et s'arma de courage pour la bataille.

Après une pause dans la conversation durant laquelle il semblait que personne n'avait rien à dire, Mary prit la parole sur le ton le plus distingué qui soit.

– Anne, Mme Varnod me dit que tu as manqué l'école plusieurs jours. Où as-tu passé ton temps?

Anne décida de risquer le tout pour le tout.

– Aux docks, mère.

Il y eut un silence durant lequel sa mère la fixa d'un regard sombre.

– Et comment y as-tu passé ton temps?

En secret Anne maudit sa mère qui l'humiliait ainsi devant la veuve, une vieille toupie qui ferait circuler cette histoire dans tout Charles Town avant la tombée de la nuit, comme on fait circuler des espèces sonnantes et trébuchantes.

Elle regarda sa mère bien en face et, soudain, elle comprit. Sa mère ne voulait pas entendre la vérité. Elle voulait être absoute aux yeux de toute la ville. C'est pourquoi elle avait fait venir la veuve pour qu'elle soit témoin de cette farce.

– J'ai lu, mère. Je m'assois à l'ombre à White Point, loin du vacarme des docks, et je lis.

La veuve, flairant un mensonge, ouvrit de grands yeux.

– Et que lisez-vous, mademoiselle?

Elle ne croyait pas un instant ce que disait Anne, pourtant il lui fallait écouter l'histoire jusqu'au bout.

– Je lis ce que je ne peux pas lire dans votre école, madame Varnod. Je lis Shakespeare, Molière, Milton et les classiques, dit-elle en souriant. Il y a longtemps que j'en ai fini avec la Bible, bien qu'elle ne manque pas d'intérêt. Aussi, voyez-vous, il était temps que je passe à autre chose. Si vous voulez, je vais vous faire la lecture d'un ou deux passages à haute voix et nous pourrons en discuter ensemble.

La veuve bredouilla; elle n'était pas convaincue par des arguments présentés avec une telle impudence.

– Vous lisez Milton? Molière? Ce sont ces livres-là que vous mettez entre les mains d'une enfant? ajouta-t-elle en regardant Mary.

Sa mère se mit à rire, un rire à la fois cristallin et d'une froideur glaciale.

– Chère madame, les classiques sont pour ceux qui peuvent les assimiler, quel que soit leur âge. Il est évident que nous avons sous-estimé notre Anne.

Ses yeux verts pleins d'admiration se posèrent un instant sur Anne.

– Étant donné le développement rapide de son esprit, il nous faudra lui trouver un précepteur suffisamment compétent, dit-elle et son sourire se figea sur ses lèvres. Ma fille, je suis heureuse de voir que tu as su utiliser ton temps de façon fort avisée. Bien sûr j'aurais préféré pouvoir suivre tes progrès, mais je ne désapprouve pas... tes goûts. Tu peux te retirer.

Anne se leva sans hâte et salua les deux femmes. Elle savait d'après l'expression du visage de sa mère que celle-ci ne la croyait pas, elle savait aussi qu'elle ne serait point en butte à d'autres tracasseries. Elle avait décidé d'assumer son destin en faisant un mensonge, et sa mère s'en était lavé les mains, préférant n'être au courant de rien.

Anne se réjouissait en secret de la manière dont elle avait brouillé les pistes. Une semaine plus tard, alors qu'elle faisait le tour de la maison en passant par-derrière pour éviter le salon, elle eut le sentiment de pouvoir jouer impunément à ce petit jeu. Soudain elle entendit une série de bruits étranges en provenance du jardin, comme des coups qu'on assenait régulièrement. Elle s'arrêta pour écouter et perçut un gémissement plaintif, puis elle se dirigea vers l'endroit d'où il venait et trouva Clara, le bras levé, en train de battre un animal avec sa canne.

C'était Lady, la chienne d'Anne, la seule qu'elle ait amenée de Bellefield, sa chienne la plus vieille et la plus fidèle. Elle avait perdu son odorat et son regard était vitreux. Charley l'avait donnée à Anne alors que ce n'était qu'un chiot et, maintenant, elle terminait sa vie couchée au soleil sur les marches de la cuisine.

Anne resta pétrifiée devant cette scène. Clara tenait la chienne par les oreilles et la battait sauvagement sur l'arrière-train, sans rien dire, la bouche tordue par un rictus. Le seul bruit était le martèlement régulier de la canne et les jappements aigus de la chienne qui essayait désespérément de s'échapper. Lady poussa un dernier soupir et tomba sur le sol comme une masse inerte.

Clara vit Anne plantée là, bouche ouverte, tant elle était horrifiée.

– Cette fainéante de chienne ferait mieux de trouver un autre endroit pour se coucher. J'ai buté dessus et elle m'a fait lâcher une assiette toute pleine.

Anne se retourna lentement, comme médusée, et aperçut les morceaux de l'assiette sur les marches. Elle arracha la canne des mains de la femme et la leva en l'air pour la frapper. Mais elle parvint à se dominer et lança la canne très loin par-dessus le mur du jardin. Presque en même temps elle fit volte-face et gifla la vieille femme de toutes ses forces.

– Ne t'avise plus jamais de toucher à quoi que ce soit qui m'appartienne, tu entends? À quoi que ce soit, cria-t-elle en rapprochant son visage tout près de celui de Clara. La prochaine fois je ne te manquerai pas.

Anne s'agenouilla et examina la chienne en lui parlant d'une voix douce.

Clara eut un rire amer.

– Toutes ces histoires pour une vieille chienne alors que ta mère est malade à faire pitié là-haut. Tu aimes mieux ce vieux cabot que tes parents. Ta mère a pas arrêté de te demander.

L'attention d'Anne fut momentanément détournée.

– Et où est donc mon père?

– Cette espèce de mufle toujours en rut? Il a filé comme d'habitude, il est jamais là quand elle a besoin de lui.

Anne plissa les yeux.

– Comment oses-tu parler ainsi de mon père? Quand je le lui dirai, tu seras mise à la porte dès ce soir.

– C'est ça, va lui dire, sale gosse. Il sait bien que c'est vrai. C'est ta mère qui me l'a dit. Il l'a engrossée, elle, une pauvre servante, et il a été chassé d'Irlande par sa famille. Et toi, tu es rien d'autre qu'une bâtarde, ce n'est pas étonnant que tu sois aussi vulgaire que la dernière des dernières, dit Clara d'un ton calme, presque en jubilant.

Anne rougit puis pâlit, ses mains furent prises de tremblements.

– C'est ma mère qui t'a dit ça? demanda-t-elle d'une voix sourde.

– Oui, la môme. Et même ton père avec tout son argent, il peut rien y changer.

Anne était en plein désarroi. Les chuchotements, les regards sournois, les souffrances de son enfance la submergèrent comme un raz de marée. « Maudite soit ma mère avec ses confessions pitoyables! » Clara ne savait pas tenir sa langue et elle n'hésiterait pas à aller jusqu'au chantage. Elle pourrait causer leur perte à tout jamais à Charles Town, si elle le voulait.

– Et à qui d'autre as-tu raconté cela? demanda Anne en essayant de maîtriser sa voix qui tremblait.

– À personne, petite sotte, je tiendrai ma langue tant que je garderai ma place.

Elle alla sans se presser ramasser les morceaux de l'assiette, comme si elle avait l'éternité devant elle.

– Maintenant va voir ta mère, lui lança-t-elle, et ne la tracasse pas avec des histoires qu'elle n'a pas besoin d'entendre.

En proie à une grande agitation, Anne monta l'escalier.

Cet après-midi-là il faisait une chaleur étouffante. Son pantalon lui collait à la peau et lui donnait des démangeaisons. Elle sentait ses règles venir et éprouvait une douleur sourde dans les reins. À bout de nerfs, elle poussa un soupir, ne sachant plus à quel saint se vouer.

Derrière la porte de la chambre de sa mère, elle attendit un instant, l'oreille tendue, mais elle n'entendait aucun bruit à l'intérieur. Elle poussa doucement la porte, aperçut sa mère couchée, toute recroquevillée, les cheveux en désordre sur l'oreiller, le visage livide et immobile. Devant sa faiblesse, Anne éprouva à la fois de la pitié et de l'agacement. Il lui semblait l'avoir toujours connue ainsi, en mauvaise santé. Elle s'approcha de sa mère, s'agenouilla à son chevet et prit sa main frêle dans sa grande main. Sa mère ouvrit les yeux sans sourire.

En voyant sa mère si faible, en se rappelant qu'elle avait révélé des secrets de famille à une servante, Anne sentit la colère monter en elle. Mary toussa, la fièvre la fit frissonner. Elle lança à Anne un regard furibond.

– Clara dit qu'elle... t'a vue. Comment peux-tu ainsi me faire honte ?

– Oh, que la peste étouffe cette vieille chipie qui ne sait pas tenir sa langue ! s'exclama Anne d'une voix que la fureur avait rendue plus dure qu'elle ne le souhaitait.

Aiguillonnée par l'orgueil, Mary retrouva son énergie.

– Anne, c'est ta langue à toi qui te perdra. Tu seras toujours une bonne à rien, tant que tu n'auras pas appris à la maîtriser.

Ses yeux étincelaient mais elle retomba épuisée sur l'oreiller. C'était encore elle qui commandait, et elle avait un sens aigu de son pouvoir. Sa voix se fit haineuse.

– Clara dit qu'on t'a vue sur les quais, ma fille. Tu ne lisais pas, tu vadrouillais avec une bande de chiens sauvages comme une chienne en chaleur.

Anne fut scandalisée par la vulgarité de sa mère. Elle resta un instant interloquée, puis la rage réveilla sa pugnacité.

– Oui, mère. Et tu l'as crue, n'est-ce pas ? C'est vrai, je me suis fait des amis sur les quais. Mais je ne suis pas une chienne en chaleur. Comment as-tu pu dire une chose pareille ? Je suis aussi vierge que lorsque tu m'as mise au monde. Peut-être Clara voudrait-elle en avoir la preuve? Elle a déjà fourré ses doigts dégoûtants dans tous les coins et recoins de notre vie.

Ce fut au tour de sa mère d'être scandalisée.

– Anne! dit-elle et ses yeux se remplirent de larmes, qu'es-tu devenue, ma fille? Une rien du tout? Tu parles comme une servante de taverne.

– Une servante, mère? Et tu te plains de ma langue? Alors que c'est toi qui as révélé un secret que tu aurais dû emporter dans la tombe. Tu as dit à Clara que tu n'étais qu'une servante, que mon père était un hors-la-loi toujours en rut et que j'étais une bâtarde née en dehors des liens du mariage. Et tu m'attrapes à cause de ma langue. Tu as causé notre perte à tous avec tes confessions lamentables. Clara va raconter tout ce qu'elle sait!

Sa mère se mit à tousser et à gémir.

– Fiche-moi le camp! Fais venir Clara. Je ne veux plus te voir.

Anne quitta précipitamment la chambre, le cœur débordant de colère et de désespoir. Elle trouva Clara dans la cuisine penchée sur une marmite de soupe bouillante.

– Maudite sorcière! s'écria Anne.

Clara réagit aussitôt et lança le contenu de la marmite sur les pieds et les jambes d'Anne.

Anne eut le souffle coupé. Dans son affolement, elle sautillait de-ci de-là tandis que sa peau rougissait à vue d'œil. Hurlant de douleur, elle se rua comme une folle sur la vieille femme. D'une main leste Clara tira un couteau de dessous sa jupe et le brandit. Sa bouche grimaçait, on ne voyait plus que le blanc de ses yeux. Elle frappa dans le vide tandis qu'Anne esquivait le coup. Clara changea de main pour frapper une seconde fois. Avec la rapidité de l'éclair, Anne à son tour sortit son couteau qui était dissimulé dans les plis de sa jupe et le plongea dans la poitrine de la vieille femme. Elle sentit une résistance, le couteau avait rencontré quelque chose de dur, puis il s'enfonça profondément.

Anne s'écarta d'un bond. Clara trébucha, ses yeux chavirèrent tandis qu'elle s'affalait lentement par terre aux pieds d'Anne.

Anne regardait, horrifiée, le corps recroquevillé qui avait été celui de Clara. Elle se laissa tomber sur le banc près de la cheminée, guettant le moindre mouvement, attendant que Clara gémisse ou remue. Mais elle ne bougea pas. Le feu crépita soudain et Anne sursauta, prise de panique. Puis une profonde tristesse l'envahit... Ce n'était pas à cause de la mort de Clara. Face au cadavre, elle était décontenancée et tremblait, mais elle n'éprouvait rien d'autre. En imaginant l'expression sur le visage de sa mère, en songeant à la honte qu'allait connaître son père, elle était désemparée et la pensée de ce qui l'attendait l'angoissait. Les paroles de sa mère résonnaient dans ses oreilles : « Tu seras toujours une bonne à rien. »

Elle s'efforça de ranimer sa colère en fouillant dans ses souvenirs avec l'espoir de retrouver l'énergie dont elle avait besoin. Mais en vain. Alors elle pleura de chagrin, de rage et de frayeur, elle pleura sur son petit monde qu'elle avait anéanti.

L'audience qui eut lieu pour faire la lumière sur les circonstances dans lesquelles Clara, la servante, était morte fut brève, en fait ce fut une simple formalité. Une servante liée par un contrat était par définition une criminelle et n'avait pas les droits d'une citoyenne libre. Cormac fut chargé de la défense d'Anne. Il soutint que la vieille femme était prompte à s'emporter, tenait des propos perfides et avait semé la zizanie chez lui. On montra à la cour les jambes d'Anne couvertes d'ampoules. Anne elle-même ne dit pas grand-chose.

Pendant toute l'enquête elle resta assise, tête baissée, bouche close, mains croisées. Elle était l'image de la douleur, une douleur qu'elle dominait. En fait elle était alors profondément triste. On laissa entendre que Clara avait envoûté sa maîtresse. Pour achever de noircir la personnalité de Clara, Cormac fit venir un témoin. Celui-ci jura avoir vu Clara dans les rues de Charles Town après le coucher du soleil et affirma qu'elle avait possédé un chien, deux délits graves pour une servante sous contrat.

Quand un tel témoignage s'ajouta à la réputation de menteuse qu'avait Clara, le juge décida que Charles Town n'avait aucune raison de faire des histoires pour la mort d'une servante. Il déclara qu'Anne avait agi en légitime défense et l'audience fut close. Son père la reconduisit à la maison. Il avait un air sinistre et Anne s'attendait à ce que sa colère explose et à se voir imposer des limites à sa liberté d'action. Mais il n'en fut rien. Était-il conscient du chagrin et des remords qu'elle éprouvait et espérait-il de sa part un comportement plus raisonnable ou bien tout simplement ne trouvait-il rien à dire, Anne ne le sut jamais.

– On raconte qu'elle a tué son amant d'un coup de poignard dans le dos à Londres, se contenta-t-il de préciser. Eh bien! Elle a péri par le fer à son tour.

Anne se risqua à faire une remarque, davantage pour établir un contact avec son père que pour continuer la conversation, car elle ne voulait pas en savoir plus :

– C'est peut-être mieux comme ça, pa. Peut-être y avait-il une raison à tout cela.

Son père partit d'un éclat de rire. On aurait dit un sanglot.

– Peut-être. Peut-être que si le chien ne s'était pas arrêté pour pisser, il aurait attrapé le lapin. Les raisons, ça ne veut rien dire, Anne, et personne ne le sait mieux qu'un avocat. Mieux vaut tout oublier.

Anne baissa la tête, ses yeux se remplirent de larmes tant la voix de son père était pleine d'amertume.

– Jamais je n'oublierai ça, père. Je vois encore la scène. Je sens encore le couteau s'enfoncer dans la chair.

Son père esquissa un geste dans la direction d'Anne, comme pour protester.

– Ne m'en parle plus. Je n'ai pas envie d'entendre parler de toutes les épreuves que tu as subies, Anne. Moi aussi, j'ai les miennes que je dois oublier.

Il poussa un profond soupir et se détourna; ses yeux et sa voix étaient sans expression et sans vie. Il poursuivit dans un murmure :

– Au fond de nous-mêmes, nous vivons dans des pièces séparées. Il y a le grand salon où nous nous montrons aux voisins et aux parents sous notre meilleur jour. Il y a la chambre à coucher où peu de gens sont admis. Il y a une mansarde où personne d'autre que nous ne peut entrer, où nous sommes tout seuls. Enfin il y a une cave tellement perdue au milieu des laideurs de notre âme que même nous, nous n'y mettons pas les pieds – c'est là que nous enfermons tous nos échecs, nos chagrins, nos péchés.

Il leva les yeux vers sa fille. Son visage était triste.

– Maintenant tu as un secret pour ta cave, ma fille.

Néanmoins Anne n'avait pas le sentiment d'être pardonnée. La nuit où mourut Clara, sa mère était sortie de sa chambre tout échevelée, sa chemise de nuit sale laissait entrevoir ses jambes nues. Elle avait suivi le couloir à tâtons, en traînant les pieds. Avant même qu'elle ouvre la porte de sa chambre, Anne savait pourquoi elle venait. Sa mère apparut soudain dans l'encadrement de la porte, les rayons de la lune qui filtraient à travers les volets dessinaient d'étranges formes sur sa chemise, sa voix tremblait.

– Alors tu l'as assassinée.

Anne se dressa sur son séant. Pour la première fois elle eut peur de sa mère, qui lui semblait être au bord de la démence. Anne resta immobile, n'osant pas s'approcher de cette furie qu'elle reconnaissait à peine.

– Mère, c'était un accident, dit-elle calmement.

Le rire rauque de Mary brisa le silence.

– Un accident? Alors elle est tombée sur ton couteau?

– Non, mais je n'avais pas l'intention de la tuer.

– Non, bien sûr que non. Tu n'avais pas non plus l'intention de me fendre le cœur, mais tu l'as fait. J'ai abrité sous mon toit une putain et – sa voix monta d'un ton – une criminelle.

Anne essaya d'élever la voix pour couvrir celle de sa mère et détourner son attention afin de calmer sa crise d'hystérie. Mais Mary refusa de l'écouter. Debout au pied du lit elle se tordait les mains et ses yeux lançaient des éclairs. Anne était blottie sous la courtepointe.

– Ton père, il est responsable comme toi. Il t'a cajolée et trop gâtée. Tu es pourrie jusqu'au trognon, putain!

Soudain Mary s'interrompit. Elle murmura à Anne quelques mots, puis releva la tête en regardant alentour comme un oiseau à la recherche de l'insecte qu'il entend bourdonner.

– Que comptes-tu faire?

– Ce que je compte faire, mère?

– Oui, ce que tu comptes faire. Ne sois pas stupide, ma fille. Tu dois avoir prévu quelque chose sinon tu seras pendue, c'est sûr.

En entendant ces mots, Anne fut atterrée. Avant qu'elle ait eu le temps de réfléchir à une réponse qui pourrait inciter sa mère à sortir de sa chambre, Fullborn apparut à la porte, enveloppée dans son châle. D'un coup d'œil elle comprit ce qui se passait.

– Voyons, madame, il fait trop froid et il est trop tard pour vous balader dans le noir. Et pieds nus, mon Dieu!

Caquetant comme une vieille poule et faisant semblant de se faire du souci pour elle et d'être contrariée, Fullborn reconduisit sa maîtresse dans sa chambre, sans qu'elle proteste. Fullborn ne revint pas voir Anne ce soir-là. Ce fut sa seule façon de montrer sa désapprobation, Anne en fut consciente. Mais sa mère ne la tracassa plus. Anne se réjouit de ce répit, car elle ne voulait plus parler de ce qui s'était passé ni même y penser.

La nouvelle année commença dans le calme pour Anne. Elle continuait de se transformer et avait davantage l'air d'une femme que les autres filles de son âge. Elle était plus grande que la plupart d'entre elles, car elle avait presque la taille de son père. En peu de temps ses seins avaient quasiment doublé de volume. Elle se regardait souvent dans son miroir, et s'étonnait en voyant ce qu'elle était devenue. Des poils rêches commençaient à pousser, drus et frisés entre ses cuisses et sous ses bras. Quand elle plaçait les mains sous ses seins comme pour les mettre en valeur, les pointes durcissaient et se coloraient sous l'afflux du sang, et elle avait une sensation de chaleur dans tout le corps. Elle trouvait ces attouchements agréables et imaginait que c'était ce genre de péché contre lequel le clergé vous met en garde. Elle se sentait bien dans sa peau. En dépit des modifications imprévisibles que pourrait subir son corps, elle commença à avoir confiance en ce qu'il lui murmurait en secret.

Après le bruit que fit la mort de Clara, Mary sortit rarement de ses appartements, du moins lorsque Anne était là. Et Anne ne recherchait pas la compagnie de sa mère.

Résolue à s'amender, elle abandonna de son plein gré les

docks et ses anciens camarades, porta une jupe et une douzaine de jupons, se laissa emprisonner dans les corsets les plus serrés qui soient sans la moindre protestation et sembla, apparemment, assumer sans déplaisir toutes les contraintes auxquelles est soumise une jeune fille. Elle passa environ deux heures par jour à étudier le clavecin, consacra deux autres heures à la tapisserie et au français, et se déclara prête à faire tout ce que son père lui proposerait.

Elle joua même le rôle d'hôtesse à une petite réception que lui avait imposée Fully, un thé pour des parentes qui étaient en visite chez les Darcy, de vieux amis de son père et de sa mère. Les demoiselles Darcy avaient été naguère à l'école de la veuve Varnod et Anne trouvait que c'étaient les moins désagréables de toutes les jeunes filles qui la fréquentaient. Elle attendait cette visite avec impatience, surtout parce qu'elles étaient accompagnées de deux sœurs, des cousines de Norfolk. Sa mère fit une de ses rares apparitions, resta le temps de prétendre qu'elle avait une migraine et laissa Anne seule avec Mme Darcy, ses deux filles et leurs deux cousines. Pour seconder Anne, il n'y avait que Fullborn, assise discrètement dans un coin de la salle.

Quand cette rude épreuve fut terminée, Anne analysa en toute objectivité la façon dont elle s'était comportée et estima qu'elle s'en était bien tirée. La conversation avait rarement langui car les quatre filles étaient très bavardes. Anne avait gardé en mémoire une douzaine de questions à poser à ses invitées. À l'exception de Fullborn, qui lui lançait un petit clin d'œil malicieux de temps à autre, personne ne sembla remarquer que le regard d'Anne perdait son éclat quand elle écoutait parler les invitées.

– Fully, est-ce que tout cela est nécessaire pour se faire des amies? Elles parlent de choses si ennuyeuses!

Fullborn la réprimanda gentiment.

– Elles parlent de leur vie, ma fille.

– Eh bien! Leur vie est étriquée, c'est évident. Quand je leur ai demandé ce qu'elles pensaient de la menace que font peser sur le Sud les Yemassee, elles se sont contentées de répéter les élucubrations de leurs aînés. Et lorsque j'ai mis ce sujet sur le tapis, la vieille Mme Darcy m'a regardée comme si je lui avais montré mes fesses. À croire que la guerre, le meurtre et les sauvages ne sont pas l'affaire des jeunes filles.

Anne se mit à rire tandis qu'une pensée lui venait à l'esprit.

– J'aimerais voir Rachel Darcy se défendre avec ses petites mains gantées contre des assaillants sur le pied de guerre : « Dites-moi, je vous prie, monsieur, ne trouvez-vous pas qu'il fait terriblement chaud ce mois-ci? Croyez-vous que ce sera bientôt l'époque des ouragans? » Bon Dieu, quelles sottes!

Anne fit semblant de ne pas remarquer que Fullborn fronçait les sourcils et exhalait un profond soupir.

– Je me ferai des amis par d'autres moyens, Fully. À des bals, aux courses ou en d'autres occasions du même genre. Je ne veux plus entendre parler de thés, ah, ça non!

À l'âge de quinze ans Anne était la beauté la plus délurée, la plus aguichante de Charles Town.

Les jeunes gens la trouvaient plus attirante que ces jeunes femmes délicates qu'on lui avait appris à imiter. Quand ils l'accompagnaient lors de promenades en boghei ou quand ils l'emmenaient faire quelques pas dans le jardin, à des bals privés, elle devait repousser leurs mains qui s'égaraient sur sa taille, ses bras ou sa poitrine. Ses corsages décolletés mettaient ses appas en valeur. Ses cheveux blonds aux reflets roux s'échappaient de sa capeline et s'insinuaient le long de sa gorge jusque dans le creux de ses seins. Ses yeux étaient d'un vert profond, ses lèvres charnues et sensuelles. À Charles Town plusieurs jeunes gens de très bonne famille la courtisaient pour la plus grande joie de Cormac, mais rares étaient ceux qui étaient capables d'éveiller sa passion. Pour la plupart d'entre eux elle n'éprouvait que du dédain à cause de la maladresse avec laquelle ils essayaient de lui caresser la poitrine ou de se frotter contre elle en passant. Cela ne la surprenait guère que les « meilleures » familles aient des fils aussi dévergondés que les voyous du port qu'elle avait fréquentés. Elle commençait à éprouver un certain mépris pour les hommes. Ils semblaient tous être dominés par leur sexe, quels que fussent les beaux sentiments qu'ils se plaisaient à exprimer.

À sa demande, son père engagea un maître d'armes pour

lui apprendre les subtilités de l'escrime. Quand sa mère protesta en alléguant que ce n'était pas une occupation convenable pour une dame, Cormac eut la sagesse de ne pas tenir compte de son avis.

– Elle a besoin d'un exutoire pour son énergie. À Bellefield elle était habituée à parcourir les champs à cheval, en toute liberté. Ici, en ville, elle tournera mal si elle n'a... aucune activité physique du même genre.

– Elle peut marcher, elle peut monter à cheval tranquillement. Elle peut sortir en voiture avec Fullborn.

Mais Cormac savait que le tempérament fougueux d'Anne avait d'autres exigences. À certains égards il la comprenait, sans pouvoir s'expliquer pourquoi.

Le maître d'armes, Paul LeVey, était un Français d'une agilité remarquable. Il avait le teint basané, des manières raffinées et un sourire provocateur. Il eut tôt fait d'apprécier les qualités de sa jeune élève et la trouva apte à faire tout ce qu'il pourrait lui demander. Moins d'un mois après ils firent l'amour ensemble.

Anne avait conscience de cette force qui les attirait l'un vers l'autre et l'émotion qu'elle ressentait toutes les fois qu'elle entrait dans le salon où la leçon devait avoir lieu l'exaltait. Avec son pantalon, sa tunique blanche en tissu soyeux et ses cheveux serrés en chignon, elle savait qu'elle avait fière allure. M. LeVey avait une forte carrure et les jambes musclées d'un marin. Ses mains agiles étaient aussi fines que son fleuret. Un après-midi, après que chacun eut été un moment sur ses gardes, ils commencèrent leurs escarmouches habituelles en faisant tournoyer leurs épées mouchetées.

– En garde, mademoiselle! Regardez bien mon bout... le bout de mon épée, je veux dire. Attention! Attention!

Il décrivit prudemment des cercles autour d'Anne avec son épée. Ses yeux brillaient tandis qu'il la suivait du regard, un sourire railleur aux lèvres.

Elle sentit l'énergie déferler en elle tandis qu'elle parait ses coups, essayant de trouver un angle où il serait vulnérable, cherchant une ouverture. Une fois il la laissa s'approcher trop près et il s'en fallut de peu qu'elle lui touchât l'épaule. Alors il l'obligea à rompre et refit le tour de la pièce. Il la taquinait, se jouait d'elle, piquait son orgueil.

– Alors tu ne peux pas m'atteindre, ma poulette? Regarde, je te touche ici et puis là.

Les bottes qu'il lui portait étaient vigoureuses, et il se déplaçait plus vite qu'Anne pouvait le prévoir. Il l'effleurait de la pointe de son épée, tantôt à l'épaule, tantôt à la cuisse.

Elle tournait autour de lui en restant sur ses gardes; elle l'observait de près et essayait de deviner les moindres mouvements de ses mains et de son corps. Il s'éloigna en zigzaguant. Anne lui allongea une botte puis deux, et effleura sa chemise au niveau du cœur.

– Ah, monsieur! Je vous ai touché. Ici.

Elle tournoyait autour de lui, en riant comme une petite folle. La tension accentuait le plaisir qu'elle éprouvait.

– C'est bien, mademoiselle! Mais *là*, je vous touche encore une fois! Et là aussi!

Et de la pointe de son épée il enleva le ruban qui maintenait sa tunique fermée au niveau de sa gorge. Sa tunique s'ouvrit et exposa l'arrondi de ses seins que plus rien ne couvrait. Elle lui allongea encore une botte, puis se fendit et s'approcha trop près de son coude. Alors il attaqua avec son épée en la pointant vers elle. Elle pivota juste à temps pour éviter la lame. Il avait les yeux rivés sur le corps de la jeune fille.

– Tu es belle, ma poulette. Une vraie Diane.

La respiration de LeVey était plus rapide maintenant et Anne sentit qu'elle était presque à bout de souffle, tandis qu'elle faisait des feintes et esquivait les coups.

Soudain elle s'aperçut que sa tunique ouverte empêchait le maître d'armes de se concentrer. En lui allongeant une botte elle toucha sa chemise et la déchira juste au-dessus de son estomac. Il ouvrit de grands yeux, étonné par une telle audace.

– Très bien, ma chère!

Il fit un grand sourire et s'approcha de plus en plus, donnant de petits coups répétés sur sa tunique, son pantalon, effleurant familièrement son corps, lacérant la soie de plus en plus jusqu'à ce qu'elle pende en lambeaux de ses épaules. Anne eut une sensation de chaleur au creux des reins. La tension et l'excitation qui la faisaient vibrer lui donnaient le vertige.

– Venez donc, LeVey, souffla-t-elle. Prenez ce que vous voulez.

Il jeta son fleuret à terre, la saisit par les épaules, et la renversa sur le canapé où elle s'était laissé coincer, pressant sa bouche sur sa gorge. Anne sentit son propre pouls battre sous ses lèvres. Elle lui prit la tête dans ses mains et attira son visage contre ses seins, alors qu'à demi nus ils glissaient vers le plancher.

Ce fut terminé en un instant. Anne fut transportée par des vagues de plaisir au moment où il la pénétra, sans attendre, avec une poussée rapide, comme lorsqu'il maniait son fleuret. Il se releva rapidement, la laissant couverte de sueur et abasourdie, et jeta un coup d'œil à la porte close qui les séparait du reste de la maison.

– Est-ce que je t'ai fait mal, ma poulette? murmura-t-il.

Elle leva les yeux vers lui en souriant derrière ses cheveux défaits qui lui cachaient le visage.

– Non, monsieur.

Elle l'enlaça et attira sa bouche vers la sienne encore une fois, butinant ses lèvres, les couvrant de tendres baisers.

– Je vous ai battu au cours de ce match. Avouez-le, murmura-t-elle entre deux baisers.

Il rejeta la tête en arrière, lui sourit; elle sentait encore la chaleur de son souffle partout sur son visage.

– Oui, poulette. Tu l'as emporté. Mais la prochaine fois ce sera moi qui l'emporterai.

Anne l'étreignit, lui caressa doucement la poitrine. Il ne quittait pas des yeux la pointe de ses seins.

– Nous verrons bien, LeVey.

La rumeur se répandit rapidement parmi les jeunes galants de Charles Town qu'on pouvait avoir la fille Cormac, non pas avec des mots tendres et une demande en mariage, mais en étant tout feu tout flammes. Il suffisait qu'un homme sache trouver les moyens appropriés pour la mettre en émoi. Et, chose surprenante, sa réputation de femme passionnée, qui s'emportait pour un rien, ne refroidit guère l'ardeur des prétendants.

Maintenant, si un jeune homme l'abordait, elle le regardait attentivement, observait ses mouvements, sa façon de danser, de la toucher. Quand il lui demandait de quitter le bal et de la rejoindre dans le jardin, elle y allait volontiers sans dire un mot, attendant qu'il mesure son ardeur à la sienne. Si, le moment venu, il l'enlaçait maladroitement, ou si elle se rendait compte qu'il ne savait pas y faire avec les femmes, elle le repoussait d'un air très digne. Parfois elle se laissait même emmener à l'arrière d'un phaéton dont la capote était baissée ou sous une charmille isolée, et laissait l'homme glisser sa main sous ses jupes. Mais s'il s'y prenait mal ou s'il ne l'excitait pas, elle lui refusait toute autre liberté.

Cormac se retrouvait souvent dans son bureau, en tête à tête avec l'un des jeunes étalons de la ville, un parti fort convenable, afin de lui expliquer qu'Anne était bien jeune pour se marier. Quand Cormac informait le jeune homme qu'Anne était encore à l'âge tendre, il était scandalisé de voir le garçon sourire d'un air narquois.

– Elle est très mûre pour son âge, monsieur. Il y en a qui sont faites pour se marier jeunes et mademoiselle Anne est de celles-là.

– Vous me désobligez, monsieur!

– Non, monsieur. Je vais vous dire la vérité. Votre fille sera mère avant la fin de l'année, avec ou sans votre bénédiction.

Et il tournait les talons, laissant Cormac bafouiller, le visage tout rouge. En son for intérieur, il craignait qu'il n'eût raison.

Stephen Archer était le fils d'un riche planteur. Il était tombé amoureux d'Anne, la première fois qu'il l'avait aperçue aux courses. Il l'aborda, non sans hésitation, impressionné par ses manières et sa beauté, mais il fut soulagé de constater qu'elle ne repoussait pas ses avances, du moins au début. Il la voyait souvent, petit à petit il trouvait le courage de lui passer le bras autour de la taille dans la voiture, de laisser sa main s'égarer sur sa poitrine dans le jardin et de la prendre par le bras quand ils se promenaient le long des docks, l'après-midi. À sa grande surprise, elle semblait attendre sereinement qu'il fasse et dise tout ce qu'il avait prévu de faire ou de dire. Fou de désir, il l'invita à faire un tour avec lui en voiture, sachant que son acceptation serait le signe qu'ils étaient tous deux animés de la même passion. Elle acquiesça. Quand il fut seul avec elle, il la prit dans ses bras et s'écria fort sottement :

– Anne ! Il faut que vous m'apparteniez, sinon je vais mourir. Il faut que vous soyez ma femme !

Elle se dégagea et leva les yeux vers lui. Ses caresses lui avaient plu, mais elle ne savait pas encore s'il allait être capable d'aller jusqu'au bout de ce qu'elles promettaient. Elle savait qu'il ne la connaissait pas du tout, qu'en fait aucun des hommes qui l'avaient étreinte ne la connaissait.

Aucun d'eux ne voulait la connaître, ils voulaient seulement la posséder. Une telle découverte ne la décevait pas, mais elle n'avait pas non plus l'intention de se donner sans que son partenaire en paie le prix. Jusqu'à présent Stephen n'avait pas fait grand-chose pour l'exciter. Peut-être était-il de ceux qui avaient besoin de coucher une ou deux fois avec une femme pour être à leur aise avec elle. Elle ouvrit les bras et l'attira vers elle en silence, feignant de ne pas avoir entendu ses paroles. Elle lui prit les mains et les plaça délicatement sur ses seins. Elle craignait qu'il ne se trouve mal mais, au lieu de cela, il glissa fébrilement la main sous ses jupes. En fait, il s'en tira fort bien, pensa-t-elle plus tard. Il ne manquait pas de talent.

Stephen était amoureux. Il se rendait compte qu'il lui faudrait capturer Anne pour qu'elle lui appartienne et il ne pouvait supporter l'idée qu'elle soit dans les bras d'un autre. Il fit courir le bruit dans Charles Town qu'il avait couché plusieurs fois avec elle, qu'il l'avait culbutée derrière des granges et dans la maison de son propre père. Puis il alla voir Cormac pour lui demander la main d'Anne. Ainsi il la protégerait et défendrait sa réputation.

Maintenant Stephen devait exécuter la partie la plus difficile de son plan, la confrontation avec Cormac.

– Vous dites que vous avez couché avec ma fille, jeune homme, et vous avez le sacré culot de me le dire en face !

– Je suis venu demander sa main, monsieur. Je veux offrir à mademoiselle Anne ma vie, mon nom et tous mes biens. Je pense que c'est une demande en mariage tout à fait honorable et une demande qu'Anne ferait bien d'accepter étant donné ses... penchants.

Il baissa la tête car il souhaitait donner ainsi l'image d'un homme humilié et contrit.

– Je la protégerai, monsieur.

Cormac allait et venait en silence, jetant de temps à autre un regard sinistre et courroucé au bel étalon qui se trouvait devant lui. Oui, il avait eu vent de certaines rumeurs, mais il espérait sans y croire que c'étaient des mensonges suscités par l'envie. Au fond de lui-même, il savait que ce devait être la vérité, sinon ce jeune homme au sang chaud n'oserait pas lui faire une telle proposition. Il envoya chercher sa femme. S'il fallait faire un tel marchandage pour se débarrasser de leur fille, elle devait avoir son mot à dire. On fit entrer Mary. Ses cheveux étaient bien peignés, sa robe était toute simple. Stephen eut peine à croire que cette femme si modeste était la mère d'Anne Cormac, tant elles étaient différentes l'une de l'autre. Il se sentit de plus en plus mal à l'aise.

– Ma chérie, dit Cormac d'un ton bourru, le jeune Archer que voici m'a demandé la main d'Anne.

Cormac s'attendait à ce que Mary proteste, alléguant que sa fille était trop jeune, mais il n'en fut rien. Elle se contenta de croiser les doigts et de dire :

– Ma foi, c'est certainement un grand honneur pour notre Anne. Les Archer sont des gens très bien. C'est à toi de prendre la décision, William.

Puis elle se leva comme si le sujet l'ennuyait.

– Monsieur, dit-elle, en s'inclinant devant le jeune homme.

Mais Cormac ne voulut pas la laisser s'en laver les mains aussi facilement. Il lui saisit le bras et l'obligea à se rasseoir.

– Ma chérie, reste un moment avec nous et écoute ce qui concerne l'avenir de ta fille. Il y a des détails que nous devons discuter ensemble.

Archer eut l'impression de se trouver entraîné dans une danse aux pas compliqués qu'il ne comprenait pas. Mary soupira; le dos appuyé contre le dossier de son fauteuil, elle leva les yeux vers Cormac d'un air résigné.

Il semblait se parler à lui-même et en même temps à sa femme.

– Elle est jeune, bien sûr, mais peut-être pas trop jeune. Elle est... mûre pour son âge.

Il se drapa dans sa dignité et poursuivit :

– Elle est également belle, intelligente, elle a de l'instruction et des biens considérables. Naturellement Bellefield devra passer aux mains d'un héritier mâle, n'est-ce pas? Mais Anne recevra en dot une coquette fortune.

Archer connaissait bien son rôle à ce stade de la conversation. Il fut soulagé de pouvoir contribuer à lui donner un tour plus habituel.

– Anne à elle seule est un véritable trésor qui comblerait de bonheur n'importe quel homme.

Cormac eut un sourire désabusé.

– Oui, c'est vrai, mon garçon.

D'un coup d'œil il signifia à Mary qu'elle pouvait se retirer. Elle se leva encore une fois pour s'en aller et salua à nouveau d'un signe de tête.

– Je vais vous envoyer la jeune fille, messieurs.

Quand Anne entra, elle jeta un regard hostile à Stephen, puis à son père. Elle était impassible et avait un air digne. Les deux hommes étaient gênés.

– Assieds-toi, ma fille. M. Archer et moi, nous avons parlé de ton avenir.

Anne ne sourit pas, elle se contenta de regarder son père en attendant la suite.

Ignorant la présence d'Archer, Cormac se laissa tomber sur le fauteuil qui était à côté d'Anne et lui prit la main.

– Ma fille, si ce qu'il me dit est vrai, il vaut mieux que tu te maries dès que nous pourrons publier les bans. Ta mère est d'accord et toi, qu'en penses-tu?

Elle se tourna vers son père avec un sourire pincé.

– Ce qu'il dit est vrai, père. Mais permets-moi de lui parler seule à seul.

Cormac eut l'air consterné lorsqu'elle admit les faits, mais son visage s'éclaira quand elle suggéra de parler à Archer.

– Oui, ma fille, c'est une bonne idée. Rappelle-moi quand vous aurez fixé la date.

Il se leva pour se retirer.

– Je suppose qu'il n'y a aucun danger à la laisser seule avec vous, pas vrai, mon garçon? dit-il en riant et il quitta la pièce.

Anne se tourna vers Archer. Ses yeux, où brillait une lueur froide, soudain flambèrent de colère.

Dix minutes plus tard, alerté par un grand fracas et des cris, Cormac se précipita dans son bureau. Il ouvrit brusquement la porte et vit Anne qui brandissait une chaise en bois et en assenait des coups au jeune homme. Archer gémissait et saignait. Il fallut à la fois Cormac et deux domestiques pour les séparer. Le corps très droit, les traits figés sous l'effet de la colère, Anne sortit de la pièce, sans jeter un regard à son ancien amant et se contenta de faire cette remarque :

– Qui baise et le clame sur les toits mérite une bonne correction. Si j'avais eu un frère, il aurait agi exactement comme moi.

Ce soir-là, une fois sa colère apaisée, Cormac monta dans la chambre d'Anne. Elle l'attendait, assise sur son lit.

– Ma fille, ta mère s'est trouvée mal et a dû se coucher quand elle a appris ce qui s'était passé.

– Oui, je sais, pa. Il ne fallait pas le lui dire.

Déconcerté par le calme de sa fille, il maîtrisa son courroux une fois de plus et poursuivit le discours qu'il avait préparé :

– Anne, ma petite Anne (il lui prit les mains), ai-je engendré une putain? N'es-tu pas capable de trouver un seul homme que tu veuilles épouser? Il est grand temps que tu te maries. Je ne tolérerai pas que ma fille nous fasse honte à moi et à sa mère. Tout le monde à Charles Town parle de toi.

– Si je me mariais actuellement, répondit Anne, je m'en repentirais à loisir et mon mari aussi. Il y a en moi quelque chose qui fait que je ne peux supporter d'avoir des rênes, aussi belles soient-elles.

Son père tourna son regard vers les mains de sa fille dont la peau était douce maintenant qu'elle avait quitté Bellefield depuis des mois.

– Ah, ma fille, je suis tenté de te renvoyer à la campagne. Tu ne te mettais pas dans des situations pareilles quand tu étais là-bas.

Elle sourit.

– J'étais plus jeune alors. Je suppose qu'à présent je ferais la même chose où que je sois, pa.

– Certes, je ne peux quitter la ville, du moins pour le moment, et il est préférable que tu restes là où nous pouvons te surveiller. Du moins dans une certaine mesure. Pourquoi ne veux-tu pas te marier?

– Je ne suis pas encore prête à faire la petite chatte avec un homme, pa. Et je n'ai pas encore trouvé l'homme avec qui j'ai envie de vivre. Quand je me marierai, ce ne sera pas seulement par amour.

– Qu'y a-t-il d'autre, ma chérie? Ta mère et moi, c'est l'amour qui nous a rapprochés bien qu'on nous ait souvent critiqués. Qu'est-ce que tu cherches d'autre?

– Une certaine compréhension, pa. Une certaine force d'âme. Je ne sais pas exactement, car je n'ai pas encore trouvé. Mais tant que je n'aurai pas trouvé, ce serait une erreur de me lier à un homme quel qu'il soit.

– Ma parole! Tu ferais mieux de faire attention, ma fille, sinon tu te retrouveras enceinte et alors, bon Dieu! je te marierai à celui qui voudra bien de toi, avec le polichinelle dans le tiroir. Tu entends?

– Oui, pa. Je ferai attention.

Le visage de son père était empreint de sévérité.

– Je te laisse agir à ta guise, ma fille, pendant un an. Si dans un an tu ne t'es pas décidée à choisir un mari, je t'en trouverai un. Tu ne peux pas jouer éternellement avec la chance. On oublie et on pardonne les caprices et les écarts de conduite d'une fille encore jeune, mais si, à seize ans, tu n'as pas encore pris un mari, tu prendras celui que je choisirai. D'accord?

– Je ne pourrai jamais accepter un tel marché, père.

– Que tu le veuilles ou non, ça sera comme ça.

Il se leva et quitta la pièce. Anne savait qu'il tiendrait sa promesse. Dans un an, d'une façon ou d'une autre, elle serait mariée.

Le lendemain, Anne ne perdit pas de temps pour se rendre droit aux docks, escortée de Fullborn, qui lui servait de chaperon. Là, elle attendit tranquillement devant une taverne jusqu'à ce que Fully, qui s'exécuta en maugréant, lui rapporte les renseignements qu'elle cherchait. Fullborn revint en faisant mystérieusement allusion à « de grosses éponges imbibées de vinaigre » et au « milieu de la lunaison ». Désormais Anne savait ce qu'il fallait faire pour ne pas avoir d'ennuis. Jamais plus elle ne considéra son corps comme un ami, mais elle découvrit que c'était un adversaire difficile à comprendre, qu'il fallait courtiser, satisfaire et contraindre par la ruse à demeurer stérile.

Le capitaine Hornigold venait souvent voir Cormac quand il était dans sa maison de Charles Town. C'était un corsaire qui, après une carrière brillante, s'était fait pirate. Il commandait ses bateaux et ses équipages aussi bien qu'un capitaine de la marine royale, et ne souffrait pas que la mer ou ses hommes lui jouent des tours. Il était grand et robuste et, comme Con Kesby, portait un anneau d'or à l'oreille. À Charles Town de nombreuses dames rivalisaient en secret pour obtenir ses faveurs et, quand il débarquait, les catins du port en venaient aux mains pour savoir qui partagerait sa couche. Cormac avait financé plusieurs des premières expéditions fructueuses qu'avait menées Hornigold. Les deux hommes se considéraient à la fois comme des amis et des associés. La jaquette d'Hornigold était brodée d'or et ses nattes étaient retenues par des fils d'argent. C'était un honneur que de l'avoir à sa table, aussi Cormac le recevait-il avec plaisir.

Anne entendit à nouveau parler, comme à Bellefield, de sacs de diamants, de canons qui crachaient de la fumée, de navires en flammes, de dés qui tintaient en roulant sur le pont et des hurlements du vent dans les gréements. Tandis qu'il évoquait ses souvenirs, Anne pouvait presque voir les doublons d'or, sentir la chaleur d'une longue nuit en Guinée, entendre l'équipage crier : « Une voile ! Une voile ! »

– Oui, dit Hornigold, c'est un métier merveilleux.

Anne le provoquait en lui posant des questions embarrassantes et attirait sans le vouloir son attention en lui témoignant son admiration et sa curiosité. Maintenant qu'elle était plus âgée et que Mary était peu loquace, on ne la renvoyait jamais de table.

– Dites-moi, je vous prie, quelle différence il y a entre un pirate et un corsaire. À vous entendre, on a l'impression que l'un est un gredin et l'autre un héros, dit-elle en plaisantant.

Hornigold se mit à rire et frappa du poing sur la table,

sans prendre garde au murmure désapprobateur que fit entendre Cormac.

– Oui, mademoiselle. Naturellement tout dépend de celui qui subit des pertes. Les pirates vont là où il y a des profits à tirer. Si c'est leur intérêt d'offrir leurs services à une nation en guerre, alors un pirate qui se respecte se portera volontaire pour mettre en déroute l'ennemi de cette nation et il obtiendra une commission signée de la reine en personne. Il agira en corsaire loyal envers la Couronne. Avec des lettres de marque, voyez-vous. La reine, elle, y gagnera et le pirate, lui, aura sa part de butin. L'argent, c'est comme du fumier, vous savez, il ne faut pas le laisser dans un coin si on veut qu'il serve à quelque chose.

Dans le silence lourd de sous-entendus qui s'ensuivit, Anne dit d'une voix traînante :

– Et alors?

– Et alors il redevient pirate quand la guerre est finie et le navire britannique, tout comme les autres navires, deviendra sa proie. Ainsi quand, au nom de la reine, sir Henry Morgan mena l'attaque contre les Espagnols, elle le fit chevalier et gouverneur de la Jamaïque; pourtant tout laissait à penser qu'à la première occasion il s'en prendrait aux navires de Sa Majesté, comme l'avaient fait les Espagnols. Oui, la ligne de démarcation entre un pirate et un corsaire est fort mince. Les plus habiles sont pirates un jour, héros le lendemain.

Il parlait en faisant de grands gestes. Anne l'écoutait à peine tant elle était subjuguée par ses manières. Elle en avait tellement assez des jeunes freluquets de Charles Town, des maris libidineux et des veuves bigotes toujours prêtes à critiquer ses faits et gestes. Elle avait dansé avec la plupart d'entre eux, en avait embrassé quelques-uns, et avait accordé à certains des privautés; chaque fois, elle avait éprouvé un sentiment de détachement et de curiosité sans même que son désir fût éveillé. Maintenant, en y songeant, elle haussait les épaules d'impatience.

Mais tous ces gens n'arrivaient pas à la cheville d'Hornigold... Enfin un homme. Sa carrure était celle d'un chasseur. Il portait une culotte serrée et il semblait toujours y avoir des embruns sur ses cheveux noirs et bouclés. Contrairement aux négociants qui dînaient d'habitude à la table de son père, Hornigold avait le visage basané et sillonné de rides. Il ne tentait de dissimuler ni sa richesse – il portait des bagues en or avec de grosses pierres à chaque doigt – ni la franche admiration avec laquelle il regardait Anne et sa mère. Ce n'était pas par hasard qu'Anne avait mis ce soir-là sa robe très décolletée en taffetas couleur d'ambre, et il avait apprécié cela comme il se devait. À plusieurs reprises il avait plongé son regard dans le creux de ses seins, sans faire la moindre remarque.

Lorsqu'on eut terminé les tartes à la crème, Cormac alluma un cigare, se renversa dans son fauteuil en faisant un large sourire à ses femmes.

– Avez-vous jamais eu envie de vous marier, capitaine? Sûrement le réconfort que vous apportent un foyer, une femme et une fille, comme ma petite Anne, que vous voyez ici, vous manquent.

Hornigold cligna de l'œil à la manière d'un perroquet facétieux.

– Sans aucun doute, vous avez là deux jolies femmes, monsieur.

Mary fit un petit sourire et inclina légèrement la tête en guise de remerciement. Anne roula les yeux, en attendant la suite.

– Mais il y a un vieux dicton qu'aiment les mauvais garçons : la nuit tous les chats sont gris. Et je ne troquerais pas toutes les beautés qui m'attendent dans des alcôves obscures contre des femmes assises à ma table, même s'il y en avait deux fois plus.

Le visage de Mary se figea et Anne ouvrit de grands yeux. Hornigold ne semblait pas se rendre compte de l'effet qu'il avait produit sur les deux femmes. Son visage s'épanouit en un large sourire.

– Et il y en a parmi nous qui ne les voudraient que là, ajouta-t-il.

À ces mots, Mary ne put s'empêcher de relever sa vulgarité. Elle pinça les lèvres et l'interrompit.

– Alors là, capitaine, vous me surprenez. Au cours de tous vos voyages vous avez sûrement dû rencontrer plus de couples heureux que de couples qui ne s'entendent pas. Et pour vous convaincre que les bonnes épouses ne manquent pas, et qu'elles sont fidèles, je suis prête à parier gros.

Mary fronça les sourcils et poursuivit :

– Les femmes belles et infidèles doivent exister dans l'imagination des célibataires beaucoup plus que dans la réalité. Pour ma part, je n'ai jamais été infidèle à mon mari.

Anne fut embarrassée et exaspérée par les pieuses remarques de sa mère.

Enhardi par le vin et par l'accueil qu'on lui avait fait, Hornigold refusa de comprendre ce que laissait entendre Mary.

– Beaucoup le sont, madame, et surtout avec des lascars comme moi.

Mary en eut le souffle coupé. Cormac intervint, trouvant au pied levé des arguments pour défendre le capitaine, et faisant sur-le-champ amende honorable en son nom.

– C'est une boutade, une simple plaisanterie, ma chérie. Le capitaine n'a pas eu l'intention de te froisser, j'en suis certain.

Anne se demanda s'il avait eu vent de la réputation qu'elle s'était faite.

Hornigold interrompit son hôte d'une voix suave.

– Certainement pas, madame, je me contentais de défendre le célibat. Pour être franc, les femmes ont pour moi un très grand charme. Toutes les femmes. Mais c'est quand elles sont libres comme l'air que je les aime le mieux.

Anne ne put résister à l'envie de lui lancer encore une fois un coup de patte.

– Vous dites que vous aimez que vos femmes soient libres. Comment une femme de pirate pourrait-elle être libre ? Les pirates eux-mêmes le sont rarement. Vous achetez vos femmes comme on achète des esclaves, à ce qu'on dit.

Mary prit un air absent comme toutes les fois qu'Anne disait quelque chose qu'elle préférait ne pas entendre. Mais Hornigold fit comme s'il n'avait pas vu Cormac se renfrogner et lui répondit sans hésiter :

– Je n'ai jamais eu à acheter de femme, mademoiselle. Et pour ce qui est de la liberté des pirates, je crois bon de vous dire que la démocratie est née dans la cale d'un de leurs bateaux.

– Vous voulez dire l'anarchie. N'obligez-vous pas vos prisonniers à se joindre à vous?

– Jamais. Il y a des masses de volontaires qui réclament à cor et à cri leur part des profits. Quand on prend un homme à bord, le quartier-maître lui remet une note prouvant qu'on l'a pris de force simplement pour le cas où il serait jugé. Et les hommes qui se portent volontaires demandent souvent au quartier-maître d'employer la force contre eux. Ainsi ils pourront un jour sauver leur peau, si on les interroge. J'ai vu un lieutenant de vaisseau lancer des bordées d'injures et de jurons, et brandir son sabre d'abordage, tout ça pour la frime, afin de pouvoir jurer plus tard devant témoin, qu'on l'avait enrôlé de force. Notez bien ce que je vous dis, ma fille, il y a pas de vie plus libre que la vie en mer.

Il s'interrompit et lorgna Anne comme si elle était seule dans la pièce.

– Je parie que vous supporteriez pas qu'on vous tienne la bride haute, mademoiselle, ça vous ferait vous cabrer et vous rebiffer.

Cormac se hâta de passer à un autre sujet et demanda à Hornigold de lui parler du tremblement de terre de Port Royal.

– Oui, ça a été une sacrée secousse. Mais notre navire a filé dans les déferlantes comme s'il avait toujours fait ça, alors que d'autres ont été soulevés par les vagues et se sont brisés sur les rochers. Il valait mieux être à bord plutôt que dans les docks car ils ont été noyés sous près de quinze mètres d'eau. Ce qu'on dit est vrai, le diable préfère ceux qui lui ressemblent. Et la mer aussi, elle m'aime bien. Elle me berce chaque soir pour m'endormir comme son enfant chéri.

Il fit un large sourire et continua:

– Nous, les pirates, nous ressemblons à des mouettes qui ne voient jamais la terre. À la tombée de la nuit je ferle mes voiles, je m'allonge et, au-dessous de moi, des morses et des baleines passent en bandes. Pourtant ça me réjouit de pouvoir dormir dans des draps propres et dans un lit douillet. Je vous remercie de votre hospitalité, monsieur, dit-il en inclinant la tête en direction de Cormac.

Anne dressa aussitôt l'oreille, voyant et revoyant en imagination des scènes auxquelles elle participait. Ce n'était pas la première fois qu'Hornigold passait la nuit sous leur toit, et ce ne serait pas la dernière. Mais c'était la première fois que cela ne la laissait pas indifférente. Elle s'efforça de paraître calme et détachée pour qu'on ne remarque pas l'intérêt qu'elle lui portait.

Les femmes quittèrent la table et les hommes allèrent se coucher dans les chambres préparées à leur intention.

Une fois dans la sienne, Anne ôta ses vêtements et approcha la chandelle de son visage. Debout devant le miroir, elle observait ses propres mouvements et prenait plaisir à sentir l'air lui caresser le corps. L'ombre d'un sourire passa sur ses lèvres. Elle frissonna quand sa chemise de nuit vaporeuse l'enveloppa en frôlant ses bras et ses jambes. Elle savait que son charme provenait en partie de sa candeur. Et ce soir, alors qu'elle imaginait Hornigold en train de l'attendre, elle était aussi tremblante et pure qu'une jeune fille encore vierge.

Face à la glace, elle regarda ses jambes. Elles étaient longues et souples, mais jamais elle n'avait pu les montrer. Certaines femmes croyaient qu'elles n'avaient pas de belles jambes, et gardaient leur jupon même lorsqu'elles couchaient avec leur mari, se disait Anne. Elle devinait que sa mère ne s'était jamais promenée toute nue devant William. Pourtant, cela ne faisait aucun doute, ses parents étaient follement épris l'un de l'autre quand elle était petite. Soudain le code qui régissait l'amour lui sembla être une intrusion dans la vie privée, une entrave à la liberté. Le salon glacé de la veuve Varnod lui avait fait la même impression.

Elle pensait à ce qu'avait dit Ben à propos de la mer et mourait d'envie de quitter Charles Town, de s'en aller en un lieu où elle pourrait courir, parler et s'habiller à sa guise.

Elle ouvrit la porte avec précaution. Le capitaine était assis. Son buste était si grand que le lit paraissait tout petit. Son énorme poitrine noire se détachait sur les draps blancs, et le clair de lune mettait en relief ses muscles saillants. Tandis qu'elle se tenait debout dans l'encadrement de la porte, une odeur de renfermé lui parvint. Hornigold, les yeux étincelants, la contemplait : dans sa chemise de nuit transparente, elle ressemblait à une sylphide. Il avança galamment la main.

– Je t'aurais attendue toute la nuit, ma fille.

Anne sentit un frisson de panique lui descendre le long des jambes. Maintenant qu'elle avait franchi le pas, l'aventure lui paraissait ridicule et dangereuse. Si par hasard son père entendait du bruit... mais elle se glissa en silence jusqu'au lit et lui prit la main sans mot dire. Il était tendu, on aurait dit un oiseau de proie prêt à fondre sur sa victime ou encore un loup affamé sur le point de dévorer un lapin. Anne tremblait en enlevant d'un geste désinvolte sa chemise de nuit. Elle vint se mettre sur lui, toute nue, et plongea ses yeux dans les siens. Il la regardait tendrement et gémissait de plaisir au contact de sa peau. Elle posa la main sur sa cuisse juste à l'endroit où les muscles étaient contractés. Hornigold la prit dans ses bras, puis se retourna et s'allongea sur elle. Il amena sa bouche jusqu'à son visage et l'embrassa sur les yeux, puis sur les lèvres, une main délicatement posée sur l'un de ses seins. Il se redressa et la dévisagea.

– Tu me fais perdre la tête. Tu sais ce qui va se passer si tu restes ici avec moi ?

– Oui, capitaine... je fais ce qui me plaît.

Il rit à gorge déployée.

– Diantre, ça ne m'étonne pas.

Ce furent les dernières paroles sensées qu'ils échangèrent pendant un bon moment.

Il s'appuya tout contre elle. « Quels muscles ! » pensa-t-elle. Elle sentit alors la vigueur et la chaleur intense de son corps et fut parcourue d'un tremblement. Les doigts de l'homme semblaient laisser des empreintes sur sa peau comme si le vent la caressait. Elle l'enlaça, se laissa glisser un peu plus bas dans le lit, l'entraînant avec elle puis elle posa sa bouche sur la sienne, écrasant ses lèvres contre lui, le léchant et le mordillant doucement. Ses seins étaient fermes et gonflés. Il amena ses lèvres jusqu'à ses mamelons durcis. Le ventre d'Anne palpitait comme le cœur d'un oiseau en cage. Ses mains vagabondaient sur le corps de son amant, le caressaient, le pinçaient. Elle l'embrassait, et il lui rendait aussitôt ses baisers avec passion sur ses lèvres entrouvertes.

La lune semblait être l'amie d'Anne. Ses rayons lui caressaient la peau, lui effleuraient les cheveux, avivaient l'éclat de ses yeux. Elle était devenue une créature de la nuit. Hornigold se fondit en elle. Ouvrant de sa bouche les replis secrets, il trouva enfin le centre caché de son être. Elle haleta de plaisir, cambra le dos, l'empoigna par les épaules à deux mains, se trémoussa puis, ivre de volupté, elle se mit à gémir. Nul homme ne l'avait jamais possédée ainsi. Son corps tressaillait, tremblait, elle secouait la tête comme une folle, criait, emportée par la houle qui déferlait en elle jusqu'à ce qu'à bout de forces elle retombe dans les bras d'Hornigold.

Soudain, grisée par une émotion nouvelle, elle attira l'homme en elle. Ils se dévoraient des yeux; c'était comme si son regard la pénétrait, la transperçait pour atteindre son âme. Elle ferma les yeux quand Hornigold se mit à se mouvoir en cadence. Il se retenait, mais elle savait qu'il n'allait pas pouvoir attendre longtemps. Il se durcissait, elle le sentait glisser en elle, chaud, tendu. Son corps lui écrasait les seins, mais elle ne se rendait pas compte de son poids. Elle souleva ses hanches et cambra le dos. Ses poussées se firent plus rapides, il se mit à jouir sans pouvoir se contrôler, l'inondant jusque dans ses profondeurs les plus secrètes. Elle fut alors submergée par une immense vague de joie.

Ils restèrent allongés un moment côte à côte sous les draps humides de sueur. Anne avait posé la main sur la poitrine velue de son amant. Elle ne songeait plus du tout aux gens qui étaient dans la maison, à tous ceux qui la connaissaient. Désormais, elle ne serait plus la même, elle en était certaine. « Jusqu'ici je n'ai connu que des gamins », pensa-t-elle.

Il rompit le silence.

– Cela valait la peine de t'attendre, ma fille, je parie que tu n'as pas appris tous ces trucs-là à l'école de la veuve Varnod.

Elle roula sur le côté et laissa ses doigts caresser la poitrine de l'homme. Elle voyait la chair de poule apparaître au contact de sa main.

– Tout ça, c'est grâce à toi, Ben.

– Voilà de belles paroles, Anne. Va dire cela à d'autres, dit-il en souriant.

– C'est la vérité, murmura-t-elle, en fronçant les sourcils et en feignant l'indignation. Je n'ai fait l'amour qu'avec des gamins inexpérimentés, à l'arrière de phaétons inconfortables. Je n'ai jamais connu le plaisir avec eux.

– Je n'en crois pas un seul mot, mais passons.

Il jouait avec ses seins dont la peau était si douce.

– Veux-tu savoir ce qui va se passer maintenant? demanda-t-il.

– Non.

– Tant mieux, car personne ne le sait et je ne peux rien te promettre.

– Pa dit qu'il faut que je sois mariée dans un an, sinon il me trouvera lui-même un mari.

Il s'écarta un peu et la regarda d'un air pensif.

– Est-ce une demande en mariage?

Elle rit pour la première fois depuis qu'elle était entrée dans cette chambre.

– Non, capitaine, je ne suis pas prête à accepter qu'on me tienne la bride haute, comme vous l'avez dit. Quand je le serai, je choisirai toute seule mon maître. Vous avez beau vous y connaître en affaires, mon père ne voudrait jamais que je vous prenne pour époux. Mais nous pourrons coucher ensemble quand vous le voudrez.

Il la reprit dans ses bras.

– D'accord, ma fille. Tu sais, mon père m'a dit de ne jamais prendre une jument qui a une couverture sur le dos.

Il repoussa lentement les draps, regarda le corps d'Anne d'un œil admiratif et se remit à le caresser.

L'étoile du matin se levait à l'est et l'ombre d'Anne se profilait sur le mur tandis qu'elle regagnait en toute hâte sa chambre. Elle se glissa sous ses draps, qui lui parurent froids et d'une pureté virginale après le lit chaud et humide qu'elle venait de quitter. Elle réfléchit à ce qui s'était passé cette nuit-là. Elle avait déjà connu le désir, mais jamais une telle passion. L'idée de ne plus jamais éprouver ces sensations lui était insupportable. Se marier avec un monsieur placide, sagement choisi par son père, c'était être condamnée à mort. Pourtant, elle avait l'impression de mieux contrôler son destin.

Le temps passa. Anne attendait les visites d'Hornigold avec impatience, tout comme elle rêvait de liberté. À vrai dire, dans l'un et l'autre cas, c'était le même désir qui l'animait. Elle commença à imaginer qu'elle était amoureuse.

Elle accompagnait le capitaine quand il allait sur le front de mer. Alors elle paradait à son bras, vêtue de soieries comme une grande dame, et elle attirait les regards envieux des catins qui hantaient les tavernes de White Point. La ville de Charles Town s'étendait maintenant jusque dans l'arrière-pays sur lequel elle déployait ses tentacules. Anne n'avait plus besoin de s'habiller en garçon ou de dissimuler ses cheveux pour se rendre sur le port. On commençait à voir des femmes dans bon nombre d'endroits où elles n'allaient jamais auparavant. En fait, à présent, elle avait peu de chances d'être prise pour un garçon.

Comme s'ils s'étaient passé le mot, les jeunes gens de la ville semblaient tous savoir qu'Anne avait reçu un ultimatum et devait obéir à son père. Un par un, ils envahissaient le salon de Bay Street. Aucun d'eux n'attirait Anne. Quelques-unes des familles les plus distinguées du pays envoyèrent ceux qui, parmi leurs rejetons, représentaient les meilleurs partis, mais elle ne pouvait s'imaginer prisonnière d'une plantation, à la tête d'une maisonnée comprenant esclaves et enfants. La seule esclave qu'elle voulait auprès d'elle, c'était Fullborn; en vérité, ce n'était pas une esclave mais une servante de race blanche comme elle, toujours silencieuse et dévouée. Bien sûr, Fully faisait continuellement des histoires à propos des vêtements que portait Anne et de sa conduite; elle en avait toujours fait, mais elle était fidèle. Elle n'allait jamais rapporter auprès de sa mère et ne dépassait jamais les limites du tolérable quand elle faisait la morale à Anne. En fait, il n'y avait aucune autre femme en qui Anne eut confiance. C'est elle qui lui avait appris à se teindre les sourcils avec du tanin provenant des racines de cyprès, elle qui, avec des graines et l'écorce amère du frêne, préparait un remède astringent à prendre chaud pour calmer ses douleurs chaque fois qu'elle mangeait trop de macarons; elle encore qui faisait semblant de ne rien voir lorsque Anne rentrait tard après une promenade en voiture.

Mais Fullborn n'avait pas une bonne opinion du capitaine Hornigold. Quand Anne quittait la maison en sa compagnie, elle ne disait rien, se contentait de pincer les lèvres d'un air sévère, et regardait de travers toute personne qui croisait sa route, à l'exception d'Anne. Les autres domestiques apprirent à se tenir à l'écart quand la jeune maîtresse sortait au bras d'Hornigold.

Cormac semblait fermer les yeux sur la façon dont sa fille faisait délibérément fi des convenances. Anne appréhendait d'avoir à se rendre dans son bureau pour se faire encore une fois tancer vertement, mais il n'en était rien. Les difficultés que Cormac avait avec Mary qui s'étiolait chaque jour davantage et devenait acariâtre, retenaient toute son attention.

La Mouette Verte était la taverne favorite d'Hornigold quand il était au port. Anne était souvent assise avec lui à une table d'angle et regardait les hommes se soûler à en perdre conscience dans les bras de putains complaisantes. Par un après-midi radieux, le capitaine la présenta à un jeune homme qu'il appelait « le plus habile contrebandier des docks ». Contrairement à la plupart des hommes qui s'asseyaient à la table d'Hornigold, ce vaurien ne fit guère attention à Anne. Il s'appelait James Bonny.

C'est à peine s'il lui lança un regard; il pivota sur sa chaise et lui tourna le dos. Anne l'observa, mortifiée. Sa redingote était fort bien coupée, mais trop large pour ses épaules étroites. Sans doute était-ce celle d'un ami. Il portait un bracelet en or au poignet droit, et avait les mains d'un homme plus habitué à compter de l'argent qu'à manier le gouvernail d'une goélette. Ses yeux gris, perçants, l'évitaient délibérément. Toutefois quand il leva son verre, son regard se dirigea vers Anne et le courant passa.

Les cheveux de Bonny tombaient en boucles sur ses épaules. Anne se demandait quel effet cela lui ferait de passer les doigts dans cette chevelure blonde. L'instant d'après, elle adressa un sourire à Hornigold et fit comme si le jeune homme n'existait pas.

Tandis qu'Hornigold discourait sur ses affaires, Bonny restait impassible. Il semblait s'impatienter et refusait de s'attarder sur des détails comme le souhaitait le vieux pirate. Il se contentait d'écouter attentivement et semblait bien décidé à ignorer Anne. Elle sentait sa colère monter et le dévisageait d'autant plus. Pour une raison mystérieuse, elle tenait à ce que James Bonny la remarque et même la désire. Bonny supportait mal de voir les yeux d'Anne fixés sur lui.

Il secoua la tête, comme un cheval harcelé par des mouches.

– Je m'étonne que vous ameniez... une dame comme ça pour parler affaires, capitaine. Elle devrait rester chez elle, dans son salon.

Hornigold gloussa de rire.

– Cette dame va là où ça lui plaît, Bonny, et j'en suis fort heureux.

Maintenant Bonny la dévisageait à son tour sans essayer de se cacher.

– C'est un beau brin de fille. Est-ce qu'elle parle ?

Avant même qu'Hornigold ait eu le temps de lui lancer un regard noir, Anne rétorqua sèchement :

– Oui, monsieur, et vous aurez toutes les chances de regretter amèrement vos paroles si vous tenez à nouveau de tels propos.

Ses yeux lançaient des éclairs.

– Que vous êtes jolie !

Les lèvres de Bonny esquissèrent un sourire. Anne le regarda d'un air furieux sans daigner lui répondre.

– Ma mère me disait souvent : « Beauté sans bonté est comme vin éventé », continua Bonny impassible. La vôtre en tomberait malade si elle vous voyait ici.

– On parle de nos mères ou on règle nos affaires ? vociféra Hornigold d'un ton impatient. Je pars avec la marée, Bonny.

Anne l'observa avec surprise, car elle n'imaginait pas qu'il allait s'en aller si tôt. Hornigold lui fit un sourire en coin et ajouta :

– Tu pourras porter mon or à Mlle Cormac chez son père qui habite Bay Street, Bonny. Veille à ce que le sac ait le poids exact, sinon j'irai chez Tilda Redhose dès mon retour et, si je t'y trouve, je te casserai la figure, car tu ne serais qu'un voleur.

Il prononça ces paroles avec le plus grand sérieux. Anne

ouvrit de grands yeux, et observa Bonny attentivement. Piqué au vif, il se raidit un instant, puis éclata de rire comme un enfant.

– Ne craignez rien pour votre or, capitaine. Du moins jusqu'à ce qu'il soit entre les mains de la dame.

Tandis qu'ils quittaient la taverne, Anne demanda à Hornigold quand il serait de retour.

Il lui prit le menton dans sa main calleuse.

– Ne comptez pas sur moi pour vous passer la bague au doigt, mademoiselle. Je ne voudrais pas être uni à vous par les liens du mariage, car vous êtes incapable de supporter un joug, aucun homme ne pourrait vous en imposer un, je crois.

Anne leva les yeux vers lui. Le soleil les faisait briller d'un éclat vert.

– Vous êtes un imbécile ! dit-elle avec un grand sourire. Vous croyez connaître une femme parce que vous l'avez vue toute nue, n'est-ce pas ? L'homme que je désire me possédera comme je le posséderai, mais *vous n'êtes pas* cet homme et vous ne le serez jamais, capitaine Ben !

Elle éclata de rire tandis qu'il la soulevait et la faisait tournoyer dans les airs.

Une semaine plus tard, on appela Anne au salon pour y recevoir James Bonny. Plus élégant que jamais, il s'inclina très bas quand elle lui tendit la main.

– Ainsi donc, vous savez saluer correctement, monsieur, dit-elle d'un ton provocateur.

Elle avait l'audace de se moquer de lui alors qu'elle était sur son propre terrain.

– Je ne savais pas que vous veniez à la Mouette Verte pour qu'on vous salue, milady.

Il eut un petit sourire narquois et attendit qu'elle s'assoie. En vain. Elle le précéda jusque dans la véranda où ils pourraient traiter leurs affaires sans être dérangés. Une fois là, elle lui tendit la main et le regarda. Il s'inclina de nouveau, l'air insolent, sortit un petit sac de sa redingote et le déposa dans la main d'Anne.

Elle entendit le tintement des pièces et résista à la tentation de les compter. Il s'éloigna.

– Attendez un moment, monsieur, lança-t-elle, sans savoir pourquoi elle lui avait dit cela.

Sans qu'elle s'en rendît compte, son regard s'égarait sur le corps de Bonny... sur ses cheveux blonds.

Il se retourna et, surpris, haussa l'un de ses sourcils.

– J'aurais une faveur à vous demander, continua Anne.

Il se laissa glisser voluptueusement dans un fauteuil, tout en l'observant. Elle rougit devant l'insistance de son regard et détourna les yeux

– Comme vous le savez, le capitaine Hornigold est en mer. J'ai besoin d'aller de temps à autre sur les quais. En fait assez souvent. Et je déteste me promener toute seule dans les docks.

– Vous voulez dire que vous avez envie d'aller à la Mouette Verte, dit-il avec un sourire. Et parmi tous les hommes de la ville susceptibles de vous accompagner, c'est moi que vous avez choisi ?

Elle se retint pour ne pas riposter de façon cinglante.

– On me dit que vous connaissez bien les docks.

– Et les catins ! s'exclama-t-il en riant. Que savez-vous d'autre de moi, mademoiselle, pour vouloir vous afficher avec moi ?

Sa voix était dure mais son regard était doux.

Elle s'efforça de lui répondre sur un ton aussi résolu que le sien.

– Je sais que vous vous faites entretenir par les putains, je sais que vous achetez bon marché et vendez cher. Le capitaine Hornigold vous fait confiance. Alors, moi aussi, je décide d'en faire autant. Je ne vais pas rester cloîtrée ici simplement parce qu'il est parti. J'aimerais aller... non, je *veux* aller me promener dans le port, disons, deux fois par semaine. Viendrez-vous me chercher, oui ou non, mon ami ?

Il rit de nouveau, à gorge déployée.

– Oui, je viendrai, mais il faudra me payer, mademoiselle, je troquerai mes services contre autre chose.

– Contre quoi ?

– Ça reste à voir.

Pendant le mois qui suivit, James Bonny se présenta régulièrement à sa porte, toujours sur son trente et un, pour l'accompagner partout où elle voulait aller. À mesure qu'elle le connaissait mieux, elle était de plus en plus séduite par ses sourires désabusés, ses haussements d'épaules insolents et son dédain pour tout ce que prisait Charles Town. Il l'amusait en lui racontant ce qu'on disait derrière leur dos sur les grandes dames du comté. Il l'écoutait en silence quand elle lui affirmait que son père avait juré de la marier avant la fin de l'année, si elle ne trouvait pas quelqu'un de convenable. Il se moquait gentiment d'elle quand elle essayait de lui expliquer ce que son père entendait par « convenable ».

Petit à petit le cynisme, qui était pour Bonny une sorte de bouclier, disparut; il en vint malgré lui à admirer Anne car elle l'éblouissait comme un rayon de soleil. Un jour qu'ils approchaient à pas lents de la maison, il s'arrêta et contempla, mélancolique, les imposantes colonnes de brique. Il se retourna et la regarda dans les yeux.

– Que veut donc de moi cette jolie dame?

Anne l'attira dans l'ombre de la glycine et, sans se soucier de ceux qui pouvaient l'épier depuis la véranda, mais avec une certaine hésitation, lui passa les bras autour du cou, craignant d'être rejetée une fois encore avec mépris.

– James, je veux vous aider.

– M'aider?

– Oui. Vous pourriez être vous-même négociant, sans recevoir la charité d'individus tels qu'Hornigold ou d'argent de poche des putains.

– Et comment pensez-vous que je puisse réaliser ce beau rêve, hein? En vous laissant me faire l'aumône?

– J'ai assez d'argent pour nous faire vivre tous les deux, James. D'ici quelque temps votre navire entrera dans le port... votre propre navire, James. Pas celui de quelqu'un d'autre.

– Et que dirait Hornigold en apprenant que sa maîtresse propose de financer l'entreprise d'un autre?

Anne relâcha son étreinte et le regarda au fond des yeux.

– Je suis mon propre maître, James. Je l'étais quand a commencé ma liaison avec le capitaine et je le suis maintenant... que je le quitte. C'est vous que je veux.

– Pourquoi?

– Vous posez trop de questions à une dame, mon ami. Ne voulez-vous pas de moi?

Les mains de James lui entourèrent doucement la taille.

– Si. Mais que doit faire un homme pour vous séduire?

– Voilà que vous posez encore trop de questions, mon garçon, dit-elle d'une voix gutturale.

Elle le mena là où l'ombre était encore plus épaisse et se blottit timidement dans ses bras, prenant de l'assurance quand elle sentit sa bouche sur la sienne.

Anne tournoyait autour de James Bonny comme un papillon de nuit. Elle le cajolait, le câlinait, avait envie de lui, mais n'était pas sa maîtresse. Chaque fois que leur désir allait s'assouvir, il s'éloignait et déclarait qu'il la respectait trop pour compromettre ainsi son avenir. Anne ne pouvait se résoudre à lui faire des reproches, car elle était touchée par sa galanterie si peu commune. Elle soupçonnait une intelligence vive sous ses dehors frustes. Souvent, lorsqu'il la regardait, elle avait le sentiment qu'il la connaissait mieux qu'elle ne se connaissait elle-même.

Anne avait vu juste lorsqu'elle disait que cela ferait rire Ben d'avoir été évincé. Mais quand son père apprit qui était le nouveau compagnon d'Anne, il la fit venir aussitôt dans son bureau pour lui signifier ce qu'il avait décidé irrévocablement sous l'empire de la colère.

– Ma fille, le délai que je t'avais accordé vient à expiration et ma patience est à bout!

– Père, tu m'avais donné une année, et nous n'en sommes qu'à la moitié.

– Tu devais trouver un époux convenable et, au lieu de cela, tu t'affiches avec un marlou! Tu fais fuir tout honnête homme qui accepterait de t'épouser!

– Pa...

– Ne m'interromps pas, Anne, je ne veux pas en entendre davantage. J'avais espéré que tu reviendrais à la raison et que tu trouverais un homme digne de ton rang. Mais il est clair que tu n'as d'yeux que pour les bâtards vérolés et les catins de taverne, pas pour les messieurs comme il faut. Je ne t'accorderai plus de délai, je ne te donnerai pas de corde pour te pendre. Tu as quinze ans passés, tu es presque une femme et, qui plus est, tu es un vrai démon. Je ne veux pas que tu nous déshonores, ta mère et moi. Tu as failli la faire mourir avec ton impudence. Je t'ai donné le meilleur de moi-même et tu as craché dessus, dévergondée que tu es!

Il frappa du poing sur la table et, d'une main tremblante, rejeta ses cheveux en arrière.

– Voilà! J'ai tout réglé. George Pringle est venu me voir et il m'a proposé son fils. Ce n'est pas exactement le parti que j'avais espéré pour toi, mais tu as de la chance d'avoir tout de même une demande en mariage, quand on considère ta conduite.

Il lui tendit les mains, plein d'espoir.

– Penses-y, ma petite. C'est un garçon sérieux, robuste, qui appartient à une bonne famille et qui, en temps voulu, héritera une grande fortune.

Anne sentit que la rage allait l'étouffer; elle restait muette.

Son père la regarda sans sourciller.

– Tout est réglé. Je ne veux plus en entendre parler. C'est un beau parti et on ne t'en offrira pas de meilleur!

Il se tourna de façon à ne plus voir son visage blême, son regard pénétrant.

– Ta mère et moi, nous sommes d'accord.

– Ah vraiment?

La voix d'Anne était sourde et rauque.

– Tout est arrangé, n'est-ce pas?

Il lui fallut tout son sang-froid pour quitter la pièce, la tête haute, et fermer sans bruit la porte derrière elle.

Elle s'enfuit de la maison et courut à la chambre qu'elle avait louée pour James sur les quais. Elle entra en trombe. Il la regarda, soudain inquiet. Elle l'avait surpris la main levée, en train de se verser un verre de rhum. Elle lui arracha la bouteille et avala rapidement une bonne lampée, puis fit la grimace. Elle avait froid en dépit de la chaleur de l'alcool.

– Mon père est revenu sur sa parole.

James se raidit et lança malgré lui un coup d'œil en direction de la porte. Elle jeta à terre son verre qui se brisa.

– Non, imbécile. Il m'avait dit qu'il me donnait une année... Une année pour épouser un jeune homme « convenable ». Je n'ai que faire de son jeune homme « convenable » ! Et puis voilà qu'en moins de deux, il m'a fiancée à un idiot qui a besoin à la fois d'une femme et d'une bonne d'enfants !

Elle arpentait la pièce en faisant de grands gestes. Elle se sentait prise au piège. Soudain elle s'immobilisa, le buste droit, ses yeux lançaient des éclairs.

– J'ai trouvé l'homme qu'il me faut, convenable ou pas. James, il va falloir nous enfuir.

– Où ?

– À Bath, dit-elle, en lui saisissant les deux mains et en le faisant pivoter. Marions-nous avant qu'il puisse nous en empêcher.

Elle le regarda dans les yeux.

– Si tu le veux, nous pouvons être heureux, James. Sinon, moi, j'aurai embarqué sur un paquebot d'ici quinze jours et toi, tu te retrouveras dans le lit d'une putain. Es-tu prêt, mon ami ?

– Ne devrions-nous pas réfléchir un peu, Anne ?

– Nous n'avons pas le temps de réfléchir, James. Décide-toi. Je vais prendre quelques-uns des bijoux de ma mère en guise de dot, et avant que mon père nous rattrape, nous serons mariés légalement. Es-tu d'accord ?

Elle l'étreignait avec passion. Ses cheveux défaits lui tombaient sur les épaules.

– Oh, James, cria-t-elle, une vie sans risque ne vaut pas la peine d'être vécue. Et puis, est-ce que je n'en vaux pas la peine ?

Elle plaqua ses lèvres sur les siennes.

Le vieux pasteur de Bath fut réveillé en plein sommeil par des coups sourds frappés à sa porte. À la lumière de la lampe, le couple lui parut bizarre. La jeune fille avait un costume de voyage en riche brocart et portait une grosse valise ; l'homme une redingote élégante, mais l'un et l'autre avaient l'air débraillé et accusaient la fatigue d'un long voyage. L'argent qu'ils le pressèrent d'accepter et leurs explications convainquirent le pasteur de faire son devoir... et Anne fut mariée à James Bonny.

Ils passèrent leur nuit de noces dans une auberge en dehors de Bath. Lorsqu'on les eut fait entrer sans cérémonie dans une petite chambre mal éclairée, les jeunes mariés se retrouvèrent face à face sans grand enthousiasme. Il semblait que leur passion s'était évanouie maintenant qu'ils étaient unis légalement. La seule chose au monde qu'Anne désirait vraiment, c'était dormir. De préférence seule. Mais Bonny était résolu à jouer son rôle de jeune marié empressé. Les serments qu'il venait d'entendre prononcés bien sagement par Anne semblaient éveiller en lui une arrogance nouvelle.

Il attendit qu'ils soient seuls et s'approcha d'elle l'air conquérant, puis la prenant hardiment dans ses bras, il mit les deux mains sur sa poitrine avec le sourire satisfait d'un propriétaire.

– Te voilà donc mariée. À monsieur James Bonny. Tu aurais pu tirer un plus mauvais numéro.

Elle lui sourit, tout en restant sur ses gardes.

– Oui, et aussi un meilleur. Nous sommes unis par les liens du mariage. C'est un fait.

Alors James l'embrassa. Des baisers durs et mouillés. Il déplaçait sa bouche lentement et avec insistance sur la sienne. Elle ne ressentait pas au creux de son estomac et dans sa gorge cette chaleur, ce titillement secret qu'elle éprouvait d'habitude quand il l'embrassait. Seule la fatigue était présente.

Sous les lèvres de Bonny elle devinait un sourire cruel, une force presque bestiale. Surprise, elle eut un mouvement de recul, essayant de lire au fond de ses yeux.

– Ne fais pas la vierge effarouchée maintenant, Anne. Tu m'as ligoté et tu m'as acheté. Je t'appartiens désormais, que tu le veuilles ou non, et je suis prêt à voir sans plus tarder quel genre de jument je vais enfourcher jusqu'à la fin de mes jours.

Il souleva Anne à bras-le-corps. Elle se demanda un instant où il avait trouvé cette énergie nouvelle mais elle ne se débattit pas. Il la jeta sur le lit, ses jupes remontèrent jusqu'à ses cuisses. Allait-elle se blottir dans ses bras? Lui résister? Elle n'eut pas le temps de se poser la question. Il se rua sur elle, lui arracha sa robe, fourra ses mains rêches sous ses jupes et, déchirant sa culotte, chercha à tâtons son sexe comme si depuis longtemps elle s'était refusée à lui. Tout désir s'évanouit aussitôt en elle tant elle était courroucée d'être traitée sans le moindre ménagement. Elle tenta de se dégager, mais il coinça un de ses genoux entre ses cuisses et lui écarta les jambes de force, lui immobilisant les bras au-dessus de la tête.

– Fiche-moi la paix, bougre d'imbécile ! hurla-t-elle, haletant de fureur, les seins écorchés et meurtris par les mains de Bonny. On jouira cent fois mieux si tu veux bien me laisser...

Mais il se contenta de fermer les yeux en serrant les paupières et l'étreignit encore plus fort. Anne se demanda qui il chevauchait : ce n'était certainement pas elle car il ne regarda pas une seule fois son visage. Avec un grognement à demi étouffé, il l'interrompit.

– Non ! Tu en as toujours fait à ta tête. Cette fois, c'est à mon tour. Tu es ma femme maintenant et tu m'appartiens. Et je vais te faire voir ce que ça veut dire.

Elle tenta de le repousser, mais dans la fureur de sa passion il était plus fort qu'elle. Il glissa sa hanche entre les cuisses d'Anne et, en s'aidant de sa main libre, la pénétra brutalement. Anne se calma aussitôt. Si elle continuait à se débattre, cela le ferait jouir davantage. Inerte, elle le laissait agir malgré une aversion profonde. Il ne sembla même pas remarquer son apathie, il se contenta de faire son mouvement de va-et-vient quelques instants, se cambra, jura d'une voix rauque et retomba épuisé sur elle.

Il desserra aussitôt son étreinte et elle le repoussa. Elle avait le sentiment d'avoir été violée, souillée au cœur même de son être.

Il lui sourit, et elle devina que la sollicitude pleine de tendresse qu'il lui témoignait n'était pas dénuée d'orgueil.

– Je t'ai fait mal ?

Anne rit en dépit de sa répulsion.

– Me faire mal ? Avec cette chique molle ? C'était fini avant même que je m'en aperçoive.

Elle le vit se rembrunir et, craignant un nouvel assaut, changea de tactique.

– Pourquoi m'as-tu prise de cette façon-là, James ? Je me serais volontiers donnée à toi.

Il se cacha le visage, l'air dépité. Elle attendit, mais il ne dit rien. Au bout d'un moment elle domina son ressentiment et tendit la main pour lui caresser le bras, en signe de soumission. Pourquoi donc s'était-il conduit en véritable sauvage?

– Tu es ma femme maintenant. Je peux te prendre comme ça me plaît.

Elle fit un effort pour ne pas perdre patience.

– Est-ce donc là ce que tu attends d'une femme?

– Oui, il y en a des tas qui aiment ça.

Elle haussa les épaules, ne cachant plus son mépris à présent.

– Eh bien! Tu t'es trompé de femme, mon cher.

– Ce n'est pas moi qui vous ai choisie, madame. C'est vous qui m'avez choisi. Et vous avez fait une bonne affaire. Vous vous êtes servie de moi, tout comme je me suis servi de vous. Oui, la belle madame possède son étalon maintenant. Et elle a une bonne chevauchée en prime, ajouta-t-il, l'air sombre.

– Ah! Vraiment?

Elle rejeta ses cheveux en arrière et fit comme si elle allait se lever.

Souriant, il lui tendit les mains. Elle les repoussa violemment. Il l'obligea à s'allonger, se remit sur elle, et lui empoigna les cheveux. Elle pouvait à peine bouger. Sa voix se fit plus douce.

– Oui, et si tu te calmais et décidais d'être une femme au lieu de tout faire pour te conduire comme un homme, tu éprouverais toi aussi du plaisir.

Elle rit, indignée. Il lui lança un regard furieux.

– Je serai ton mari. Et ton maître!

Il essaya à nouveau de la prendre. Cette fois, elle se dit que se soumettre était la meilleure façon de l'apprivoiser. Elle prit donc son mal en patience en attendant son heure.

Peu pressés d'affronter la colère de Cormac, M. et Mme James Bonny rentrèrent à Charles Town par voie de terre. Après environ deux semaines d'absence, Anne se retrouva devant la maison de Bay Street avec un simple anneau d'or au doigt et peu de joie au cœur.

Les volets étaient fermés, les fenêtres drapées de crêpe noir. Anne frappa tandis que James attendait dans la voiture, n'ayant guère envie d'entrer avant de savoir quel accueil lui serait réservé. À sa surprise, Fullborn ouvrit la porte. Elle ne dit rien mais se contenta de prendre Anne dans ses bras et de l'attirer dans la maison. Anne se raidit, elle redoutait une mauvaise nouvelle.

– Fully, pourquoi les volets sont-ils fermés?

Fullborn hocha la tête.

– Ta mère est morte, mon enfant. On l'a enterrée hier. Ton père est à Bellefield, fou de douleur.

– Ma mère est... morte? Comment?

Anne se crispa, elle se cacha la figure dans les mains, comme pour se protéger de ce qu'elle allait entendre.

– Elle a fait une fausse couche. Cette fois-ci, le docteur n'a pas pu la sauver.

Anne était bouleversée. La tête lui tournait.

– Une fausse couche? Je ne savais même pas qu'elle était enceinte!

Le visage de Fullborn était empreint de tristesse.

– Oui, ma fille. Je sais. Peu de gens étaient au courant, sauf sa servante et ton père. Elle s'est alitée après ton départ et c'est alors que nous l'avons appris... Elle n'avait plus la force de lutter.

– Oh, mon Dieu, Fully! Oh, ma pauvre mère!

Elle tomba dans les bras de Fully, l'estomac noué par la douleur. Elle était prête à sangloter, mais parvint à maîtriser son émotion.

– Et père? Sait-il que je suis mariée?

L'espace d'un instant Fullborn fit la grimace, puis elle retrouva sa sérénité.

– Oui, ma fille. La nouvelle du mariage de la fille de Cormac avec ce James Bonny s'est vite répandue.

Anne se laissa tomber lourdement dans un fauteuil, ahurie. Sa mère était morte. Un bébé... un autre bébé... tous deux étaient morts. Elle avait rarement vu sa mère au cours de ces derniers mois. Alors que ses pensées vagabondaient, elle se demanda si elle verrait une différence à la maison maintenant que sa mère n'était plus. Mais son père... son père devait être torturé par le chagrin. Et puis elle se souvint de James. Brusquement, elle se leva.

– Il faut que j'aille voir pa, Fully, que j'aille à Bellefield.

– Il refusera de te voir, ma fille.
Anne, l'air absent, ne tint pas compte de la remarque. Elle songeait déjà aux retrouvailles.
– Il refusera de me voir? Bien sûr que non. Il a besoin de moi.
– Non, ma fille. Il... il pense que tu as tué ta mère.
Sous le choc, Anne ouvrit de grands yeux.
– Moi, j'ai tué mère?
– Oui, en t'enfuyant avec ton amant. Ce ne sont que les divagations d'un homme au cœur brisé, mais il est entêté et assure qu'il te fera arrêter sur-le-champ. Il vaut mieux ne pas y aller avant que...
Submergée par le chagrin, Anne se mit à hurler :
– Je *veux* aller à Bellefield, Fully. Mariée ou pas, je suis sa fille et il acceptera de me voir. Il a besoin de moi. Nous avons besoin l'un de l'autre. J'aimais ma mère, tu sais bien que cela faisait des années qu'elle se mourait... C'est difficile, mais père doit continuer à vivre. La vie sera différente pour lui, comme pour moi. Voilà tout.
Elle se retourna et ouvrit la porte, sa main s'attarda sur la poignée. Elle regarda au-dehors la voiture qui attendait et murmura :
– A-t-elle souffert?
Fullborn baissa la tête et détourna les yeux.
– Ils ont essayé de sauver le bébé. Le docteur n'a pas réussi à le sortir de son ventre... intact. Elle est morte deux jours plus tard.
Anne gémit et ses yeux s'embrumèrent. La rue apparaissait et disparaissait comme dans un mirage. Elle partit et referma sans bruit la porte noire.

La maison de Bellefield était close et silencieuse. On aurait cru qu'elle était inhabitée depuis des années. Anne frappa, personne n'ouvrit la porte. Elle appela, personne ne répondit. James la tira par la manche et suggéra qu'ils s'en aillent et envoient plutôt une lettre, mais elle se dégagea violemment.
– Père! C'est Anne. Je sais que tu es là. Ouvre la porte!
Silence de mort. Alors Anne entendit son père crier d'une voix étouffée :

– Va-t'en d'ici ! Je ne veux pas te voir !

« Il doit être soûl », pensa-t-elle. Elle lança un coup d'œil en direction du quartier des esclaves, mais rien ne bougeait.

– Père, ouvre. Moi aussi, je la pleure.

– Tu te moques de moi, toi qui l'as assassinée ! Tu es une voleuse ! Tu as pris les bijoux de ta mère. Tu lui as brisé le cœur. Je te l'ai déjà dit. Tu l'as tuée et je ne veux plus entendre parler de toi. Va-t'en au diable avec ton maquereau !

– Père ! Ouvre cette porte et écoute-moi ! Nous l'enfoncerons s'il le faut.

Elle frappa violemment à la porte. Le bruit se répercuta, assourdi, dans les vastes salles. Soudain un coup de feu partit d'une des fenêtres du premier étage et le bois du porche vola en éclats.

James jura et se tapit sous les marches du perron. Anne lui jeta un regard courroucé, elle sentait avec un certain plaisir la colère sourdre en elle.

– Père, je sais que tu ne me tueras pas. Je resterai là jusqu'à ce que tu ouvres cette porte.

Elle tambourina à nouveau de toutes ses forces. La balle suivante passa en sifflant près de l'oreille de James. Il jura à nouveau contre Anne, descendit les marches d'un bond et se faufila tout tremblant derrière un arbre.

Le visage de Cormac apparut à la fenêtre du premier étage. Il avait l'air d'avoir perdu la raison, d'être fou à lier. Échevelé, les yeux rouges et gonflés, il cria à sa fille :

– La milice vous recherche, toi et ton petit morveux !

Elle l'entendit arpenter la pièce.

– Ta mère aurait préféré mourir plutôt que de laisser ce chien entrer chez elle. Je me tirerai une balle dans la tête avant de donner un sou à une putain et à son maquereau. Sur un gibet à White Point, voilà où tu finiras tes jours, et je n'irai pas te voir.

Il claqua le volet. Anne l'entendit au premier étage recharger son fusil. Elle étouffa un sanglot et hocha la tête. Elle n'en croyait pas ses oreilles.

Une petite brindille craqua derrière elle, Charley Fourfeathers apparut à sa hauteur. Elle faillit crier son nom, mais il la fit taire en mettant un doigt sur ses lèvres. Ils s'éloignèrent de la maison, suivis de James. Charley avait deux cabanes, l'une à côté de la rivière et l'autre dans les bois. Anne avançait en trébuchant le long des sentiers, paralysée par la peur, détachant de ses bras les tiges volubiles des chèvrefeuilles et regardant derrière elle, pour vérifier que James était toujours là. Il faisait sombre quand ils arrivèrent chez Charley.

– Ce qu'il dit est vrai, dit Charley. M. Cormac a signé le mandat d'arrêt. Si des soldats vous trouvent ici, vous serez jetés en prison ou pire. Pour meurtre. Et pour vol.

James l'interrompit avec dédain.

– Ils ne m'auront jamais. Je m'enrôlerai dans la marine et je partirai dans les îles jusqu'à ce qu'ils oublient même mon nom.

Charley le regarda de ses yeux gris, sans mot dire. Le sang d'Anne ne fit qu'un tour tant elle le méprisait. Elle le saisit par le col puis finit par le lâcher. Elle regrettait de ne pas avoir assez de cran pour lui donner une bonne correction.

– Bon Dieu! dit-elle, tu m'as épousée et tu n'as pas perdu de temps pour coucher avec moi. Maintenant tu vas rester avec moi et te conduire comme un homme sinon, je te le jure, je dirai que tu m'as enlevée, et on aura ta peau avant que tu quittes Charles Town.

Elle se détourna de lui.

– Charley, est-ce que nous pouvons filer vers le nord?

– Oui, mais Cormac a des amis dans tous les ports. Il est assez fou pour te faire ramener enchaînée.

Anne s'assit sur le sol de la cabane, se creusant la tête pour trouver une solution. Finalement un sourire pincé apparut sur ses lèvres. « Con Kesby... le vieil ami de son père. Et aussi le sien », du moins l'espérait-elle. Elle envoya Charley le chercher dans les docks.

Ce soir-là, Kesby vint à la cabane dans les bois et proposa d'emmener les jeunes mariés gratuitement à l'île de New Providence dans son sloop.

Bonny cracha de dégoût.

– New Providence! C'est un trou de merde. Il n'y a pas âme qui vive à part des pirates et des bandits.

– Préférerais-tu te trouver tête à tête avec les soldats du roi? demanda Anne calmement.

Avec un petit sourire narquois, Con Kesby se tourna vers Anne. Ses yeux se plissèrent et s'assombrirent.

– Tu ne trouveras aucun homme du roi à New Providence, ma fille, c'est le fief des pirates. Ça donnera à ton père une chance de se calmer et de retirer son mandat d'arrêt. Mais écoute-moi bien, c'est un repaire de hors-la-loi.

Il l'observait d'un œil attentif, avec plus de curiosité qu'il ne l'avait jamais fait à la table de son père quand elle était petite. Anne n'avait guère le choix. Elle serra les dents d'un air buté. C'était comme si un destin implacable s'en prenait à elle, la dominait. Elle se mit à trembler de tous ses membres.

– Qu'en dis-tu, ma fille? Tu n'as pas peur, n'est-ce pas? demanda Kesby impassible, en jetant un coup d'œil à Bonny, puis de nouveau à Anne.

Anne se sentait lasse. Elle avait l'impression d'avoir bien plus de seize ans.

– Quand partons-nous?

Il lui sourit, ses yeux brillaient dans l'ombre.

– Nous partons à minuit avec la marée.

– Nous serons à l'heure.

Quand la pleine lune fut levée, Anne et Bonny se dirigèrent vers la Cooper en empruntant des chemins qui leur étaient familiers. Charley Fourfeathers les attendait avec un petit canoë. Sans dire un mot, ils descendirent la rivière aux eaux noirâtres en pagayant; ils passèrent devant les maisons de Charles Town, les plantations de Goose Creek, devant tout ce qu'Anne avait connu et qui l'avait protégée des dangers, puis ils parvinrent à la jetée où était amarré le sloop de Kesby. Dès qu'Anne et James furent à bord, l'ancre fut levée et le bateau vogua paisiblement à destination de New Providence.

Troisième Partie

1716
L'ÎLE DE NEW PROVIDENCE

> J'ai remarqué, à bord d'un navire, comme les hommes et les femmes se laissent aisément aller à leur penchant pour le flirt, car la mer a le pouvoir de nous dépouiller du sens des responsabilités, et ceux qui, à terre, sont aussi inébranlables que le chêne, en mer se laissent emporter par le courant, pareils à des algues.
>
> *Lettres à un ami,*
> Rabindranath Tagore

> Il faut à Adam une Eve sur laquelle il puisse rejeter ses propres fautes.
>
> *Proverbe italien d'autrefois*

Pour Anne, être en mer, c'était connaître à nouveau le bonheur du sein maternel dont elle se souvenait encore. Elle vit la côte diaprée disparaître dans l'obscurité qui engloutissait peu à peu Charles Town. Quand le sloop de Kesby atteignit le large, les odeurs de la terre – de fruits mûrs, de plaines marécageuses, de poisson pourri, de bois goudronné et de palmiers verts – firent place à l'odeur piquante du sel et des embruns. L'authentique odeur d'algues, d'écume froide qui ne se trouve qu'en pleine mer, effaça les effluves tièdes qu'exhalait la végétation du continent. Anne se sentit revivre, une fois au large, loin des lumières de la ville qui perçaient l'obscurité. Avec soulagement elle tourna son regard vers l'immensité du ciel et n'aperçut rien d'autre que le scintillement d'une myriade d'étoiles.

La mer était sa principale, voire son unique consolation dans cet exil. Elle était partie avec pour tout bagage ses vêtements, des affaires de toilette et quelques bijoux de sa mère. Adieu Anne Cormac, Mlle Cormac, la beauté de Charles Town, l'héritière de Bellefield. Elle n'était plus qu'Anne Bonny, sans fortune, sans famille. Et pourtant ce n'était pas du regret qu'elle éprouvait, mais un soulagement. Elle aurait certes préféré jouir à la fois de sa fortune et de sa liberté. Ayant à choisir, elle optait pour la liberté et, à son avis, elle n'y perdait pas. Du moins pour l'instant. De surcroît, elle savait qu'elle pourrait apitoyer son père, dès lors qu'elle accepterait de revenir seule, et non pas au bras de James Bonny. Pour le moment, elle se laisserait emporter là où le courant la conduirait.

Après l'Atlantique ce fut la mer des Caraïbes, le bleu profond vira au bleu azur. À proximité des îles de la Floride, dans les transparences vert jade des courants marins, on apercevait la blancheur sépulcrale des bancs de sable mouvant, le chatoiement de milliers de plantes sous-marines et l'éclat fugitif du ventre d'un barracuda. Les côtes des îlots étaient festonnées de milliers de criques, de baies, de calanques paisibles, d'anses et d'anfractuosités creusées par les ouragans; certaines offraient des plages hospitalières, en pente douce, d'autres des récifs qui affleuraient et étaient couverts d'une multitude d'oursins aux piquants venimeux.

Le sloop de Kesby, le *Shark*, avait la finesse et l'élégance d'une hirondelle de mer rasant les flots. C'était le bateau pirate idéal, avec un beaupré effilé presque aussi long que la coque. Il fendait les vagues et ses voiles largement déployées faisaient filer le navire plus vite qu'un schooner ou qu'un brigantin lourdement chargé. Par vent favorable, on pouvait hisser un hunier carré pour accroître la vitesse jusqu'à onze nœuds. D'une taille suffisante pour engager le combat, le *Shark* avait un tirant d'eau de deux mètres cinquante et pouvait transporter un équipage de soixante hommes et quatorze canons. Il pouvait se faufiler là où un vaisseau de guerre se serait échoué.

L'équipage de Kesby était hétéroclite. C'étaient des marins, comme Anne en avait rencontré naguère sur les quais ; toutefois tous étaient unis par la profonde admiration qu'ils vouaient à leur capitaine et qu'ils se vouaient mutuellement. Un esprit de franche camaraderie régnait parmi eux et Anne aimait les rejoindre quand ils se retrouvaient, après leur travail, pour bavarder et se raconter des histoires. Chose curieuse, les hommes ne lui faisaient pas d'avances, ils semblaient respecter sa condition de femme mariée et la traitaient avec une galanterie un peu rustre.

Ils ne témoignaient pas le même respect à Bonny. La plupart des pirates l'évitaient comme un chien galeux, et Anne ne pouvait s'empêcher de remarquer le mépris qui se lisait dans leur regard lorsqu'ils s'adressaient à son mari. Elle finit par demander à Kesby la raison de cette antipathie unanime à l'égard de James Bonny.

– C'est sa réputation, Anne. Et si tu m'avais demandé mon avis avant de te marier, je t'aurais mise en garde. Mais tu m'as rien demandé.

– Mais quelle est donc sa réputation ? Il ne t'arrive pas à la cheville, ça, c'est sûr.

Kesby lui lança un regard noir, puis se rasséréna.

– Je te pardonne, parce que tu n'as pas beaucoup d'expérience. Mais t'amuse plus à comparer Con Kesby avec un coureur de jupons comme Bonny, pas à bord de mon navire. Ni d'un autre d'ailleurs.

Anne fut navrée d'avoir fait une gaffe. Son ton se radoucit, elle prit un air contrit.

– Je t'en prie, dis-le-moi. Qu'a-t-il fait ?

– C'est un petit morveux. Un faux-jeton qui trahit tous ceux qu'il approche. Il est connu dans le port pour escroquer non seulement les pirates mais aussi les marchands. Et ils n'ont que faire de ce genre d'individu.

– Alors pourquoi le capitaine Hornigold traite-t-il avec lui ?

– Ben Hornigold a un faible pour la racaille qui traîne sur les quais, hommes ou femmes, et il était redevable à Tilda Redhose qui lui avait rendu un grand service.

Il regarda Anne d'un œil de connaisseur.

– Alors pourquoi nous aider ? Pourquoi ne pas nous laisser prendre, tous les deux, par la milice comme des harengs dans un filet?

– C'est pas pour tes beaux yeux, ma petite, dit-il en ricanant. C'est vrai, tu es belle à croquer et ça, depuis l'âge où tu ne tètes plus. Si je fais ça, c'est pas pour toi, mais pour Ben Hornigold.

– Pour Ben? s'exclama Anne, incrédule.

– Ouais, il m'a dit un jour que tu valais la peine qu'on te sorte du pétrin. Et c'est un ami. Alors pour lui, je t'aiderai à échapper à la justice. Mais si tu agaces mes hommes, je te larguerai sur une île déserte comme une cargaison inutile. Je veux pas de bagarres sur le gaillard d'avant ni de coucherie dans l'entrepont.

La menace fit sourire Anne.

– Je ne ferai pas d'histoires, capitaine. Je suis si heureuse de me trouver loin de la côte.

Kesby rit à gorge déployée, effarouchant les mouettes qui tournoyaient au-dessus de leur tête.

– Eh! Tu as la fièvre du brigand. Ça m'a sauté aux yeux quand je dînais chez ton père.

– La fièvre du brigand?

– C'est la peur de la routine. Ça tue plus de pirates que les balles de mousquet. Et crois-moi, ça me connaît...

On raconte qu'un jour une bande de boucaniers s'était frayé un chemin jusqu'aux portes du paradis. Saint Pierre avait hâte de se débarrasser de ces intrus, qui n'avaient pas été conviés, et qui, de toute évidence, s'étaient trompés d'endroit pour passer l'éternité. Il improvisa une comédie digne de la confrérie des pirates. « Une voile! » s'exclama-t-il, en montrant les portes du paradis. « Où ça? » demandèrent les pirates, le cou tendu pour mieux voir. « Sous le vent à bâbord! » répliqua saint Pierre. « Allez-y, les gars! À l'abordage! » s'écrièrent-ils en se ruant vers les portes du paradis... qui furent alors solidement barricadées derrière eux.

Anne entendit cette histoire et bien d'autres racontées par les hommes de Kesby; elle avait l'impression de faire partie d'une famille très particulière, le sentiment d'une solidarité sans faille que la mer forge entre les hommes. Elle s'éloignait souvent de Bonny dans la journée, à la recherche d'un endroit où elle pourrait, seule, contempler la mer ou regarder les marins en pleine activité. Le soir, elle quittait à contrecœur le gaillard d'avant, pour retrouver son mari dans la cabine. Elle regrettait de ne pouvoir rester pour écouter les pirates raconter leurs histoires grivoises.

Bonny faisait mieux l'amour. Il pensait avoir dompté Anne et pouvait donc se permettre d'être plus tendre. Anne trouvait ses étreintes supportables, pourtant le plaisir qu'elle éprouvait n'était en rien comparable à celui qu'elle avait ressenti avec cet homme d'expérience qu'était Hornigold. Elle ne pouvait pas nier que son mari avait un physique agréable. Avec ses boucles blondes, il ressemblait davantage à un ange déchu qu'à un homme. Lorsqu'elle le taquinait en lui disant qu'il était semblable aux séraphins qu'on voyait dans les peintures, il lui rétorquait que les anges étaient supérieurs aux hommes, tout comme Dieu était supérieur aux anges, les hommes supérieurs aux femmes, et les femmes supérieures aux enfants et aux animaux. En conséquence, on ne pouvait le prendre pour un ange. James Bonny croyait en une hiérarchie universelle.

Anne apprit bien des choses sur la mer au cours de son voyage aux Antilles. Un matin, les marins harponnèrent un requin-marteau au large d'une île et hissèrent sur le pont l'énorme poisson aux reflets gris. Il avait plus de trois mètres de long, une queue qui fouettait l'air, une énorme tête aplatie en forme de croix, et deux yeux blancs vitreux de chaque côté du méplat que constituait son museau. Anne s'aventura plus près pour regarder les hommes assommer l'animal, puis lui arracher la peau de la queue aux ouïes. Ensuite, ils la séchèrent pour en faire du cuir et recueillirent l'huile extraite du foie. Elle leur servait pour soigner les doigts ou les orteils gercés, et s'administrer des lavements afin de libérer leurs entrailles.

Anne apprit que les récifs de corail étaient les zones les plus dangereuses de cet hémisphère. Les navires déroutés par une tempête se croyaient relativement en sécurité dans les eaux profondes. Leurs lignes de sonde ne trouvaient pas de fond; leur étrave fendait les flots bleus sans effort. Les marins se sentaient prêts à affronter la bourrasque et ne s'inquiétaient que pour le gréement. Puis soudain un homme de quart attentif entendait, par-dessus les hurlements du vent, un étrange grondement rythmé, comme un bruit de ressac. Mais comment était-ce possible au large? Soudain la vigie était stupéfaite de voir surgir des brisants impressionnants. Trop tard. Les hommes juraient, imploraient Dieu, tiraient sur les voiles de toutes leurs forces, mais souvent le bateau heurtait les rochers et se fracassait dans les vagues avant d'être englouti en quelques instants.

Le charpentier évoqua un naufrage semblable, au large de Deadman's Cay trois ans auparavant. Il y eut vingt-sept survivants. Ils dérivèrent pendant trente milles, agrippés à une épave et furent rejetés sur le rivage des Grandes Caïques. Vingt et un d'entre eux périrent de soif ou de froid. Quatre, harcelés par les insectes et terrorisés par les requins, se suicidèrent. Deux survécurent.

– Attention! dit le charpentier. Faut pas se fier au calme trompeur de cette mer. On a plus de chances de mourir ici que dans l'Atlantique, où la mort et la vie font bon ménage.

Ainsi l'équipage se prépara aux deux éventualités. Lorsqu'ils ne s'occupaient pas de l'entretien du bateau, les hommes s'entraînaient sur les ponts au maniement de toutes sortes d'armes. Anne entendait chaque jour, pendant des heures, la détonation des pistolets à silex, lorsque les hommes, à tour de rôle, tiraient sur des cibles dans l'eau. Sournoisement ils se jetaient les uns sur les autres avec un garrot, un mince fil de fer muni de deux poignées en bois, et feignaient de mourir en hurlant de douleur comme si on leur avait tranché la gorge.

Des dagues étincelaient au soleil, des sabres d'abordage s'entrechoquaient en cadence, pourtant il était rare que quelqu'un fût blessé. Chaque pirate avait toujours sur lui son sabre d'abordage et ses pistolets, et devait en prendre soin. Le sabre se balançait contre sa hanche; les pistolets étaient suspendus à une courroie de cuir passée en bandoulière; chacun était fier de posséder la force et l'habileté requises pour le maniement de ces armes.

Anne prenait plaisir à porter sa dague au vu de tous et à se mesurer, sabre en main, avec les plus habiles. Ses leçons d'escrime lui étaient très utiles lorsqu'elle arpentait le pont, car les marins aimaient provoquer en duel une femme qui portait ostensiblement ses armes, même si c'était pour rire.

Les hommes de Kesby se vantaient des prises nombreuses et magnifiques qu'ils faisaient chaque saison... toutefois il leur arrivait de mentionner quelques échecs.

Un jour le maître d'équipage raconta le combat acharné que les marins avaient livré durant cinq heures contre un brigantin qu'ils avaient fini par capturer, tout cela pour trouver la cale pleine de fripouilles de la prison de Newgate. La cargaison était pour eux sans valeur, ils n'avaient pas besoin de marins supplémentaires. De dépit, ils échouèrent le brigantin à la Jamaïque et libérèrent tous les prisonniers au grand dam du gouverneur.

Après le butin, la nourriture était ce dont l'équipage parlait le plus volontiers. Les hommes prenaient seulement deux repas par jour, l'un au milieu de la matinée, l'autre au milieu de l'après-midi. Les compagnons de table étaient inséparables, ils se considéraient comme des frères ; chacun connaissait les goûts de l'autre et ils partageaient équitablement les victuailles. Pour faire la cuisine on allumait du feu dans un petit bac de sable arrimé au pont, au pied du mât et on le surveillait religieusement, car un incendie à bord était plus redoutable que les soldats du roi.

On faisait cuire la viande, fraîche ou salée, dans une grande marmite en fer, puis on la servait dans des écuelles de bois ou on la mangeait avec les doigts. Chacun se gavait quand il y avait abondance de vivres. Personne ne se plaignait d'être rationné quand les réserves diminuaient. L'eau douce était stockée en fûts dans la cale. On l'utilisait seulement pour la cuisine ou comme boisson quand il ne restait plus rien d'autre. On buvait habituellement de la bière. Quand elle venait à manquer, elle était allongée d'eau et appelée « rinçure » ou « petite bière ».

Le plat qu'Anne préférait était le salmigondis, une salade de cœurs de palmier avec de l'huile, de l'ail, des œufs et des morceaux de poisson salé. La plupart des hommes étaient friands de tortue, quand ils pouvaient s'en procurer. Les tortues vertes étaient la nourriture de base à bord de la plupart des navires dans les Caraïbes, car elles étaient nombreuses et faciles à attraper. Leur chair était nourrissante et on pouvait les conserver vivantes pendant des semaines simplement en les mettant sur le dos. Pour les capturer, on utilisait des échénéides ou poissons ventouses, attachés à de longues cordes. Ce poisson, une fois en haute mer, se fixait à une tortue, puis était hissé à bord.

La dysenterie, appelée la « courante », était une maladie endémique, surtout chez ceux qu'on avait recrutés de force sur les navires anglais et qui n'étaient pas habitués aux fruits frais. Anne fut surprise par la pudeur des pirates. Les matelots installaient à la proue du vaisseau des latrines. C'était l'endroit le plus isolé du navire. Là, on fixait un siège rudimentaire sur lequel les marins se hissaient et ils se maintenaient au-dessus de l'écume uniquement à la force des poignets. L'eau salée, qui les éclaboussait, les lavait et le soleil les séchait. En règle générale, au bout de quelques semaines, le soleil, le sel et la transpiration donnaient à tous les marins un teint acajou. À ce qu'on disait, les parties habituellement cachées de leur corps que les malheureux, atteints de dysenterie, devaient exposer au soleil implacable prenaient cette même couleur.

Anne, bien entendu, utilisait un pot de chambre dans ses quartiers inconfortables et malodorants, mais elle enviait souvent aux matelots la simplicité avec laquelle ils satisfaisaient en plein air leurs besoins naturels. Sur ce sloop où l'on manquait de place, elle relevait souvent ses jupes afin d'éviter les filets de pêche et l'eau de sentine, mais elle n'osait pas les remplacer par un pantalon et une tunique, tenant compte de l'avertissement de Kesby qui ne voulait pas de « coucherie dans l'entrepont ». De plus, Bonny aurait été encore plus offusqué par sa conduite qu'il ne l'était déjà.

Il la réprimandait souvent parce qu'elle tournait autour des hommes quand ils se détendaient. Au début elle tenta de lui expliquer que leurs histoires étaient captivantes, qu'ils la distrayaient, ce qui était indispensable au cours d'un voyage aussi ennuyeux. Voyant que Bonny ne lui faisait pas confiance, elle le pria sèchement de la laisser tranquille ; elle s'adresserait à qui bon lui semblait, seul le capitaine était en mesure de lui donner des ordres. Devinant qu'il ne pouvait la battre sans susciter la colère de l'équipage et de son hôte, James bouda en silence. Perchée sur une barrique, dans un coin du gaillard d'avant, Anne passait de plus en plus de temps à écouter les histoires qu'on racontait pour lui faire plaisir.

Au bout de dix jours qui parurent très courts, le *Shark* entra dans le port de New Providence. Anne pensait que l'île était un refuge idéal pour les pirates. Quarante-cinq kilomètres de terres boisées sur dix-huit, avec de l'eau douce en abondance, des fruits, du poisson, des tortues, des pigeons, des cochons sauvages et du bétail. Après avoir été tour à tour occupée par les Français et les Espagnols, selon les hasards de l'histoire, New Providence était devenue la capitale des contrebandiers et des pirates de tout l'hémisphère Sud. De là ils transportaient leur butin vers les Carolines où il était revendu au plus offrant.

Vue de loin, New Providence avait l'air d'un paradis. Les plages de sable blanc, les eaux vertes, les hauts récifs de corail, les palmiers qui se balançaient au gré du vent, et le ciel bleu sans nuage s'étendaient à perte de vue. New Providence était un monde à la dérive, qui avait rompu ses liens avec la société. Un pirate ne rêvait jamais d'aller au paradis mais de retourner à New Providence.

Kesby tendit à Anne une longue-vue. Elle l'ajusta, alors la plage s'anima comme un énorme chancre. Il y avait une multitude d'ivrognes, de mendiants estropiés, de marlous, de prostituées à l'affût du client. Les vagues bleues amenaient sur le sable des morceaux d'espars et de tonneaux, des fruits écrasés et des poissons morts. La baie abritait des vaisseaux de toutes sortes. Certains étaient bien entretenus, d'autres n'étaient plus que des coques à moitié pourries, laissées à l'abandon. Tous portaient des cicatrices, séquelles de combats impitoyables.

– Est-ce là l'abominable flotte des pirates? demanda Anne à Kesby, le regard perplexe.

Il haussa les épaules.

– Peu leur importent les apparences. Quand un bateau ne vaut plus grand-chose, ils en prennent un autre. Alors tu changes d'avis?

Anne s'efforça de sourire tant bien que mal.

– Non, c'est tout de même mieux qu'une prison de Charles Town.

On mit une chaloupe à l'eau. Anne, James et Kesby furent amenés à terre. La foule se pressait sur la plage jonchée de détritus.

James, vêtu d'un costume de velours, était en sueur. Le visage pâle, il regardait la ville avec méfiance et appréhension. Anne, assise tout au bout de la chaloupe, avait l'air calme. Ses cheveux auburn relevés par-derrière étaient éclatants de lumière. Elle portait une robe vert émeraude et un corsage que même les gens de New Providence trouvèrent outrageusement échancré. Kesby la toisa.

– Tu comptes également être la beauté de cette île perdue?

Elle lui adressa un sourire crispé.

– J'ai l'intention d'essayer.

Mais elle avait l'estomac noué et eut soudain envie de retourner à bord du *Shark* et de partir très loin.

L'embarcation approcha du rivage. Anne voyait clairement les masures çà et là sur le rivage et à flanc de colline. Une forte odeur de rhum, de sueur et d'ordures les accueillit, elle fit une moue de dégoût.

– Tu as pris ton pistolet, ma belle?

– Oui, j'en ai un à portée de la main, fit-elle en tapotant un pli de sa jupe.

– Bien. Ces coquins sont plus malins qu'ils ne le paraissent. Montre-leur que tu as peur et ils seront à tes trousses comme des chiens en rut.

Ils étaient maintenant près des quais où s'entassaient des barils de rhum, des balles de soie, des sacs d'épices et bien d'autres choses. De la vaisselle espagnole, des gobelets d'argent, des pièces d'or étaient négligemment disséminés au milieu du butin. Seuls quelques pirates, abrutis par la boisson, montaient la garde. L'un d'eux, qui avait peine à tenir debout, pissait dans le port. Un cadavre – de toute évidence la mort n'était pas récente – flottait à proximité. Des crabes se battaient pour grimper sur la tête. Bonny grommela et se boucha le nez pour ne rien sentir.

Anne maîtrisa sa nausée à force de volonté, bien décidée à ne pas montrer sa répugnance. Elle regarda alentour et tenta de porter son attention sur l'immensité de la mer et du ciel. Ils accostèrent. Kesby l'aida à enjamber le rebord de la chaloupe. Elle eut l'impression qu'il lui serrait la main comme s'il voulait la réconforter.

La nouvelle de l'arrivée d'Anne s'était maintenant répandue et les habitants de la république des pirates venaient voir comment elle était. Des marins en pantalon de coton accoururent. Un matelot à la jambe de bois approcha en clopinant, escorté d'un esclave noir géant. On écartait d'une taloche les enfants qui regardaient bouche bée, on repoussait à coups de pied les chiens qui jappaient. On se bousculait pour mieux voir. La foule se tut lorsque Anne mit pied à terre. Elle ne leur sourit pas, ne prit pas non plus un air renfrogné, mais se tint très droite, soutenant sans broncher le regard de ceux qui la dévisageaient. Elle n'avait rien de commun avec les souillons qui se pressaient dans la foule. Sa fière allure tout comme sa grande taille et sa beauté frappèrent de stupeur les badauds.

Un petit homme débraillé s'avança en hésitant. Il portait un tricorne, de minuscules lunettes, des chaussures à boucle éculées. Il scruta le visage d'Anne et esquissa une courbette maladroite.

– Major Thomas Walker, pour vous servir, madame. Bienvenue à New Providence.

La courbette était une tentation trop forte pour le pirate qui le suivait. Il lui donna un coup de pied dans le derrière et le fit basculer. Le major tomba dans l'eau en éclaboussant tout le monde et but la tasse tandis que son chapeau et sa perruque étaient emportés par le courant, et que sa tête chauve surnageait, entourée d'écume sale.

La foule hurla de joie. Quelqu'un tira en l'air un coup de pistolet pour saluer les arrivants.

Kesby prit Anne par le bras et lui chuchota :

– Viens, ma belle, il faut déguerpir avant qu'ils nous tombent dessus comme une nuée de moustiques.

La foule s'écarta pour les laisser passer, puis braillant et gueulant, tous leur emboîtèrent le pas. Quelques hommes tentèrent d'attirer l'attention d'Anne avec des gestes obscènes et des sifflets d'admiration. Une vieille harpie édentée ne cessait de la tirer par la jupe, en gloussant d'un rire niais. Au bout d'un moment, Anne la repoussa et la foule s'esclaffa plus bruyamment que jamais. Les nouveaux venus parvinrent à une ruelle bordée de tavernes et de bordels. À une fenêtre, une catin, aux seins nus, tout en sueur, interrompit ses ébats avec un client que l'on ne voyait pas, et contempla, ébahie, la chevelure auburn et la robe d'Anne. La foule grouillait autour d'eux. Ils parvinrent à un tournant où deux grosses barriques, posées l'une sur l'autre, obstruaient le passage.

Sur l'une d'elles se trouvaient une paire de pistolets et deux chopes sales pourvues de grandes anses. Derrière se cachait une brute au visage balafré, le regard trouble, ivre tant il avait bu de rhum. De son oreille arrachée il ne restait plus qu'un moignon. L'homme menaçait la foule d'un pistolet et hurlait :

– Halte-là! Qui veut passer doit trinquer avec moi!

Kesby se pencha et murmura à Anne :

– Bois un coup. Il fait payer un droit à tous les nouveaux arrivants.

Le vieux lascar regarda Anne d'un œil concupiscent et lui souffla dans le nez ses vapeurs d'alcool.

– Le droit de passage pour cette beauté est un baiser!

La foule explosa de joie, avide de diversion, d'autant plus qu'il s'agissait de débaucher une jolie femme.

Anne écuma de colère, une lueur verte brilla dans ses yeux.

– Fiche-moi le camp! dit-elle d'un ton sec. Je préférerais baiser le cul d'un singe!

– Ah! Ah! ricana la brute.

Il la regarda de travers et saisit de nouveau son pistolet.

– Baise ou crève, ma belle.

Kesby lança un juron et s'apprêtait à prendre son mousquet, mais avant qu'il ait eu le temps de faire un geste, un coup de feu retentit. À travers les volutes de fumée qui sortaient du pistolet, il vit le pirate, abasourdi, plaquer sa main sur son oreille intacte. Lorsqu'il la retira, elle était pleine de sang. La seule oreille qui lui restait n'était plus qu'un lambeau sanguinolent qui pendait, en partie arraché par le coup de pistolet. Anne avait pris l'homme de vitesse. Il avait son autre main encore tendue, prête à dégainer l'arme qu'il n'avait même pas touchée.

Avec sang-froid, Anne remit son pistolet sous les plis de sa jupe et toisa le pirate ensanglanté. D'une voix rauque, sans crier, elle lui demanda, comme surprise :

– Mon Dieu ! Est-ce que c'était une tête ? Je croyais que c'était l'anse d'une cruche.

Elle se tourna alors vers la foule à qui elle adressa un sourire éclatant. Ce fut une explosion de joie. La plaisanterie circula tout de suite d'un bout à l'autre de la ruelle tortueuse et ceux qui avaient harcelé Anne devinrent rapidement ses admirateurs. Un vieil homme grisonnant, en tenue de capitaine, s'avança, ôta son chapeau et fit des ronds de jambe.

– Ça, c'est du cran, milady ! C'est l'entrée la plus triomphale que j'aie jamais vue sur mes terres !

Anne lança un regard perplexe à Kesby. Il acquiesça avec solennité.

Le vieil homme tendit la main. Anne la prit avec une certaine méfiance.

– Je suis le capitaine Henry Jennings, fondateur et premier citoyen de la république des pirates de New Providence.

Anne croyait revivre une légende de sa jeunesse.

– Le capitaine Jennings de la flotte espagnole du Rio de la Plata ? J'ai entendu parler de vous, Hornigold m'a chanté vos louanges. Le capitaine Henry Jennings est célèbre dans le monde entier.

Il la salua de nouveau avec élégance.

– Pas aussi célèbre que vous, milady, j'en suis convaincu. Ainsi vous êtes une amie de Ben Hornigold ? À qui ai-je l'honneur de parler ?

– Anne Bonny, capitaine, dit-elle avec un large sourire et elle se retourna vers James qui fermait la marche.

– Voici mon mari, James Bonny.

James le salua sèchement et lança un regard furieux à Anne qui l'ignora avec un secret plaisir. Jennings tapota la main d'Anne posée sur son bras, puis fit demi-tour et la conduisit en ville.

– Enchanté. Hornigold va être sûrement content de vous voir.

– Il est ici ?

Anne ne put s'empêcher de montrer que cela ne la laissait pas indifférente. Jennings éclata de rire.

– Impossible de compter sur ce coquin ! Non, madame. Il a emmené sa nouvelle recrue, Teach, au large du détroit d'Albermarle. Ça m'étonnerait qu'on aperçoive ses voiles avant la saison des vents.

– Eh bien ! Nous attendrons.

– D'accord, mais pour le moment, allons faire la fête à la Chambre des lords.

– Une Chambre des lords dans un endroit pareil ! s'exclama Anne d'un ton narquois.

– Qu'est-ce que vous croyez ! Même les pirates ont le sens de la hiérarchie... et vous, milady, vous ne devez fréquenter que le gratin !

Anne sourit et se laissa guider au milieu de la foule, le long de la rue tortueuse, suivie à une distance respectable par Kesby et par James.

Tandis que Jennings continuait à raconter ses histoires, tout en signalant au passage à Anne divers lieux intéressants, elle se rappela ce que Ben Hornigold lui avait dit du vieux pirate.

– Sacrebleu, l'homme était foncièrement honnête jusqu'à ce que la justice du roi le pousse à changer de cap !

– Je crois entendre mon père quand il est ivre, avait-elle rétorqué. Il dit que la loi n'est rien d'autre qu'une niaiserie pour les riches, les premiers-nés et les hommes de loi bouffis d'orgueil qui volent légalement avec des assignations et des décisions de justice au lieu de se servir de pistolets.

– Et il a sacrément raison. Jennings était le capitaine respectable d'un navire marchand, vois-tu, il a effectué le renflouage d'un galion espagnol. Sais-tu ce qu'il a mis dans une cache pour sa peine ? Trois cent cinquante mille pièces de huit ! Eh bien, il a rapporté l'or à la Jamaïque, son port d'attache, et ces fils de putes, ces vieux rapiats qui gouvernaient l'île, tous des notables honnêtes, ont exigé qu'il leur remette son or conformément au droit de la Couronne ! Quand il a refusé, ils l'ont traité de pirate et l'ont mis aux fers. Ça a suffi pour faire d'un honnête homme un scélérat, ma belle. Alors Jennings s'est tiré avec tout l'or qu'il a pu reprendre à ces salauds de gouvernants et il s'est fait pirate pour de bon. « Il vaut mieux être pendu comme un loup que comme un mouton », disait-il, et il a hissé le pavillon des pirates au-dessus de New Providence pour tous ceux qui pensaient comme lui.

Maintenant Anne était à son bras et passait sous le drapeau de la confrérie pour visiter la Chambre des lords.

La Chambre des lords, malgré ce nom pompeux, n'était rien de plus qu'un bistrot de port. C'était la taverne la plus grande de l'île, le lieu où les pirates traitaient toutes leurs affaires. Jennings écarta un ivrogne qui vomissait près de la porte et fit entrer Anne dans la salle qui sentait le renfermé.

Il faisait sombre. Il n'y avait pas de fenêtres et les hauts plafonds conféraient à ce lieu un aspect presque médiéval. Des boucliers et des drapeaux de pirates étaient accrochés au mur et des lampes à huile suspendues aux poutres fumaient. Le mur du bar était couvert d'une grande glace dorée. Les planches de bois qui servaient de comptoir ressemblaient à un autel où étincelaient d'énormes calices en or provenant des églises espagnoles ou de la flotte du Rio de la Plata.

Au milieu de la pièce se trouvaient une longue table massive et quelques bancs maculés. Quand Anne entra, sept hommes assis la dévisagèrent. Plusieurs se levèrent presque par réflexe.

– Voici les lords, milady. Les meilleurs que la confrérie puisse vous présenter. Tous des capitaines pirates.

Il fit le tour de la table et les hommes saluèrent Anne d'un signe de tête.

Il y avait Thomas Barrow, célèbre brigand des Caraïbes; John Martel, qui commandait un sloop de pirates – huit canons et quatre-vingts hommes – et s'était emparé du *Berkeley* et du *King Solomon* au large de Cuba, un mois auparavant; Thomas Cocklyn, capitaine du *Rising Sun*; Samuel Charles Bellamy, qui se faisait appeler le « Prince des océans » et commandait le *Whidlaw*, galion de vingt-huit canons et de cent cinquante hommes; John Auger, capitaine du *May*; Richard Turnley, pilote chevronné; et un Irlandais, du nom d'Edward England, qui écumait les mers à bord du *Fancy*. Anne leur fit à tous une grande révérence.

– Je suis heureuse de faire la connaissance des plus hauts dignitaires de la république, messieurs.

Des petites fossettes sur ses joues la faisaient paraître

encore plus séduisante. Les acclamations fusèrent et les pirates réclamèrent du rhum.

Tandis que la foule commençait à vouloir entrer de force dans la taverne, deux malabars imposants s'avancèrent au milieu de la racaille, une hache d'abordage à la main. « Pas d'argent, pas de rhum ! » hurlèrent-ils en mettant dehors les va-nu-pieds. Le propriétaire de la Chambre des lords s'avança vers Anne, et s'essuya les mains sur un grand tablier fait de morceaux de vieilles voiles.

– Milady, dit Jennings, nous avons un bon maître queux, Albert Balser. Il vient de la mère patrie, tout droit de la cuisine de la Chambre des lords à Londres. Il a tué son amant avec un couperet et maintenant il fait la cuisine pour les lords pirates.

Le géant pouffa de rire comme une jeune fille. Anne ne put s'empêcher de rire elle aussi.

– On vous a été infidèle, mon pauvre cuistot ? demanda-t-elle.

– Oui, le bougre ne pouvait s'empêcher d'aller touiller dans d'autres chaudrons !

L'assistance s'esclaffa et le cuisinier fit de grands gestes avec ses grosses mains avant de disparaître dans sa cuisine.

Jennings fit asseoir Anne à la place d'honneur et relégua Bonny à une petite table au fond de la salle. D'autres capitaines pirates s'avancèrent pour se présenter. Ainsi Anne fit la connaissance de Thomas Robinson, Howell Davis, John Carter et Thomas Burgess qui défilèrent rapidement devant elle. D'autres encore se présentèrent. Finalement, comme on remplissait les verres encore une fois, le gouverneur Sawney fit une élégante courbette et, avec panache, porta un toast à Anne. C'était un vieux gentleman déguenillé auquel les pirates attribuaient le rôle de maître de cérémonie. Il était chargé officiellement d'accueillir les nouveaux venus.

– Belle dame, c'est un grand honneur d'avoir parmi nous une créature d'une telle beauté. Nous espérons que vous daignerez excuser nos manières frustes en présence d'une personne aussi distinguée que vous-même.

À cet instant Anne ne put retenir plus longtemps un renvoi discret. Toute l'assistance l'entendit et ce fut le signal d'une série de rots bien plus sonores. Jennings donna à Anne une grande tape dans le dos et lui dit qu'elle était née pour être reine des pirates.

Le festin se poursuivit tard dans la nuit avec de la soupe à la tortue, de la bière blonde et brune, du salmigondis et des rouelles de porc rôti. Anne but pour la première fois du punch, une boisson de pirate faite avec du rhum, de l'eau, du sucre et des épices, et la trouva à son goût. Quatre serveuses passaient de table en table. Leur jupe était relevée très haut et leur corsage largement ouvert était taché de sueur. Quand les pirates de plus en plus éméchés prenaient leurs seins à pleines mains, elles les repoussaient d'une taloche, n'opposant qu'une résistance de pure forme. Finalement, elles cessèrent de servir et passèrent des genoux d'un client à ceux d'un autre, trinquant avec chacun d'eux. Les catins se joignirent à la fête et très vite chacun se retrouva avec une femme sur les genoux, ou bien dans un coin en train d'enlacer une traînée. Quelques couples indifférents à ce qui se passait roulaient sous les tables, sans se soucier des coups de pied et des clameurs.

Anne éprouva le besoin de prendre l'air, elle chercha James du regard, mais il avait disparu. Elle se dirigea vers une femme à l'air affable, Bess Budd, la catin de Jennings. Bess était une prostituée bien en chair, aux joues rouges et couperosées. Elle avait l'air effronté et ne mâchait pas ses mots. D'emblée Anne la trouva sympathique.

Bess la fit sortir de la taverne et l'emmena vers une plage déserte. Le long de l'eau il y avait une fosse délimitée par des carapaces de tortues mises à l'envers. Bess remonta sa jupe et s'accroupit au-dessus de la fosse, faisant signe à Anne d'en faire autant. Pendant qu'elles se soulageaient ensemble en pleine nuit, dans une parfaite complicité, Bess raconta son histoire à Anne.

– Je n'ai jamais été aussi heureuse qu'ici, dans ce fichu trou, ma belle. C'est ce qu'il faut à des gens comme moi. Ma parole, c'est ce qu'il te faut à toi aussi.

Bess était couturière à Londres, mais elle n'arrivait pas à joindre les deux bouts. Elle se tourna vers le métier qui permettait à une jolie femme de gagner facilement sa vie, mais cela ne lui donna pas grande satisfaction. Elle économisa sou par sou jusqu'à ce qu'elle pût acheter une petite taverne, mais se trouva criblée de dettes car elle avait de lourds impôts à payer et gagnait peu. N'ayant le choix qu'entre la prison et l'émigration, elle s'embarqua pour la Jamaïque où elle rencontra Jennings qui la prit pour maîtresse attitrée et l'emmena à New Providence. Anne remarqua l'éclat de ses dents dans l'obscurité et entendit son rire, plus fort que le fracas des vagues.

Anne chassa les moustiques qui se posaient sur ses épaules nues.

– Veux-tu m'aider à m'établir ici, Bess? Apprends-moi ce que je dois savoir.

– Oui, si tu promets de pas toucher à mon homme, fit-elle avec un large sourire.

Anne éclata de rire.

– Jennings? Tu as ma parole. Pourquoi te plaît-il?

– Oh, il est vieux, mais il est pas embêtant. Il a pas besoin de tirer son coup aussi souvent que les autres. Après la vie que j'ai eue, c'est aussi bien pour moi.

Anne la prit par le bras.

– Tout ce que je cherche, c'est un coin tranquille, Bess. Et un peu d'espace pour respirer.

– Eh bien! Ici tu vas le trouver. Mais, dit-elle en contournant avec précaution les bords de la fosse, si c'est du bon air que tu cherches, il faut remonter un peu contre le vent.

Tandis qu'elles avançaient dans le noir, Anne lui raconta sa vie, du moins ce qu'elle avait envie d'en dire.

– Et ton mari? demanda Bess.

– Je suppose qu'il peut se débrouiller tout seul. Il peut rester s'il le souhaite... sinon...

Elle haussa les épaules d'un air qui en disait long.

– Tu peux faire bougrement mieux. Dans cette île tu as la crème des marins qui viennent un jour ou l'autre. Tu as l'embarras du choix.

Anne contempla la plage jonchée de détritus et les masures délabrées d'un air pensif.

– J'ai bien l'intention de faire un meilleur choix la prochaine fois.

– À quoi penses-tu?

– Simplement à tirer le meilleur parti de ce qui se trouve ici.

– Ici il te faut un homme, ma belle. Et à ce qu'il semble, il a intérêt à être assez costaud pour maintenir les autres à distance.

– Bien! J'en aurai un... le meilleur qui se trouve libre.

– Les meilleurs sont déjà pris.

Anne éclata de rire.

– Montre-moi les meilleurs, Bess, et ce sera à chacun de décider s'il est pris. En dehors du tien, je crois que je peux tous me les taper.

– Vous êtes une sacrée coureuse, mam'zelle!

– Non. J'ai simplement une envie qui me démange nuit et jour et que je n'arrive pas à satisfaire.

Bess lui décocha un sourire entendu.

– Ça passera, ma belle, ça passera.

Elle franchit la porte de la taverne et revint, en tirant Jennings derrière elle. Tous trois se dirigèrent lentement dans l'obscurité vers la masure qu'elle partageait avec le vieux capitaine.

Respirant le parfum particulier de l'île, un mélange d'odeurs de plantes et de fruits mûrs, ils prirent la direction de la plage en descendant sans se presser une rue tortueuse. Anne aperçut un enfant en haillons penché sur un ivrogne qui gisait par terre. Il lui tailladait avec précaution un doigt, pour essayer d'ôter une bague de la main inerte.

Anne passa les semaines suivantes à s'installer à New Providence. Elle choisit un endroit sur la colline derrière la ville, loin des odeurs d'épices qui se mêlaient à la puanteur des ordures du port. James l'aida à construire une cabane au toit de chaume avec les planches rejetées sur le rivage; pour l'équiper elle acheta des meubles vendus par les pirates dans toutes les tavernes de la ville.

James partit pêcher la tortue dans les baies environnantes, laissant Anne seule à la maison. En vérité, elle préférait sa solitude et très vite elle se laissa bercer par une routine agréable.

Ce qu'elle appréciait le plus, c'était le matin à New Providence. L'air était pur et le port bleuté brillait sous le soleil. Les fleurs tropicales flamboyantes masquaient en partie les taudis et la marée avait emporté les détritus et les excréments, laissant la plage toute propre. Bess et Anne descendaient régulièrement au port, escortées par un jeune Noir au service de Jennings. L'esclave portait une ombrelle pour abriter les deux femmes, un petit panier rempli de pièces de monnaie et plusieurs pistolets chargés.

Chaque jour arrivait un bateau dans lequel s'entassaient des trésors. Des ventes aux enchères avaient lieu à chaque coin de rue. Le butin se trouvait dans les endroits les plus divers ; Anne et Bess choisissaient ce qui leur plaisait et marchandaient à leur guise. Comme Bess était la maîtresse du citoyen le plus respecté de l'île et Anne la plus belle femme, on leur témoignait à toutes deux un respect peu commun.

Après avoir fait leurs achats pour la journée et demandé au jeune esclave d'emporter chez elles leurs emplettes, les deux femmes se rendaient au salon de Madeleine sur la colline.

Madeleine était une Française de la Martinique. Cette originale, tout aussi adroite pour coiffer les femmes que la plus habile négresse de Charles Town, avait à son service la seule couturière de l'île. Madeleine préférait les femmes, même dans son lit, aussi sa cabane et la véranda attenante étaient-elles le lieu de rendez-vous des femmes les plus distinguées de New Providence.

Anne y fit la connaissance d'Émilie Cerise, l'une des catins envoyées par le gouvernement français pour civiliser les pirates de l'île aux tortues. Quand les pirates se mirent à épouser les putains et préférèrent devenir fermiers ou pêcheurs plutôt que de partir en mer, Émilie s'en alla à New Providence pour y chercher fortune en reprenant son ancien métier. Une autre fille, Margaret Hutchens, avait été officiellement vendue par son mari en Virginie, conformément aux dispositions de la loi sur le divorce. Ne supportant plus son second époux, elle s'enfuit de la colonie et chercha refuge dans l'île. Un retour en Virginie signifiait qu'elle deviendrait servante sous contrat pour le restant de ses jours ; aussi vint-elle s'installer à New Providence où elle était sa propre maîtresse. La quatrième catin, Jenny Hardy, avait possédé un bordel à Bristol mais s'était amourachée d'un pirate et l'avait suivi aux Caraïbes. Au terme du voyage, son amant lui préféra une autre fille, et elle se trouva plus ou moins abandonnée à New Providence jusqu'à ce qu'un autre homme l'emmène ailleurs.

La préférée d'Anne était une fille robuste, de mœurs légères, dénommée Meg Moore, ancienne sage-femme qui passait pour l'avorteuse la plus experte des îles. Elle avait pour seuls instruments des cuillères et des poinçons, mais ses services étaient recherchés et grassement payés. Elle savait également guérir la syphilis avec une préparation au mercure qu'elle avait appris à faire à Londres, et soulager la blennorragie avec une plante des Caraïbes appelée *guaiacum.*

Aucune de ces femmes n'était belle. La vie leur avait laissé des cicatrices et elles en étaient fières, car chacune avait appris à survivre dans un monde hostile.

Madeleine accueillit Anne avec des paroles flatteuses dès qu'elle franchit le seuil de la cabane.

– Que tu es grande! Quels yeux étincelants! Tout ce qu'il faut pour faire succomber un homme!

Elle fit comme si elle succombait elle-même, sous le regard amusé des autres femmes.

– Eh bien! Toute la matinée je n'ai entendu que Bonny par-ci, Bonny par-là, et j'avais hâte que tu viennes me rendre visite!

Elle lui donna un baiser retentissant sur la joue.

– Tu es si belle, que dirais-tu d'une petite culbute?

Anne éclata de rire et se sentit tout à fait à l'aise.

Grâce à Bess et aux autres femmes, Anne apprit beaucoup de choses sur les pirates. Elle apprit également comment tirer le meilleur parti de la situation. Ces femmes ne connaissaient pas trois cents pas de danse ni les airs sur lesquels on les exécute, elles n'avaient pas appris non plus à jouer d'un éventail, mais elles savaient poser des bouchons de cire d'abeille au fond du vagin pour ne pas tomber enceintes, utiliser des suppositoires d'ellébore noir pour faire revenir les règles et aussi faire passer plus tôt un enfant dont on souhaitait se débarrasser.

Anne apprit à se servir de graisse chaude pour chasser les insectes, à préparer la bouillie de racines de manioc avec des bananes et de la muscade, à faire de l'encre en mélangeant du sang de poisson et du jus de mûres, et à manger des agrumes pour empêcher les dents de branler dans la mâchoire. Elle parvenait à blanchir ses vêtements en les faisant bouillir dans l'eau de mer et apprit à reconnaître les signes annonciateurs d'un ouragan à l'ouest. Quand le ciel était brumeux, que le soleil rougeoyait dans la brume de chaleur, que la mer était houleuse, les femmes savaient qu'il fallait tirer les bateaux sur la plage et mettre les volailles à l'abri.

Anne, en retour, apprit à ses amies à nager. Elle découvrit avec stupeur qu'aucune d'entre elles ne savait faire les mouvements qui convenaient pour se déplacer dans l'eau, et que la plupart en avaient peur. En conséquence, elles se lavaient mais se baignaient rarement dans la mer. Anne se rendit dans une petite crique isolée, avec Bess, Meg et Jenny et s'amusa de les voir patauger avec leurs longues chemises qu'elles serraient autour des jambes par pudeur. Anne se mit toute nue en moins de deux et plongea la tête la première dans une grosse vague. La surprise se transforma en admiration lorsqu'elles la virent franchir le courant et se mouvoir en toute liberté dans l'eau émeraude. Elle plongea jusqu'au fond de la baie et ramena un morceau de corail pour se peigner. Toutes accoururent autour d'elle, émerveillées par sa silhouette, et réclamèrent à grands cris qu'elle leur apprenne à maîtriser les vagues.

Anne les vit fouiller du pied dans le sable à la recherche de raies à aiguillon et imita la manière dont elles s'aventuraient dans l'eau. Puis elle plongea et leur fit signe de la suivre. Mais quand elle remonta, elle se trouva face à face avec une méduse. Les tentacules s'enroulèrent autour de ses jambes nues et lui imprimèrent des marques cuisantes sur la peau. Elle avait l'impression qu'une lame brûlante la tailladait chaque fois que les filaments l'effleuraient. Elle poussa un cri et, haletante, s'efforça de regagner le rivage. Quand elle parvint sur le sable, elle s'effondra en gémissant et les femmes accoururent auprès d'elle.

– C'est une méduse qui l'a piquée. Regardez les marques rouges qui gonflent, s'écria Bess.

– Allons! À qui l'honneur?

– Moi, j'ai la vessie prête à éclater.

Meg retira sa culotte et se mit à califourchon sur Anne.

Anne se débattit, essayant de mettre ses jambes en feu en contact avec le sable humide, mais Meg la tira en arrière et la maintint immobile. Avant qu'Anne ait eu le temps de protester, Meg s'accroupit et urina directement sur la peau zébrée. Anne sentit la brûlure disparaître. Enfin Meg leva les yeux vers Anne et sourit.

– T'en veux encore ?

– Non, fit Anne d'une voix rauque. Ça ne me fait plus mal. Tu es drôlement efficace.

– C'est sans doute le rhum, ma belle, dit-elle en éclatant de rire, car on est toutes capables d'en faire autant. J'ai vu un type supplier qu'on lui pisse dessus quand il est tombé sur un banc de ces satanées méduses. Et le même bonhomme tuera un chien d'un coup d'épée parce qu'il aura levé la patte sur ses bottes.

Meg aida Anne à se mettre debout. Les femmes rassemblèrent leurs affaires et regagnèrent tranquillement la ville, leurs voix dominaient le bruit des vagues comme le gazouillis d'oiseaux tropicaux.

Bonny était parti depuis plus d'un mois pêcher la tortue ; il débarquait, juste le temps de se ravitailler et de faire monter Anne dans son hamac pour une rapide culbute. En son absence, elle avait maintenu les autres hommes à distance car on craignait ses emportements, et de plus, elle était sous la protection de Jennings. Quand Anne reprocha à James de ne pas s'occuper d'elle, il haussa les épaules et alla reprendre des pompanos grillés.

– Tu peux les empêcher de s'approcher de toi, ma chérie. Tu n'as qu'à faire comme avec moi avant notre mariage.

– C'est-à-dire ?

– Allons donc ! Parle d'honneur, de ta réputation, de la fortune de ton père, bien sûr. C'est toi qui as voulu t'embarquer dans ce cauchemar. Et c'est à moi de gagner notre pitance. Je n'ai nullement l'intention de risquer ma peau en devenant pirate. Alors accroche-toi à Jennings et il saura te protéger.

Anne, le regard perdu sur la mer, ne répondit pas.

Peu à peu elle sentit tout son corps réagir à l'atmosphère de l'île. Sa peau rosit, puis prit une couleur brun doré ; ses cheveux, qui semblaient pousser de jour en jour, tombaient en longues boucles sur ses épaules comme des vagues de feu. Ses muscles s'allongèrent, sa démarche se fit ondulante. Elle se mit des fleurs dans les cheveux, des anneaux d'or aux oreilles et se servit de ses baleines de corset comme armature pour son parasol de paille qui lui donnait un peu d'ombre.

Le soleil faisait tout pousser plus vite sur les îles. Les fleurs étaient en boutons, s'épanouissaient et se fanaient en un jour. Les fruits mûrissaient le temps qu'elle tende la main pour les cueillir. Et pourtant, la vie se déroulait selon un rythme lent et mesuré. Comme les saisons n'existaient pas, le temps ne signifiait pas grand-chose et chaque jour se fondait dans le jour suivant. Anne avait l'impression que dix ans s'étaient écoulés depuis qu'elle avait vu son père ou dansé à un bal de Charles Town.

Un après-midi, au coucher du soleil, elle s'était assoupie à l'ombre d'un palmier géant. Comme l'air commençait à se rafraîchir, elle s'éveilla et s'étira paresseusement. Au loin, à l'horizon, elle aperçut un sloop de grande taille qui contournait Hog Island.

Anne décida de se rendre au port. Comme elle arrivait à proximité, elle vit qu'il y avait déjà un attroupement sur le quai. Elle pressa le pas et alla chercher Bess. Sa curiosité était piquée au vif. Tandis qu'elle regardait le bateau, elle vit les drapeaux noirs qu'on hissait sur le mât claquer au vent.

Elle repéra très vite Bess dans la foule.

– Que diable se passe-t-il ?

Bess éclata de rire.

– C'est Ben Hornigold !

Anne rayonna de bonheur en se rappelant sa dernière nuit avec Hornigold. Ses genoux frémirent et de doux frissons la parcoururent. « Il avait raison, le diable veille sur ceux qui lui ressemblent. »

Elle retourna à la hâte vers la cabane pour s'habiller, choisit la robe qui, aux dires d'Hornigold, donnait à ses yeux l'éclat de l'émeraude. Puis, d'un pas majestueux, elle se rendit à la Chambre des lords, le lieu approprié pour faire son entrée. Elle ouvrit la porte et s'immobilisa, sa silhouette se détachant sur un fond de lumière dorée.

Hornigold était assis à la table principale, entouré d'un essaim d'admiratrices. Anne se raidit, son regard s'assombrit, mais elle ne cessa pas de sourire. Le brouhaha diminua tandis qu'elle s'avançait, la tête haute.

Elle posa la main sur le bras d'Hornigold.

– Bienvenue chez nous, Ben.

Hornigold sursauta comme s'il avait été piqué par une tarentule.

– Grand Dieu ! Anne Cormac ! Que fais-tu ici ?

Anne lui adressa son plus beau sourire, secrètement amusée par sa surprise. Elle savait que ce décor sordide mettait sa beauté en valeur.

– Je suis venue t'apporter ton or.

De sa poitrine opulente elle tira un sac rempli de pièces et le déposa dans la main d'Hornigold. Le tintement de l'or sembla rompre le charme qui subjuguait l'assistance. La foule se mit à rire et fit des commentaires sur ce qui se passait. Cependant tous les regards restèrent rivés sur les acteurs du drame.

– Ça alors, c'est Anne Bonny, marmonna Ben. J'ai appris que tu avais épousé cette ordure et que tu t'étais tirée en faussant compagnie à la milice.

– C'est vrai. As-tu vu mon père ?

Hornigold grimaça d'un air désabusé.

– Ah oui ! je l'ai vu ! Il me reproche de t'avoir fait connaître ce minable.

Ces paroles blessèrent Anne qui pourtant éclata de rire. Elle poursuivit d'une voix gutturale :

– Eh bien ! Tu aurais dû lui dire que je t'ai appris une ou deux choses.

Les pirates qui se trouvaient près du couple poussèrent des hourras.

– Bon, je suis là, avec ta marchandise intacte, et ravie de revoir un vieil ami.

Elle lui passa le bras autour du cou et se frotta contre lui. Mais il resta impassible. Nell, l'une des catins assises à sa table, explosa.

– Sale pute ! Bas les pattes !

Anne jeta un coup d'œil vers Hornigold. Son regard était devenu aussi froid que l'Atlantique dans une tempête en plein hiver. Elle se tourna calmement vers Nell.

– Vraiment? Il m'a semblé... comme à tous ces messieurs, je croyais, fit-elle en désignant l'assistance bouche bée, que tu appartenais à tout le monde.

La bouche d'Anne se crispa tandis qu'elle s'apprêtait à résister à l'assaut.

Hornigold donna un coup de poing sur la table avec une telle vigueur que les chopes sautèrent en l'air. Le silence se fit dans la salle.

– La ferme, toi! Laisse-la-moi!

Anne posa son regard d'émeraude sur Ben Hornigold.

– Tu la veux, capitaine?

Elle lissa avec soin les plis de sa robe et prit un air narquois.

Hornigold ébaucha un sourire doucereux, mais son regard restait inexpressif. Anne se tourna vers Nell.

– Ne crains rien, petite. Il est à toi avec ma bénédiction.

Elle regarda Hornigold, ses yeux lançaient des éclairs.

Une voix dans un coin se fit entendre.

– Bon Dieu! À qui est cette fille! Il va y avoir du grabuge! Amenez-moi cette beauté toute nue!

Anne s'apprêta à partir, mais un bras la saisit avant qu'elle n'atteigne la porte. Un homme surgit de la pénombre. Anne fixa du regard celui qui venait de parler. C'était un individu de grande taille. Il avait une carrure imposante mais pas de cou, un air jovial et une barbe noire qui le faisait ressembler à un diable. Il l'avait nouée en tresses attachées avec des rubans, et elle lui retombait sur la poitrine et les épaules comme un rideau noir en lambeaux. « S'il n'était pas aussi corpulent, on le prendrait pour un dandy », se dit Anne. Il portait quatre pistolets chargés en bandoulière, plusieurs couteaux, des dagues à la ceinture, un sabre d'abordage à l'épaule.

Mais ce qui attira le plus l'attention d'Anne, ce fut sa puanteur. Il sentait la mer, le poisson pourri, la sueur et le rhum.

– Veux-tu bien me lâcher, mon vieux. Qui es-tu et que fais-tu là?

– Ned Teach, madame! J'aime les filles qui pètent le feu.

– Ah vraiment, monsieur Teach?

– Ouais.

La foule éclata de rire, attendant la salve suivante. Anne souhaitait s'en aller, pourtant elle n'arrivait pas à se décider. Son regard s'attardait toujours sur Hornigold.

– Ce que tu dis, Teach, a du piquant. Tout comme ton odeur. Mais les paroles ne suffisent pas pour faire un homme ni pour séduire une femme.

Anne se tourna vers Hornigold, lui adressa son sourire le plus suave et s'éclipsa sous les acclamations des pirates.

Les scènes qu'elle imagina sur le chemin du retour ne lui réjouirent guère le cœur. Hornigold avait été son seul espoir de quitter cette île. De toute évidence, cela ne dérangeait pas Bonny de rester pêcheur de tortues toute sa vie; il était content de revenir le temps de se ravitailler et de s'envoyer en l'air. Mais Anne savait qu'elle ne supporterait pas très longtemps cette vie-là.

Démoralisée, elle rentra chez elle d'un pas traînant. Son père, sa mère, Fully et Charley lui manquaient. Elle avait le cœur lourd et le mal du pays.

Hornigold lui rendit visite un peu plus tard ce soir-là, mais Anne n'éprouvait plus la même passion pour lui.

– Pourquoi t'es-tu sauvée avec ton amant, Anne? demanda-t-il, avec plus d'humilité qu'il n'en avait laissé paraître en public.

– Je ne sais pas au juste, Ben, soupira Anne. Sans doute je croyais que j'étais prête à appartenir à un seul homme, fit-elle en lui lançant un regard pénétrant. Ça aurait pu être toi. Maintenant c'est différent.

Hornigold s'approcha et effleura ses lèvres de ses doigts calleux. Puis il tourna les talons et s'en alla.

À midi, à l'heure où les alizés semblaient s'apaiser, où l'air était serein, Ned Teach fit une visite en bonne et due forme. Il s'approcha de la cabane d'Anne, vêtu de ses habits les plus élégants. Pas le moindre frémissement de feuille, pas de gazouillis d'oiseau; une odeur pestilentielle d'excréments imprégnait l'atmosphère. Malgré la chaleur, Teach avait mis son plus beau pantalon, sa veste de cérémonie, un tricorne et était armé jusqu'aux dents. La chaleur torride accentuait sa puanteur. Anne se sentait accablée, démoralisée. Il s'approcha d'elle nonchalamment, sans prêter attention à son bâillement.

– Il va y avoir un ouragan, madame.

Anne ne dit rien, elle le regarda simplement d'un air las.

– Je suis venu vous demander officiellement de me prendre comme ami. Levons l'ancre et filons vite à Ocracoke. Il fait plus frais là-bas.

– Pas pour moi, mon vieux. Dans les Carolines, quel que soit l'endroit, il fera toujours trop chaud pour Anne Bonny.

Pour tromper son ennui et aussi parce qu'elle avait l'étrange sentiment qu'il méritait de connaître la vérité, elle lui raconta son histoire.

Au début, Ned ne la crut pas, mais quand elle lui fit remarquer que dans ce cas, elle n'avait vraiment aucune autre raison de rester à New Providence, il lâcha une bordée de jurons.

– Qu'ils aillent se faire foutre! C'est pas juste, c'est de l'abus! Maltraitée par son propre père! Réduire une femme... une belle dame comme vous à ça, c'est se conduire en vrai salaud!

Anne se rendit compte qu'il lui offrait son cœur, elle lui sourit comme un enfant reconnaissant. Mais son intuition lui disait qu'il valait mieux le garder comme ami.

Ned Teach s'était forgé une légende, et sa réputation suffisait à lui faire remporter victoire après victoire, souvent sans qu'il ait besoin de tirer un seul coup de canon. Il était impétueux, il cherchait toujours à rivaliser même avec son propre équipage, et possédait la rage de vaincre et de s'approprier tout ce qui lui tombait sous la main. Anne avait entendu raconter qu'un jour, en mer, Teach, qui s'ennuyait, avait décidé de défier ses hommes dans un test d'endurance.

– On va se fabriquer un enfer maison, les gars, et voir combien de temps on peut tenir!

Deux ou trois des marins les plus impulsifs acceptèrent le défi, et ils descendirent dans la cale. Là ils s'assirent sur les larges pierres qui servaient de ballast, et leur capitaine ordonna qu'on descende tout au fond de la cale plusieurs chaudrons pleins de soufre qui servaient à désinfecter. Puis il donna l'ordre de fermer les écoutilles et de mettre le feu au soufre. Les hommes, assis dans l'obscurité, essayaient de percer du regard les lourdes vapeurs qui leur piquaient les yeux et leur mettaient les nerfs à vif. L'un après l'autre, ils capitulèrent, car ils suffoquaient, et on ouvrit les écoutilles. Teach n'appela jamais à l'aide, il se contenta de se laisser rôtir près des chaudrons, regardant d'un œil narquois ses compagnons moins résistants. Lorsque enfin il sortit de la cale, le visage tout noir, poussant des rugissements de triomphe, l'un des hommes d'équipage s'écria qu'il avait l'air de s'être échappé de l'enfer, après avoir été pendu. Cela donna une nouvelle idée à Teach.

– Les gars, hurla-t-il, la prochaine fois on va monter une véritable potence, parier à celui qui pourra rester le plus longtemps pendu au bout de la corde sans être étranglé !

La violence imprévisible de Teach maintenait son équipage dans une soumission qui confinait à la superstition. Ses hommes ne savaient jamais ce qui les attendait. Un soir, alors qu'il prenait un verre dans sa cabine avec son navigateur, Israel Hands, et d'autres marins, Teach sortit subrepticement deux pistolets sous la table. Quand tous, sauf lui, levèrent leur chope, Ned fit feu et blessa Hands à la jambe, l'estropiant à vie. Quand Hands lui demanda pourquoi il avait fait ça, Teach répondit :

– Que diable, Hands ! Si je ne tue pas de temps en temps un marin moi-même, les autres oublieront qui je suis !

La barbe de Teach était l'élément le plus spectaculaire du personnage qu'il s'était inventé. C'était comme un nuage noir, effrayant, qui lui couvrait tout le visage. Seuls ses yeux de braise ressortaient au milieu de ses poils drus. Pour attirer l'attention sur cette singularité, Teach se faisait appeler Barbenoire. Au fur et à mesure qu'elle poussait, il la tressait en petites nattes qu'il ornait de rubans ou bien qu'il glissait derrière l'oreille. En pleine bataille, il enfonçait sous son chapeau des mèches de chanvre qu'il avait allumées. Le chanvre, trempé dans de l'eau de chaux additionnée de salpêtre, brûlait lentement. L'effet était à la fois terrifiant et grandiose. Son visage, avec ses yeux rouges et sa chevelure noire emmêlée, semblait entouré d'un halo de fumée ; sa victime croyait voir un diable sorti tout droit de l'enfer. Pour parachever cet effet, il portait toujours une cartouchière avec six pistolets, trois dagues et un énorme sabre d'abordage.

Anne le serra dans ses bras quelques secondes malgré l'odeur fétide qu'il dégageait et le renvoya chez lui.

Elle se mit à faire de longues promenades à pied dans l'île. Elle observait le vent et les marées, apprenait à prévoir le temps et la direction que prendraient les oiseaux. Souvent son regard se posait sur la vieille demeure au sommet de la colline ; la pierre rose qui s'effritait témoignait de l'absence de son propriétaire, Chidley Bayard.

C'était un négociant influent dans toutes les Caraïbes. Les pots-de-vin et les services qu'il rendait lui avaient permis d'exercer une influence politique. Port Royal était son quartier général. Il possédait des maisons et des bureaux à Cuba, Hispaniola et dans l'île de la république des pirates. Sa demeure de New Providence, gardée seulement par deux esclaves qu'il avait achetés, passait pour la moins luxueuse de ses propriétés. Toutefois c'était de loin la plus belle maison de l'île.

Bayard avait sous ses ordres une flotte d'une douzaine de magnifiques sloops, plusieurs centaines de corsaires, de marins, d'agents, d'esclaves et de tueurs à gages. Bien qu'il eût les manières d'un étranger, ce qui le rendait suspect, il était accueilli dans les familles les plus huppées en raison de sa richesse et de sa puissance. À ce qu'on disait, il n'avait jamais été marié. Il avait eu de nombreuses maîtresses, et avait gardé la dernière quatre ans, ce qui était un véritable exploit aux Caraïbes.

Elle s'appelait Maria Renaldi, et d'après la rumeur, elle avait autant de vices que lui. Cette femme de sang espagnol et français était une brune de grande taille, à la peau basanée. Elle avait l'habitude de se promener dans les rues de La Havane avec un petit fouet dont elle frappait violemment les esclaves et les serviteurs qui ne faisaient pas ce qu'elle voulait. On racontait qu'un jour elle avait saisi un sabre d'abordage et décapité une vieille mendiante qui lui avait sali sa jupe par inadvertance. Grâce à son influence, Bayard lui aurait évité d'être arrêtée, car elle voyageait toujours en sa compagnie.

Anne poussa un profond soupir, elle regarda à nouveau les vagues tout en continuant sa promenade le long de la plage. Elle savait qu'il lui fallait passer à l'action sous peine de périr comme une baleine échouée sur la grève.

Le mois suivant, quand Bayard et sa maîtresse revinrent

dans l'île, Anne prit l'habitude de monter son poney sur la plage, juste sous les murs de la grande propriété. Elle portait une culotte de cheval serrée que Madeleine lui avait confectionnée. Ses seins ballottaient sous sa tunique ample. Ses cheveux flottaient au vent. Elle riait fréquemment et poussait son cheval toujours plus vite. Sa monture galopait dans l'écume des vagues qui se brisaient sur la grève. Elle lui faisait faire brusquement demi-tour et repartait à bride abattue jusqu'aux arbres.

En moins d'une semaine Bayard connut toutes les habitudes d'Anne Bonny, même les jours où elle dînait à la Chambre des lords. Il alla y dîner un soir où il savait qu'il la rencontrerait. Quand Maria vit des couverts en plus à la table de son amant, elle s'irrita.

– Qu'est-ce que ça veut dire?

– Il faut que je discute affaires avec Jennings, dit Bayard en haussant les épaules. Bien sûr, il faut demander à sa maîtresse et à son invitée de se joindre à nous.

Maria sourit en pinçant les lèvres, sortit son sabre d'abordage et le posa sans bruit devant elle.

Bayard éclata de rire.

– Est-ce pour couper ta viande, ma chérie?

Maria lança un regard furieux à Bayard et à ceux qui tendaient discrètement l'oreille.

– C'est pour tailler en pièces cette pute de Bonny si elle ose s'asseoir à ma table.

Tout le monde entendit la menace proférée à haute voix, puis ce fut le silence.

– Tu ne feras rien de la sorte, l'avertit Bayard d'une voix suave. Sauf si je te le permets.

À ces mots, Albert Balser se précipita à la rencontre d'Anne qui se dirigeait vers la taverne en compagnie de Jennings et de Bess.

– Maria t'attend avec un sabre! fit-il, rongé par l'inquiétude. Elle jure de te faire la peau!

– Elle en est capable, ma belle, maugréa Jennings. Quand elle manie le sabre, c'est un vrai diable.

– C'est ce que j'ai entendu dire, répliqua Anne avec un sourire ironique. Mais moi, avec une épée, je suis un démon. Bien que ça ne se fasse pas, il me semble indispensable d'être armée pour aller à ce dîner. Peux-tu me trouver une rapière?

Jennings s'éloigna. Il revint avec une arme effilée. Anne courba la lame et fouetta l'air à deux reprises sous le regard ébahi d'Albert.

– Que Jésus nous garde! Tu es l'image même du Dieu vengeur!

– Non, fit Anne avec un grand sourire, Dieu m'a abandonnée. C'est l'heure d'aller dîner, mes amis. On y va?

Elle les précéda, l'épée à la ceinture, comme si de rien n'était.

Quand Anne poussa la porte, un silence pesant s'abattit sur la petite assemblée. Tous reculèrent, laissant un espace entre elle et la table de Bayard. Bayard se leva et la salua avec cérémonie. Maria se mit debout, prit son sabre puis le posa bruyamment sur la table. Elle dominait Bayard de sa grande taille.

– Tu peux dîner ici, ma chère. Mais pas à ma table. Si tu oses t'y asseoir, par Dieu, je le jure, je te couperai la gorge.

Anne éclata de rire.

– Ça me sera difficile de manger si je n'ai plus de gosier, s'exclama-t-elle.

Tous les gens présents se mirent à rire comme des fous. De toute évidence, ils éprouvaient de la sympathie pour Anne, mais ils avaient envie d'assister à une bagarre. La voix d'Anne se fit implacable et glaciale.

– Je me mettrai là où je voudrai. On n'est pas à La Havane. Et je ne suis pas une vieille femme impotente, ajouta-t-elle en regardant Bayard.

Maria explosa de fureur. Les lèvres blêmes, tremblant des pieds à la tête, elle sauta par-dessus la table et, brandissant son sabre à hauteur d'épaule, elle visa la gorge d'Anne. Celle-ci, sur ses gardes, s'esquiva. Elle saisit son tabouret d'une main et de l'autre son épée. Se faufilant entre les tables, elle maintenait Maria à distance et cherchait à l'atteindre avec des coups d'épée désordonnés. De nouveau Maria fit tournoyer son sabre, tout en jurant en espagnol. Anne para le coup et, en guise d'avertissement, entailla le bras de Maria. Celle-ci fit tournoyer une nouvelle fois son sabre, tandis que les spectateurs se jetaient à terre pour éviter l'arme avec laquelle elle décrivait de grands cercles. Maria était maladroite mais avait de la force; l'espace d'un instant, l'épée d'Anne ne sembla pas faire le poids face à celle plus lourde de Maria qui fendit en deux le tabouret d'Anne, comme si c'était un simple morceau de bois.

Anne sentit la peur lui nouer l'estomac, tandis qu'elle s'efforçait de se soustraire aux assauts de son adversaire. Jennings, du coin où il s'était réfugié, cria en lui tendant un sabre :

– Prends ça, ma belle! Tu as affaire à forte partie!

Mais Anne lui tournait le dos et continuait d'éviter le courroux de cette furie. Au bout d'un moment, le poids du sabre se fit sentir et Maria décrivit des cercles de plus en plus petits et de moins en moins nombreux avec son arme meurtrière. Alors Anne s'avança. Elle se mit à l'assaillir, tourna avec agilité autour de Maria et trancha les lacets de son corsage. Maria plongea en avant, son corsage glissa jusqu'à la taille, révélant des seins bruns et fermes aux mamelons couleur de miel.

Continuant à éviter le sabre et à se faufiler avec la souplesse d'une panthère entre les pirates et les tables, Anne, d'un coup d'épée, fit tomber la jupe de Maria, ce qui lui entrava les jambes. La foule hurla de joie. L'ombre d'un sourire apparut sur les lèvres de Bayard qui regardait à travers ses lunettes crasseuses. Maria se libéra de sa jupe; toutes griffes dehors, elle crachait comme un chat prêt à bondir. Ses seins lourds roulaient d'un côté à l'autre tandis qu'elle jurait, criait, se jetait en avant. Mais il était trop tard.

Anne fit un pas de côté, Maria faillit se prendre les pieds dans ses vêtements et tomber. Anne plongea prestement et lacéra l'épaule dénudée de Maria, tailladant les muscles presque jusqu'à l'os. Maria hurla de surprise et de douleur. Ébahie, elle regarda un instant le lambeau de chair à vif sur son bras, puis chargea Anne avec une force décuplée par la fureur.

Avec sang-froid, Anne se glissa derrière Maria et lui déchira son jupon. Cette fois Maria trébucha et s'affala par terre, n'ayant pour tout vêtement que son jupon autour des chevilles. La salle éclata de rire. Bayard ne riait pas mais regardait le spectacle avec les yeux étincelants d'une bête sauvage. Maria vociféra des injures. Étendue sur le dos, elle brandissait son sabre à deux mains. Prise au dépourvu, Anne eut l'épaule lacérée et reçut en oblique un coup d'épée en plein front. Elle chancela et vint heurter le mur derrière elle. Maria bondit, déterminée à lui assener le coup fatal.

Maintenant Anne luttait pour sa vie. Elle serra son poing ensanglanté. Son visage était blême sous l'effort, elle ne pouvait plus se servir de son épaule, mais elle savait que si elle faiblissait, c'était la mort. Maria fit un bond en avant, avec l'intention de décapiter Anne clouée au mur. Mais elle décrivit un cercle trop grand avec son sabre, Anne plia les genoux, passa sous son bras, donna de grands coups en l'air avec son épée et entailla profondément le front de Maria.

Anne se retourna alors et fit face à la foule, certaine que le combat était terminé. La foule l'acclama, Anne baissa la garde. Mais derrière, Maria se rua sur elle une fois encore. Le sang ruisselait sur son visage convulsé. Anne esquiva de justesse le coup, et tomba à terre. Elle roula sur le côté tandis que son adversaire plantait rageusement son sabre dans le parquet sous ses pieds. Maria ne capitulait pas.

Elle était quasiment aveuglée par le sang qui ruisselait sur son visage, mais n'en donnait pas moins des coups de sabre à droite et à gauche, décidée à lutter jusqu'à la mort. À nouveau, elle s'élança sur Anne qui se glissa sous une table en désespoir de cause. Le sabre de Maria frappa le pied de la table et lui échappa de la main avec fracas. En un éclair Anne surgit, brandit son épée qu'elle pointa sur la gorge de son adversaire.

Un pirate s'écria d'un coin de la salle :

– Tue cette chienne! Elle ne t'épargnerait pas, elle!

Anne lança un rapide clin d'œil à Bayard. Il acquiesça d'un signe de tête, ses yeux paraissaient tout noirs derrière ses lunettes. Anne chercha sur le visage de Maria une trace de peur, de remords ou le simple désir d'arriver à un compromis. Elle ne vit rien de la sorte. Maria renversa la tête en arrière et lui cracha en plein visage. Comme une somnambule, Anne plaça la pointe de sa rapière sous le sein gauche de Maria et la transperça.

Un peu plus tard dans la soirée, après avoir pansé la blessure qu'elle avait au bras, faisant fi de la douleur sourde qui lui engourdissait le corps, Anne se rendit à la Chambre des lords où la beuverie battait son plein. Après quelques chopes, elle se sentit épuisée. Bayard s'approcha gentiment d'elle et l'emmena chez lui. Là, il la poussa sur son énorme lit et lui arracha ses vêtements, tout en la complimentant sur sa beauté. Anne éclata de rire et se laissa prendre : elle contemplait la scène comme si elle se trouvait sur l'autre rive d'un vaste océan tout noir.

Bonny revint, il avait eu vent de la victoire d'Anne à la taverne et ne fit rien pour cacher son dégoût.

– Alors tu as commis un nouveau meurtre, hein?

Anne fut choquée. Elle ne savait pas vraiment à quoi elle devait s'attendre, mais certainement pas à de violentes accusations.

– Un meurtre? Mais j'étais en état de légitime défense, James. Si tu avais été là, tu t'en serais rendu compte!

– J'étais en mer pour gagner le pain que vous mangez, madame. Et pendant ce temps-là, vous racoliez et faisiez la pute avec les Bayard et compagnie sans oublier sa catin espagnole!

Anne, le visage rouge de colère, s'écria:

– Elle s'est ruée sur moi avec un sabre, cher mari! Qu'est-ce que tu voulais que je fasse? Que je me laisse égorger comme un mouton?

James ferma les yeux comme s'il ne pouvait soutenir son regard.

– Vous pouvez essayer de faire croire ça aux autres, mais avec moi, ça ne marche pas. Je vous connais. Je sais que vous êtes allée dans cette taverne, l'épée à la main, avec l'espoir de vous battre. Et vous ne vous êtes pas contentée de montrer que vous étiez la plus forte, n'est-ce pas, madame? Non. Il a fallu que vous la transperciez de votre épée.

Anne fut ébranlée par ces accusations. Elle revit en un éclair toutes les occasions au cours de la lutte où elle aurait pu mettre Maria hors d'état de nuire sans la tuer. Bonny avait touché le point sensible. Après avoir semé le doute dans l'esprit d'Anne, il s'empressa de poursuivre l'assaut.

– Ah! Vous n'avez pas besoin de protester de votre innocence. Vous étiez d'humeur sanguinaire, il vous fallait du sang. Vous arrivez toujours à vos fins, n'est-ce pas?

Anne s'apprêtait à répliquer vertement quand une nouvelle remarque l'arrêta net.

– Tout comme Clara. Oui, j'ai entendu ce qu'on disait. Ce n'est pas la première femme qui a senti la pointe de votre épée.

Le regard d'Anne s'était durci.

– Décampe! s'exclama-t-elle. Va-t'en ailleurs, espèce de lâche. Je peux me débrouiller seule.

– Je n'en doute pas. Et je m'en vais avec plaisir, madame. Pour ma part, je n'ai nullement l'intention de vivre comme un hors-la-loi en allant d'un trou perdu à un autre. Et en compagnie de gens comme vous, ça me suffit, fit-il en saluant d'une manière sarcastique. Je vous laisse... à vos plaisirs. Tuez qui vous voulez en toute impunité. Il y aura toujours quelqu'un pour croire que vous n'en aviez pas l'intention.

Bonny s'éloigna à grands pas de la cabane où il faisait une chaleur étouffante sans jeter un seul regard en arrière.

Anne, dans une folle colère, prit la direction opposée, ses bras se balançaient le long de son corps. Une brise soufflait sur le rivage, et elle avançait dans le vent avec un air de défi. Les paroles de James l'avaient irritée. Au bout d'un moment, elle s'arrêta, personne ne pouvait la voir.

Immobile, elle regarda vers le large les rouleaux qui, un par un, venaient s'écraser sur les récifs à une cadence régulière. Elle avait la gorge serrée et sa bouche se contractait nerveusement. Des larmes coulaient le long de ses joues. Elle ne pouvait les arrêter, étonnée de ressentir au fond du cœur une secrète angoisse. Soudain elle frissonna de froid. Elle leva les yeux vers la colline: les lumières de la maison de Bayard étaient allumées, elle eut l'impression que c'étaient les premières étoiles dans le ciel. Elle ôta son alliance en or, la jeta sur le sable et la regarda rouler au gré des vagues. Juste avant que la bague soit emportée par la mer, elle se pencha pour la ramasser et la remit à son doigt.

Anne prit possession de la maison de Bayard. Il lui était impossible de se passer d'un homme dans cette île et elle n'avait nul autre endroit où aller. Ravie de retrouver le confort de quatre murs, elle souhaitait avant tout être loin de New Providence.

Bayard était son amant. Aussi avait-elle accès à ses nombreuses cachettes. Elle se para de toutes sortes de choses que les pirates avaient dérobées et décora la maison. Des soieries et des velours pour elle-même, des tapisseries tissées d'or et des tapis d'Orient pour ses appartements ; des bijoux volés provenant du monde entier remplissaient les coffrets de sa coiffeuse. Dans un coin de sa chambre elle installa une petite étagère où elle plaça toutes les idoles d'argile et d'or volées aux Indiens d'Amérique du Sud. Quand Bayard la taquinait à propos de son idolâtrie digne d'une païenne, elle le tançait.

– À leurs yeux, c'est comme si ces objets vivaient. À la différence de cette croix qui est morte, dit-elle en sortant de son coffret une croix d'argent ornée de grenats. Là au moins les dieux continuent à vivre, ajouta-t-elle, puis elle s'empressa de préciser qu'elle tenait à garder les idoles.

Anne n'avait pas trouvé chez Chidley Bayard le havre de paix qu'elle espérait. Il ne lui offrait pas non plus les émotions fortes dont elle rêvait. Bayard, comme la plupart des hommes cupides, ne désirait pas Anne pour elle-même, il voulait la posséder et l'exhiber afin de pouvoir témoigner de ses prouesses. Ce n'était pas un amant vigoureux et Anne se lassa vite de tous les jeux auxquels il voulait qu'elle se prête pour entretenir sa passion.

Au début il sembla puiser sa force dans la vitalité qu'il trouvait en elle. L'exubérance naturelle d'Anne enflammait ses désirs. Mais cela ne dura qu'un temps. Il lui fit porter des masques noirs au lit et prenait grand plaisir à « deviner » son identité. Ces raffinements, nés de son imagination, avaient l'attrait de la nouveauté et Anne trouvait cela drôle. Mais après avoir pris une douzaine de masques et répondu à une centaine de devinettes ridicules (*Alors, tu es peut-être une jeune vierge enfuie d'un couvent espagnol?*), elle commença à perdre patience.

Un jour où elle était sur le point d'arracher le masque

qu'elle portait et de le lui lancer à la figure dans un accès de colère, il inventa un nouveau jeu qu'il appela « le cochon dans le sac ». Anne devait simuler une totale soumission. Lorsqu'il se jetait sur elle et lui maintenait les mains au-dessus de la tête, elle devait feindre d'être vaincue et de ne pouvoir se dégager. Puis il lui saisissait les fesses de ses grosses mains moites, pétrissait sa chair comme un sauvage et lui ordonnait de pousser des cris. « Hurle, demande-moi grâce, mon petit cochon de lait, et je ne te mettrai pas à la broche. » Mais, bien entendu, plus elle criait, plus il avait envie de l'embrocher. À la fin Anne ne put s'empêcher de rire en faisant semblant de crier, et il roula sur le côté plein de dégoût.

« Si je n'accepte pas ses jeux et ne le contente pas, pensait-elle, avec un peu de chance Bayard trouvera une autre compagne. C'est un enfant dont la tête est pleine de rêves débiles. Il préfère ses illusions à une femme en chair et en os. » Mais pour l'instant, elle ne pouvait se permettre de quitter le sanctuaire de Bayard. Aussi se pliait-elle à ses caprices, essayant de dissimuler au mieux son mépris, tout en cherchant une meilleure occasion. Bayard continuait de tourner autour d'elle, comme un phalène épuisé autour d'une flamme brillante.

Anne devait produire en privé de tels efforts pour lui plaire qu'elle répugnait à paraître en public. Il l'emmena à la Jamaïque pour l'exhiber au bal du gouverneur.

Sir Nicholas Lawes était officiellement chef du gouvernement, capitaine général et gouverneur de Sa Majesté ; il était aussi chancelier, commandant en chef, vice-amiral et président de l'île. Bayard s'était souvent rendu chez le gouverneur et attendait avec impatience le moment de s'afficher avec sa nouvelle conquête. Maria n'avait guère provoqué l'admiration des femmes de la haute société de l'île et très vite Chidley avait cessé de l'emmener à des réceptions officielles chez le gouverneur. Il espérait, avec Anne à son bras, retrouver son prestige d'antan. Il savait que tous ceux qui s'attiraient les bonnes grâces de la femme du gouverneur faisaient forcément partie de l'élite que constituait l'aristocratie de l'île.

Dès qu'ils entrèrent dans la salle, Anne fut le point de

mire de tous les hommes. Elle portait sa robe de soie moirée vert jade, qui était largement échancrée sur ses seins ronds et découvrait ses épaules. Ses cheveux auburn, auxquels le soleil donnait des reflets d'or, lui retombaient en bouclettes dans le cou. Un collier d'émeraudes étincelantes se lovait entre ses deux seins et donnait à son regard l'éclat flamboyant du béryl.

Après avoir été présentée au gouverneur et à son épouse, Anne, feignant de ne pas remarquer le regard des hommes, se dirigea d'un pas mesuré vers un groupe de femmes dans un coin de la salle de bal. Elle se présenta avec courtoisie, puis attendit d'être invitée à participer à la conversation. Les femmes furent polies, mais ne firent aucun effort pour qu'Anne se joigne à elles, car elles continuaient à parler de gens et de sujets qui lui étaient étrangers. Anne ne sentait aucune hostilité, elle éprouvait seulement le sentiment d'être rejetée.

Elle décida de rester à l'extérieur de leur cercle en attendant d'être acceptée. À bout de patience, elle leva les yeux vers les hommes qui formaient de petits groupes çà et là. L'un d'eux attendait cette occasion. Jetant un coup d'œil dans la direction de Bayard, en grande conversation avec deux marchands de ses amis, il salua avec élégance et traversa toute la salle de bal pour rejoindre Anne. Le visage de la jeune femme se figea, mais l'homme ne prêta pas attention à cette comédie. Avec une courbette, le sourire aux lèvres, il éloigna Anne du groupe de femmes et l'amena sur la piste de danse. Elle lança un regard à Bayard qui lui sourit. Il semblait apprécier que tous les yeux soient rivés sur elle. L'inconnu lui passa la main autour de la taille et, sans plus attendre, il l'entraîna.

– Peter Currant, madame. Pour vous servir. Vous êtes une fleur trop belle pour vous flétrir dans ce sol stérile.

Il jeta un coup d'œil désapprobateur vers le groupe compact des femmes. À présent elles suivaient du regard les mouvements d'Anne tout en continuant leur conversation. « Elles me voient maintenant, se dit Anne en souriant. Personne ne me voit quand je suis seule et tout le monde me remarque quand je suis au bras d'un homme. » La musique prit un rythme endiablé.

Un sourire se dessina lentement sur les lèvres de la jeune femme.

– Vous auriez pu dire capitaine Peter Currant, dit-elle. J'ai entendu parler de vos exploits, monsieur.

Currant était un pirate dont les aventures à Cuba avaient piqué l'orgueil même des écumeurs des mers de New Providence. Les hommes racontaient qu'il avait le courage du diable en personne, et les femmes disaient qu'il était vérolé jusqu'au trognon, mais que cela valait néanmoins la peine de s'envoyer en l'air avec lui.

Il sourit à Anne avec impudence.

– Et moi aussi, j'ai entendu parler de vous, Anne Bonny.

Elle parut surprise. Le récit de ses exploits était donc parvenu jusqu'à Cuba?

– Et je parie que ces vieilles rombières ont également entendu parler de vous, murmura-t-il en se penchant vers elle.

Anne lança un coup d'œil furtif vers les femmes. Elles détournèrent les yeux toutes en même temps, puis leur regard se posa de nouveau sur Anne quand elle fixa son attention ailleurs.

– Morbleu! Qu'ont-elles pu apprendre sur moi ici? grommela-t-elle, exaspérée, comme si elle se parlait à elle-même.

Currant éclata de rire, d'un rire sonore curieusement juvénile.

– Simplement que vous êtes belle à croquer, ce qui est vrai. Et que vous êtes redoutable à l'épée. Elles n'apprécient guère ce genre de talent, vous vous en doutez bien.

– Et vous, vous avez apporté de l'eau à leur moulin en me conduisant sur cette piste de danse avant elles, fit Anne d'un air renfrogné.

Il la fit tournoyer encore plus vite, pour la provoquer.

– Vous êtes à bord d'un bateau qui coule, madame. Elles ne vous accepteront jamais, alors pourquoi ne pas jouir de votre liberté?

Au beau milieu de la danse, elle s'écarta de lui d'un air glacial et fit une brève révérence.

– Merci, capitaine, mais je crois que je vais essayer une dernière fois.

Elle se dirigea vers le groupe de femmes, la tête haute. Un

sourire confiant masquait son embarras. Cette fois le cercle se resserra encore davantage ne lui offrant qu'une barrière d'épaules blanches.

Elle resta à nouveau immobile, jouant de son éventail avec grâce, tout en espérant que son visage ne trahissait pas son humiliation. Puis elle se tourna vers la fenêtre comme pour chercher un peu d'air frais. Elle eut un léger tressaillement lorsqu'elle sentit une main sur son coude. L'une des femmes s'était approchée et lui avait pris le bras.

– Ma chère, permettez-moi de me présenter. Je suis Sara Sutcliff Lawes, la belle-sœur du gouverneur. Laissez-moi vous accueillir comme il convient à la Jamaïque.

Anne lui adressa un sourire rayonnant de gratitude et fit une révérence pleine de grâce.

– Merci, milady. C'est tout à fait aimable de votre part, car je ne connais personne.

La femme sourit d'un air sinistre, les paupières plissées comme du parchemin.

– Vraiment? Vous n'êtes donc pas une relation de Peter Currant, votre cavalier?

– Ah non! madame, répondit Anne en souriant. Je n'ai accepté cette danse que pour passer le temps. J'ai entendu parler de lui, bien sûr, mais nous ne nous connaissons pas.

– Je vois. Mais êtes-vous déjà venue dans cette île?

– Non, je n'ai pas eu ce plaisir.

– Et vous venez de...?

– Charles Town, madame. Peut-être connaissez-vous mon père, William Cormac? demanda Anne, mettant tout son espoir dans cette question car elle se sentait en mauvaise posture.

La femme feignit l'étonnement comme l'exigeait la bienséance.

– Cormac? Non. Je ne connais pas ce nom. Mais, bien sûr, nous connaissons tous M. Bayard. C'est un de vos parents, peut-être?

Anne se raidit. « Elle ne vient pas en amie mais en espionne. Envoyée par la bande de harpies. » Son sourire se figea.

– Non, M. Bayard n'est pas un parent. Habitez-vous l'île depuis longtemps?

– Pas un parent, je vois, répliqua la femme, ignorant la question d'Anne, tout en relevant les sourcils en signe de désapprobation. Est-il vrai que vous n'avez pas de certificat de mariage, madame ?

Anne faillit éclater de rire tant elle était soulagée. Un regard vers le troupeau de femmes lui apprit qu'elles poursuivaient tant bien que mal leur conversation, faisant mine d'ignorer l'interrogatoire qu'elles avaient soigneusement préparé. Elle sourit.

– Naturellement j'ai mon certificat de mariage, madame. Soyez rassurée.

– Vous êtes mariée avec l'homme que vous fréquentez, M. Chidley Bayard ?

Anne soupira, ne cherchant pas à cacher sa lassitude.

– Non. Mais vous le savez très bien, n'est-ce pas ?

– Oui, dit la femme en écartant sa jupe comme si un chien avait fait ses besoins sur le tapis. Je crains que vous ne soyez pas du tout à votre place ici, ma chère. Je ne vous trouve ni amusante ni particulièrement agréable à fréquenter.

– Je vois, fit Anne qui s'adressa à elle sur un ton de conspirateur. Peut-être trouveriez-vous agréable que je vous présente au capitaine Currant ? À votre façon de le regarder évoluer sur la piste, je suis sûre que vous avez également entendu parler de ses prouesses. Nous pourrions peut-être organiser une petite partie nocturne de jambes en l'air. Ce serait certainement fort amusant pour ces dames.

Un rictus amer apparut sur le visage de Mme Sara Lawes.

– Je vous prie, gardez vos distances, catin ! s'exclama-t-elle à voix haute.

Anne bondit, rapide comme l'éclair, et lui donna une claque retentissante. Déséquilibrée, la belle-sœur du gouverneur vacilla, puis s'étala sur le plancher en poussant un cri hystérique. Les femmes s'écartèrent comme un troupeau de moutons, reculèrent et se mirent à bêler de concert. Bayard se précipita vers Anne, la prit par le bras alors qu'elle était penchée sur son adversaire, aussi surprise que les autres de la voir à terre. Il la poussa vers la sortie en toute hâte pour la conduire sur son bateau en lieu sûr.

Il fallut que Bayard exerce son influence et rappelle tous les services qu'il avait rendus dans le passé pour qu'Anne ne soit pas arrêtée. Le gouverneur, horrifié qu'une telle scène ait pu se dérouler dans sa propre demeure, envisagea de porter plainte pour voie de fait et conduite contraire aux bonnes mœurs, mais, tout en lui gardant rancune, il accepta les excuses que lui présenta cérémonieusement Bayard, moyennant quelques concessions financières intéressantes.

Les conséquences les plus immédiates pour Anne furent les restrictions soudaines imposées à sa liberté d'action. Maintenant on savait partout qu'elle était recherchée à Charles Town, aussi tous les territoires britanniques des Caraïbes étaient-ils virtuellement dangereux pour elle. Les colonies espagnoles, telles que Cuba, lui étaient également interdites, car la nouvelle de son duel avec Maria Renaldi s'était propagée dans les îles comme une traînée de poudre.

En conséquence Bayard n'avait plus les mêmes raisons de trouver Anne aussi fascinante. Elle ne pouvait plus quitter New Providence à son bras pour se rendre dans un port à la mode. Il ne pouvait plus se pavaner avec cette beauté, ni à la Jamaïque, ni à Cuba, ni à Port Royal, ni à Hispaniola. Et comme il lui fallait voyager pour inspecter ses propriétés dans les îles, Anne se retrouva souvent seule, une fois de plus.

Le milieu de l'année 1716 marqua le début de la saison des ouragans à New Providence. Anne regardait avec un affreux pressentiment les vagues de plus en plus fortes déferler sur le sable et le contact de l'eau boueuse la glaçait. Quelques pirates travaillaient d'arrache-pied en jurant; ils essayaient de rafistoler des épaves pour en faire des embarcations capables de tenir la mer, mais la plupart restaient tristement dans les tavernes à se quereller entre eux ou avec les catins. Il était trop tard pour lever l'ancre et faire voile vers des ports plus sûrs. Dans toute l'île on était aux aguets, on écoutait.

Anne enfourcha son poney et partit de l'autre côté de l'île à la recherche de fruits et de gibier. Il n'y avait pas grand-chose en cette saison; même les oiseaux semblaient avoir déserté leurs nids, mais elle n'avait guère de choix pour occuper son temps. Sans trop réfléchir elle avait quitté sa cabane et était allée chez Bayard, puis était retournée chez elle, toute désorientée.

Elle remonta le long de la plage, s'enfonça dans la palmeraie, puis s'étendit dans l'herbe drue. Les feuillages étaient étrangement immobiles, pas le moindre souffle de vent pour les faire frémir, et les nombreux oiseaux, qui habituellement jacassaient, étaient silencieux. Anne roula sur le côté et observa un crabe de sable qui détalait d'un trou à un autre. C'est à peine si elle remarqua que le vent se levait.

Soudain le poney hennit et redressa la tête. Elle suivit son regard et vit d'énormes nuages noirs s'amonceler à l'horizon. Le vent s'était déjà mis à gémir quand elle retourna au galop vers les habitations.

Elle attacha son poney à un gros piquet puis, se ravisant, lâcha les rênes, lui donna une tape sur la croupe et le laissa trotter à la recherche d'un abri sous les palmiers. Les nuages s'enfonçaient rapidement à l'intérieur de l'île, poussés par un vent qui mugissait, lui fouettait les cheveux et lui coupait le souffle. Les palmiers de la plage se balançaient et vibraient comme des cordages mouillés, pourtant il ne pleuvait pas. Les vagues battaient le rivage, Anne devait se courber pour avancer dans la tempête, les bras collés au corps.

Le toit de sa cabane s'était déjà envolé et le vent menaçait d'arracher son hamac. Quelques personnes couraient le long de la plage, vers la taverne dont les murs offraient la protection la plus sûre. Anne regarda ce qui lui restait : quelques objets sans importance, rien qui valût la peine d'être récupéré. Elle saisit un pan de tissu rouge qui tourbillonnait – sa robe préférée – et eut toutes les peines du monde à l'attacher autour de l'arbre le plus proche.

Elle se dirigea à l'aveuglette vers la taverne, s'accrochant aux palmiers pour éviter d'être projetée sur le sable. Le vent qui déchiquetait les grosses vagues la recouvrait d'écume. Soudain les nuages se déchirèrent et la pluie s'abattit sur elle, lui piquant la peau de mille aiguilles. Elle entendit des craquements plus forts que le martèlement de la pluie et regarda vers le port.

Un sloop avait rompu son amarre et éventré deux embarcations plus petites près des quais. Dans un horrible fracas d'espars et des claquements de voiles, le bateau se brisa, faisant éclater la coque d'un vaisseau, puis d'un autre, les poussant tous deux contre l'embarcadère qui s'affaissait.

Les vents et les vagues, négligeant les débris dispersés en surface à proximité, emportaient dans les airs des morceaux de bois et de toile. Un poulet poussait des cris affolés et battait désespérément des ailes. Il se trouva pris dans un tourbillon de voiles, de morceaux de bois et de branchages arrachés, puis disparut.

Anne parvint à la taverne. Elle tremblait de tous ses membres malgré la chaleur. Ses vêtements étaient déchirés, ses cheveux l'empêchaient de voir. Quand elle entra, un enfant en haillons gémit et une voix rauque lui donna l'ordre de fermer la porte. Les murs vibraient au rythme de la tempête. Anne examina son corps, s'attendant à se trouver couverte de bleus en raison de la violence de la pluie et du vent qui s'étaient acharnés sur elle et l'avaient contrainte à s'abriter.

Pirates et gredins de toutes sortes, trempés jusqu'aux os, se serraient les uns contre les autres, déplorant leur malchance. Épuisée, Anne se glissa auprès de Jennings et de Bess.

– J'aimerais pas essuyer cette tempête en mer!

Jennings lui tendit un cruchon débouché.

– C'est pire à terre, je pense. En mer, un bon bateau, ça peut filer dans le vent si on bloque le gouvernail. Dans cette île perdue, il y a même pas un arbre auquel on puisse s'accrocher, pas une cave où se planquer.

Le vent hurlait, mugissait, tout le monde tendait l'oreille.

Anne se laissa envahir par le sommeil, elle essayait de ne prêter attention ni au bruit ni au chaos autour d'elle, elle s'obligeait à songer à un lit douillet et à un repas chaud. Elle se réveilla en sursaut, tirée de son sommeil par le poids du silence.

L'unique fenêtre de la taverne avait volé en éclats et le toit laissait filtrer la lumière à des endroits où jamais elle n'était passée. Encore engourdie de sommeil, Anne se leva et s'étira. Jennings et Bess étaient enlacés et ronflaient, abrutis par l'alcool. Soudain un bébé s'agita et se mit à brailler, Jennings se redressa sur un coude et jeta un coup d'œil vers le baril au milieu de la pièce. Balser l'avait mis là pour que ceux qui avaient trouvé refuge dans la taverne puissent se soulager. Il s'en dégageait une odeur nauséabonde. Anne se dirigea prudemment vers la porte.

– Ce n'est que l'œil du cyclone, s'exclama Jennings.

Anne ne pouvait supporter de rester un instant de plus dans la pièce. Elle repoussa un ivrogne qui se trouvait devant la porte et sortit. Dehors régnait un silence inquiétant. « Il doit bien y avoir un palmier encore debout, un palmier au pied duquel je pourrais me soulager, à l'abri des regards », se dit-elle. Pas le moindre chant d'oiseau, pas le moindre bourdonnement d'insecte, pas le moindre bruissement de feuillage. L'air était lourd, fétide, comme si les vents n'avaient jamais balayé l'île. Même la mer était d'huile. Anne se souvint que son père la mettait en garde contre son tempérament « indomptable et fougueux ».

« Nos sentiments ont l'inconstance de ces vents », songea-t-elle. Elle se demanda si l'ouragan avait atteint Charles Town. Soudain une bourrasque souleva sa jupe. Elle retourna en hâte à la taverne, juste avant que la queue de l'ouragan balaie l'île.

Quand les vents furent calmés, Anne revint par la plage jonchée de débris à l'endroit où auparavant se trouvait sa cabane. Rien ne laissait penser que, naguère, son logis avait été là, entre ces deux arbres.

Des femmes passèrent devant elle. Certaines, épuisées, pleuraient. Elles se baissaient pour ramasser des débris, à la recherche de quelque objet de valeur. Des mouettes, le bec grand ouvert, se laissaient ballotter doucement par les vagues, et ne prêtaient aucune attention aux poissons échoués sur le sable. Des bateaux de toutes tailles s'étaient fracassés sur les rochers et gisaient, déchiquetés, sur la grève. De gros navires, pareils à d'énormes étalons en rut, en chevauchaient d'autres, plus petits.

De tous côtés Anne voyait les ravages causés par l'ouragan. Elle s'accroupit sur le sable, et se laissa envahir par la chaleur apaisante. Puis elle songea à son poney et partit à sa recherche vers le petit carré de jungle derrière le village. Elle se demanda, sans y attacher grande importance, si James avait survécu à la tempête.

Le premier bateau qui jeta l'ancre dans la baie après l'ouragan fut le brick de Ned Teach. Après une brève halte à la Chambre des lords, il se rendit par la plage à la cabane d'Anne.

Il arriva alors qu'elle réparait son hamac. Elle avait vu son bateau entrer dans le port et savait qu'il lui rendrait aussitôt visite. Elle ne portait pas de fleurs à l'oreille. Le vent les avait toutes arrachées. Mais elle avait sauvé du désastre une tunique de soie aux manches en dentelle que Madeleine lui avait confectionnée. Elle ne fit rien pour paraître plus aguichante, et se contenta de l'attendre, les mains sur les hanches, tandis qu'il s'avançait à grands pas sur la plage comme un gros ours. Il l'aurait bien prise dans ses bras, mais elle recula, feignant d'être terrifiée.

– Ned Teach, tu pues comme un vieux bouc ! Ne t'avise pas de venir m'empester !

Il rit de bon cœur et se laissa tomber sur le sable à l'ombre.

– Alors tu as survécu à la tempête, ma belle. J'étais prêt à jurer que tu dompterais même un ouragan, mais on m'a raconté qu'il a failli t'emporter.

– Pas plus que les autres dans cette île, Ned. Les pirates ont besoin d'une bonne tempête chaque année, je suppose, pour se purifier. Et ton bateau, il a tenu le coup ?

– Oui, il s'est accroché à la mer du mieux qu'il a pu et a maintenu le cap. Et puis j'ai une nouvelle fiancée pour ma peine !

– Une jeune poulette pour un vieux coq ! s'esclaffa Anne. Comment est-ce possible ? Est-ce que les vents lui ont arraché le nez ?

– Non, ma belle. Par-dessus le marché, c'est une beauté. Je suis tombé sur elle dans un bistrot du port, elle s'est balancée en arrière, m'a montré sa chatte et on a fait une sacrée chevauchée jusqu'au petit matin. C'est un bon coup, mais je me fous pas mal de ce qui est derrière la façade.

– Alors tu n'es pas amoureux ? demanda Anne en lui lançant un regard malicieux.

– Doux Jésus, non ! Ma belle, tu sais bien que mon sale cœur, il bat que pour toi !

Teach tapota le sable près de lui. Anne, détendue, s'allongea et prit plaisir à échanger avec lui des câlineries. Il garda le silence un long moment, le regard perdu sur la mer, puis la fixa droit dans les yeux.

– J'ai de mauvaises nouvelles à t'annoncer, ma petite. Apprête-toi à encaisser le coup.

Un pressentiment fit tressaillir Anne. Elle comprit avant même qu'il ouvre la bouche.

– Mon père?

Il ne la regardait pas, mais ses yeux étaient tournés vers l'horizon.

– Oui, il a pris une nouvelle femme. À ce qu'on dit, elle attend un enfant.

Anne ne s'était pas attendue à de telles nouvelles. La mort, peut-être, ou la maladie. Mais un remariage? Dans ce cas, la vieille rivale de sa mère, cette Sweeney, avait dû mourir. L'ironie du sort lui arracha une grimace.

– Si vite?

Surprise et peinée, elle fronça les sourcils.

– Tu es partie depuis plus d'un an.

Il s'interrompit. Le regard toujours tourné vers la mer, il lui prit la main, la serra fort, puis la relâcha.

– Ce n'est pas le pire. Dans le port on dit qu'il t'a reniée pour de bon. Et le mandat d'arrêt lancé contre toi tient toujours.

Elle sentit sa gorge se serrer comme si, impuissante, elle se balançait dans les airs, soulevée par une force invisible. « Ainsi, pensa-t-elle, une nouvelle femme. Une nouvelle famille. Et moi, je suis balayée de sa vie, jetée comme... les restes d'un mauvais repas. Mon Dieu! Il est dans une colère noire. Maintenant je suis vraiment seule. Reniée par le seul homme que j'aie jamais aimé. Éloignée du seul foyer que j'aie jamais connu, éliminée de sa vie, abandonnée. »

L'espace d'un instant, dans son aveuglement, elle éprouva une haine meurtrière envers James Bonny, envers son père, envers tous les hommes. Elle eut le sentiment douloureux d'avoir subi une perte irréparable. Elle se rappela ce que son père lui avait dit : « Quand tu laisses l'amour s'échapper de tes mains, ma chérie, alors elles sont vides à jamais. » Elle savait, au fond de son cœur, qu'il ne reviendrait jamais sur sa décision, qu'il lui avait tourné le dos pour toujours, comme si elle était morte en même temps que sa mère. Elle ne pourrait s'appuyer sur aucune loi pour faire valoir ses droits. Personne, dans la nouvelle vie de son père, n'aurait la moindre pensée pour elle.

– Courage, ma fille! dit Teach doucement. On dort tout seul dans un lit tôt ou tard.

Elle rentra les épaules et releva le menton.

– Et qui est-elle, cette nouvelle épouse?

– Mlle Susanna Ball. On raconte qu'elle apporte une belle dot.

« Et la bénédiction de mon père également, pensa Anne. Étant donné que les terres de Ball, à Kensington, jouxtent celles de Bellefield, une fois réunies, cela leur fait une coquette fortune. »

Une voix tout au fond d'elle-même cria son désespoir. « Elle n'a que dix-neuf ans! À peine deux ans de plus que moi! » Elle fouilla dans sa mémoire et se rappela une jeune fille à l'air triste, aux cheveux bruns, pâle et réservée. Elle était étroite d'épaules et avait toujours les mains croisées. Maintenant cette femme portait la semence de son père. « Ainsi il n'a guère souffert de mes péchés. Il s'est débarrassé de moi et de l'infamie que j'incarne à ses yeux. »

D'un doigt tremblant, elle traça sur le sable un vague dessin. Elle s'imaginait de retour à Bellefield, galopant en toute liberté dans les pâturages. Son père l'observait en riant, les mains sur les hanches. Un homme d'une haute stature, vigoureux et fier. Un visage buriné, débordant d'amour. Elle sentit le bras de son père qui l'entourait et soulevait son petit corps pour lui permettre de contempler l'immensité de l'océan.

Elle fit un effort pour revenir à l'instant présent. Mais son esprit se replongeait dans le passé. Soudain elle se rendit compte que Ned attendait un signe d'elle pour savoir s'il devait rester ou partir. Elle se mit brusquement debout et épousseta sa jupe.

– Eh bien! Je lui souhaite d'être heureux avec elle. Puisse sa jument être toujours pleine!

Elle leva un verre imaginaire et fit mine de porter un toast.

Teach lui adressa un tendre sourire.

– C'est peut-être pas le bon moment pour te répéter mon offre, Anne. Surtout que je suis pas allé par quatre chemins pour te parler de ma nouvelle femme. Mais si tu veux de moi, tu passes avant les autres. Je veillerai à ce que tu manques de rien et je m'occuperai de toi comme il faut.

Elle secoua la tête.

– Tu es gentil, Teach. Je te suis reconnaissante de ta proposition. Mais je ne peux accepter ton offre généreuse.

– Que vas-tu faire?

Anne réfléchit un instant, tournant et retournant dans sa tête les possibilités qui s'offraient à elle. « À quoi cela me servirait-il de m'établir dans la société respectable? On a rompu mes amarres, c'est un fait. »

– Qu'ont-ils fait pour moi, ces gens? dit Anne à haute voix. Cela va sans dire, ma place est parmi les hors-la-loi, Ned. Peut-être que, moi aussi, je vais devenir pirate.

Il éclata de rire et se tapa sur les cuisses, sa barbe noire se hérissait à chaque secousse.

– Ah, je te reconnais là, ma belle! Bon, alors je file, dit-il en se levant et en lui jetant un regard concupiscent. Je parie que tu seras dans de bonnes mains d'ici un ou deux jours. Et tant que j'y suis, je ferai tes amitiés à Charles Town.

Avant qu'elle ait eu le temps de s'esquiver, il la saisit dans ses bras vigoureux et lui plaqua un énorme baiser sur la bouche. Elle chancela lorsqu'il relâcha son étreinte tant elle était puissante et rit doucement.

– Fais attention à tes bijoux de famille, mon vieux, dit-elle en s'esclaffant. Une femme te pardonnera beaucoup de choses, mais si tu perds ça, tu ne seras plus bon qu'à nourrir les poissons.

Il sourit bêtement et prit la direction de la plage. Anne le regarda partir avec une moue de tristesse. Quand elle se retrouva seule, une fois de plus, elle se laissa tomber sur le sable, la tête entre les mains. Malgré tous ses efforts, elle ne parvenait pas à haïr son père. « Les hommes ne sont pas vraiment des ennemis. Ils ne pensent qu'à eux, voilà tout », songeait-elle.

Quand Anne revit Ned Teach, il était accompagné d'un beau jeune homme. Elle se trouvait à la Chambre des lords en compagnie de Jennings et de Bess. Brusquement la porte s'ouvrit comme poussée par une rafale, et Ned fit une entrée fracassante, ses yeux lançaient des éclairs et il puait le rhum. Derrière lui s'avançait lentement un homme de haute stature, vêtu d'une longue redingote.

– Anne! Ma Jézabel préférée! s'écria Teach.

Il la saisit par la taille et la fit virevolter. Elle finit par se dégager, se recoiffa, arrangea sa jupe avant d'entendre une voix douce s'exclamer :

– C'est plutôt Aphrodite, ma parole.

Teach pouffa de rire et poussa l'homme vers Anne.

– Voici la diablesse dont je t'ai parlé, mon vieux. Anne, voici le major Stede Bonnet, un grand propriétaire, originaire de la Barbade, qui a l'intention de se joindre à notre confrérie.

Anne l'examina avec plus d'attention. Pendant que Teach plaisantait, Bonnet l'observait comme si elle était une bête sauvage dans une cage. De toute évidence il éprouvait de la sympathie pour le pirate et il savait aussi quel gredin c'était. Teach lui donna une tape dans le dos.

– Il veut devenir pirate ! C'est moi qui vais lui apprendre toutes les ficelles du métier ! dit-il en faisant un clin d'œil à Anne.

Anne jaugeait Bonnet sans rien dire. Il avait le teint rose des aristocrates, pas le teint acajou des marins, et il portait une perruque blonde dont les boucles pendaient sur ses joues moites de sueur. Comparé au visage de Teach encadré d'une barbe drue et noire, celui du major Bonnet, bien rasé, ressemblait presque à celui d'un chérubin. « En voyant son haut-de-chausses qui lui descendait jusqu'aux genoux, ses bas de soie et ses chaussures à boucle, Madeleine tomberait en extase », songeait-elle en riant sous cape.

Bonnet s'inclina en serrant la main d'Anne, la baisa, et croisa son regard avec le plus vif intérêt. Elle fit une révérence presque par réflexe. Un je-ne-sais-quoi dans ses manières lui rappelait les jeunes gens qu'elle avait connus à Charles Town, il y avait de cela bien des années. Tandis que Teach les conduisait à une table libre, il raconta à Anne l'histoire de Bonnet. Celui-ci avait abandonné ses terres à la Barbade ainsi qu'une fortune rondelette qui en aurait contenté plus d'un.

Stede ne dit pas grand-chose, il se contenta de lui sourire en l'observant avec attention.

– C'est sa mégère qui l'a poussé à cela, ma belle ! Que ce soit une leçon pour toutes ces langues de vipère ! rugit Teach.

Bonnet rougit presque.

– Teach s'est généreusement proposé de prendre ce fermier en main et d'en faire un marin.

Anne prit soudain conscience du spectacle singulier qu'offrait la Chambre des lords. Pour la première fois elle éprouva de la gêne en pensant à l'image qu'elle devait donner d'elle-même à un homme aussi distingué que Bonnet.

– Le gredin veut se faire pirate!

Teach, fou de joie, se dirigea en braillant, comme un homme ivre, vers une table voisine où se trouvait une femme qui avait l'air d'une putain.

Anne se retrouva soudain seule en compagnie de Stede Bonnet. Elle lui sourit longuement, ravie d'avoir eu le temps de se mettre une fleur toute fraîche dans les cheveux.

– Vous pirate, major? J'aurais cru qu'un homme de votre rang mépriserait une telle compagnie, fit-elle en désignant d'un haussement d'épaules éloquent la racaille qui se trouvait dans la taverne.

Il se pencha et lui prit la main, puis la lâcha comme s'il se ravisait.

– Je suis venu recruter des hommes. Ça devrait être une preuve de mes intentions, poursuivit Bonnet sans la quitter des yeux. On m'a dit que dans cette île je trouverais tout ce que je cherche, loin des contraintes auxquelles les imbéciles d'aristocrates nous assujettissent.

– Et loin de la loi, ajouta Anne en souriant. Voyez-vous, major, cette république pourrait être un paradis (son front se rembrunit lorsqu'elle vit deux pirates ivres se bagarrer à l'autre bout de la salle), mais il faut se méfier des fauves.

– Et, si je puis me permettre, qu'est-ce qui peut pousser une dame aussi exceptionnelle que vous à vivre dans une telle... tanière?

Elle éclata de rire, charmée par la vivacité de son esprit. Elle scruta son visage et remarqua, dans les rides autour de sa bouche et dans son profil racé, l'empreinte de l'éducation raffinée et du bon goût laissée par des générations d'ancêtres. Même la courbure de son front suggérait une solide intelligence. Tout cela lui fit penser à des rangées de volumes reliés, des voix distinguées et des sonates dont elle n'avait plus qu'un vague souvenir.

– Je préfère encore la compagnie des gredins, dit-elle d'une voix suave, à celle de femmes guindées qui ne savent parler que de leurs robes, de leurs enfants et des derniers potins de la cour. De femmes qui feignent un malaise dès que la vie les... effleure. De plus, pour l'instant, je n'ai pas d'autre endroit où aller, ajouta-t-elle en riant de bon cœur.

Il lui sourit et lui offrit le bras.

– Peut-être pourriez-vous me faire visiter l'île?

À ses côtés, elle eut l'impression de parcourir le parc d'une belle propriété, non pas l'arrière-cour d'un repaire de pirates.

– Maintenant j'assume les risques personnellement. Et le risque est d'autant plus fascinant.

– Une vie courte mais belle? demanda Anne.

– Oui. J'ai été un fils modèle, un mari parfait et un père aimant. Pour le restant de mes jours, j'ai l'intention d'être impie, sacrilège et de bafouer la raison.

Anne sourit, la main tendrement posée sur son bras.

– Voilà des objectifs fort louables, monsieur! Mais comment un gentilhomme peut-il changer de peau aussi aisément?

Bonnet prit un air songeur.

– Quand Adam cultivait la terre et quand Eve filait la quenouille, qui était donc le gentilhomme? Je prends Dieu à témoin, quand il n'y a plus de risque dans la vie, il ne reste pas grand-chose. Je veux avoir le vent en poupe, commander un vaisseau rapide et éprouver le vertige de la liberté.

Un je-ne-sais-quoi dans sa voix troubla Anne, l'émut comme elle ne l'avait pas été depuis longtemps. Cet homme semblait exprimer toutes les aspirations qu'elle portait en elle; il était arrivé au moment où elle se sentait de plus en plus solitaire à New Providence.

– Autrefois je grimpais aux palmiers pour voir voguer les navires. Mon père me reprochait souvent de rêvasser.

Ils s'assirent sur le sable dans une crique tranquille et contemplèrent ensemble les vagues. Anne posa une question à laquelle elle n'avait jamais trouvé de réponse.

– Qu'est-ce qui nous fascine, à votre avis? Qu'a donc la mer pour attirer à ce point certains êtres?

La question d'Anne ne le fit pas rire, il ne détourna pas la conversation et parut au contraire désireux de partager ses pensées.

– Vous souvenez-vous de la légende de Narcisse?

Anne acquiesça, soudain ravie de faire travailler son esprit, ce qui ne lui était pas arrivé depuis plus d'un an.

– Eh bien! Narcisse ne pouvait saisir son image, aussi il plongea en eau profonde et il se noya. Il en est de même pour certains individus avec la mer. Nous voyons notre image dans les océans. C'est le reflet d'une vie illusoire, insaisissable, que nous percevons dans chaque vague, la clef de tous les mystères.

Anne trouvait un grand réconfort dans sa présence. Malgré son allure et ses vêtements de dandy, ce gentilhomme, qui n'était pas à sa place ici, faisait vibrer en elle une corde sensible.

Le père de Bonnet, mort à quarante ans, lui avait légué une fortune encombrante, une immense plantation à gérer et une mère infirme. Avant de mourir, celle-ci lui fit épouser une riche héritière qui lui donna trois filles. Le frère cadet de Bonnet périt à la suite d'une fièvre. Sa veuve et ses quatre filles vinrent s'installer chez lui, ce qui faisait neuf femmes dont il avait la charge et qu'il devait protéger.

– Je ne pouvais plus supporter le son de leur voix, ni même le bruissement de leurs jupes à longueur de journée. En raison de mon éducation, je ne pouvais abandonner des femmes sans un sou, mais je ne pouvais pas non plus mourir d'ennui dans leurs bras. Je leur ai tout laissé, je leur ai fait mes adieux et je suis parti le plus loin possible, fit-il en soupirant.

Il regarda Anne, assise sur le sable. Les vagues tièdes caressaient ses pieds nus, ses cheveux flottaient au vent comme ceux d'une indigène, sa peau prenait les reflets du soleil couchant.

– Et maintenant me voilà auprès d'une femme qui ne dépend d'aucun homme, dit-il en désignant d'un geste ample la vaste étendue de sable. Qui est maîtresse de son propre destin.

Elle sourit.

– Je n'ai jamais souhaité être maîtresse de quoi que ce soit. Si cela m'était offert, je préférerais m'enfuir, comme vous.

Il lui prit le menton dans la main et tourna son visage vers lui.

– Vous n'avez besoin de rien d'autre. Vous êtes une femme complète, parfaite, une déesse dans son univers.

Il approcha ses lèvres des siennes et l'embrassa tendrement puis avec passion. Anne se mit soudain à penser à James. « Comment ai-je pu l'épouser? se demanda-t-elle songeuse. Dieu merci, il n'est pas ici en ce moment. » Soudain elle se rendit compte qu'il ne reviendrait peut-être jamais. « Et s'il revenait, dans quelle mesure suis-je vraiment liée à lui? » Puis, sans réfléchir davantage, elle laissa ses lèvres épouser les contours de la bouche de Bonnet, tandis que les vagues chuchotaient des milliers de tendres secrets.

Ses baisers se firent de plus en plus pénétrants et il s'aperçut qu'il y avait en elle, comme en lui-même, un abîme de désir contenu, de solitude et de tristesse. Pourtant Anne éprouvait une certaine réticence devant cet homme. Il lui effleura timidement les seins, la caressa d'un air songeur à travers son corsage soyeux, puis soudain retira sa main. Anne recula et le dévisagea.

– Que se passe-t-il? demanda-t-elle.

Il baissa les yeux et rougit légèrement. Ses lèvres étaient encore humides des baisers d'Anne.

– Je ne peux pas oublier que vous êtes l'épouse d'un autre homme.

Déçue, Anne fronça les sourcils.

– Et vous, l'époux d'une autre femme?

– Non, cela ne me gêne absolument pas, dit-il doucement. Mais j'égorgerais celui qui s'approcherait de vous, si j'étais votre époux. Je ne peux m'empêcher de me reprocher de séduire une femme qui appartient à un autre.

– Je n'appartiens à personne, major. À personne d'autre qu'à moi-même. Mon mari s'est mis dans la tête d'améliorer sa situation en allant pêcher la tortue. Et il m'a fait très clairement comprendre qu'il ne tenait pas à me garder comme épouse.

Elle s'interrompit un instant, se demandant ce qu'il savait de sa vie.

– Vous n'ignorez pas sans doute, poursuivit-elle, que j'ai vécu avec un autre homme en son absence?

Bonnet leva les yeux et la regarda avec une vive attention. Ses yeux bleus la transperçaient, mais avec une infinie douceur.

– Oui. De votre plein gré?

– Oui. Et je l'ai quitté également de mon plein gré.

Elle lui sourit, lui caressa les bras, et attira ses lèvres contre les siennes encore une fois. Elle le fit lever en le câlinant et l'emmena dans une clairière à l'écart.

– Venez. On n'y peut rien, ni vous ni moi. Cela fait partie de notre vie maintenant.

Là, sous un palmier aux longues tiges qui formaient un parasol naturel et les abritaient des regards, il la fit se coucher sur le sable. De ses mains tremblantes de désir, il lui releva sa jupe, puis il ôta sa redingote et s'allongea sur Anne, les lèvres enfouies dans son cou. La jeune femme sentit une immense tendresse l'envahir; elle pleurait presque de joie et de chagrin. Elle saisit les mains de Stede et les attira sur ses seins, sans le quitter du regard. Il n'y avait plus rien à dire; pas une parole ne pouvait sortir de sa gorge serrée. Il dégagea une de ses mains et d'un geste timide et délicat, remonta le long de la cuisse d'Anne qui tressaillit. De l'autre main, toujours entrelacée dans la sienne, il lui prenait la tête et lui empoignait les cheveux. Elle sentait la chaleur au creux de son ventre descendre le long de ses membres, elle se mit à murmurer et à pousser de petits gémissements. Il la caressa avec frénésie jusqu'à ce qu'enfin, poussant un cri, elle lui passât les bras autour du cou et l'attirât en elle. L'espace d'un instant elle marqua une pause, étonnée par la chaleur et la vigueur de son corps, puis elle vit qu'il reprenait son mouvement de va-et-vient haletant, et elle cambra les hanches avec souplesse sous les reins de Stede. Après avoir atteint le comble de l'extase, Anne resserra son étreinte, car elle souhaitait le garder plus longtemps en elle; tout cela était inexprimable, incompréhensible. Seul comptait l'instant présent. Brusquement elle sentit le désir monter à nouveau en lui, elle resserra ses jambes autour de ses hanches, s'efforça de prendre son plaisir en même temps que lui, jusqu'au moment où ils jouirent ensemble, et cette fois ils gémirent à l'unisson. Puis, lorsqu'il n'y eut plus de lumière dans le ciel et que les moustiques commencèrent à les harceler, ils s'enroulèrent dans leurs vêtements et s'endormirent étroitement enlacés.

Stede parcourait l'île en compagnie d'Anne, indifférent aux marées et aux sarcasmes de Teach et de son équipage qui l'incitaient à se consacrer à ses affaires. Cependant Anne était de plus en plus réticente à l'égard de Stede, ce qui faisait obstacle à son amour. Lorsqu'elle se trouvait en sa compagnie, elle se laissait séduire par sa voix, ses manières, ses caresses. Mais quand ils étaient séparés, elle se demandait ce qu'elle aimait dans ce dandy à perruque. Meg le traitait ouvertement de petit-maître et ne comprenait pas ce qui, en lui, attirait Anne. Stede était de plus en plus épris, mais c'étaient les sentiments qu'il éprouvait pour elle plus que sa personnalité qui plaisaient à Anne. Il était si tendre qu'elle se sentait plus aimée, plus féminine que jamais. Toutefois, même lorsqu'il se mit à lui écrire des vers et à lui tresser des couronnes de fleurs, elle ne parvint pas à éprouver une passion aussi intense que celle qu'il ressentait.

Au fur et à mesure que les semaines s'écoulaient, Bonnet passait de plus en plus de temps à contempler la mer, l'air sombre. Anne savait qu'ils n'avaient plus beaucoup de temps à rester ensemble, mais elle était décidée à profiter pleinement de ces derniers instants.

– Mon équipage est au complet. Mon sloop est chargé. Si on ne prend rien, on ne gagne rien, je ne le sais que trop, ma chérie.

– Ah! dit-elle d'un ton calme. Ainsi tu vas partir bientôt.

Le visage de Stede trahit une inquiétude.

– Anne, il faut que tu viennes avec moi, je ne peux t'abandonner dans ce trou perdu.

Elle hésita. L'instant du choix était arrivé. Elle souhaitait partir au plus tôt. Ce qui l'attirait surtout en Bonnet, c'était la possibilité qu'il lui offrait de quitter New Providence, elle en était consciente. Pourtant elle ne pouvait le suivre. Il ne survivrait pas longtemps s'il devenait pirate. Elle lui prit les mains avec douceur.

– Écoute-moi, Stede. Je ne veux pas briser tes espoirs. Mais Teach a émis des doutes sérieux sur ton avenir de pirate. Il dit que tu ne connais pas la mer. Tu t'en lasseras, ou les hommes du roi te feront regretter ton choix. Peut-être devrais-tu songer à retourner à la Barbade.

La douleur qu'elle lut sur son visage la fit tressaillir. Elle ne voulait pas le blesser, mais elle ne voulait pas non plus le laisser régir sa vie à elle. Malgré son envie de quitter l'île, Anne ne souhaitait pas s'enfuir avec Stede Bonnet.

– Ne me dissuade pas, Anne. C'est un rêve que je n'abandonnerai pour rien au monde, ni pour toi ni pour toute autre femme !

– Oh, Stede ! Malgré tout l'amour que j'ai pour toi, je ne puis t'encourager dans cette voie. Tu es un homme d'honneur. Tes péchés te hanteront.

Le sang lui monta au visage, il jura et blasphéma, mais même dans sa colère, il s'exprimait avec distinction.

– Morbleu ! Si j'étais pirate, tu ne réfléchirais pas. La tête me tourne quand je pense que tu n'hésiterais pas une seule seconde à me suivre.

– Mais tu n'es pas pirate, Stede. Et je doute que tu le sois un jour. De plus, fit-elle en baissant les yeux, très vite tu t'apercevrais que tu ne peux pas faire de moi ce que tu veux. Et tu m'en voudrais à mort.

– Jamais.

Elle vit qu'elle ne pouvait éviter de le froisser.

– Je veux quitter cette île. Mais pas avec toi.

Bonnet eut l'air décontenancé.

– Je serai pirate, ma chérie. Un vrai pirate. Et alors, je reviendrai dans ce maudit trou et t'emmènerai loin de ton mari toujours absent et de tes amis débauchés. Tu ne peux avoir une haute opinion de moi si tu doutes de mes paroles, ajouta-t-il en tournant la tête, le regard furieux.

Anne s'esclaffa et se serra contre lui.

– Oh ! mon chéri, j'ai une très haute opinion de toi. Je pense que tu es bien au-dessus de tous ces gens, pour sûr. Mais j'ai l'esprit pratique, major. Fais ce que tu as à faire, et moi, je ferai ce que je dois faire. Pour l'instant, fit-elle en l'attirant contre elle, ayons le sens des réalités et ne gaspillons pas le temps qui nous reste.

Bonnet s'embarqua à bord d'un sloop à la coque effilée avec un équipage complet avide d'aventures. Le brick de

Teach le suivit en haute mer, puis tous les deux, maître et apprenti, s'éloignèrent de New Providence. Anne, sur la plage, leur fit un geste d'adieu. Une fois qu'il fut parti, son major lui manqua. Mais pas suffisamment pour qu'elle désire le voir revenir. Elle se demanda en son for intérieur si elle connaîtrait un jour le véritable amour, si elle était condamnée à toujours sentir une distance entre elle et celui qu'elle aimait, comme s'il y avait une zone de clair-obscur entre eux deux.

Stede Bonnet et Ned Teach se séparèrent en haute mer et le major partit sur son nouveau sloop, le *Revenge*, pour se livrer au pillage dans les Caraïbes. Il captura le *Anne* qui venait de Glasgow, l'*Endeavor* de Bristol et le *Turbet* de la Barbade. Tous voguaient vers les côtes de Virginie. Il brûla le vaisseau de la Barbade pour éviter que les nouvelles de ses actes de piraterie ne parviennent aux oreilles de sa femme, et débarqua sur une île les hommes de l'équipage réduits à se débrouiller tout seuls.

Puis il partit pour Charles Town. Il avait envie de se rapprocher d'Anne une fois de plus. Le port avait deux chenaux en eau profonde. Le plus petit menait aux îles Sullivan ; le chenal principal allait en direction du sud et passait au large des îles Morris et des îles Folly. Un sloop de pirate, posté entre les deux chenaux, pouvait à coup sûr surveiller tout le trafic maritime et suivre en mer ceux qui semblaient être des prises de choix. Tels des requins en chasse, les pirates se rassemblaient pour fondre sur les vaisseaux dont les cargaisons paraissaient les plus opulentes, guettant ceux qui s'enfonçaient dans l'eau au point que les hommes d'équipage pouvaient se laver les mains en se penchant par-dessus les plats-bords.

La chance souriait à Bonnet. Il s'empara d'un brigantin venu de Nouvelle-Angleterre, le pilla et le renvoya à Charles Town. Il livra bataille à un sloop de la Barbade, fit main basse sur sa cargaison de sucre, de rhum et d'esclaves, enrôla de force son équipage et ajouta le vaisseau à sa flotte.

Les prises que faisait Bonnet rehaussèrent son prestige, malgré les réticences de ses hommes qui lui reprochaient toujours son incompétence et sa façon de manœuvrer en mer qu'ils jugeaient peu sûre. Avec une importante flottille et une riche cargaison, il décida de retourner à New Providence chercher Anne. En route, il s'arrêta à Turneffe au large du Honduras pour s'approvisionner en eau douce. Là, il retrouva une fois de plus Ned Teach. Celui-ci ravitaillait son nouveau navire de commerce français équipé de quarante bouches à feu, qu'il avait baptisé le *Queen Anne's Revenge*.

Teach examina la flotte de Bonnet, particulièrement son *Revenge* aux lignes si fines.

– Bon Dieu! Je pourrais utiliser ce sloop pour attaquer Charles Town, s'exclama-t-il. Joignons nos forces et on va les faire gueuler un bon coup. Tout ça pour l'amour d'une belle rouquine restée là-bas sur la plage!

– En vérité, dit Stede stupéfait, j'avais prévu d'aller la voir à New Providence dès que soufflerait un vent favorable.

Teach s'emporta.

– Nom de Dieu! Si t'as envie de t'attirer les faveurs d'une femme aussi ardente que la belle Bonny, il faut que tu fasses tes preuves! Viens donc avec moi foutre à feu et à sang le port d'où elle vient. C'est pas par hasard que j'ai baptisé mon vaisseau du nom d'Anne. Ensemble, nos deux *Revenge* les mettront à genoux. Et ça lui en fichera plein la vue!

Bonnet n'était pas certain que son équipage et lui aient besoin de faire une nouvelle expédition. Il commençait à se lasser du manque de confort et de l'ennui qu'engendrait la vie en mer. Mais il monta à bord du *Queen Anne* trinquer avec son vieil ami, laissant son équipage sur son propre sloop. Après quelques tournées de punch, Teach annonça froidement :

– Je me suis permis de mettre un ou deux de mes hommes sur ton sloop, major. Ce sera un meilleur équipage, tout compte fait, et tu seras mieux à bord du *Queen Anne* avec moi. Allez, viens. Nous allons boire à notre nouvelle association!

Le visage de Bonnet s'empourpra de colère et d'humiliation. Son équipage avait accepté sans histoires un nouveau capitaine, et lui, il était maintenant virtuellement prisonnier à bord du brick de Teach. Ses hommes avaient été d'accord pour le déposséder de son commandement.

Bonnet ne pouvait guère qu'accepter, avec bonne grâce,

de rester à bord du *Queen Anne's Revenge* et de faire voile avec Teach. Leur réputation les précéda quand ils entrèrent dans Charles Town avec une flottille de cinq navires et quatre cents hommes. À la sortie du port, Barbenoire et Bonnet s'emparèrent de neuf vaisseaux, parmi lesquels un bateau en partance pour Londres commandé par Robert Clark, un sloop, deux trois-mâts qui venaient des Indes et un brigantin avec quatorze esclaves à bord. Leur prise la plus importante fut un navire marchand à destination de Bristol. Parmi ses passagers se trouvaient Samuel Wragg et son fils cadet.

Wragg était membre du conseil municipal de Charles Town, citoyen éminent et respecté de tous. Il fut amené de force à bord du *Queen Anne's Revenge* avec son fils et subit un interrogatoire serré sur le nombre de canons dans le port, les navires marchands qui y entraient et en sortaient, et pour finir sur les relations qu'il pouvait avoir avec un certain Cormac et sa fille Anne. Teach les accabla d'injures, menaça de les tuer sur-le-champ et de dévaster leur ville. Après l'interrogatoire, les prisonniers furent hissés à bord de leur bateau et enfermés dans la cale.

Assis dans l'obscurité totale, ils étaient convaincus qu'à tout moment le navire allait être incendié et sombrerait avec eux, emprisonnés sous le pont. Après les avoir laissés réfléchir sur leur sort pendant plusieurs heures, Teach fit remonter Wragg et un autre prisonnier, Marks, et annonça ses intentions. Son équipage avait besoin de médicaments, expliqua-t-il. Des préparations au mercure pour la vérole. Tous seraient gardés en otages sauf Marks, qui irait à terre avec deux pirates afin de réclamer au conseil municipal un coffre plein de médicaments. Si, au bout de deux jours, les pirates et leur prisonnier ne revenaient pas avec les médicaments, tous les otages seraient exécutés, les vaisseaux capturés seraient brûlés et la terreur régnerait dans la ville.

Marks et les deux pirates furent alors embarqués sur une yole et emmenés à terre, les menaces de Barbenoire résonnaient encore à leurs oreilles.

Tandis que le conseil était en pleine discussion, Teach et ses hommes harcelèrent la ville. Des membres de l'équipage, certains que la colonie était pratiquement sans défense, se pavanèrent dans les rues, bousculant les femmes, brandissant leurs armes. Avec une population d'environ dix mille Noirs et six mille Blancs qui, pour la plupart, vivaient loin dans les plaines et étaient peu préparés à une telle attaque, la ville était désemparée. Aucun navire de guerre n'étant en vue, les habitants s'abandonnèrent au désespoir.

Charles Town venait de subir une guerre de deux ans avec les Indiens Yemassee. Après six mois de calme relatif, le capitaine pirate Christopher Moody s'en était donné à cœur joie. Il avait pillé des entrepôts, incendié des maisons et s'était livré à la débauche avec les femmes qu'il trouvait sur son passage. Maintenant Barbenoire et Bonnet tissaient leur toile sur la ville, telles deux grosses araignées à l'affût de malheureuses mouches. Il y avait huit bateaux dans la baie, prêts à prendre la mer, mais aucun d'entre eux n'osait s'aventurer au large. Aucun navire à destination de la ville ne voulait franchir la barre tant que les pirates seraient là, aussi le commerce était-il paralysé.

Le gouverneur Johnson s'emporta contre l'audace des pirates et préconisa la lutte, mais le conseil municipal décida de capituler. Quand le coffre plein de médicaments fut apporté à bord du *Queen Anne's Revenge*, Teach accabla d'injures Marks et Wragg qui devinrent les boucs émissaires des bourgeois de la ville. Il leur reprochait leur « manque d'hospitalité et leurs manières rustres à l'égard des faibles ». Il s'empara de leur argent, les fit déshabiller et les débarqua.

Les capitaines pirates rugirent de joie en imaginant le retour dans leur ville des conseillers municipaux, dépouillés de leur fierté, de leur montre et de leur pantalon. New Providence se réjouit de la revanche de Teach et Anne fut une héroïne.

« Ce dandy de Bonnet est parti à Bath-Town quémander le pardon du roi ! Une semaine en compagnie de Teach et il est prêt à encourir les quolibets d'une femme ! » se dit Anne en souriant.

Ainsi Bonnet avait-il au bout du compte abandonné son rêve. Maintenant que le souvenir de ses caresses s'était estompé, elle se sentait soulagée de savoir qu'il était retourné à son port d'attache. Mais son visage s'anima lorsqu'elle se rappela cette première nuit à l'ombre d'un palmier parasol, et elle espéra que le vent lui serait favorable où qu'il aille.

L'un des corsaires les plus habiles et les plus audacieux qui opéraient dans le détroit de Floride, le capitaine Charles Vane, arriva dans le port de New Providence pour vendre aux enchères son butin et donner à son équipage l'occasion de se reposer. Vane était un homme raisonnable. Quelques bonnes cuites et des filles faciles, et il remontait satisfait à bord de son sloop. Mais il resta assez longtemps à la Chambre des lords pour porter aux nues son nouveau quartier-maître, Jack Rackham, qui s'était arrêté au large de Cuba et ne serait pas de retour à New Providence avant une semaine.

Anne avait déjà entendu parler de Jack Rackham, l'infâme Calico Jack, surnommé ainsi en raison de son accoutrement, une chemise, une veste et un pantalon en calicot aux couleurs vives. C'était un personnage légendaire aux Caraïbes, non pour ses prouesses de pirate, qui n'avaient rien d'extraordinaire, mais pour ses conquêtes amoureuses. Il avait couché, à ce qu'on disait, avec des dames de la haute société en Angleterre où il avait été laquais, des duchesses françaises à Hispaniola et des beautés espagnoles à Cuba. Rackham avait la réputation d'être particulièrement beau pour un brigand.

– Oui, s'exclama en riant Vane. Il prend une femme comme il prend un navire! Pas un instant de perdu, il l'accoste, il tire une bordée et il monte à l'abordage.

Deux jours plus tard, James Bonny débarqua. Il se rendit hardiment dans le fief de Bayard, après avoir vérifié que le gouverneur n'était pas dans l'île. Anne avait la demeure pour elle seule comme à l'accoutumée. James arriva inopinément et la trouva en train de jouer avec son perroquet apprivoisé, entourée de tous les objets de luxe que lui apportaient les bateaux de Bayard même quand celui-ci était absent. Elle le regarda entrer d'un air digne, les mains sur les hanches. Elle pâlit quelque peu, mais se redressa et l'affronta avec calme.

– Ainsi tu as survécu à l'ouragan. Nous pensions que tu étais perdu, James.

– Oui, je m'en aperçois. On a perdu un navire. On est resté coincé sur un fichu récif pendant près d'un mois. J'ai de la chance d'être encore en vie. Heureusement qu'on a pu héler le sloop de Rackham.

« Il est encore question de Rackham. Il est arrivé lui aussi », pensa Anne qui resta impassible.

Il lui lança un regard furieux.

– Je vois que tu as trouvé un nouveau maître.

Elle fut piquée au vif mais seuls ses yeux étincelèrent. Elle était résolue à se maîtriser.

– Pas un maître, James. Un ami. Et comme tu peux t'en rendre compte, il est rarement là.

James ferma les yeux avec un mépris mêlé de lassitude et, d'un geste de la main, l'interrompit.

– Je t'en prie. Je n'ai aucune envie d'écouter tes histoires. Prends tes affaires et viens avec moi.

« Qu'a-t-il bien pu entendre? Sur Bonnet? Sur Teach? Sur mon père? » Elle se rendit compte alors du sens de ses paroles.

– Où?

– J'ai trouvé un logis convenable dans ce bled. Ça nous suffira jusqu'à ce qu'on ait suffisamment d'argent pour retourner chez nous. On a perdu les tortues durant ce dernier voyage, mais dès que possible, j'ai l'intention de retourner à Charles Town.

« Ainsi il n'a pas entendu parler de la traîtrise de Cormac. » Devant son ton autoritaire, Anne éprouva soudain de la colère et de l'indignation, mais en même temps une profonde tristesse. Son visage dut trahir sa perplexité, car avec la douceur qu'elle lui avait toujours connue, il lui dit :

– Viens, Anne. Tu es toujours ma femme, pour le meilleur et pour le pire.

Puis s'approchant d'elle et lui prenant les mains, il ajouta :

– Repartons de zéro. Je ne te poserai aucune question. Je ne te ferai pas de reproches pour ta conduite en mon absence. Je resterai à tes côtés si tu m'accompagnes maintenant.

Elle jeta un coup d'œil dans la pièce, embrassa du regard

toutes les richesses, tous ces trésors transportés par d'innombrables bateaux, tout cela pour son plaisir à elle. Puis, avec une moue de dégoût, elle se rappela chaque geste, chaque jeu auquel elle avait dû se prêter pour gagner le moindre fil de soie, la moindre babiole en or. Elle savait qu'elle ne pourrait plus supporter Bayard une nuit de plus. Elle lança un coup d'œil à James. Il avait l'air bien plus digne que lorsqu'il était parti. « Il a vu la mort de près, se dit-elle. Et maintenant il veut rentrer chez lui. À Charles Town. Peut-être pourrait-on construire une vie ensemble maintenant. » Sans réfléchir, elle ramassa autant d'affaires qu'elle pouvait en emporter et suivit James le long de la plage jusqu'au village.

Pendant près d'une semaine Anne essaya de transformer « le logis convenable » de James en une habitation où il faisait bon vivre. Ils occupaient le deuxième étage de l'une des rares maisons en bois de l'île. La moitié de l'étage comprenait un certain nombre de chambres dont se servaient les prostituées qui attiraient les clients de la taverne, au rez-de-chaussée, et l'autre moitié appartenait temporairement à Anne et à James. « C'est nettement mieux qu'une cabane de chaume », se disait Anne. Plusieurs nuits de tapage à des heures tardives et la crasse accumulée par des corps brûlants, dégoulinants de sueur, lui firent regretter la solitude dans la fraîcheur de sa cabane sur la plage. Elle observa James avec circonspection, guettant le signal de nouvelles relations entre eux. Il tint parole. Jamais il ne lui fit le moindre reproche. Jamais il ne lui posa de questions, mais il ne la toucha pas non plus.

Il avait l'air sombre et grave. Au bout d'une semaine, il prit quelques provisions et repartit à la pêche à la tortue, sans même la serrer dans ses bras pour lui faire ses adieux.

Deux nuits durant, Anne s'enferma dans ses appartements. Le troisième soir qui suivit le départ de James, elle alla faire quelques pas sur la plage, toute triste. Elle se sentait vide, vieille, comme si ses sens étaient engourdis. Les étoiles scintillaient, mais elle ne prenait aucun plaisir à contempler cette nuée de constellations dans le ciel. La pleine lune nappait d'argent la mer, mais ce soir elle brillait de l'éclat froid du métal et n'avait rien d'engageant. De l'autre bout de la plage lui parvenait un brouhaha : comme d'habitude des pirates faisaient ribote à la Chambre des lords. Elle tourna la tête pour entendre les rires. Soudain elle s'impatienta, ressentit un pincement au cœur. Elle était là, à écouter, à observer sans participer à la liesse générale.

En approchant de la taverne, elle se rendit compte que le bruit provenait surtout de la plage à proximité de la vieille bâtisse de pierre. Un équipage de pirates était rassemblé sur le sable et se partageait le butin après une expédition longue et fructueuse.

Les affaires étaient réglées à présent, et les femmes du village venaient se joindre à la fête, boire le rhum qui leur était offert et danser au son de la musique. Anne s'avança. Au début, personne ne la remarqua. Les feux de joie illuminaient son visage et sa chevelure lui retombait sur les épaules en une cascade flamboyante.

Bess s'approcha aussitôt d'elle, la poussant vers la foule.

– Calico Jack a rapporté la moitié des trésors des Antilles, ma belle ! Viens te choisir une babiole !

Elle se dirigea vers le groupe d'hommes et choisit ce qui lui plaisait dans les coffres remplis d'or, de vaisselle d'argent, de soieries.

– C'est Anne Bonny, les gars ! Elle est déjà prise et mariée en bonne et due forme ! Si vous l'embêtez, mon homme vous fichera une bonne raclée.

À l'autre extrémité de la foule s'éleva une voix grave.

– La jeune dame est la bienvenue, Bess. C'est moi qui réponds de sa sécurité.

L'homme s'avança au milieu des gens qui s'écartèrent sur son passage, ils avaient hâte de retourner faire la fête.

Anne le regarda approcher, se demandant pourquoi Bess restait obstinément près d'elle. Il s'avança d'un pas hardi, ôta cérémonieusement son chapeau et lui prit la main. Son regard cherchait celui d'Anne. Troublée, elle se sentit rougir. Heureusement, à la lueur du feu, personne ne s'en aperçut.

Rackham se distinguait de son équipage tout comme un trois-mâts se distingue des yoles qui l'entourent. Il était grand, rasé de près. Ses cheveux noirs emmêlés retombaient sur ses épaules. Il avait un air à la fois élégant et sombre. Sa manière de se vêtir le différenciait des autres capitaines pirates – il n'aimait pas les soieries ni les velours, il préférait le calicot de coton, bien propre, qui lui laissait sa liberté de mouvements. Son torse imberbe était bombé, ses pectoraux saillaient. Pour tout ornement il portait, attaché à la ceinture, un énorme sabre d'abordage à la garde incrustée de rubis et d'émeraudes. Anne ne perçut aucune impudence, aucune sensualité arrogante chez lui. Pourtant elle avait l'impression que son regard la déshabillait.

Soudain agacée, elle retira sa main.

– Bess, merci de ton accueil. Mais je pense que je peux me débrouiller seule.

Bess lui lança un regard méfiant, puis, avec un haussement d'épaules, retourna auprès de Jennings.

Au milieu de la foule, les musiciens se mirent à jouer et les femmes à chanter et à se balancer, tandis que les hommes tapaient du pied au rythme des tambours et des violons. Les flammes des torches vacillaient en tous sens dans la douceur de la brise. Sans perdre de temps, les catins des bordels s'accouplaient avec les pirates; des couples dansaient, virevoltaient avant de disparaître sous les palmiers. Appuyés les uns sur les autres, hommes et femmes avançaient d'un pas mal assuré, enivrés par le rhum et la brise nocturne.

Anne et Rackham, absorbés dans leurs pensées, observaient les danseurs. Du coin de l'œil, Anne le vit mettre la main dans une poche de son pantalon. Avant même qu'elle ait eu le temps de réagir, il lui releva doucement les cheveux et lui passa un superbe collier de perles autour du cou. Ses doigts lui effleurèrent la gorge avec délicatesse. Elle sursauta au contact de sa main, ses lèvres esquissèrent un sourire.

– J'ai parcouru la moitié du monde à la recherche d'une femme aussi belle que ces perles. Elles viennent de la mer. Je vous prie de les accepter avec mes compliments, murmura-t-il en la dévorant du regard.

Elle souleva le collier de perles qui descendait entre ses seins et les regarda à la lumière... Des perles lisses, satinées, qui étincelaient à la lumière des torches. Elles donnaient à sa peau la transparence de l'opale et la rendaient encore plus douce.

– Capitaine Rackham, vous êtes si généreux que j'en suis stupéfaite, mais... je m'interroge. Avez-vous l'habitude d'offrir de si somptueux cadeaux à des inconnues?

– Ils sont faits pour des femmes comme vous, fit-il un sourire aux lèvres. En retour, je ne vous demanderai rien... que vous ne souhaitiez m'accorder.

Il avait les yeux rieurs, ses lèvres invitaient aux baisers.

– J'appartiens à un autre homme, monsieur, fit-elle, surprise de la difficulté qu'elle avait à l'avouer.

– Vraiment? Vous avez l'air d'une femme qui n'appartient à aucun homme. Personne ne peut posséder une femme aussi belle que vous. Pas plus qu'on ne peut posséder la mer, bien qu'on puisse s'approprier un bout de rivage.

Anne restait tendue, néanmoins elle éclata de rire.

– Vous avez beaucoup d'esprit, monsieur, pour un capitaine pirate.

– Capitaine depuis peu, milady. Et pas encore blasé devant une beauté à vous couper le souffle. De surcroît, ce n'est pas là un trait d'esprit, mais la vérité.

De nouveau il lui prit délicatement la main, la posa sur son bras et emmena Anne vers les musiciens. Mais avant de parvenir au milieu de la foule, elle s'arrêta et retira sa main. Tout se passait trop facilement, trop vite. « Si je danse avec lui maintenant, ce sera l'aveu tacite aux yeux de tous que je suis une proie facile, se dit-elle. Plus de Bayard. Plus de Bonnet. Simplement une femme seule. »

– Pardonnez-moi, capitaine. Je vous suis reconnaissante de ce présent, mais je ne peux risquer ma réputation pour ça.

Il la regarda attentivement et sembla comprendre le sens de sa réponse.

– Je peux attendre, milady. Il faut de la patience pour s'emparer des plus belles prises.

Il pivota sur les talons avec un petit rire et l'abandonna au bord du cercle de lumière.

Les jours se fondaient les uns dans les autres, Anne coulait des heures paisibles au soleil et dans les vagues. Elle se baignait dans des criques à l'abri des regards, nageait nue dans l'eau tiède. Nichée dans l'énorme carapace de tortue qui lui servait de canoë, elle se séchait au soleil et somnolait, bercée par les vagues lorsqu'on l'appela au loin. Elle jeta un coup d'œil par-dessus le bord de la carapace et aperçut Jack Rackham debout sur le sable. Il ne pouvait pas voir grand-chose de l'endroit où il se trouvait, mais elle ne pouvait se cacher que dans l'eau. Inclinant la carapace en avant, elle passa par-dessus bord et se laissa glisser dans les profondeurs vert émeraude. L'eau l'enveloppait et révélait son corps magnifique dans sa nudité. Rackham, avec l'agilité d'un félin, s'approcha de la pointe du récif et lui sourit.

– Bonjour, milady, je vous ai enfin trouvée.

Il ôta son chapeau et posa son regard sur sa gorge.

– Comment? fit Anne, mal à l'aise, mais consciente de paraître à son avantage.

Elle n'éprouvait aucune honte à s'exhiber ainsi.

– En fait, je vous ai suivie. Une longue marche, je l'avoue, sous ce soleil, fit-il en regardant un peu plus bas. Mais ça valait la peine.

Anne rougit de nouveau, ses pieds cherchant un appui sur le sable. Elle jeta un coup d'œil alentour. Ils étaient complètement seuls.

– Eh bien! En bon gentleman que vous êtes, il me semble que vous ne verrez aucun inconvénient à me laisser à mes plaisirs, monsieur. Je ne peux sortir et m'habiller en votre présence.

– Je suis un gentleman, mais pas un sot, ma belle. Je ne veux pas vous priver de vos plaisirs, je veux simplement les partager avec vous.

Là-dessus, avec un rire impudent, il se dévêtit prestement et plongea dans l'eau sans hésiter.

Il nageait si vite qu'Anne n'eut qu'un bref aperçu de ses fesses bronzées et fermes, de ses bras musclés avant que l'eau ne l'éclabousse; il fit surface juste à côté d'elle, mais sans la toucher, s'ébroua comme un épagneul et éclata de rire devant son air surpris. Anne se rendit compte alors de la clarté de l'eau en voyant ses jambes vigoureuses. Il s'approcha, lui passa le bras autour de la taille et l'attira vers lui.

Elle sentit ses jambes contre les siennes et posa la main

sur son épaule pour se maintenir à la surface. Elle aurait voulu s'indigner mais n'y parvenait pas.

– Vous êtes fou? Mon mari va vous étriper s'il vous surprend.

Rackham renversa la tête en arrière et rit de bon cœur.

– Le pêcheur de tortues? J'ai entendu parler de cet homme. Tout New Providence connaît ses prouesses avec une arme.

Cette remarque l'irrita.

– Avez-vous également entendu parler de mes prouesses, monsieur? Je défendrai mon honneur, que cela lui importe ou non!

Mais il était difficile d'être en colère dans les bras d'un tel homme.

Il sourit tendrement.

– Oui, madame. J'ai également entendu parler de vos prouesses. Et si vous le souhaitez, avec moi vous serez libre comme une sirène.

Il s'interrompit tout en lui caressant la taille, et lui sourit, les yeux dans les yeux. Une fois de plus Anne se trahit, en laissant échapper un sourire. Elle baissa les yeux en silence. Il l'attira contre lui, son ventre tout contre le sien; ses pieds touchèrent le sable, ceux d'Anne aussi, tandis qu'il approchait ses lèvres des siennes.

Plus tard, près de lui, à l'ombre des palmiers, elle lui passa la main dans les cheveux. Quand elle était dans l'eau, elle était résolue à ne pas lui céder, mais depuis qu'il l'avait prise dans ses bras pour la ramener sur le sable, elle avait oublié sa résolution. Il la serrait très fort. Elle sentait que ce corps si proche était tendu, fou de désir, étrangement familier.

Puis, lorsqu'ils furent allongés sur la mousse, il lui prit les mains et les maintint au-dessus de sa tête. Se soulevant légèrement, tout en restant allongé sur elle, il l'effleura dans un lent mouvement de va-et-vient, glissant entre ses cuisses, aussi léger qu'une brise océane... Excitée par ce contact, elle dégagea ses mains et l'attira en elle en gémissant, passa une langue humide sur le sel qui lui recouvrait le visage avant de pénétrer dans les profondeurs ardentes de sa bouche.

Maintenant la brise rafraîchissait leurs corps enlacés. Elle revint à la réalité en entendant ses paroles.

– Mon Dieu! Ma douce, ton ardeur égale ta beauté. Y a-t-il des plaisirs que tu ne connais pas?

– Il y en a beaucoup, répondit-elle d'une voix indolente. Mais je suis encore jeune.

– Oh oui! dit-il un sourire aux lèvres. Jeune et vieille, douce et acidulée tout à la fois. Ton époux sait-il qu'il possède un trésor?

– Non, il ne trouve pas le mets à son goût.

– Ma foi, j'aime assaisonner mes légumes avec du vinaigre. Je ne peux te laisser retourner vers lui, c'est certain. Maintenant qu'on lui a fait porter des cornes, le moins qu'il puisse faire est de se retirer sur la pointe des pieds et de laisser les dépouilles au vainqueur. Un pirate a-t-il une chance de vous séduire et de vous éloigner de ce pêcheur de tortues, milady? demanda-t-il en l'étreignant tendrement.

Elle sentit la force de ses bras, une force qu'elle n'avait pas ressentie depuis longtemps. Et certainement pas avec Bayard. Ni Bonnet. Et lorsqu'elle repensait à James, tout ce qu'elle se rappelait, c'étaient son air renfrogné et sa mauvaise humeur.

– Tu connais mon passé, Jack. Tu n'as aucune... question à me poser?

– Qui suis-je pour te poser des questions sur ton passé, ma belle? C'est ton avenir qui m'intéresse. Le monde est grand et je désire n'en connaître que les plaisirs. Je te demande de les goûter avec moi, fit-il en s'esclaffant.

Elle lui caressa le cou. Le regard perdu dans le lointain, elle se remémorait de vieux rêves.

– Moi, je suis prête à quitter cette île.

– Parfait! Je vais t'emmener à Cuba où je possède des terres et une demeure digne d'une reine!

Soudain sa détermination de naguère resurgit.

– Pardieu! J'étoufferais sous un autre toit. J'en ai pardessus la tête d'être abandonnée sur la plage alors que le monde poursuit sa ronde.

Il ouvrit de grands yeux, feignant la terreur.

– Oh, oh! La tigresse sort ses griffes! Teach m'a dit que tu étais faite pour enfreindre la loi et commettre le péché.

Alors... que dirais-tu d'une vie en mer? Avec moi. Le seul toit serait le ciel.

Il l'observait tout en lui caressant les seins en connaisseur.

Anne retint son souffle. Pour la première fois, elle considérait son rêve secret d'un point de vue pratique. En mer. Passer d'une île à une autre, s'emparer de butins à son gré, être libérée de James, de toute contrainte, de la chaleur et de la saleté de l'île, sentir la caresse d'un vent différent chaque matin, contempler de nouvelles étoiles chaque soir. Elle enroula ses jambes autour de Rackham et se serra contre lui d'un air provocateur.

– L'offre est tentante, monsieur. Je vais y réfléchir, fit-elle d'une voix cajoleuse.

– Réfléchis, ma belle. Oui, réfléchis, je ne suis pas pressé, murmura-t-il d'une voix rauque, une fois de plus le corps tendu sous l'emprise du désir.

Anne savait peu de chose sur son nouvel amant. L'équipage de Jack lui avait décerné le titre honorifique de capitaine, bien qu'il ne commandât pas son propre bateau mais un de ceux que possédait Vane. On disait qu'il était le fils illégitime d'un marchand de Londres, ou bien le fils dévoyé d'un duc anglais, ou bien encore qu'il appartenait à une célèbre famille d'acteurs, mais elle se demandait si tout cela avait été inventé par Rackham ou avait été reconstitué à partir d'éléments disparates recueillis çà et là par ses nombreux admirateurs.

Toutefois le passé de Jack ne l'intéressait pas outre mesure. Par un accord tacite, ils ne se posèrent aucune question. Cependant on racontait à son sujet une chose qui la troublait. Elle y songea longtemps après avoir essayé de chasser cette pensée de son esprit. On disait en effet que Jack, comme bon nombre de jeunes gens séduisants dans la marine royale, était le grand favori d'homosexuels bien connus, des officiers du gaillard d'avant. Mais comme Anne n'avait aucune preuve récente d'une telle perversion, elle repoussa ces racontars comme étant le fruit d'une jalousie morbide.

Pour Jack Rackham et Anne Bonny, New Providence était

un vrai nid d'amoureux. Ils se baignaient ensemble dans des criques retirées, au milieu des vagues blanches d'écume, se laissaient tous deux porter par les rouleaux, leurs corps étroitement unis, et s'éclaboussaient comme de jeunes loutres. Ils galopaient sans selle le long de plages blanches au sable fin jusqu'à l'extrémité de l'île. Ils dégustaient des mangues juteuses, faisaient l'amour sous les palmiers, puis somnolaient là où l'ombre jouait avec la lumière, laissant leur ardeur s'apaiser. Jack jouait de la cornemuse et Anne dansait pour lui au clair de lune, un paréo de couleurs vives autour des reins, les seins nus, les cheveux dénoués. Ils s'étreignaient tendrement, passaient de longs après-midi dans l'oisiveté à se murmurer des mots d'amour à l'ombre d'un banian.

– Pourquoi tiens-tu tellement à prendre la mer, ma chérie? s'enquit-il un jour.

Elle essaya de lui parler de Narcisse, d'âmes errantes, de son être profond qui se trouvait là-bas au-delà de l'horizon. Mais tout cela lui était étranger. À la fin elle lui demanda :

– Mais toi, pourquoi aimes-tu aller en mer?

– Je n'aime pas ça. Je n'ai pas envie de passer toute ma vie dans les eaux de sentine et dans les cales puantes, mais je n'ai pas trouvé d'autre façon d'être pirate. En fait c'est la vie de pirate qui me plaît.

– Pourquoi donc?

Sa question parut le surprendre.

– Je veux dire, poursuivit-elle, en dehors de l'argent qui est un attrait évident, qu'est-ce qui te pousse à être pirate? Pourquoi ne pas être marchand?

Il fit une grimace.

Elle sourit et ajouta :

– La piraterie, c'est bien autre chose que le simple brigandage.

– Oui, s'écria-t-il en riant. La piraterie est la profession la plus honorable de toutes! Même le Seigneur a dérobé Adam à la terre et a arraché Eve à ses flancs!

– J'en ai assez de ton esprit tordu, espèce de canaille! grommela-t-elle. Décidément aujourd'hui je ne tirerai rien de sensé de toi.

Elle lui donna une tape en plaisantant. Il fit semblant de

se lever, mais elle l'attira aussitôt vers elle, puis son rire se perdit dans un baiser.

Alors il évoqua avec simplicité l'exécution de neuf pirates à laquelle il avait assisté l'année précédente à la Jamaïque.

– Nicholas Lawes, ce scélérat, a eu l'audace de capturer les gars et de les pendre pour les actes mêmes qui leur avaient valu la réputation de héros quand ils avaient combattu pour la reine. Et sans avocats ! Selon la loi du royaume, tout individu accusé de trahison a droit à un avocat, et pourtant c'est pour crime de trahison qu'ils ont été pendus, et non pour acte de piraterie, dit-il en frissonnant légèrement malgré la douceur de l'air. Je me suis caché au milieu de la foule et j'ai vu les types aller à la mort, tout en me demandant si l'on m'avait repéré comme étant l'un des leurs, car je connaissais cinq d'entre eux et j'avais servi à bord du même bateau que trois autres. C'est affreux, ma chérie, de voir un camarade mourir, de le voir se balancer au bout d'une corde. Simplement parce qu'il refuse de partager son butin avec les soldats du roi !

Anne lui raconta alors sa confrontation avec sir Nicholas Lawes et la façon dont elle avait été reçue. Rackham éclata de rire.

– Tu as giflé cette femme, et tu l'as envoyée par terre, tu dis ? Bon Dieu ! J'aurais donné cher pour voir ça.

– Oui, mais maintenant je ne peux débarquer à la Jamaïque, sinon le gouverneur me fera mettre aux fers.

– Oh ! C'est un enjôleur, ça oui. C'est naturel chez lui. Le père de sir Nicholas était un faux-cul. Mais, écoute-moi bien, ma chérie, nous deux, nous allons lui en faire voir. Pour Dan, Andrew, pour Solomon, et pour ton honneur également. Sir Nicholas Lawes en bavera avant que j'en aie fini avec lui !

Jack et Anne furent inséparables les semaines qui suivirent. Jack la combla d'attentions et de cadeaux somptueux. Il lui apporta des brocarts, des soieries moirées, des pantoufles brodées, des dentelles, des éventails et des bijoux. En retour, elle était tout amour pour lui. En sa compagnie, elle ne pensait qu'à lui.

Puis James revint.

Ils se reposaient dans le hamac, un verre de rhum au

citron vert à la main. Anne, totalement détendue, se sentait bien, les yeux fermés, la tête posée sur le bras de Jack. Ses cheveux s'étalaient sur son torse. Ils n'étaient vêtus que de pagnes.

Elle sentit la présence de James avant même de l'entendre. Lorsqu'elle ouvrit les yeux, il était là, livide, l'air sinistre, les poings serrés, les lèvres pincées.

– J'étais sûr de te trouver ici, sale putain.

Il parlait à voix basse, d'un ton menaçant. Son regard la transperçait. Jack sursauta, puis sans hâte se rallongea dans le hamac, le regard dur, la main posée sur le pommeau de l'épée qui se trouvait contre l'arbre. Il ne disait rien, mais ne quittait pas Bonny des yeux.

Anne retrouva la voix.

– James, je suis désolée que tu m'aies trouvée ainsi. Je t'en aurais parlé.

Elle se leva du hamac et le fixa droit dans les yeux. Rackham se leva lentement pour se tenir à ses côtés.

Bonny se tourna vers lui en ricanant.

– C'est comme ça que tu me tires du pétrin; tu me sauves la vie. Et maintenant tu me voles ma femme. Un curieux sens de l'honneur!

Rackham ne broncha pas, il ne quittait toujours pas Bonny du regard et n'ôtait pas sa main du pommeau.

– Je ne t'ai pas volé ta femme, mon vieux. D'après ce qu'on dit, elle n'est plus à toi depuis longtemps. Elle a fait son choix. Il faut t'y habituer, n'est-ce pas? dit-il en lui tendant la main comme pour faire la paix.

Bonny invectiva Anne, du venin plein la voix, le visage convulsé par la haine et la jalousie.

– Sale putain! s'écria-t-il avant de se tourner vers Rackham. Est-ce qu'elle t'a dit que tu n'étais pas le premier, capitaine? Est-ce qu'elle t'a parlé de Bayard, de Bonnet, de Teach et des autres? Tous les marins ont pu se l'envoyer. Et par-dessus le marché elle leur a probablement filé la vérole! Est-ce qu'elle t'a dit que tu n'étais ni le premier ni le dernier à la baiser?

Anne jeta un coup d'œil à Jack. Elle ne lui avait pas tout raconté. Le regard figé, il gardait son calme.

– Oui, elle m'a tout raconté. Ne l'insulte pas, mon vieux. Tu ne peux pas la garder, que tu le veuilles ou non.

James s'esclaffa, plein d'amertume.

– L'insulter! s'exclama-t-il en levant son majeur d'un geste obscène. L'insulter! Ah! Je n'ai fait que prendre sa mesure!

Il serra les poings et fit un pas vers elle, fou de rage.

– Il y avait trop de monde dans ce trou pour moi, mon vieux! poursuivit-il en lançant un dernier juron avant de s'éloigner. Profite bien d'elle pendant que tu le peux, vieux salaud. Jusqu'à l'arrivée du prochain bateau!

Anne resta immobile un instant, tête baissée. Ses oreilles résonnaient encore des insultes que lui avait lancées James et elle tremblait de honte. « Rien de ce qu'il a dit n'est vrai... et pourtant rien n'est faux. » Elle se détourna de Jack, les bras serrés sur sa poitrine comme pour se tenir chaud.

– Je n'attendais pas son retour. Du moins pas si tôt.

Jack la regarda errer sans but du hamac à la cabane puis revenir mettre ses vêtements.

– Ça, c'est une évidence. Mais aurais-tu changé quelque chose si tu avais su?

Elle le regarda, les yeux embués de larmes.

– Oui. J'ai horreur qu'un homme découvre par lui-même qu'on le trompe. Je lui aurais épargné cette épreuve. Je le lui aurais dit moi-même.

– Bon! C'est fait maintenant, ma belle. Tu es à moi.

Il s'approcha d'elle pour lui passer les bras autour du cou et l'attirer vers lui, mais elle se dégagea, l'air attristé.

– À toi? Mais pourquoi donc tous les hommes ont-ils besoin de dire ça?

Elle se frotta les yeux et partit en direction de la plage.

– Laisse-moi quelques instants, Jack. Je vais revenir. Mais j'ai besoin d'être seule.

Après qu'il l'eut quittée, fou de colère, James ne revit pas Anne, du moins pendant une longue période. Les relations de cette dernière avec Calico Jack prirent bientôt un tour si intime qu'elles chassèrent de son esprit le souvenir de cette douloureuse séparation. Chidley Bayard était revenu sur l'île puis était reparti aussitôt. De toute évidence il n'avait que faire de l'inconstance de sa maîtresse. S'il remarqua son absence, il ne fit pas d'histoires. « Sans aucun doute les maîtresses qu'il a dans d'autres ports le consolent », se dit Anne, et elle remerciait le ciel de ne pas avoir à affronter de nouveau un amant éconduit.

Anne et Rackham connurent une nouvelle lune de miel, ils s'adonnaient aux plaisirs qu'offrait l'île. Mais du jour au lendemain il y eut un bouleversement spectaculaire. Des liasses de proclamations royales furent déchargées sans cérémonie sur les quais de la république des pirates.

C'était fin avril, des rumeurs circulaient depuis des mois, bien avant l'arrivée des parchemins royaux. La foule ouvrit rapidement les ballots et envoya un coursier avec une poignée de circulaires à la Chambre des lords. Anne et Jack étaient assis devant un verre de grog quand le jeune homme entra en trombe, agitant nerveusement une grande feuille de papier froissé.

– C'est la nouvelle du pardon du roi! Qui sait lire?

Jack détourna son visage d'Anne.

– Ça intéresse quelqu'un? C'est encore un de ces sales trucs pour nous pendre au nom du roi!

Un autre pirate dans un coin s'écria :

– Faut qu'on nous en fasse la lecture, Rackham! Il y en a parmi nous qui sont encore des sujets loyaux!

Jack retourna à son verre; la proclamation fut accrochée au mur tandis que des pirates se bousculaient pour la déchiffrer. Anne quitta sa place et s'approcha du mur, poussée par la curiosité. C'était pour elle le premier signe de civilisation depuis près de deux ans.

Au nom du Roi
George
Proclamation pour l'élimination de la piraterie

Nous avons été informés que plusieurs personnes, sujets de Grande-Bretagne, ont, depuis le vingt-quatrième jour de juin de l'année 1715 de Notre Seigneur, commis divers actes de piraterie et de brigandage en haute mer, dans les Antilles ou près de nos plantations, ce qui a pu ou pourrait causer de grands dommages aux marchands de Grande-Bretagne et à d'autres qui font du négoce dans ces ports; bien que nous ayons mis sur pied une force qui nous semble suffisante pour mettre hors d'état de nuire lesdits pirates, pour en finir de façon radicale avec ces derniers, nous avons estimé nécessaire, avec l'accord du Conseil privé du roi, de publier notre Proclamation royale; par ladite déclaration nous faisons la promesse qu'au cas où certains de ces pirates, le 5 septembre de l'année 1718 de Notre Seigneur ou avant cette date, se rendraient à l'un de nos ministres en Grande-Bretagne ou en Irlande, ou à tout gouverneur ou vice-gouverneur ou en n'importe quelle plantation au-delà des mers; en ce cas ces pirates se rendant, comme il est dit précédemment, recevraient le pardon de Sa Majesté pour les actes de piraterie commis avant le 5 janvier prochain. Et, par cette présente, nous mandons et ordonnons à tous les amiraux, les capitaines, et autres officiers de marine, à tous les gouverneurs et commandants de forts, de châteaux, ou autres places fortes dans toutes nos plantations, ainsi qu'à tous nos officiers civils ou militaires, de se saisir et de s'emparer par la force de tout pirate qui refuserait ou omettrait de se rendre, comme il est précisé. Nous déclarons également par la présente qu'au cas où toute personne, le sixième jour de septembre 1718 ou après, découvrirait, capturerait, aiderait à trouver ou à s'emparer de pirates qui auraient refusé ou oublié de se rendre et ceci afin de les faire traduire en justice et condamner pour ledit crime, cette personne qui aurait contribué à la capture, recevrait une récompense à savoir pour chaque capitaine pirate, bateau pirate ou navire pirate, la somme de cent livres; pour chaque lieutenant, maître d'équipage, charpentier ou canonnier, la somme de quarante livres; pour chaque officier de grade subalterne la somme de trente livres; et pour chaque simple matelot, la somme de vingt livres. Et si toute personne appartenant à l'équipage d'un bateau ou navire pirate ou en faisant partie aidait le sixième jour de septembre 1718 ou après cette date à saisir ou à capturer tout capitaine ou commandant d'un tel navire afin de le faire traduire en justice et condamner, cette personne recevrait en récompense pour chaque capitaine la somme de deux cents livres que le lord trésorier et les commissaires du Trésor ont présentement ordre et obligation de payer.

Fait à Hampton Court, le cinquième jour de septembre 1717 de la quatrième année de Notre Règne.

Dieu Sauve le Roi.

Tandis qu'Anne parcourait la circulaire, Jennings, qui était sur les quais, arriva en trombe.

– Nous devons nous consulter, les gars! J'ai demandé à tous les navires des îles de faire voile jusqu'ici. Le roi s'est adressé à nous et nous devons tous ensemble accepter ou refuser!

Le rire de Jack résonna au fond de la taverne.

– Tu as envie de tout larguer, capitaine? Ça te démange de te mettre à la charrue, mon vieux?

Mais on ne prêta guère attention à ses paroles. Les pirates formaient de petits groupes où chacun discutait avec passion sous le regard d'Anne attentive mais silencieuse.

Les pirates avaient infesté les côtes de l'Atlantique sud et des Caraïbes, et avaient complètement interrompu la navigation dans les îles Sous-le-Vent. Les navires garde-côtes, chargés par le roi de protéger le commerce, ne pouvaient faire grand-chose contre la vaste confrérie des pirates.

Les gouverneurs demandèrent qu'une action fût entreprise contre la république des pirates de New Providence, dans l'espoir de détruire le repaire des hors-la-loi. Finalement la Couronne nomma le capitaine Woodes Rogers gouverneur général des Bahamas avec l'ordre exprès de « faire disparaître la piraterie par tous les moyens qu'il jugerait nécessaires ».

Woodes Rogers avait sillonné le monde entier à bord d'un navire corsaire en 1708 et avait rapporté un trésor espagnol de quatre-vingt mille livres. C'était un royaliste convaincu, dévoué corps et âme à son souverain, et New Providence menaçait au premier chef son autorité.

Une semaine après, il y eut une multitude de bateaux dans le port de New Providence. Des petits voiliers et des grands sloops, des trois-mâts, des bricks et des flûtes se pressaient les uns contre les autres dans les eaux peu profondes. Ceux qui ne pouvaient accoster envoyaient des représentants à terre. Teach n'était pas parmi eux, mais Anne savait qu'il prendrait une décision tout seul, qu'il y ait vote ou pas.

Dans les ruines du vieux fort anglais de l'île, les chefs

pirates tinrent conseil. Anne s'assit dans la pénombre, sa jupe serrée autour des jambes. En raison de sa réputation, elle avait été autorisée à s'approcher plus près que les autres femmes. Calico Jack avait préféré s'asseoir à ses côtés plutôt qu'auprès des autres capitaines. Anne voyait qu'il suivait ce qui se passait avec une curiosité à peine déguisée. Jennings, d'un geste de la main, demanda le silence et la foule, d'un commun accord, se tourna vers lui.

– Eh bien, les gars ! Vous connaissez tous la nouvelle ! Les lords propriétaires ont loué les îles à Woodes Rogers qui est devenu le nouveau gouverneur. Vous avez tous entendu parler de l'offre du roi. Rogers fait voile vers New Providence afin de mettre de l'ordre dans l'île et d'en faire une capitale pour le roi George.

Des murmures parcoururent la foule.

– Silence, les gars ! Vous savez tous que lorsque nous le rencontrerons, nous devrons réagir comme un seul homme. Devons-nous rendre cette île au roi et à ses soldats ? Devons-nous capituler, accepter l'argent du roi, les terres et son pardon ? Ou devons-nous nous battre et peut-être crever pour ce fichu bout de plage ? Qu'est-ce que vous en pensez ?

Il agita la proclamation qu'il avait en main et que le feu éclairait. Un murmure de plus en plus fort s'éleva dans la foule.

Une voix à l'arrière se fit entendre.

– On n'a rien à foutre du roi ! Construisons un fort et réglons son compte au gouverneur quand il pointera son bec enfariné dans nos eaux.

Une brève acclamation s'éleva alentour.

Anne se tourna vers Jack. « Tout ça l'amuse », songea-t-elle. Elle se demandait comment des gens aussi agités pouvaient se mettre d'accord sur quoi que ce soit.

– Lis la proclamation, capitaine ! Lis-la-nous maintenant ! hurla quelqu'un.

– Va te faire pendre ! Tu sais bien que je sais pas lire cette feuille de chou ! s'exclama le vieil homme au milieu des ricanements. Je peux tout de même vous dire que nous avons jusqu'au 5 septembre de cette année pour accepter. Vous pouvez vous rendre à n'importe quel officier du roi et être pardonnés pour tous vos sales crimes commis en mer.

Ou vous pouvez refuser et être traqués d'une île à l'autre jusqu'à ce que vous soyez pris!

Hornigold se leva dans le cercle de lumière. Il avait l'air plus vieux, plus fatigué que jamais; elle compara son profil à celui de Jack et trouva qu'il n'avait pas la même classe. Les moments de plaisir qu'elle avait partagés avec lui semblaient d'un autre temps.

– Ce que ça signifie, imbéciles, c'est que vous devez accepter de signer, recevoir le pardon, ou alors repartir au large et passer votre vie à vous enfuir!

Une autre voix l'interrompit.

– Nom de Dieu! On a plein de canons et les sloops les plus rapides des océans! Qu'est-ce qu'ils comptent faire pour nous attraper?

Jennings leva l'autre main et attendit que le silence se fasse, ce qui prit plus de temps que la première fois.

– Avant de voter, vous devez savoir avec quoi ils veulent nous combattre! Rogers n'est pas un enfant de chœur, les gars. Il vient avec le meilleur de sa flotte pour capturer tous ceux qui refusent son offre. Tous sont équipés avec ce que l'argent du roi a pu acheter de mieux!

Un pirate le hua, mais Jennings ne s'en offusqua pas et poursuivit.

– Tous ses bateaux sauf trois sont prêts à appareiller et ce sont des navires de guerre! Il y a l'*Adventure* avec ses quarante canons, et le *Diamond* qui en a autant. Le *Winchilsea* a vingt canons, tout comme le *Swift* qui se trouve en ce moment à la Jamaïque. Rogers en personne sera à bord du *Ludlow Castle* avec ses quarante canons et le *Scarborough* voguera de conserve, ce qui ajoute trente canons. Le *Seafor* en a vingt, le *Lynne* vingt autres et, avec le *Phoenix*, ça en fait trente de plus! Puis le *Squirrel* et le *Rose*, tous les deux avec vingt canons, l'attendent à New York. Regardez la réalité en face, les gars, sur mer il n'y a pas de flotte plus rapide ni de canons plus nombreux!

Un silence de mort s'abattit tandis que les pirates imaginaient la puissante flotte qui faisait voile. Anne regarda Jack. Il baissait la tête, un vague sourire aux lèvres. Ses doigts traçaient au hasard des cercles dans le sable. Jennings avait l'air épuisé, comme à bout de souffle.

– Et pourquoi envoyer ces navires anglais contre des Anglais, hein? s'écria une voix furieuse qui rompit le silence. Pour le roi, on est que de la vermine, rien d'autre!

– Ouais, rugit Jennings. Mais on a tenu tête à la marine royale. Quand Teach et Bonnet ont fait un raid sur Charles Town, là-bas ils se sont retournés contre nous avec nos propres canons. Ils nous donnent maintenant une chance. Si on la saisit pas, ce sont les potences qu'ils vont dresser la prochaine fois!

Il baissa la voix si bien que seuls ceux qui étaient près de lui purent l'entendre. Anne observa le visage de Bess quand Jennings grommela :

– En ce qui me concerne, j'aimerais pas beaucoup me balancer au bout d'une corde. Je suis trop vieux pour combattre cette putain de marine.

Bess jeta un coup d'œil à Anne et sourit.

Un jeune matelot se déchaîna.

– Vous les vieux, vous pouvez demander le pardon. Nous, on prendra la mer.

– Ouais, ouais! répondirent certains.

Mais ceux qui criaient le plus fort observaient avec méfiance les chefs pirates qui gardaient le silence, tout en échangeant des regards sombres.

Con Kesby se leva lentement, la lueur du feu faisait luire son sabre. Jennings le regarda d'un air soupçonneux, devinant qu'il était de mauvaise humeur, puis il se rassit et lui céda la parole.

– Le moment est venu, les gars, dit d'un ton bourru le chef pirate, il est temps de savoir ce que vous voulez. Mais avant de prendre une décision, n'oubliez pas ceci : les hommes du roi n'ont rien d'autre à faire maintenant qu'à nous traquer de port en port. L'Angleterre est en paix. Sachez aussi que ceux de votre bord se retourneront contre vous pour recevoir la récompense. Il faudrait peut-être accepter le pardon maintenant, tant qu'on nous l'offre. Un homme avisé sait quand il doit lever l'ancre et partir vers d'autres horizons.

Il s'assit. Seul le bruit des vagues rompait le silence.

Jennings, debout, leva les deux mains en pleine lumière.

– Vous avez entendu les deux sons de cloche, les gars,

fit-il en lançant un regard à la ronde. Que tous ceux qui sont pour le pardon et pour une vie nouvelle disent oui!

De nombreuses voix s'élevèrent de concert, dont celles de la plupart des chefs pirates.

– Que ceux qui sont partisans d'envoyer le gouverneur au diable et de se balancer au bout d'une corde disent oui! dit Jennings en souriant.

Quelques voix hostiles se firent entendre, mais se turent tandis que la plupart des pirates se tournaient dans l'obscurité vers leurs chefs au visage renfrogné. Soudain une voix isolée s'écria :

– Putain, les gars! On peut accepter le pardon et si ça nous convient pas, eh bien! on peut toujours redevenir pirate!

Comme un seul homme, tous éclatèrent de rire.

– C'est donc le pardon, les gars! Vous avez décidé de votre sort!

Jennings contempla la foule avec satisfaction. Jack se leva brusquement et, raide comme un piquet, s'éloigna du groupe. Anne lança un coup d'œil à Jennings qui la suivit tristement du regard, puis elle se retourna pour accompagner Jack dans la nuit.

Elle se dépêcha de le rattraper et glissa son bras sous le sien. Avec impatience, elle attendait qu'il parle.

– Moi, je n'accepte pas le pardon du roi. Pas avant d'avoir eu un navire à moi. Je ne vais pas devenir capitaine seulement pour remettre mon bateau aux mains du roi.

Anne réfléchit rapidement. S'ils obtenaient le pardon – le *si* était hypothétique, étant donné que la proclamation ne mentionnait aucun délit autre que la piraterie – peut-être pourrait-elle retourner à Charles Town et recommencer une vie nouvelle avec Jack. Mais quelle vie cet homme pouvait-il construire dans une telle ville? Et quelle vie partagerait-elle avec lui? Elle se remémora sa maison de Charles Town, le beau linge dans les armoires, les vins, les longues bougies blanches, les riches brocarts, les nègres, tous propres et obéissants, ses robes étalées sur son lit de plumes douillet. Puis elle songea aux sinistres après-midi qui se passeraient à échanger des ragots et à faire assaut de belles manières, aux petits enfants cramponnés à ses jupes, aux corsets serrés et aux regards en coin de tous ceux qu'elle connaissait, à Jack – son Calico Jack – qui serait vêtu d'une redingote de marchand et porterait une montre, une chaîne en or et une perruque poudrée. Jamais il n'accepterait tout cela. Elle le perdrait. Elle s'arrêta brusquement sur le sable et lui lâcha le bras.

– Te souviens-tu de ce que tu m'as demandé, mon amour?

Il sourit et l'attira vers lui.

– Oui. Alors tu as décidé de partager ma vie de pirate?

Elle ébaucha un sourire, rejeta la tête en arrière.

– Oui. C'était alors une offre tentante et ça l'est toujours. Au diable Woodes Rogers! Nous allons faire prendre la mer à ton bateau, mon capitaine. Maintenant que les autres gredins nous laissent le champ libre, à nous les prises.

Il la renversa en arrière, l'embrassa dans le cou, sa bouche remonta lentement, très lentement comme s'il cherchait à sentir dans ses veines le battement de son cœur. Elle laissa échapper un doux gémissement et lui prit la tête dans ses mains, attirant ses lèvres vers son visage. Il sentait le rhum, la fumée, les embruns. Qu'importait l'avenir! Seul comptait l'instant présent.

Moins d'un mois plus tard, la puissante flotte du capitaine Woodes Rogers entra prudemment dans le port de New Providence. Le *Delicia*, son propre bâtiment, était à la tête de sept bateaux, deux bricks, trois navires de guerre et deux sloops. La flotte transportait une escouade de soldats, quelques mercenaires dépenaillés et des marins chassés de la marine royale parce qu'ils étaient considérés comme des fortes têtes. Ils ne formaient pas un ensemble impressionnant. Richard Turnley, que les pirates aimaient bien, était le pilote du capitaine, et quand ils apprirent que Turnley avait été l'un des premiers à accepter le pardon, les réfractaires se rallièrent au nouveau gouverneur. Turnley s'était empressé de rejoindre le camp des vainqueurs. Il s'était porté volontaire pour guider la flottille au milieu des récifs dangereux des Bahamas. À présent, il se tenait aux côtés de Rogers qui regardait le port avec sa longue-vue.

Rogers était en tenue d'apparat; il portait la redingote de

capitaine de la marine royale et l'écharpe pourpre de la Couronne d'Angleterre en travers de la poitrine. Un sabre incrusté de pierres précieuses pendait à sa ceinture. Toutefois sa longue perruque bouclée ne parvenait pas à cacher ses cicatrices, séquelles de sa vie passée. Il avait une balafre au-dessus de l'œil et sa lèvre supérieure avait été arrachée par une balle de mousquet espagnol. Cette blessure avait laissé à nu une partie de sa mâchoire si bien qu'il donnait toujours l'impression de montrer les dents comme un chien qui gronde.

Avec la rapidité d'un ouragan, la nouvelle de l'arrivée de Rogers se propagea dans toute la colonie des hors-la-loi. Pirates et prostituées, enfants et chiens couraient dans les rues vers les quais. De maigres acclamations fusèrent tandis qu'un petit groupe de marins, désireux de repartir du bon pied, venaient accueillir la flotte. Mais les navires restèrent à l'entrée du port. Lentement, sous le regard des habitants de l'île, ils se déployèrent à l'horizon, pour faire le blocus de New Providence.

Quand Charles Vane apprit que le gouverneur était arrivé, il incita les pirates qui refusaient de se soumettre à partir.

– Je me laisserai pas prendre par un de ces mignons, un freluquet du gouvernement, s'écria-t-il.

Beaucoup acquiescèrent. Le bateau de Vane était presque prêt à prendre la mer et avait attiré les rares pirates de l'île qui avaient choisi de ne pas accepter le pardon du roi.

Anne remarqua que l'un des bateaux de Rogers était coincé entre deux gros rochers submergés dans la baie, que les pirates avaient aimablement appelés « les Couilles du Roi ». Ces rochers empêchaient les bâtiments du gouverneur de faire le blocus complet du port. Le bateau de Vane se préparait à appareiller.

Anne se précipita à la Chambre des lords, se demandant pourquoi Jack n'était pas à bord du bateau de Vane, pourquoi il n'avait pas cherché à quitter l'île plus tôt. Il jouait aux dés avec des amis. Elle l'attira à part et, d'un ton pressant, lui murmura à l'oreille :

– Jack, le gouverneur est arrivé, il fait le blocus du port !

– Oui, je sais. J'ai l'impression qu'on est pris au piège.

– Non, ce n'est pas vrai si tu te remues ! Vane lève l'ancre.

Il va échapper à la flottille s'il se dépêche. On peut partir avec lui.

Il la regarda d'un air étonné.

– Appareiller tout de suite? Sous les yeux des soldats du roi?

– Oui. Mais pour ça, il faut te dépêcher. Je ne tiens pas à être capturée au milieu du port en présence de tous les habitants de l'île.

– Je n'ai même pas un pistolet sur moi, ma belle!

– Eh bien, va en chercher un! Vite! Rendez-vous sur la plage dans un quart d'heure!

Elle partit en courant vers sa cabane, enfila une chemise en coton rayée et un pantalon, noua ses cheveux avec un foulard, glissa deux pistolets chargés dans sa ceinture. D'une main, elle portait son sabre; de l'autre, un petit balluchon rempli de tout ce qu'elle souhaitait garder.

Elle arriva aux quais. Le navire de Vane était toujours dans le port et loin, à l'horizon, il y avait toujours une large trouée au milieu de la rangée des navires du roi. Jack qui se trouvait tout près du rivage l'appela. Il avait une petite yole chargée de tout ce qu'il avait pu emporter. Elle s'avança en pataugeant dans les vagues et monta à bord.

Tandis qu'ils ramaient en direction du bateau de Vane, Anne jeta de nouveau un regard vers le large. Le brick, qui était coincé, avait finalement réussi à rompre ses amarres et allait rejoindre les autres pour participer au blocus.

– Dieu nous garde! Nous n'arriverons jamais à passer, grommela Rackham.

Anne ne répondit pas. Elle examinait les bateaux et surveillait la brise qui venait de la terre.

Rogers, à bord du *Delicia*, observait lui aussi avec attention les bateaux dans le port. En tant qu'ancien officier de marine, il était horrifié en voyant les innombrables épaves qui jonchaient la mer. Il ne pouvait s'approcher davantage sans risquer d'endommager son propre navire. Le vent était contraire et la nuit commençait à tomber. Même Turnley ne pouvait se rapprocher davantage de la côte. Pour l'instant nul ne pouvait échapper au filet qu'il avait tendu tout au long de la baie.

– Jetez l'ancre ici, cria-t-il à Turnley. Tout bateau qui

approche, on le fait sauter. À l'aube le vent changera de cap et nous pourrons entrer dans le port.

– Oh! ne vous en faites pas, capitaine, dit Turnley. Personne n'osera se rebeller contre la proclamation du roi et contre vos canons.

Rogers lui adressa un sourire mais ricana en son for intérieur. « Ce saligaud sera le premier à quitter mon navire et le dernier à y remonter, une fois que nous aurons mis de l'ordre dans ce repaire de brigands », pensait-il.

Vane fut ravi de voir Anne et Jack. Il nomma aussitôt Rackham maître de manœuvre, comme dans le passé. Vane réunit alors un conseil de guerre. Le meilleur plan semblait être d'attendre jusqu'à la nuit et d'essayer de foncer vers la liberté. Tous à bord savaient qu'à l'aube ils seraient contraints de se rendre s'ils ne s'enfuyaient pas pendant la nuit. Anne regarda les canons arrimés à bâbord et à tribord sur le bateau de Vane, son estomac se noua. Soudain elle s'avança dans le cercle des pirates et prit la parole.

– J'ai une idée, reprit-elle. Un *autre* plan. Si vous voulez bien m'écouter.

– Je recevrai des ordres de toi au lit, ma belle, mais pas sur le pont! s'écria un marin, l'œil allumé.

L'équipage pouffa de rire. Jack sourit.

– Vous êtes là parce que Rackham le veut, madame, dit Vane. Il vaudrait mieux que vous restiez sur le pont inférieur.

Anne se redressa et, l'air furieux, dévisagea Vane.

– Ma vie est en jeu, autant que la vôtre, capitaine. Craignez-vous qu'on ne vous soumette un plan meilleur que le vôtre? s'exclama-t-elle en lançant un regard noir au reste de l'équipage. Vous êtes donc si impatients d'être transpercés par l'épée de Rogers que vous ne vouliez pas perdre une minute à m'écouter? poursuivit-elle, les mains sur les hanches. Eh bien, allez-y! Allez vous faire tuer, imbéciles que vous êtes!

Vane promena son regard sur les hommes et leva les yeux, exaspéré.

– Allons, ma belle, crache ton plan, sinon c'est ta langue de vipère qui va nous tuer.

– Eh bien, voilà!

Tandis qu'elle exposait tous les détails de son plan, Vane souriait. Très vite il affina la stratégie d'Anne et riant de sa ruse, ordonna à l'équipage de passer à l'action.

Les hommes obéirent au doigt et à l'œil à Vane, ils restèrent baissés pour ne pas attirer l'attention de Rogers qui surveillait tout avec sa longue-vue. Aucune de leurs activités ne fut détectée par les vigies à bord du navire. Le sloop de Vane, caché au milieu d'un enchevêtrement de bateaux le long des quais, s'approchait lentement, sans en avoir l'air, d'un brigantin français abandonné. Le brick avait vingt canons. Vane l'avait capturé lors de sa précédente traversée et il connaissait les limites, mais aussi les possibilités du navire. La nuit tombait. Des torches et des feux illuminaient çà et là le rivage. Aussi aucun des marins de Rogers ne remarqua que les voiles du brigantin français se gonflaient doucement.

Rogers se préparait à aller à terre dans une chaloupe afin de rétablir l'ordre immédiatement. Il était presque au milieu de l'échelle quand un appel de l'une des vigies le ramena sur le pont du *Delicia*.

– Que vois-tu, vigie?

– Une voile, capitaine. Juste devant, elle vient droit sur nous!

Rogers saisit sa longue-vue et scruta les eaux sombres. Le brigantin français, toutes voiles dehors, fonçait sur la flottille. Une étrange lueur brillait sur les ponts. Bien que le gros navire avançât à vive allure, poussé par la brise de terre, il semblait curieusement pencher d'un côté. Rogers ricana. « Les imbéciles. Ils croyaient vraiment que l'obscurité les mettrait à l'abri des canons de vingt? »

Le brigantin s'approchait. Il n'était pas encore assez près pour présenter un danger et Rogers, plus curieux qu'inquiet, se tourna vers Turnley, le sourire aux lèvres.

– Quel est ce bateau, pilote?

Turnley essaya de distinguer le bateau.

– Pardieu! J'en ai pas la moindre idée, capitaine. C'est peut-être un des sloops du port. Il a le vent en poupe. Je sais pas qui le manœuvre. Pas des pirates, je parie. Ils auraient certainement pris un sloop plus petit et plus rapide que ce gros rafiot.

– Sacré nom de Dieu, Turnley! Si ce bateau approche encore, je le réduirai en miettes! Mes hommes ont l'ordre de tirer sur tout bateau qui présente un danger ou qui essaie de quitter le port!

Une pensée traversa son esprit.

– Et si c'était un groupe qui venait nous souhaiter la bienvenue? poursuivit-il.

Turnley était inquiet. Le brigantin donnait de la gîte et s'approchait dangereusement des autres bateaux ancrés dans le port. Il heurta un sloop amarré, puis fit un écart après avoir touché la proue d'un autre sloop.

– Grand Dieu! s'exclama Turnley, si c'est pour nous souhaiter la bienvenue, capitaine, ils sont soûls comme des cochons! Celui qui est à la barre de ce rafiot doit être complètement sonné!

Soudain, ce qui n'était qu'une lueur rougeoyante sur les ponts du bateau devint un brasier et illumina le bateau, arrachant une exclamation à Turnley.

– Bon Dieu! Il y a personne à la barre!

Malgré la lumière, il ne distinguait pas de marins à bord du brigantin. L'équipage de Vane l'avait laissé partir en mer toutes voiles dehors, le gouvernail attaché de telle sorte que le navire soit poussé par la brise de terre vers la rangée de bateaux qui se trouvaient en travers de l'entrée du port. Sans personne à la barre, le vaisseau s'inclinait sous la brise nocturne, mais poursuivait sa course droit sur le vaisseau amiral.

Sous le regard stupéfait de Rogers, la deuxième étape du plan d'Anne se réalisa. On avait recouvert les ponts du brick d'un mélange de soufre et de poudre à combustion lente. Le feu se propagea jusqu'à des flaques d'huile hautement inflammable qu'on avait répandue autour des canons prêts à tirer. Ce fut alors un véritable feu d'artifice. Les canons explosèrent, crachant des balles de mousquet, de la grenaille, toutes sortes de munitions, des taquets, des morceaux de fonte, tout ce que l'équipage de Vane avait pu enfoncer dans leur grosse gueule noire.

Le spectacle était effrayant. En fait peu de projectiles atteignirent la flottille, mais la fumée se répandait et le soufre irritait le nez de tous les hommes d'équipage de

Rogers. Juste ce qu'il fallait pour qu'ils ne remarquent pas le sloop de Vane qui sortait maintenant du port dans le sillage du brigantin en feu.

Rogers et ses officiers affrontèrent l'assaut avec sang-froid, mais bon nombre de soldats, peu accoutumés à la vie en mer, commençaient à être pris de panique. Le brigantin, qui était devenu un véritable brûlot, fonçait toujours sur la flotte. Le ciel même semblait envahi par les flammes. Des membres de l'équipage se pressaient sur les ponts dans une confusion extrême.

– Coupez les amarres ! s'écria un marin à bord de l'un des navires. Partons de là !

Le brigantin en flammes était presque sur eux. Sur le vaisseau amiral le gouverneur tenait bon. Il savait que s'il capitulait et s'enfuyait maintenant, sous le regard de tous les habitants de New Providence, son prestige en souffrirait et il ne pourrait plus se faire respecter dans l'île.

– Canonniers, faites-moi sauter ce brick d'une bordée ! ordonna-t-il.

Le second, ébahi, les yeux écarquillés, regarda son capitaine.

– Mais, capitaine, il n'y a personne à bord !

– Feu, j'ai dit. Tu as l'audace de discuter mes ordres, imbécile ! Il est à notre portée maintenant, il faut étouffer ces flammes avant qu'elles ne nous tombent dessus ! Allez, coulez-moi ce bateau !

En une seconde, les canons du vaisseau amiral rugirent. Le brick en feu trembla sous la bordée et les flammes se dispersèrent. Mais alors la brise se leva brusquement et le bateau-leurre de Vane, flambant comme une torche gigantesque, fonça une fois de plus sur la flottille.

Une détonation assourdissante retentit quand les flammes parvinrent au magasin de poudre au fond de la cale, et le brigantin vola en éclats. L'explosion fut si forte que les vagues elles-mêmes se creusèrent. D'énormes fragments du bateau en flammes furent projetés dans les airs et s'abattirent sur la flottille. Les hommes grimpaient aux mâts et couraient sur les ponts, afin de protéger les voiles et d'éviter la pluie de débris.

Dans un mouvement de panique, la flottille se dispersa.

Deux bricks coupèrent leurs amarres et prirent le large, laissant une énorme trouée entre les bateaux qui bloquaient le passage. Dans la brume des vapeurs de soufre, le sloop de Vane fendait les vagues, faisant feu de ses canons de quatre sur le navire de guerre le plus proche. Pas un seul coup de canon ne fut tiré en retour; la surprise fut complète. Les imposants navires de guerre ne purent manœuvrer à temps pour engager la poursuite. Rapide, le sloop de Vane fila dans la nuit, laissant derrière lui une baie en flammes et des vagues jonchées de débris. Tandis qu'il faisait voile à vive allure, après qu'il eut dépassé le dernier navire de guerre, l'équipage de Rogers entendit le rire des pirates apporté par la brise. Et par-dessus les cris rauques des hommes, une voix de femme s'éleva en un chant de triomphe.

Quatrième Partie

1718
ANNE PIRATE

Quand une femme prend certains attributs de l'homme, elle ne manque pas de se distinguer, et si une vitalité débordante lui permet de développer ses autres qualités, cette femme frise la perfection.

Goethe

Sur l'océan houleux de la vie,
Donnez-moi un esprit qui aime
Voir le vent impétueux gonfler les voiles
[de son navire
Jusqu'à ce que tremblent les vergues et
[vibrent les mâts,
Et qu'ivre de vitesse il s'incline,
Cinglé par les vagues,
Et que son étrave fende les airs.
Ohé! Ohé! Vive le vent!

Chanson de marin galloise

Anne, debout sur le pont supérieur du *Seahorse*, scrutait l'immensité de l'horizon. Une fois de plus, elle reconnut le soupir du vent et les vibrations régulières des haubans et du gréement. Elle avait enfin le temps de laisser sa pensée vagabonder, l'espace nécessaire pour agir, et la mer qui s'étendait à l'infini lui apportait la paix. Le sloop de Vane voguait depuis à peine deux jours; déjà Anne connaissait les coins et les recoins du navire.

Anne et Jack partageaient une petite cabine à l'écart.

C'était l'un des rares endroits à bord où ils avaient un peu d'intimité. Le *Seahorse* pouvait avoir un équipage de soixante-quinze hommes et être armé de quatorze canons, mais en fait son équipage, composé de trente-deux rebelles de la dernière heure, était nettement insuffisant tout comme ses quatre bouches à feu.

Après avoir fui New Providence, Vane fit une première escale dans une petite crique au large de la côte cubaine pour s'approvisionner en vivres et en eau douce. Là, caché par les palmiers et protégé par un récif à fleur d'eau, l'équipage se débarrassa de tout ce qui était superflu, faisant du sloop un prédateur plus dangereux encore.

Anne aida les hommes à supprimer la moitié du gaillard d'avant, à réduire au strict minimum la cabine du pilote et à jeter par-dessus bord une partie du bastingage pour alléger le vaisseau. Dans un dernier geste de défi, Jack ordonna d'aménager douze sabords de plus sur ses flancs pour y installer des canons à pivots, canons dont il avait l'intention de s'emparer à la première occasion.

Quand le *Seahorse* fut prêt à quitter Cuba, Vane convoqua un conseil pour signer le nouveau règlement. Anne, seule dans la cabine exiguë, attendait de connaître son sort. Si telle était la volonté des marins, ils pouvaient, sans le moindre regret, l'obliger à débarquer. Elle savait que, selon la tradition, il était interdit de faire monter des femmes à bord d'un bateau pirate. Après avoir travaillé aussi dur que les hommes, sans jamais se plaindre, elle espérait avoir vaincu leurs préjugés. Certains, elle en était sûre, s'indignaient de sa présence, ils lui en voulaient d'aller se glisser chaque soir dans la couchette étroite de Jack. Mais d'autres, espérait-elle, considéraient que son aide était précieuse sur ce navire dont l'équipage était insuffisant. Elle se blottit dans l'obscurité, les genoux remontés jusqu'au menton. « Et s'ils me renvoyaient, combien de temps Jack accepterait-il de rester à Cuba ? Combien de temps serais-je en sécurité là-bas ? »

Ses pensées furent interrompues par Jack qui apparut soudain, lui prit la main et l'entraîna sur le pont. Il ne prononça pas une seule parole, ne croisa pas son regard. Elle attendit d'être sur le gaillard d'arrière où les hommes étaient rassemblés pour lever les yeux vers lui. Il avait un sourire pincé.

Vane s'avança.

– Anne Bonny, viens sur le pont.

La tête haute, le regard rivé sur la mer, elle rejoignit les marins assis en cercle.

– Les hommes ont pris leur décision, ma belle. Ils ne veulent pas de pleurs, pas de gémissements au cours des batailles, pas d'évanouissement sur le gaillard d'avant, pas de coucherie dans la cale.

Elle regarda les hommes autour d'elle, le visage rouge de colère.

– Si tu promets de respecter ces règles, tu peux rester et faire partie de l'équipage.

Soudain un sourire illumina son visage.

– Tu es prête à signer le règlement de ce bateau?

Elle éclata de rire, tant elle était soulagée.

– Absolument, capitaine.

Les hommes firent cercle autour d'elle, et lui donnèrent des tapes amicales dans le dos. Un par un, chacun monta sur un tonneau, posa la main gauche sur une hachette, la main droite sur le cœur, et jura fidélité au bateau, au capitaine et à la confrérie. Puis ils signèrent d'une croix. Quand ce fut le tour d'Anne, elle s'avança fièrement et signa « Anne » avec un paraphe, mais elle n'ajouta pas le nom de Bonny.

Le *Seahorse* prit la direction de la Barbade; l'équipage avait hâte de quitter les eaux espagnoles. Il faisait de plus en plus chaud sous un ciel sans nuages, le soleil était presque à la verticale. Soudain la vigie cria:

– Voile devant! À tribord!

Aussitôt les hommes se rassemblèrent le long du bastingage. Anne, auprès de Jack, scrutait la mer. Très loin au large, une petite tache à peine visible surgit sur la ligne d'horizon. Le point se déplaça et Anne distingua une voile blanche.

Le canonnier, Noah Harwood, appela les hommes au combat. Ils se rassemblèrent et saisirent leurs armes.

– Viens, ma beauté! s'écria Jack. Prends tes armes!

Anne ne broncha pas. L'instant dont elle avait si souvent rêvé était arrivé. Le désir de se montrer déloyale envers le groupe l'effleura. « Si Jack m'aimait, se demanda-t-elle, me laisserait-il...? » Mais elle repoussa cette idée. « Il m'aime suffisamment pour me laisser agir à ma guise. » Sans hésiter davantage, elle se joignit aux hommes qui préparaient les haches, les harpons et les grappins pour l'abordage.

Le moment n'était plus à la réflexion. Les ordres de Jack, de Vane et de Harwood fusèrent. On amorça les canons, on y enfourna d'énormes boulets noirs; on déblaya les ponts, on tendit les voiles, on chargea les mousquets, et les poignards étincelèrent au soleil tandis que les marins vérifiaient le tranchant des lames sur leur pouce calleux. Anne avait les cheveux collés par la sueur.

– On le verra bien assez tôt pointer son nez, ma belle! Empile tous ces mousquets et fais attention à ce que tu fais!

Jack jeta un coup d'œil vers elle en souriant.

– C'est un navire marchand. Un trente tonneaux, ou plus. Un beau petit rafiot prêt à se faire plumer.

Sur les ordres de Vane, les gros canons furent mis en position, leur gueule noire béante face à la mer. Fenwick, le second, s'approcha d'Anne et lui serra amicalement le bras. Il avait le regard perçant et était mince comme une anguille.

– C'est la première fois?

Anne ne répondit pas, mais elle ébaucha un sourire qui en disait long.

Il rit sous cape.

– C'est toujours difficile la première fois. Après, ça va. Je me rappelle ma première prise : j'étais aussi maladroit qu'un chien dans un jeu de quilles. Passe-toi un bandeau autour de la tête avant que ça saute, sinon il te restera plus de tympans.

Quelques instants plus tard, Jack l'écarta d'un geste brusque.

– Ça va? Bon! dit-il en la voyant acquiescer d'un air inexpressif. Tiens-toi derrière moi si tu peux, sinon reste à l'arrière du bateau.

– Je ne te laisserai pas tomber, Jack, fit-elle en secouant la tête.

Le visage de Jack se durcit.
– Il n'est pas question que tu me laisses tomber, ma belle, car alors ils nous abandonneraient tous les deux sur une île déserte sans verser une seule larme sur notre sort.
Elle s'éloigna et alla en toute hâte préparer ses armes.
Le petit sloop fendait l'eau comme un requin affamé. Moins d'une heure plus tard, il se trouva à proximité du navire marchand. Anne qui allait et venait d'un pont à l'autre, tel un automate, le vit surgir à la proue, aussi gigantesque qu'une falaise.
La moitié des pirates étaient accroupis sous le bastingage, tête baissée. Anne, cachée sous la gueule d'un canon, était si excitée qu'elle tremblait. Elle se remémora soudain sa dernière robe à cerceaux et elle sourit, amusée, en s'imaginant qu'elle arpentait les ponts, vêtue comme une dame. Cette pensée détourna son attention. « Bon Dieu ! se dit-elle à voix basse, pense à ce que tu fais, c'est indispensable. » Harwood était debout, bien visible. Il taillait tranquillement un morceau de bois, tandis qu'il regardait le bateau approcher. Le sang d'Anne se glaça : si elle avait un couteau à la main, elle se blesserait. Elle se sentait si maladroite.
Soudain elle entendit quelqu'un crier sur l'autre bateau :
– Ohé ! Ici le *Destiny* de Norfolk ! Stephen Crandall, son capitaine !
Anne jeta un coup d'œil furtif. Le navire se dressait devant elle. Les mâts de hune se découpaient sur le ciel comme des crucifix. À son poste sur le gaillard d'arrière, Jack regarda dans la direction d'Anne et lui fit un clin d'œil.
Une fois de plus, la voix retentit :
– Votre nationalité ? D'où venez-vous ?
En moins de deux secondes, Jack sortit ses deux pistolets, hissa le drapeau noir et cria :
– *De la mer !*
Aussitôt on entendit les roulements de tambour, Harwood se pencha et tira un coup de canon. Le sloop se balança lorsque le canon gronda et le projectile siffla à leurs oreilles. Anne passa la tête par-dessus le plat-bord juste à temps pour voir le boulet exploser dans un feu d'artifice sur le pont du navire marchand.
Les pirates poussèrent des rugissements, ils bondirent

hors de leur cachette, agitant des sabres et criant des menaces. Du fond de la gorge d'Anne monta un hurlement sauvage annonciateur de triomphe. Elle se laissa emporter dans le flot de la bataille.

Les canons du *Destiny* répondirent à l'attaque et une volée de balles de mousquet s'abattit en crépitant sur les ponts. Il y eut comme un grondement de tonnerre qui ébranla le sloop tandis que des fragments de planches volaient en éclats. Anne se baissa et courut vers le bastingage. Dans un coin du pont Jack criait des ordres. Vane commandait un autre groupe de pirates. Des volutes de fumée noire s'élevaient dans le chaos indescriptible.

Le pont s'inclina fortement. Anne, immobile, tira un coup de feu. Un homme disparut, abattu comme un pigeon sur une branche. Elle se retourna pour voir si quelqu'un l'avait vue. Elle était abasourdie par le tintamarre ; les canons, attachés aux ponts comme de gros chiens, étaient tous en action maintenant, le bruit était assourdissant. Les projectiles que le *Destiny* lança à son tour frappèrent le gréement et les haubans, et tombèrent dans l'eau avec des sifflements stridents.

– Allez-y ! En avant, espèces de lâches ! rugit Vane.

Il se rua le premier à bâbord, là où les deux bateaux s'étaient rapprochés ; leurs quilles se heurtèrent comme des béliers en colère.

– À l'abordage ! À l'abordage ! hurla Jack, qui se précipita vers le bastingage.

L'épée d'Anne grinça quand elle la tira de son fourreau, ce qui ne présageait rien de bon ; la lame, pareille à une flamme, reflétait le soleil. Anne se précipita aux côtés de Jack. Une autre bordée toucha le *Seahorse*, Anne perdit l'équilibre ; le pont se souleva, Jack la saisit violemment par le bras et la ramena auprès de lui. Des nuages de fumée suffocante montaient autour d'eux. Anne en avait plein les yeux, ses poumons lui faisaient mal, il semblait qu'on ne pouvait respirer que tout là-haut, dans le gréement. Anne toussait et crachait. Elle lança son grappin en l'air et s'apprêta à grimper comme une folle.

Elle fut prise alors dans le flot des pirates qui se précipitaient sur le navire marchand. Soudain elle poussa un cri :

– À l'abordage !

Une grenade siffla près de son oreille et explosa sur le pont derrière elle, mais Anne ne s'arrêta pas pour autant. Elle sauta par-dessus le bastingage du *Destiny* et partit à la charge au milieu des marins qui se battaient. Tous assenaient de-ci de-là de grands coups de sabre ; les dagues s'entrechoquaient tandis que sifflaient les balles des mousquets. Dans un fracas épouvantable, le mât du *Destiny* s'abattit sur le pont, entraînant une masse de cordages. Anne s'esquiva juste à temps, mais une dizaine d'hommes furent pris dessous comme des harengs dans une nasse.

Constatant le désastre et la défaite, le capitaine du *Destiny* demanda quartier.

Sur le gaillard d'avant, Anne croisait l'épée avec un marin qu'elle avait coincé dans un angle. Dès que l'ordre de se rendre fut donné, le matelot crut voir Anne pour la première fois. Il resta bouche bée en découvrant qu'il s'était battu avec une femme. Les yeux écarquillés, stupéfait, il rejoignit en trébuchant les autres membres de l'équipage.

Anne chercha Jack du regard. Debout aux côtés du capitaine, il donnait l'ordre de se replier sur le *Seahorse*. Il sourit à Anne et lui fit signe de s'éloigner.

Elle était ivre de bonheur, mais prête à pleurer. Elle se redressa et alla aider l'équipage à transporter le butin. Carter prépara du punch et les marins des deux bateaux se retrouvèrent pour fumer la pipe et boire une chope ensemble. Les prisonniers dévisageaient Anne dans la pénombre, mais nul ne posa de questions. Quatre hommes avaient été tués dans l'échauffourée : un pirate et trois matelots. Leurs corps furent rapidement enveloppés dans des suaires déchirés. On leur attacha au cou des boulets pour les lester et on les fit glisser par-dessus bord.

Vane, resté sur le gaillard d'arrière, déclara avec solennité :

– La mer guérit toutes les blessures et efface toutes les traces. Puissiez-vous trouver un nouveau navire et un vent favorable !

Le *Seahorse* avait subi peu de dommages, rien qui ne pût être réparé en un jour. Vane et Rackham décidèrent de s'emparer des canons du *Destiny*, d'embarquer les membres de l'équipage qui souhaitaient se joindre à eux et de laisser le navire marchand partir à la dérive.

Avant de s'endormir Anne contempla encore la mer. Elle était maintenant vide, pareille à un grand désert argent et pourpre avec une ligne d'horizon aussi nette que le fil d'un rasoir. Tandis qu'elle regardait au loin, anéantie par la fatigue, Jack s'approcha d'elle, la prit dans ses bras et l'étreignit avec tendresse. Sans rien dire, il la conduisit dans le silence accueillant de leur cabine. Cette nuit-là, Anne rêva de boulets de canons qui traversaient des nuages de fumée aveuglante, tels des fantômes échappés de l'enfer. Prise de terreur soudaine, elle se réveilla en sursaut.

Il fallut à Anne plusieurs jours pour se remettre de la bataille et retrouver la paix de l'esprit. La contemplation des vagues y contribua, tout comme le calme qu'elle trouvait dans les bras de Jack et la gentillesse bon enfant de l'équipage. Tous avaient appris à vivre avec la bataille – avec cette terreur qui suspend les battements du cœur, avec le sifflement des balles, la menace des filets et des haubans enchevêtrés, le sang, le vacarme assourdissant. Elle décida de s'endurcir comme les autres. « C'est le premier pas qui coûte », lui rappela Fenwick.

Le *Seahorse* comptait maintenant quarante-deux hommes d'équipage et douze bouches à feu. Rackham présenta chaque nouveau venu en disant :

– Voici Anne Bonny, notre reine des pirates. Elle peut croiser le fer avec les meilleurs d'entre vous et crever l'œil d'une mouette à cent pas. Si vous l'insultez, elle vous transpercera de son épée, et moi, j'en ferai autant.

Au début, les nouveaux évitèrent Anne comme on évite une veuve en habits de deuil, mais peu à peu ils la considérèrent comme un des leurs.

Sauf Fitch, une nouvelle recrue du navire capturé, qui n'en revenait pas d'être à bord d'un navire pirate, et qui plus est, avec une femme pirate. À chaque occasion, il frôlait Anne dans les coursives, là où il faisait sombre. Un jour, elle se retourna, gifla ce malotru qui la suivait partout et le provoqua en duel.

Vane entendit l'algarade et vint aux nouvelles.

– Pourquoi ce charivari, Anne ?

– Ce vieux cochon vérolé me pelote à la moindre occasion ! Il se colle à moi chaque fois qu'il passe. J'en ai assez ! Je fais partie de cet équipage et je refuse d'être traitée comme une vulgaire catin. J'exige réparation !

Adossé au bastingage, Fitch souriait d'un air narquois sous son bonnet crasseux.

Vane se rendit compte que les hommes s'étaient rassemblés derrière lui ; ils se demandaient comment allait se terminer le défi lancé par Anne.

– Eh bien ! Anne, selon le règlement, tu en as le droit. Alors vieux, dit-il en se tournant vers Fitch, qu'est-ce que tu préfères ? Des excuses ou un duel ?

– Je vais tout de même pas me battre en duel avec une fille, dit Fitch en ricanant. Elle n'a rien à foutre sur un navire.

Anne fit un pas vers lui, les poings serrés.

– Bon sang ! Salaud ! Tu vas te battre ou passer pour un lâche devant tout le monde. Je suis fichtrement plus pirate que tu le seras jamais. Je vengerai mon honneur ou je te descendrai, espèce de chien !

Fitch lança un coup d'œil furtif alentour. Il savait qu'il lui fallait se battre ou perdre l'honneur.

– Très bien ! Mais quand je lui aurai fait sauter la cervelle, faudra pas m'en vouloir ! Allez chercher Rackham pour qu'il voie que c'est elle qui a commencé !

Comme l'un des pirates s'apprêtait à aller chercher Jack, Anne l'arrêta net.

– Attends ! Il a été de quart la moitié de la nuit, il a besoin de repos. Je peux me débrouiller toute seule. Ça ne sera pas long.

Deux tonneaux furent placés sur le pont à vingt pas l'un de l'autre. Un pistolet non chargé, avec à côté une seule balle, fut posé sur chaque tonneau. Anne prit place près du baril qui se trouvait le plus loin de l'équipage.

Fitch s'avança en bombant le torse jusqu'à son tonneau et se tourna vers Anne, l'air furibond.

– Finissons-en alors, grommela-t-il.

Vane leva la main et regarda les deux adversaires. Anne fit un signe de tête pour dire qu'elle était prête. Vane baissa la main. Anne saisit aussitôt l'arme. Chaque geste était calculé.

Elle chargea son pistolet, l'arma, puis levant les yeux, aperçut Fitch encore en train de préparer son pistolet. Les mains devant elle, son arme braquée sur son adversaire, elle attendit d'un air méprisant qu'il finisse. Il leva les yeux vers elle, se rendit compte qu'il était à sa merci, et blêmit malgré son visage basané. Au moment même où il leva fiévreusement la main pour faire feu, elle tira et le pistolet de Fitch tomba à ses pieds en même temps que le bout de son pouce. Il poussa un cri, plus de surprise que de douleur, et regarda Anne, ébahi.

– Je suppose que tu tiens à garder les autres doigts, dit-elle calmement.

Les hommes s'écartèrent, terrifiés, tandis qu'elle repartait prendre le quart sur le pont.

Le *John and Elizabeth*, une frégate rapide qui se rendait à New Providence, fut une proie facile pour le sloop pirate. Il transportait une grande quantité de pièces espagnoles de huit réaux. Vane rafla le trésor. Maintenant qu'il disposait de fonds et d'un équipage complet, il décida d'aller dans les îles du Vent pour caréner et faire la fête. Anne et Jack préféraient rester en mer, conscients que l'argent fondrait en moins d'une semaine une fois que les hommes trouveraient des catins et du rhum bon marché. Mais Vane fut inflexible. Le *Seahorse* jeta l'ancre près d'une petite île et resta là quelque temps.

Sur une plage brûlée par le soleil, Anne fit une découverte effrayante. À bord du navire les journées s'étaient succédé de façon monotone. En mer son corps vibrait au rythme de la tempête et des accalmies, de la houle et des courants. Mais à terre, soudain elle se rendit compte qu'elle était liée au temps, malgré ses efforts pour l'oublier. Aussitôt son corps se trouva douloureusement séparé des éléments, seul, à la dérive, et elle s'aperçut, au fur et à mesure que les jours passaient, qu'il l'avait trahie. Elle attendait un enfant, elle portait en elle la semence de Jack Rackham. Et, si sa mémoire était bonne, elle n'avait plus ses règles depuis au moins deux mois, peut-être trois.

Elle s'efforça de songer à ces jours passés en compagnie de Jack, à New Providence où ils avaient connu le bonheur parfait, une liberté sans entraves. Pendant tout ce temps son corps lui préparait un piège. Elle se demandait pourquoi l'esprit humain devait être logé dans un corps.

Jamais son corps ne semblait véritablement lui appartenir. Il était tour à tour ardent ou indifférent. Elle s'en détachait par un acte de volonté ou bien les caresses d'un inconnu en faisaient l'esclave de ses sens. Mieux valait être un souffle de vent ou une mélodie invisible qu'un corps. Mais il n'y avait aucune échappatoire, malgré les efforts qu'elle faisait pour chasser ces pensées de son esprit. Le bébé était de lui, elle en était certaine. Sans doute lui avait-il fait ce cadeau la toute première semaine où ils étaient devenus amants. Elle avait continué à faire l'amour encore et toujours, sans prendre conscience de ce petit être qui se développait en son sein.

Durant un long moment, elle fut en proie à la panique. Un enfant. Elle allait devenir ronde comme une outre, avoir le corps pesant, difforme, et ce serait la longue et pénible attente, la douleur de l'accouchement, le déchirement de la chair, le sang, la souffrance, peut-être même la mort. Malgré elle, Anne songeait à sa mère tuée par l'enfant qu'elle portait. Elle avait de la peine à ne plus penser à Jack. Il aimait que ses maîtresses soient minces, élancées, avides de passion et de vie. Puis la crainte fit place à une sourde colère. Elle se sentait captive, enchaînée comme si elle était dans une geôle de Charles Town. Et Jack lui avait dit qu'elle ressemblait à la mer.

– Tu es comme les vagues, Anne. Libre, forte et changeante comme le vent. Tu peux être la tempête, mais pour l'homme qui sait te prendre, comme on prend un navire à l'abordage, il n'y a rien de plus magnifique.

Jack. Oui, il l'avait prise, ça ne faisait pas de doute. Et maintenant elle allait devenir comme un éléphant. Elle observa son ventre, encore relativement plat, puis ses seins gonflés. Elle s'imaginait voir sous sa peau, jusque dans son ventre, le misérable parasite, aveugle, agrippé à ses entrailles, qui aspirait toute son énergie et l'affaiblissait. Elle songea à Meg Moore, l'habile avorteuse de New Providence. Peut-être pourrait-elle la débarrasser de son fardeau. Mais elle se rappela ensuite les instruments qu'elle utilisait, les poinçons, la cuillère d'argent recourbée, et elle en eut des frissons. Elle était prête à supporter une blessure externe, une balafre de sabre, un coup de couteau, mais en pensant à ces instruments froids, implacables qui pénétreraient au fond de son corps, elle vacilla sur ses jambes. Elle savait qu'elle ne supporterait pas un tel viol. De plus, Meg avait toujours dit qu'après trois mois l'hémorragie pouvait provoquer la mort. « On pourrait tout aussi bien prendre de la ciguë et de la belladone », avait-elle dit. Soudain Anne eut peur de ce qui l'attendait et elle courut retrouver Jack, tant elle avait besoin du réconfort de ses bras.

Il était dans le hamac, près de leur cabane construite avec les moyens du bord. Elle vint se blottir contre lui.

– Jack, murmura-t-elle avec hésitation, j'ai quelque chose à te dire.

Il ouvrit un œil et d'une voix languissante, il lui dit :

– On n'a plus de rhum ? Il n'y a que ça qui pourrait me mettre de mauvaise humeur aujourd'hui.

– Non, fit-elle en lui révélant ce qu'elle avait sur le cœur. Je suis enceinte. De deux mois, peut-être de trois. Je viens de m'en rendre compte.

Pendant un long moment qui parut une éternité, il garda les yeux fermés. Puis il les ouvrit et dit d'un air las :

– Il est de moi ?

Anne rougit d'indignation.

– Bien sûr qu'il est de toi, salaud. Et ne t'imagine pas que je m'en réjouis !

Il la prit dans ses bras et l'étreignit.

– Allons ! Du calme, ma chérie. Du calme.

Elle se détendit sous ses caresses.

– Je voulais simplement m'en assurer, fit-il en lui passant la main dans les cheveux, puis il lui releva la tête afin de voir ses yeux. Ce n'est pas vraiment un problème, tu sais. Tu peux aller vite voir une sage-femme et t'en débarrasser avant la fin de la semaine. Je connais une femme à Cuba qui s'en chargera.

Anne plissa les yeux pour chasser la vision qui l'obsédait. Elle soupira.

– Non, Jack. C'est trop tard. Meg Moore m'a dit qu'après trois mois, c'était un véritable suicide.

– Meg Moore ne s'y connaît pas vraiment. Nous allons trouver quelqu'un d'autre. Il est évident que tu ne peux pas garder le bébé. Sinon tu ne peux pas venir avec moi en mer.

Anne piqua à nouveau une colère.

– Jack, je ne veux pas risquer de mourir ou d'être mutilée en me mettant entre les mains d'un boucher. C'est trop tard, je t'assure. Le bébé naîtra, que tu le veuilles ou non.

Il s'écarta d'elle sans lui témoigner la moindre compassion.

– Et que comptes-tu faire en attendant? Parcourir les mers avec un ventre qui passe par-dessus la ceinture? Les gars ont accepté que tu restes parmi eux. Mais des malaises, des vomissements, ça remet tout en question.

– Ils n'en sauront rien. Du moins pas avant un certain temps. J'ai encore le ventre plat, Jack, il le restera sans doute pendant encore un mois ou deux et ma tunique cachera tout. Je ne tournerai pas de l'œil, je ne me plaindrai pas non plus. Je ne veux pas rester enfermée chez moi! Le jour où je serai sur la grève à attendre que mon homme revienne, les poules auront des dents! Je peux rester en mer jusqu'au moment où je serai prête à accoucher. Alors on pourra caréner le bateau et je mettrai l'enfant au monde.

– Et après?

– Je le confierai à une femme de marchand. Avec un peu de chance, l'équipage ne saura jamais que j'ai eu un gosse.

Jack rejeta ses cheveux noirs en arrière d'un geste exaspéré.

– Nom de Dieu! Anne, qu'est-ce que tu racontes? Je croyais que tu étais stérile. Mais je suppose que c'est Bonny qui l'était. C'est vraiment pas de chance.

Elle le prit dans ses bras.

– Ça marchera, Jack. Je te le promets. Je ferai tout pour que ça marche.

Elle l'apaisa, lui murmurant des mots doux dans le cou, refoulant ses larmes et sa rancœur.

Vane semblait ne plus jamais vouloir quitter l'île du Vent. Sa bourse était suffisamment garnie de pièces d'or pour qu'il puisse s'offrir de temps à autre une traînée et tout le rhum qu'il voulait. Il se contentait de passer ses journées dans un hamac et ses nuits à raconter des histoires de marins à ceux qu'impressionnait encore son titre de chef pirate.

Mais l'équipage protestait contre cette oisiveté forcée. Anne avait particulièrement hâte de repartir en mer, craignant que le temps qui lui était alloué ne fût bien trop court. Bientôt Rackham et elle contraignirent le capitaine à reprendre la mer et le *Seahorse* leva l'ancre à nouveau.

Vane conduisit sa belle goélette sur les routes maritimes de Floride, à la recherche d'une proie. Il veillait à rester au large de New Providence et le plus loin possible de Woodes Rogers. À deux reprises, la vigie s'écria : « Une voile ! », en apercevant de gros navires marchands, et chaque fois Vane prit la longue-vue, les examina avec attention et annonça qu'ils ne valaient pas la peine qu'on les poursuive. La deuxième fois, tandis que le sloop s'éloignait d'un navire dont les pirates auraient pu s'emparer, Anne protesta violemment.

– Bon sang, capitaine ! Le règlement dit que si on ne prend rien, on ne gagne rien ! C'est sûr qu'ils ne vont pas se rendre tout seuls !

Vane la regarda de travers.

– Tu as pas besoin de me rappeler le règlement, ma fille. Je crois que je le connais aussi bien que les autres, et certainement mieux que toi. Quand tu seras capitaine de ton bateau, tu pourras poursuivre les fantômes à ta guise. Ces bateaux n'en valaient pas la peine.

Elle aurait aimé le défier davantage, mais elle se ravisa. En mer la parole du capitaine faisait loi. Elle savait que même ce désaccord mineur avait été toléré uniquement parce qu'elle était une femme.

Chaque jour elle en avait davantage conscience. Heureusement elle n'avait pas de nausées, pas de faiblesse, mais elle commençait à sentir la vie naître dans son ventre, et elle ne pouvait faire semblant de l'ignorer. Un frémissement parcourait son corps, pareil au doux chant des voiles sous une brise fraîche. Ses seins tendus lui faisaient mal même au contact de sa tunique et son impatience la rendait nerveuse. Elle avait l'impression d'être plus débordante de vie, plus vigoureuse, plus joyeuse que jamais.

C'était la fin du mois de novembre, il ne restait plus beaucoup de vivres et l'équipage commençait à s'impatienter lorsque les matelots aperçurent une petite tache blanche qui brisait la ligne d'horizon. Ils entamèrent la poursuite et rattrapèrent le navire en une demi-journée. Tandis qu'ils s'en approchaient, Vane resta sur le gaillard d'arrière à scruter la mer avec sa longue-vue.

– Il n'a pas hissé les couleurs ni demandé les nôtres.

Soudain l'homme de vigie hurla :

– C'est une frégate française, capitaine !

Au moment même où il prononça ces paroles, des boulets de canon explosèrent à côté du gaillard d'avant.

– Hissez les couleurs de la France ! hurla Vane.

Un drapeau français volé fut hissé aussitôt sur le mât du bateau pirate. Un autre boulet de canon explosa juste devant le *Seahorse*.

– Ils ne sont pas dupes ! Sauvons-nous, les gars ! s'écria Vane.

Stupéfait de recevoir cet ordre, le timonier obéit. Le sloop fit un écart, les hommes se précipitèrent à leur poste, certains marquèrent une pause pour observer les filets d'abordage du navire français qui fonçait sur eux. Ses canons étincelaient au soleil. Il était dangereusement proche, ses basses voiles et ses huniers étaient gonflés par le vent. On pouvait en conclure que le capitaine s'apprêtait à engager le combat.

– Que le diable l'emporte ! s'écria Rackham, pesant de tout son poids sur le gouvernail. À Dieu va !

Anne sentit le bateau donner de la bande et s'incliner fortement en réponse à la poussée des voiles et du gouvernail.

Le *Seahorse* vira vent devant. Les hommes se trouvèrent projetés sur le pont comme des poupées de chiffon, tandis que les vagues se fracassaient contre le bastingage.

Vane, cloué sur place, regardait d'un air ébahi la frégate française approcher. Sa cape était mouillée par l'écume, il s'essuya les yeux machinalement. Rackham se tourna une fois vers lui et hurla :

– Brassez au vent, les gars !

– Fais-leur croire qu'on veut se battre, Jack ! s'écria Anne au milieu de la confusion générale.

Elle s'aperçut que la frégate était à peine à un demi-mille et s'approchait toujours à vive allure. Par miracle, grâce aux zigzags imprévisibles qu'il faisait, le *Seahorse* put éviter les tirs ininterrompus de la frégate.

Vane, surpris, aperçut soudain le mât de hune ennemi qui se dressait dans le ciel. À moins d'une décision rapide, les deux navires allaient entrer en collision.

– Canons à bâbord ! vociféra Vane.

Anne aida à placer le gros canon dans son sabord. Vu l'inclinaison du bateau, les pirates avaient l'impression de combattre à flanc de coteau.

– Feu ! rugit Vane.

Les canons du *Seahorse* lâchèrent une bordée sur la frégate qui le pourchassait, tout en essayant de lui échapper. Les projectiles retombèrent très loin, mais la ruse avait été efficace. Les mangeurs de grenouilles tentaient d'immobiliser leur navire et s'empressaient de ferler les voiles, prêts à combattre cet insolent bateau pirate.

Vane allait ordonner de tirer une autre salve, mais Rackham s'approcha et le saisit par l'épaule.

– Fichons le camp. Fais hisser la voile de misaine et déployer les huniers !

Vane se retourna, décontenancé, et répéta les ordres de Jack comme un automate ; les marins n'attendaient que cela. Ils bondirent pour exécuter les manœuvres. La voile de misaine se gonfla, Anne sentit le *Seahorse* prendre le vent sous la poussée. Quand elle tourna de nouveau son regard vers la frégate française, elle poussa un soupir de soulagement. Le tour était joué. À bord du navire français, les matelots qui s'étaient rendu compte de la nouvelle manœuvre des pirates tentaient fébrilement de retendre les voiles mais ils avaient trop tardé. Leur navire se cabra derrière le *Seahorse* et s'immobilisa presque.

Le temps qu'ils reprennent le vent, le *Seahorse* était déjà loin. Dans une ultime tentative de revanche, la frégate envoya une dernière salve. Il y eut un fracas épouvantable quand le navire pirate fut touché. Sous le regard horrifié d'Anne, le long espar se brisa et passa par-dessus le bastingage avec sa voile, entraînant une partie du gréement et une autre voile dans son sillage. L'homme de vigie se trouva pris dans les cordages, il ne pouvait se dégager des haubans; tiré par le sloop qui fuyait, il était condamné. Vane regarda autour de lui.

– Dégagez-nous. Prenez des haches! Coupez! s'écria-t-il.

– Non, sauvez-moi, les gars! hurla la vigie, les yeux exorbités de terreur. Ne me laissez pas couler!

L'équipage, cédant à la folie du moment et sourd aux cris du pirate, se débarrassa de l'espar à coups de hache. Avec un sifflement qui ressemblait à une longue expiration, la voile fut emportée vers la poupe et disparut dans la mer, entraînant à sa suite des morceaux de gréement. Anne se précipita sur le côté. Elle croisa le regard de l'homme, il avait la bouche grande ouverte de frayeur. Puis l'espar tourna sur lui-même, roula et la dernière image qu'elle eut de la vigie, ce furent des mains qui s'agitaient désespérément avant de disparaître sous l'eau.

– Pauvre diable! Que Dieu garde son âme! dit Rackham d'une voix rauque.

Anne, sous le choc, hocha la tête.

Les hommes étaient furieux d'avoir été aussi près du but. Rackham prétendit qu'ils auraient pu prendre la frégate si on leur avait donné l'ordre de combattre et si le sloop n'avait pas viré de bord au dernier moment.

– Le navire avait peut-être plus de canons, mais on aurait pu s'en emparer. Le jour où je ne pourrai plus attraper des mangeurs de grenouilles en mer, j'accrocherai au mur mes pistolets et je me mettrai à la charrue, dit-il en plaisantant.

Vane défendit la décision qu'il avait prise et le débat fut clos.

– Nom de Dieu! C'est moi qui commande ce navire! Je ne supporterai pas qu'on me tienne tête ou qu'on fasse des tas de suppositions après coup.

Comme le navire faisait voile vers les Bermudes à la recherche d'eau douce, la tension parmi les membres de l'équipage atteignit un point critique. Vane fut le dernier à quitter le sloop, il trouva les pirates rassemblés à l'ombre d'un palmier.

– Qu'est-ce que ça veut dire? demanda-t-il en s'avançant au milieu du groupe.

Anne allait prendre la parole, mais elle se ravisa.

Jack jeta un coup d'œil vers elle, puis vers les autres.

– Assieds-toi, Vane. Nous allons voter pour savoir si tu continues d'être capitaine.

Vane voulut parler, puis se ravisa l'air sinistre, et s'affala sur le sable. Il les regardait l'un après l'autre, le visage haineux.

– L'heure est venue, les gars, de donner votre opinion. Certains pensent que Vane s'est comporté en lâche au combat et nous a fait perdre un bon compagnon : on aurait pu et on aurait même dû s'emparer de la frégate française. Ce n'est pas tout. Il a refusé qu'on fasse des opérations moins risquées alors que les vivres diminuaient et qu'on était à court d'argent. Que ceux qui sont de cet avis disent oui !

Le vote fut concluant. Sur quarante hommes, trente-deux votèrent pour que Vane soit destitué de son commandement. On décida de le débarquer aux Bermudes avec ceux qui avaient voté pour lui. On s'emparerait d'une petite goélette et on la lui donnerait avec des munitions et des vivres en quantité suffisante pour qu'il puisse entreprendre de nouvelles opérations. Après avoir entendu le verdict, Vane, impassible, se leva d'un air digne.

Rackham se tourna vers lui.

– Je suis désolé, Vane. Ici, c'est fini pour toi. Quelqu'un d'autre va prendre le commandement.

Vane ricana.

– Toi peut-être? Et ta donzelle? Tu crois que tu en es capable, mais c'est faux. Quand tu auras à affronter la tempête ou les canons de l'ennemi, quand tu seras encalminé avec tes hommes tellement assoiffés qu'ils en auront presque perdu la raison, alors là tu sauras ce que c'est que de commander. Quand tu auras besoin d'aide, tu seras seul. Quand tous ces brigands te feront des histoires et que tu auras dans tes mains le pouvoir de vie ou de mort, alors tu verras. Je suis content d'être débarrassé de vos sales gueules.

Il s'éloigna à grands pas et ceux qui l'avaient soutenu le suivirent. Anne eut pitié de lui, mais elle était trop fière de Jack maintenant pour laisser sa pitié gâcher sa joie.

Jack regarda Vane partir avec un haussement d'épaules. Quand ceux qui restaient se furent calmés, il intervint :

– Maintenant on passe à la suite, messieurs? Qui va prendre le commandement à sa place?

Le vote fut presque unanime. Dans le soulagement et l'espoir qui accompagnent le changement, la plupart votèrent pour que Rackham devienne leur nouveau capitaine. Trois, en guise de plaisanterie, votèrent pour Anne. Ils se souvenaient qu'elle avait donné l'ordre de tirer sur la frégate. Anne se contenta de rire.

– Je donne mes voix à Jack. Il commandera le bateau et moi, je commanderai Jack.

Les pirates s'esclaffèrent et lui tapèrent dans le dos. Il eut la bonne grâce de sourire.

Vue du pont, la mer était encore plus belle. Les innombrables criques et récifs, les bancs de sable traîtres et les îlots ressemblaient à un décor féerique qu'il fallait explorer maintenant que Jack était capitaine. Le sloop était porté par le vent comme un oiseau. Anne savait qu'à quatre-vingts milles à l'ouest se trouvait la côte de Floride et, à l'est, les principales routes maritimes empruntées par les navires qui faisaient la navette entre les Antilles et New York. Mais tout cela semblait bien lointain. Son seul univers était ce petit bateau rapide. Ce qui comptait à ses yeux, c'étaient le *Seahorse*, Jack, l'équipage, et elle avait de plus en plus conscience de l'étranger qui vivait en elle.

Son ventre commençait à s'arrondir, mais elle portait sa tunique par-dessus son pantalon qu'elle ne serrait pas à la taille. Jusque-là, on ne s'était aperçu de rien. Elle remarqua que Jack ne lui faisait plus l'amour avec la même fougue, mais elle mit sa réserve sur le compte de son sens des responsabilités à l'égard de l'enfant qu'elle portait. Parfois il lui arrivait d'oublier qu'elle était enceinte et elle grimpait sur les ponts, travaillait et se battait aux côtés des autres membres de l'équipage. Parfois elle ne pensait qu'à son corps et, soudain, elle était tout émerveillée en songeant au petit être qui grandissait lentement en elle.

Le changement de capitaine sembla porter chance au *Seahorse*, car dès qu'ils eurent quitté les Bermudes, ils rencontrèrent un navire marchand lourdement chargé. Anne avait hâte de se battre ; même le pont semblait vibrer sous ses pas. Jack amena le navire tout près de la goélette, tandis qu'Anne veillait à ce que l'équipage reste caché sous le bastingage. Elle entendit alors la voix du capitaine de l'autre bateau.

– Quel est le nom de votre navire ? D'où venez-vous ?

La voix rauque de Calico Jack retentit :

– De la mer !

Les deux navires s'entrechoquèrent à angle droit. Anne vit le gréement et les espars se détacher, dispersant les hommes comme des oiseaux effrayés.

– À l'abordage ! s'écria Anne.

Avec des hurlements sauvages, les pirates surgirent par-dessus le bastingage, et taillèrent en pièces les ennemis avant qu'ils se soient ressaisis.

– Ce soir on va faire des veuves, les gars ! beugla Jack.

Anne alluma la mèche d'un autre canon. Elle vit le boulet exploser en plein sur le pont du navire marchand.

Se ruant à l'abordage avec les autres, elle se hissa dans les haubans, pourfendant un homme qui voulait la repousser. Des cris de douleur et de rage, la déflagration des mousquets et le cliquetis des épées parvenaient indistinctement à ses oreilles ; elle était étourdie par le feu et la fumée.

Tandis que Jack, sur le pont du navire ennemi, croisait l'épée avec un matelot, Anne entendit le choc des lames. Jack transperça l'homme qui s'effondra. Le compagnon du matelot poussa un cri de guerre, menaçant Jack de son arme. Jack l'abattit sans peine. Il s'écroula avec un bruit sourd, comme un sac de farine qu'on éventre.

Jack s'écria :

– Coupez les cordages, les gars ! Empêchez ce foutu rafiot d'avancer !

Anne se tapit au moment où une balle lui effleura le visage en sifflant. Ses genoux se dérobèrent sous elle. Elle sentit un frémissement dans son ventre sur lequel elle posa la main et gémit en silence, se laissant glisser du gréement sur le pont. Avec soulagement elle entendit le capitaine du navire marchand crier :

– Grâce ! Nom de Dieu ! Je vous demande grâce ! Tas de

fripouilles! Espèces de brigands! Vous valez pas plus cher que des nègres! Vous n'avez pas d'honneur! grognait-il tandis que son équipage était heureux de jeter bas les armes.

Les hommes se séparèrent; après le chaos, ce fut le calme. Les ponts ressemblaient à un charnier, pourtant il y avait peu de morts.

Çà et là des pirates poussèrent des hourras, tandis que Jack, pareil à un spectre triomphant, le pantalon rouge de sang, s'écriait :

– Il est à nous, les gars!

Dans la cale du navire marchand se trouvaient plusieurs énormes barriques de vin. Les pirates se jetèrent dessus comme des bêtes assoiffées. Ils trouvèrent quelques bouteilles de rhum dont ils firent sauter le bouchon d'un coup d'épée et bientôt la fête battit son plein. Tout en s'enivrant, les pirates et leurs nouvelles recrues échangeaient les derniers ragots qui circulaient d'un bout à l'autre de la côte. Anne se tenait un peu à l'écart. Ses cheveux étaient retenus par son bonnet, sa tunique n'était pas serrée à la taille. Parmi les nouveaux pirates, peu la remarquèrent, mais ils étaient loin de deviner quelle était sa véritable identité. Elle sursauta en entendant parler de quelqu'un qui ne lui était pas inconnu.

– Ouais, c'est vrai. Stede Bonnet a été capturé avec vingt-deux de ses hommes.

– Et Barbenoire? demanda quelqu'un.

– Oh! Ce fumier a réussi à s'en sortir. Il a pris Bonnet sur son bateau après que cet imbécile eut obtenu le pardon. Ensuite ils ont écumé les côtes des Carolines jusqu'à ce que Teach en ait assez de ce nigaud. Il s'est emparé de tout le butin, a trompé Bonnet, et l'a laissé, lui et ses hommes, sur un banc de sable à se tourner les pouces! Bonnet s'en est tiré et a essayé de rattraper Teach. Ce qu'il aurait pu faire s'il y était parvenu, je l'ignore. Toujours est-il que Bonnet est tombé sur un navire de guerre au large de Charles Town, le colonel William Rhett à votre service! Bien entendu, celui-ci était encore fou furieux contre Teach et Bonnet qui avaient assiégé son port. Il a ramassé Bonnet dans la mer comme si c'était une tortue ivre et l'a ramené à Charles Town, les fers aux pieds!

Anne était assise, pensive. Elle sursauta lorsqu'une vague s'abattit soudain sur un hublot. De l'écume verte glissa le long de la vitre. « Oh, l'imbécile ! se dit-elle. Il a réussi à s'en sortir, il a obtenu le pardon, tout ça pour se faire avoir par Teach ! Le scélérat ! »

Elle s'éloigna du groupe, s'approcha du bastingage et contempla la mer. Elle appuya sur son ventre pour calmer la douleur. Stede Bonnet... elle l'avait toujours imaginé loin de tout danger dans les bras de sa femme alors qu'il était quelque part en mer. Elle se demandait comment il avait pu être assez stupide pour se faire duper par Teach, pas une seule fois mais deux, à ce qu'on disait. La colère et la tristesse l'accablaient. Le cœur lourd, elle baissa les yeux sur sa tunique. On ne voyait encore rien, à moins d'être au courant. Cela faisait des siècles qu'elle n'avait pas entendu la voix de Bonnet. Elle se souvint de la douceur de ses lèvres sur les siennes, de son amour sans doute le plus tendre qu'elle ait jamais connu. C'est lui qui lui avait enseigné les mots pour exprimer ce qu'elle ressentait face à la mer ; lui qui l'avait comprise sans qu'elle dise un mot. Et maintenant il allait être pendu.

Elle se rappelait avec précision la dernière pendaison à laquelle elle avait assisté à Charles Town, les soubresauts dérisoires du moribond, les gens qui se bousculaient pour voir. Elle ne supportait pas d'imaginer Stede, avec sa belle redingote et ses manchettes de dentelle de Bruges, soumis à une telle humiliation et à une telle souffrance. En un instant, sa décision fut prise. Elle songeait à tout ce qu'elle pourrait faire et ses pensées tourbillonnaient dans sa tête. Elle retourna aussitôt dans la cale pour en savoir plus.

Jack buvait en compagnie d'autres hommes sur le pont arrière quand elle l'aperçut. Il avait les yeux injectés de sang tant il avait absorbé de rhum et de vin. Elle l'amena à l'écart.

– Jack, Bonnet a été capturé !

Il l'observa avec calme.

– Ouais, ma belle, je viens de l'apprendre. Quelle honte ! C'est un brave homme, bien qu'il ne soit pas fait pour la mer.

Anne lui sourit.

– Oui, c'est vrai. Ça me fait plaisir de t'entendre dire ça. Jack, il faut le sauver de la potence!

Jack écarquilla les yeux.

– Le sauver de la potence? Ne sois pas folle, ma chérie! Il est dans une prison de Charles Town en pleine ville!

– Non, Jack, dit-elle d'un ton pressant. Ce n'est pas vrai! Il est chez le marshal. Je sais exactement comment le sortir de là. Quand j'étais jeune, je suis allée à des bals dans cette maison. Je sais qu'on peut réussir! On ne peut pas le laisser se faire pendre!

– Et pourquoi pas, Anne? Moi, il me laisserait tomber, j'en suis sûr.

– Peut-être. Mais moi, je ne l'abandonnerai pas. Je ne veux pas qu'on le pende.

Elle alla jusqu'au bastingage une fois, deux fois, puis revint sur ses pas, les bras croisés, l'air décidé.

– Jack, je vais lui porter secours. Viens-tu avec moi?

– Tu n'iras pas à Charles Town, moi non plus d'ailleurs! Bon sang, tu as une cervelle de moineau! Je suis le capitaine de ce bateau et je t'ordonne de ne pas le quitter. Non, je ne vais pas risquer ma vie pour un dandy à perruque qui a couché naguère avec ma femme. Bon Dieu! Tu m'en demandes trop, ma chérie!

Les yeux de Jack étincelaient, mais elle n'y vit plus la tendresse d'antan. Il jeta un coup d'œil vers les hommes sur le pont qui l'observaient. Avec calme, elle revint à la charge.

– Jack, je comprends tes sentiments. Je ne te le demanderai pas une seconde fois. Mais je ne peux me résoudre à laisser cet homme mourir sans lever le petit doigt. Il n'y a que moi qui puisse l'aider. Si tu refuses, j'irai seule.

Il se mit à vociférer une fois de plus, mais elle l'arrêta.

– Jack, j'ai décidé d'y aller!

Il la saisit par le bras et la poussa sur le côté, là où on pouvait à peine les entendre.

– Si tu y vas, Anne, je te jure que je ne te prendrai jamais plus dans mon lit! Jamais plus! s'écria-t-il, fou de colère.

Il baissa la tête et son regard la transperça. Il était si furieux que ses pupilles se contractèrent.

– Qu'y a-t-il, Jack? murmura-t-elle sèchement. Tu as peur? Je te jure que j'ai un plan...

Il l'arrêta net d'un brusque haussement d'épaules.

– Je ne veux pas entendre parler de plan pour aller sauver un de tes anciens amants. Il s'est fait prendre, il est fichu. Il n'aurait jamais dû se lancer dans la piraterie et tu le sais bien. Il n'en a ni l'envergure ni le courage. Et je ne vais pas risquer ma peau pour lui, et toi non plus.

Elle ferma presque les yeux et eut l'impression de le voir pour la première fois. Elle ne pouvait le comprendre, elle ne le souhaitait d'ailleurs pas.

– Je crois que tu as peur, *capitaine* !

Elle insista sur ce mot, mais il resta de marbre.

– Moi, je n'ai pas peur. Et jusqu'à nouvel ordre, c'est moi qui décide où et quand je risque ma peau.

Elle s'éloigna brusquement et descendit d'un air digne sur le pont inférieur. Le regard de Jack lui brûlait le dos comme un fer rouge.

Anne exposa les faits à l'équipage. Par une courte majorité, les pirates décidèrent de partir pour l'île Sullivans, au sud de Charles Town, et d'attendre au large. Plusieurs d'entre eux s'opposèrent au plan. Mathias Bench, le charpentier, protesta.

– Les gars, on va tous se faire prendre par les hommes du roi en attendant ce foutu dandy et la donzelle !

Mais Hestor, le maître de manœuvre, rétorqua :

– Bonnet est un type bien, Bench. Nom de Dieu ! Il mérite mille fois plus d'être sauvé que ce dingue de Teach. Sans ce salaud, il serait tranquillement en mer. Je n'irai pas à terre, mais je pense qu'on peut attendre une nuit, le temps qu'elle fasse ce qu'elle a à faire. Elle a du cran, dit-il en se tournant vers Anne. Tu dois être de retour avant l'aube, ma belle, sinon on s'en ira. Si quelqu'un est capable de sortir ce lascar de ce pétrin, c'est bien toi.

Deux nuits plus tard, Anne mena le sloop vers une crique à l'abri des regards, au sud de Charles Town, et fut conduite à terre, traînant derrière elle un petit canot. Au moment où elle grimpa à bord de l'embarcation, elle se retourna et dit une dernière fois au revoir à Jack. Il se tenait sur le gaillard d'arrière, le regard ténébreux, immobile, le visage impassible. Anne tourna le dos au navire et regarda par-delà les flots en direction des bosquets de chênes noirs sur le rivage. Elle avait seulement vingt-quatre heures devant elle.

Il lui fallut presque toute la nuit et une partie de la matinée pour arriver chez Charley Fourfeathers. Elle suivit les petits sentiers qui longeaient la rivière pour ne pas se montrer, la mort dans l'âme en pensant à son père. Quand elle parvint à la cabane de Charley dans les bois, c'est à peine s'il la reconnut car elle était habillée en marin, tout égratignée et éraflée, ses cheveux dissimulés sous un vieux bonnet. Elle lui exposa brièvement les grandes lignes de son plan, tout en sortant deux de ses plus belles robes de son petit balluchon.

Ce soir-là, Broad Street, où se trouvait la maison du marshal, résonnait du brouhaha des festivités. Des voitures noires venaient jusqu'à la résidence du gouverneur et déposaient par petits groupes des dames élégamment vêtues et les messieurs qui les escortaient. Des domestiques noirs en livrée, alignés le long des rues, empêchaient la populace d'approcher. Face à la résidence, une foule s'était rassemblée pour admirer le brillant spectacle qu'offrait le bal du gouverneur.

La ville était en liesse, car la capture de Bonnet et de ses hommes signifiait que dans les semaines à venir il allait se passer des tas de choses intéressantes. L'assistance serait sans aucun doute nombreuse au procès et les pendaisons qui s'ensuivraient ne pouvaient manquer d'attirer les curieux de tous les coins du comté ; il en viendrait peut-être même de Caroline du Nord.

La façade de la maison du gouverneur était ornée d'une guirlande de lampions ; il y en avait autant qu'on avait pu en trouver, si bien qu'une large traînée de lumière éclairait le perron et s'étendait jusqu'à la salle de bal. Cependant une seule lanterne était accrochée au-dessus de la petite porte qui donnait accès à la cave. Sous la lampe, dont la lumière était masquée par les buissons et les arbres à proximité, deux soldats adossés au mur montaient la garde.

Lorsque l'horloge de l'église Saint-Philippe sonna dix heures, les soldats commencèrent à s'impatienter. Ils se retournèrent pour écouter la musique qui venait de la salle de bal.

Stockdale, le plus jeune, tapa des pieds pour se dégourdir les jambes.

– Bon Dieu! C'est long. C'est bien notre veine d'être de garde justement ce soir.

– Oui, répondit son camarade, Maulby. Si je ne peux pas danser, j'aimerais autant m'asseoir.

– Ma foi, ça serait du beau si tu dansais avec ces belles dames, espèce d'idiot. Il y en a pas une qui te laisserait même lui toucher le bras.

– Qu'elles attrapent toutes la vérole, dit-il en éclatant de rire. À ce qu'on m'a dit, y en a plus d'une qui l'a déjà.

– Oui, ajouta Stockdale en souriant. Sous les cotillons, il y a pas de différence dans le noir.

Il se hâta de fourrer sa pipe dans la poche de son uniforme car il avait entendu des pas feutrés dans l'allée.

– Qui va là? cria Maulby. Halte, qui êtes-vous?

Le rire cristallin d'une femme parvint jusqu'aux soldats, tandis qu'Anne émergeait de l'ombre et surgissait dans la lumière de la lanterne. Elle portait sa plus belle robe vert émeraude, ses cheveux roux couleur de feu tombaient en boucles sur ses épaules, et des diamants se nichaient dans le creux de ses seins. Sa jupe était ample à la taille, mais son corsage à peine fermé par un lacet était très décolleté. Elle avait une démarche mal assurée et zigzaguait d'un côté à l'autre de l'allée. En traînant les pieds, parfois en trébuchant, elle s'approcha de Stockdale et s'appuya doucement sur son bras.

– Oh! là! là! Vous m'avez fait peur, messieurs!

– Madame, je crois que vous vous êtes égarée, bégaya Maulby, en lorgnant les seins d'Anne. Pour arriver à la salle de bal, il faut monter les marches du perron.

Anne pouffa de rire; son rire, pareil à un gazouillis, exprimait la joie de vivre.

– Mais je *suis allée* au bal, capitaine. Et le bal est venu vers moi, je crois.

En titubant, elle se laissa tomber dans les bras de Stockdale, tandis qu'elle posait délicatement ses mains sur ses seins.

– Ma parole, poursuivit-elle, je crois que je suis soûle comme... une catin!

Elle eut un hoquet.

– Oh ! Je vous demande pardon, messieurs, j'ai bien trop perdu la tête ce soir pour qu'on me laisse aller seule.

Stockdale lui prit le bras et l'emmena vers la lumière.

– Je vais vous reconduire, madame. Vous ne pouvez pas rester...

Anne se dégagea d'un mouvement violent, en faisant une moue pour marquer son irritation.

– Non, milord, je ne retournerai pas dans cet endroit où l'on étouffe. J'ai besoin d'air.

Elle s'avança vers le banc qui se trouvait au bout de l'allée, à demi caché par les buissons.

– Il faut que je m'assoie un instant pour me reposer. *Ensuite*, je retournerai là-bas, et je danserai, je danserai encore et encore.

Elle tendit les bras à Stockdale.

– Est-ce que vous dansez, milord ?

Elle le fit virevolter dans l'allée, en riant, et puis, soudain, tomba dans ses bras.

– N'y a-t-il pas d'endroit où je puisse me reposer juste une minute ?

Stockdale regarda son camarade, avec un sourire en coin.

– Si, milady, je vais vous aider à aller jusqu'au banc.

Il lui prit le bras de nouveau et elle se serra contre lui. Il pouvait sentir la rondeur de ses seins. Soudain elle sembla s'empêtrer dans ses jupes et, enlaçant le jeune homme, elle se blottit dans ses bras.

– Oh, milord, vous êtes si fort ! Vous ne ressemblez pas à ces dandys qui sont là-haut.

Maintenant Maulby souriait de bon cœur en faisant des clins d'œil au jeune soldat.

– Vas-y, mon gars ! Prends ton temps, puisque la dame n'est pas pressée, dit-il en ricanant, puis viens me relayer.

Anne lui fit un sourire enjôleur.

– Pas pressée du tout, capitaine. Aucun endroit où aller et personne qui se soucie de ce que je fais.

Elle pouffa de rire encore une fois et se laissa entraîner vers le banc qui était à deux pas de là, à l'abri des regards. Stockdale la laissa s'affaler sur le banc et avança vers elle une main hésitante, tout en regardant d'un air anxieux par-dessus son épaule. Il tremblait en pensant au plaisir qu'il allait connaître. Anne sentait la chaleur qui s'exhalait de son corps dans l'ardeur du désir, tout comme elle s'exhale du corps d'un cheval qui vient de galoper. Elle approcha la tête de celle du jeune homme et lui chuchota à l'oreille :

– Enlève ce casque stupide, mon garçon, afin que je puisse te passer la main dans les cheveux.

A peine s'était-il débarrassé de son casque que Charley Fourfeathers surgit de derrière les buissons et lui assena un coup de massue sur la tête. Le bruit sourd que fit le bois sur le crâne de Stockdale fut suivi d'un soupir alors qu'il s'effondrait recroquevillé aux pieds d'Anne. Elle et Charley l'étendirent rapidement sur le sol derrière le banc. D'un pas tranquille, elle remonta l'allée en direction de la lumière.

Maulby n'en crut pas ses yeux. Cette jolie femme venait tout droit dans ses bras en titubant comme une ivrogne, elle était échevelée, son corsage ouvert découvrait un de ses seins.

– Où est mon camarade? demanda-t-il, la gorge serrée.

Anne se mit à rire doucement.

– Il se repose, milord. Il n'était pas... à la hauteur de ce qu'on pouvait espérer.

Elle se rapprocha de Maulby d'un air aguichant.

– Et vous, mon bon monsieur? Si on lui montrait comment on fait?

Maulby passa nerveusement sa langue sur ses lèvres.

– Oui, milady. Je ne vous décevrai pas. Dès que mon camarade sera de retour.

Anne haussa les épaules avec dédain.

– Je n'accepte pas qu'un homme me fasse attendre.

Elle fit demi-tour et descendit l'allée en zigzaguant pour retourner dans l'obscurité.

Maulby hésita un quart de seconde, partagé entre le désir que cette dévergondée éveillait en lui et son devoir. La décision fut facile à prendre. Il courut après Anne en criant :

– Attendez, madame! Attendez-moi!

Anne se retourna, et c'est tout juste s'il ne se précipita pas dans ses bras. Elle rit et se pressa contre lui, en mettant ses deux mains sur le bas de ses reins.

– Je peux vous dire, monsieur, que cela vaut la peine qu'on vous attende.

D'un geste désinvolte elle fit tomber le casque du soldat, auquel Charley, sortant de l'ombre, réserva le même sort qu'à son camarade. Maintenant les deux hommes étaient étendus dans l'obscurité. Ils avaient complètement oublié la belle qui les avait attirés dans ce guet-apens.

Anne serra rapidement Charley dans ses bras et prit l'autre robe qui était derrière le buisson. Elle se pencha et fouilla dans les poches de Maulby pour trouver la clé. Elle remonta l'allée d'un pas léger, en défroissant ses jupes, ouvrit la petite porte et se glissa à l'intérieur.

Au bout du couloir obscur une porte était entrouverte, un rai de lumière filtrait par-dessous. Anne se colla au mur et avança avec précaution le long du couloir, relevant ses jupes pour éviter qu'elles fassent le moindre bruit. Son regard fouilla la pièce. À l'intérieur, une chandelle brûlait sur la table. Assis, tournant le dos à la porte, Stede Bonnet écrivait.

Le cœur d'Anne battit à tout rompre quand elle le vit. Elle joignit les mains pour se calmer. Le grincement des gonds attira l'attention de Bonnet. Il leva les yeux. Anne était debout dans l'embrasure de la porte, éclairée par la lumière de la chandelle. Il fut stupéfait.

Anne sourit, les lèvres tremblantes.

– Stede, c'est moi, Anne. Je suis venue te sauver.

Elle regarda derrière elle, se dirigea vers Bonnet et lui jeta la robe dans les bras.

– Nous n'avons pas le temps de parler, mon amour. Mets ça.

Comme toujours, elle apaisa son angoisse en passant à l'action.

Stede enleva sa chemise d'un geste rapide et enfila la robe par-dessus son pantalon. « Dieu merci, il est bien rasé », pensa Anne tandis qu'elle lui mettait une capeline sur la tête et arrangeait ses boucles pour qu'elles dépassent de chaque côté.

– Viens, murmura-t-elle en l'entraînant, il y a quelqu'un qui attend pour nous aider.

Ils se glissèrent le long du couloir, sortirent, descendirent l'allée, s'enfoncèrent dans l'obscurité et disparurent.

Anne, Bonnet et Charley traversèrent sans bruit les petites

rues de Charles Town avant d'atteindre par-delà l'embouchure de la Cooper la crique où ils avaient caché un petit canot comme on en utilise dans les plantations. Une fois arrivés là, Anne enfila une veste de marin et laissa ses cheveux tomber sur ses épaules. Stede se débarrassa prestement de sa robe et étreignit Anne avec passion.

– Oh mon Dieu, Anne! Mon amour! Quels risques tu prends pour moi!

Elle l'embrassa tendrement.

– Je ne pouvais supporter l'idée que tu te balances au bout d'une corde.

Elle se dégagea de ses bras et se retourna, méfiante.

– Viens. Nous ne sommes pas encore hors de danger.

Elle fit monter Bonnet en toute hâte dans le canot. Charley et lui ramèrent dans la nuit pour gagner l'île Sullivans. La marée ne leur était pas favorable et, plutôt que de ramer à contre-courant, ils décidèrent de débarquer et de continuer à pied en traversant l'île.

Le colonel Rhett avait bondi hors de son lit en apprenant que le pirate qu'il avait capturé lui avait échappé. Furieux, il organisa rapidement une chasse à l'homme de grande envergure, car il était bien décidé à rattraper son prisonnier.

Anne et ses deux compagnons se faufilèrent à travers des fourrés de myrte et franchirent des dunes. C'est seulement alors qu'Anne comprit son erreur, mais il était trop tard pour retourner au bateau. Il leur fallait traverser l'île qui était très longue pour atteindre le canot dissimulé entre des bancs de sable, et puis ramer jusqu'au *Seahorse* qui attendait au-delà de la barre. Anne avait enlevé sa robe et remis un pantalon, mais Stede s'était foulé la cheville et était incapable de marcher à leur allure. Leurs poursuivants n'étaient pas loin derrière eux.

Anne entendait les coups de feu qui signalaient leur présence, les cris des hommes, les aboiements des chiens. Ils comprirent alors qu'ils étaient faits comme des rats. Même s'ils pouvaient gagner le canot à temps, ils mèneraient Rhett directement au *Seahorse* encalminé derrière la barre. Anne savait que Rhett était assez fin stratège pour encercler l'île avec ses navires de guerre de façon à épauler son escouade terrestre. De plus, à mesure que les bruits se rapprochaient, elle se rendait compte qu'ils ne réussiraient jamais à atteindre le canot.

– Dépêche-toi, Stede! Il faut que tu marches plus vite, cria-t-elle alors qu'ils se frayaient un chemin à travers les broussailles.

Charley le soutenait, mais Bonnet, épuisé par son incarcération, était presque à bout de forces.

Finalement ce fut lui-même qui demanda une pause. Comme ses poursuivants se rapprochaient, il s'arrêta, haletant, et s'adossa à un arbre.

– C'est inutile. Je suis le gibier qu'ils veulent, dit-il. Vous n'êtes que des comparses. S'ils nous attrapent, vous serez pendus, vous aussi. Ne bougez pas, je vais les éloigner.

Anne lança un regard à Charley dans l'obscurité. Il se contenta de hausser les épaules. La mort dans l'âme, elle s'avança sans trembler vers Bonnet pour qu'il puisse l'étreindre.

– Je suis navrée, Stede. Nous avons fait tout ce que nous avons pu pour toi.

Il l'embrassa passionnément.

– Je le sais. Je te suis reconnaissant. Le souvenir des moments que nous avons passés ensemble me donnera du courage jusqu'à la fin.

Il la regarda une dernière fois, se retourna et partit dans la direction opposée, en traînant la jambe.

Anne se tourna vers Charley, les yeux brillants de larmes.

– Ils vont sûrement l'attraper, murmura-t-elle.

Charley la prit par le bras et l'emmena en direction de la plage.

Quand ils atteignirent le canot, un cri de triomphe retentit au loin. « Ils l'ont pris », pensa-t-elle. Elle imagina soudain Stede : sa silhouette se détachait au clair de lune, il franchissait une dune en boitant, une meute de chiens à ses trousses.

Tandis que Charley ramait vers le sloop, Anne essaya de le persuader de se joindre aux pirates, plutôt que de risquer la capture. Il regarda le bateau qui attendait comme un animal docile. La mer étale était une nappe d'argent sous un ciel sombre sans nuage, dont les extrémités viraient au vert à l'approche de l'aube, comme le bronze qui subit la patine du temps.

– Ici, tu n'es qu'un esclave, Charley. En mer, tu serais libre.

– Qui n'est pas esclave? répondit-il d'un ton solennel. On est tous l'esclave de quelque chose. Chacun choisit son maître.

Sur son visage brun sillonné de rides, apparut un sourire, ce qui était exceptionnel.

– Vous êtes de la mer. Moi, je suis de la terre.

Il sortit de son justaucorps une petite étoile de mer et la lui donna.

– Voici un porte-bonheur pour vous.

Elle lui sourit gentiment.

– Merci, Charley. Elle est magnifique.

Elle contempla un instant la petite créature rouge à cinq branches, puis se pencha par-dessus le bord du canot et la laissa tomber dans la crique.

– Ainsi, je saurai toujours où elle est.

Il approuva d'un signe de tête.

Quand ils atteignirent le bateau, elle se retourna, lui fit un signe d'adieu, puis monta sur le pont par l'échelle de corde.

Alors qu'elle était presque arrivée en haut, une douleur fulgurante dans le dos la cisailla. Elle s'arrêta, ferma les yeux, et surmonta la souffrance par un effort de volonté. Elle se demanda si cette soirée n'avait pas été pour elle une épreuve pire que la disparition de Stede Bonnet.

Anne savait maintenant qu'elle n'allait plus rester longtemps en mer. Elle ne se sentait pas bien. Ses seins étaient gonflés; son ventre commençait à devenir encombrant. Finalement Hestor, le quartier-maître, s'approcha d'elle, son bonnet à la main. C'était une façon de se comporter si inhabituelle chez un membre de l'équipage qu'Anne fut aussitôt sur ses gardes.

– Ça ne sert à rien d'essayer de le cacher, ma fille. Le bruit court partout dans le bateau.

– Quel bruit, l'ami?

Elle avait déjà compris, mais elle se demandait si elle allait répondre à son défi par le bluff.

– Que tu es enceinte.

– Est-ce que c'est Jack qui te l'a dit?

– Ça n'a pas été nécessaire, Anne. Ton ventre, il est suffisamment gros pour répandre la nouvelle à tous les vents. Il est temps que tu débarques. Les hommes ne voudront pas faire d'abordage avec toi et mettre ta vie en danger... et celle du gosse de Rackham.

Anne songea à Jack. Il avait été content de la voir quand elle était revenue saine et sauve de l'île Sullivans. Pourtant, elle avait le sentiment qu'ils étaient de plus en plus étrangers l'un à l'autre. Ils partageaient toujours la même couchette, mais elle se demandait si leurs cœurs étaient toujours à l'unisson. Elle le surprenait souvent en train de l'observer quand elle déambulait sur le pont, et il était impossible de lire sa pensée au fond de ses yeux. Auparavant, elle pouvait toujours y voir son propre reflet; à présent elle n'y voyait que des ombres.

Désormais elle en avait assez du mouvement continuel, de la chaleur, du travail. Elle rêva soudain d'une plage toute blanche où il ferait bon vivre. Elle aurait aimé y trouver refuge.

– C'est vrai, Hestor, je suis enceinte. Et quand nous parviendrons à Cuba, je mettrai volontiers pied à terre. Mais pour le moment, peux-tu garder cela pour toi? Je ne peux supporter que les hommes me dévisagent.

– Ils n'ont jamais cessé de te dévisager, dit Hestor en souriant, et je doute qu'ils cessent maintenant. Mais je ne dirai rien si j'ai ta parole.

– Tu l'as. Jack est-il d'accord pour que je sois débarquée à Cuba?

– C'est lui qui m'envoie.

Anne débarqua donc à Cuba. Rackham l'installa dans une petite maison sur la plage de Zagoa. C'était un village espagnol à moitié en ruine, avec des tavernes, des bordels et des marchés indigènes. Elle en voulait beaucoup à Jack de son indifférence, qu'elle interprétait comme un abandon. Il est vrai, Jack était avec elle pour le moment. Mais elle savait qu'il ne séjournerait pas à Cuba durant les quatre mois qui restaient jusqu'à son accouchement. Presque tout de suite il commença à s'impatienter et à parler de prises perdues, d'occasions manquées et des dangers que présentait un repos trop long dans les mers espagnoles.

Souhaitant être agréable à Anne, Jack fit venir Meg Moore pour qu'elle soit présente pendant ses couches. Quand Meg apprit qu'Anne ne pouvait quitter Zagoa et attendait un enfant, elle sauta à bord d'un navire marchand en partance pour l'île et arriva sans tarder.

Anne la serra dans ses bras sur la plage, en riant tant elle était heureuse. Meg était prête à l'aider. Elle arriva le sourire aux lèvres, mais elle apportait une mauvaise nouvelle : Stede Bonnet avait été pendu le 18 novembre 1718, à White Point.

Quand elle vit qu'Anne était assez forte pour pouvoir écouter les détails, Meg lui raconta tout ce qu'elle avait entendu dire. Anne frémit en imaginant les scènes que Meg évoquait, mais elle insista pour que Meg poursuivît son récit.

Bonnet avait été repris et aussitôt traduit en justice. Ses camarades, les vingt-deux membres de l'équipage, furent tous pendus sous ses yeux le 8 novembre. Pourtant, on hésita à traiter de façon aussi sommaire un homme qui occupait un certain rang dans la société. Des habitants de la ville, dont le porte-parole était le colonel William Rhett en personne, suggérèrent, à la surprise de tous, que Bonnet soit transféré en Angleterre pour y être jugé.

Sir Nicholas Trott, le président du tribunal qui jugeait Bonnet pour acte de piraterie, opposa son veto. Il refusa de lire son appel à la clémence et condamna à mort le capitaine pirate. Meg précisa qu'elle avait entendu dire que certaines dames de la ville pleurèrent au procès en voyant Bonnet dans le box des accusés. Il portait une perruque et une jaquette élégante, et il tenait à la main un livre de poèmes qu'il avait écrits.

Bonnet fut transféré à White Point, attaché par une corde fixée à l'arrière de la charrette qui transportait son cercueil. Sur tout le front de mer il y avait une foule de spectateurs ; une petite fille se précipita vers le condamné auquel on avait mis des menottes et plaça un petit bouquet de fleurs sauvages entre ses mains. Quand la voiture arriva au gibet, on constata que des gredins, désireux de témoigner leur compassion à Bonnet, avaient commis un acte de sabotage : pendant la nuit, ils avaient scié le bras de la potence. On se hâta de la réparer. Bonnet dut monter sur son cercueil pour atteindre la plate-forme. On lui glissa le nœud coulant autour du cou, et il attendit, pendant que les pasteurs priaient pour lui et que les notables se rassemblaient.

– Maudits soient ces scélérats! s'écria Anne lorsqu'elle entendit ce récit, les yeux embués de larmes. Si Dieu existe, qu'ils aillent en enfer.

Elle se passa la main sur les yeux.

– Est-il mort dignement, Meg?

– Oui, si l'on considère les circonstances. La corde était trop courte, si bien que quelques gars durent lui empoigner les jambes et tirer dessus jusqu'à ce qu'il s'arrête de remuer. À ce qu'on rapporte, voilà ce qu'il a dit avant de mourir : « En enfer, ça doit être plus amusant qu'ici! »

Anne hocha la tête.

– Ça lui ressemble bien, dit-elle en souriant, mais sa bouche tremblait. Comme si l'enfer n'était pour lui rien d'autre qu'un mauvais moment à passer. Il aimait tant la mer que la terre semblait lui brûler les pieds. Et qui d'autre ce salaud de Trott a-t-il expédié avec lui? ajouta-t-elle en soupirant.

Tandis que Meg énumérait quelques noms, Anne gémit et se voila la face de ses mains. Bob Tucker, un vieil ami de la Jamaïque; John William Smith, un pirate qui était accueilli à la table de son père; enfin Jim Levitt de New Providence. Elle avait maintes fois levé sa chope de bière pour trinquer avec Jim à la Chambre des lords. Des amis, des compagnons... vingt-neuf avaient été pendus, s'étaient balancés au-dessus du front de mer comme du linge se balance au vent, et étaient enterrés à la limite des vagues, si bien que leurs ossements seraient à découvert aux grandes marées.

Deux jours plus tard, alors qu'Anne était encore sous le choc de la mort de Bonnet, Jack entra en trombe dans la maison avec une autre mauvaise nouvelle.

– Teach a été tué au large du cap Fear. Un larbin du roi du nom de Maynard l'a eu! On dit qu'il a reçu cinq balles dans la peau et qu'il a été blessé vingt-cinq fois au sabre d'abordage avant de mourir.

Anne sentit un calme surnaturel l'envahir. Ned était mort, lui aussi. La nasse de Rogers se refermait rapidement.

– Il n'a pas eu une vie facile et il n'a pas voulu non plus que sa mort soit facile.

– C'est vrai, acquiesça Jack, le visage assombri. Mais les salauds lui ont coupé la tête comme des sauvages et ont jeté le reste en pâture aux requins.

– Il disait toujours qu'il valait mieux être mangé par les poissons que par les vautours, déclara Anne en détournant la tête. Au moins son vœu a été exaucé.

Jack avait les yeux vides. Il s'effondra dans un fauteuil.

– On est foutu, Anne! La mer grouille de fantômes et de soldats du roi. Peut-être aurions-nous dû accepter le pardon quand on nous l'a proposé.

Anne se souvint de l'audace dont il avait fait preuve lorsque le conseil s'était réuni autour du feu de camp et que Jennings avait parlé de la chance qui leur était offerte. Elle se rappela comment il avait défié et quitté avec fracas les pirates, et comment il avait juré de reprendre la mer avec son navire. Maintenant il n'avait plus le vent en poupe. Il leva les yeux vers Anne qui s'en alla tristement et se retira dans sa chambre.

Le sort de Ned Teach servit d'avertissement à tous les pirates qui se trouvaient aux Caraïbes ou ailleurs.

– Notre beau métier a fini par être gâché, dit Jack.

Anne fut horriblement déprimée, et les jours suivants, elle resta assise sur la plage, impassible. La tête tournée vers le nord en direction des colonies, elle songeait aux hommes qui n'étaient plus.

Le *Seahorse* resta plus d'un mois à Zagoa, assez longtemps pour que l'équipage se retrouve sans le sou. Jack s'efforçait de tenir compagnie à Anne, pourtant elle attendait avec impatience le moment où elle jouirait de la solitude, où elle se retrouverait seule avec le petit être qui grandissait en elle. Comme Jack qui s'ennuyait la harcelait, elle le trouvait assommant.

– Bon Dieu! ce qu'on s'embête dans ce trou pourri! répétait-il si souvent qu'Anne en fut agacée.

Un jour qu'elle était en train d'enfiler des coquillages pour en faire un collier, elle leva la tête et dit :

– Alors, prends le large ! J'aimerais bien pouvoir partir aussi, mais ce n'est pas possible. Et tu ne me sers pas à grand-chose quand tu fais les cent pas comme un lion en cage. J'en viens à regretter de t'avoir connu !

– Tu me désirais tout autant que je te désirais !

Il la tira vers lui pour qu'elle se lève et lui effleura les lèvres d'un baiser.

– Tu as envie de moi maintenant, je le vois.

– Bien sûr ! Comme s'il n'y avait pas encore assez de monde là-dedans. Bas les pattes, bougre d'imbécile ! dit-elle avec un sourire désabusé.

Il la lâcha sans plus attendre.

– Bon, je vais aller en ville voir si je peux persuader quelques bonnes âmes de faire une partie de dés.

– Ici, il n'y a plus de bonnes âmes, Jack.

Il s'éloigna. Il avait pour le moment oublié qu'il s'ennuyait.

Anne posa son collier à terre et alla vers la plage. Comme elle marchait le long du rivage, elle sentit le bébé se retourner en elle. Ce balancement lui donna l'impression d'être un océan où déferlait une lame de fond. La veille elle avait vu qu'une veine avait éclaté sous son genou. Elle ne l'avait pas remarquée auparavant, mais elle avait rencontré des mères de famille dont le ventre, à la suite de nombreuses maternités, était devenu aussi flasque que celui d'une vieille chienne.

Deux mois auparavant, cet enfant qu'elle portait semblait la relier à la terre ; maintenant elle avait l'impression d'être prête à accueillir toute forme de vie. Parfois, quand elle se touchait le ventre, elle éprouvait un choc au contact de cette présence, elle sentait un courant électrique lui parcourir la peau et monter jusqu'à ses seins, comme si des mains minuscules, repliées au plus profond de son être, avaient effleuré le bout de ses doigts, l'espace d'un instant. Certains jours, ses peurs s'accumulaient en elle et l'obsédaient alors qu'elles ne s'étaient jamais manifestées auparavant. Peur de la douleur, peur de la mort, peur d'être anéantie par cette vie même qu'elle abritait. D'autres jours elle se sentait invulnérable, inviolable, la force vitale incarnée.

À Noël une atmosphère solennelle régnait à Zagoa, une ferveur qui n'avait rien à voir avec le laisser-aller et la frivolité païenne qu'elle avait connus à Charles Town. Les Espagnols érigeaient un énorme autel fait de feuilles de palmier et de morceaux d'espars; au centre de l'autel ils plaçaient une petite crèche avec l'effigie en argile de l'enfant Jésus. À gauche du bébé en argile, les indigènes mettaient un personnage fait de feuilles de palmier et de cordages, tendaient un châle bleu qui formait un dais et disposaient des palourdes en cercle tout autour. Accroupis, ils chantaient les louanges de la Vierge et de l'Enfant.

D'un pas tranquille, Anne et Meg étaient allées jusqu'au village pour se distraire. Leur petite maison était bien calme depuis que Jack et son équipage avaient emmené le sloop dans une passe à proximité de l'île pour tendre une embuscade à tout navire qui pourrait s'y engager. À présent le ventre d'Anne saillait de façon inquiétante et même sa robe la plus ample ne pouvait le dissimuler. Elle avait renoncé à porter un pantalon depuis plusieurs semaines. C'était presque comme si l'enfant avait hésité à grossir pendant les six premiers mois et essayait maintenant de rattraper le retard. Elle se frictionna doucement le dos tandis qu'elle retournait chez elle. Il lui avait fait mal tout l'après-midi.

Ce soir-là, alors qu'elle était allongée dans son lit et écoutait le bruit des vagues, elle fut soudain intriguée par une sorte de bourdonnement dans tout son corps. C'était peut-être l'effet du rhum qu'elle avait bu au dîner. Mais elle en buvait tous les soirs. Soudain, elle sentit un léger frémissement au niveau des reins et elle eut l'impression que quelque chose crevait, éclatait avec douceur dans son ventre. Avant qu'elle ait eu le temps de se demander ce que c'était, de l'eau jaillit et lui inonda les cuisses ainsi que le drap.

– Mon Dieu! dit-elle d'une voix haletante. Le bébé.

Elle s'assit en s'aidant des coudes. Une douleur de plus en plus vive lui tenaillait le dos.

– Meg! s'écria-t-elle, le bébé va naître.

Meg, pieds nus, se précipita à son chevet.

– Déjà? Tu ne devais pas accoucher avant au moins un mois.

– Oui, mais regarde! dit-elle en montrant le drap trempé.

– Doux Jésus! Tu as perdu les eaux. Alors c'est bien le moment.

Anne sentit la peur la prendre aux entrailles, mais elle la domina.

– C'est trop tôt. Est-ce que tu ne peux pas arrêter ça?

– Personne ne peut arrêter ça, ma fille, dit Meg en fronçant les sourcils. Le bébé ne va pas tarder à arriver, tu n'y peux rien. Le plus tôt sera le mieux, voilà ce que tu penseras lorsque ça va commencer. Tout ira bien, tu verras.

Elle tira Anne par les mains pour l'aider à se mettre debout.

– Il vaut mieux que tu marches pour le moment, ma fille. Marche pendant que c'est possible. Ne pense pas à la douleur. Est-ce que cela te fait très mal?

Anne fit non de la tête, les yeux écarquillés.

– Mais je sens la douleur. Comme si j'avais des gaz après avoir bu de la bière d'épinette.

– Oui, dit Meg en souriant. C'est exactement ça. Allons, marche!

Pendant trois heures Anne marcha puis s'assit, s'assit puis marcha, se tenant le ventre avec ses mains, le front ruisselant de sueur, jusqu'à ne plus pouvoir mettre un pied devant l'autre. La douleur intense la cisaillait comme une lame bien affûtée, lui déchirait les entrailles, la brûlait. Elle pouvait à peine respirer quand la douleur montait en elle, d'abord à une cadence très lente, puis en se faisant plus vive, plus rapide; elle devenait obsédante et Anne ne pensait plus qu'à son corps. Meg l'aida à se recoucher, mais elle ne pouvait rester immobile. Elle s'accroupit et prit appui sur les mains et sur les genoux. Ses cheveux défaits lui tombaient dans le dos, elle serrait les poings et les éraflait en les frottant sur les draps.

– Bon sang, Meg! ça me traverse le corps comme un torrent de lave.

– Je sais, ma fille, je sais.

– Comment pourrais-tu le savoir? dit Anne, courroucée, en se tordant de douleur. Tu n'as jamais eu ça! Oh, mon Dieu! Voilà que ça recommence.

Elle haletait et poussait des grognements sourds, fermant les yeux et serrant les paupières comme pour se protéger de la souffrance atroce, pareille à la brûlure d'un fer rouge, qui la taraudait. Tantôt Anne se dédoublait et se demandait quel animal en cage pouvait faire un tel bruit, tantôt elle maudissait Jack qui voguait sur les mers et était absent quand elle avait besoin de lui, tantôt elle avait honte et se demandait à quoi elle pouvait ressembler, toute recroquevillée et désemparée, avec ses cuisses nues et son gros ventre exposé aux regards. En un éclair, cette pression terrible qui la faisait éclater envahissait sa conscience. Elle perdait la notion du temps sauf lorsque la douleur se réveillait en elle.

Tandis qu'elle se débattait, elle entendit Meg crier :

– Fais-le descendre, ma fille ! Peux-tu pousser ?

– Je ne peux pas faire autrement que de pousser, dit Anne d'une voix haletante.

Elle avait peine à respirer et contractait tous ses muscles. Elle avait l'impression qu'elle allait rejeter sa matrice car elle poussait de toutes ses forces, avec tout son corps. Elle était sur le dos à présent, elle poussait, elle se tordait, mais elle ne sentait rien bouger en elle, le bébé n'y mettait pas du sien. Elle entendit Meg penchée vers elle marmonner quelque chose ; elle sentit qu'on tirait en elle, qu'on la déchirait, et puis elle tomba du bord de la falaise escarpée où elle se trouvait toute seule, elle plongea dans un ciel gris, elle plongea dans la mer et n'entendit plus rien.

Elle se réveilla aussitôt. Tout cela n'avait duré que quelques instants, car Meg était encore au bout de son lit et enveloppait lentement un petit paquet dans un drap taché de sang. Il y avait dans la pièce le même silence qu'au moment où Clara était morte.

À travers un voile de brume grise Anne vit la mort tapie dans l'angle de la pièce ; elle entendit son sifflement lent, à peine perceptible, et aperçut son énorme crâne aux orbites creuses. Malgré elle Anne montra les dents et grimaça en silence, et puis elle ne vit rien d'autre que Meg. Elle secoua la tête comme pour s'éclaircir les idées et prit une grande bouffée d'air pour dominer sa terreur.

– Est-il né ?

Meg, surprise, leva les yeux.

– Oui, ma fille. C'est fini, dit-elle en hochant tristement la tête. Le bébé n'a pas respiré une seule fois, Anne. Je crois qu'il est mort quand il était dans ton ventre.

Anne regarda fixement Meg, puis ce qu'elle avait dans les mains. Elle s'efforça de se redresser en s'appuyant sur les coudes et, sans dire un mot, elle tendit les bras pour saisir le petit paquet.

Meg se mit à pleurer sans bruit.

– Tu n'as pas besoin de le voir tout de suite, ma fille. Tu as le temps. Il faut te reposer maintenant.

– Apporte-le-moi, murmura Anne avec le peu de force qui lui restait, et elle retomba sur le lit.

Meg lui apporta la masse informe qu'elle tenait, et Anne écarta le drap rabattu sur le bébé. C'était une petite fille, minuscule et toute grise comme une palourde encore fermée. Ses yeux étaient clos, on ne voyait que deux petits traits bleus. C'était comme si elle n'avait pu supporter de regarder le monde, ne serait-ce qu'une fois. Ses jambes étaient croisées et il y avait du sang dans les plis de son corps. De son petit ventre pendait un cordon gris et blanc qui ne la rattachait à rien. Anne émerveillée la caressa d'une main tout d'abord hésitante. Puis elle sépara les jambes humides et froides et enveloppa avec soin le petit corps dans le drap.

Elle leva les yeux vers Meg qui sanglotait discrètement dans l'angle de la pièce. Les draps du lit étaient tachés de sang ; à ses pieds Anne aperçut une masse noirâtre. « Encore une partie de moi », pensa-t-elle. Elle était tout abasourdie.

– Alors c'est fini.

Meg fit un mouvement comme pour s'approcher, mais Anne l'arrêta d'un regard.

– Je veux être seule, à présent. Je te remercie, laisse-moi.

– Anne, essaie de ne pas penser..., dit Meg.

– Laisse-moi.

Meg franchit la porte sans ajouter un mot et la referma silencieusement derrière elle.

Anne posa avec soin le corps minuscule du bébé sur le lit et s'étendit à côté de lui, puis elle le tira avec délicatesse pour l'approcher de son sein. Alors qu'elle était allongée sur le côté, les yeux dans le vague, elle sentit quelque chose suinter le long de son bras. Elle regarda et vit que de son sein droit sortait un liquide clair et peu épais. Il coulait en mince filet le long de sa peau et sur le drap qui couvrait la tête du nouveau-né. Dernière offrande que faisait son corps à une illusion perdue. Anne se mit alors à pleurer, et elle sanglota comme si elle était encore en travail pour se libérer d'un nouveau fardeau.

Pendant une semaine elle resta au lit, abattue, sans énergie, l'œil terne et le regard vague. Quand elle commença à se lever, elle se contenta de descendre jusqu'au port puis de rentrer chez elle. Elle n'avait plus de larmes. À vrai dire elle se demandait si elle pourrait jamais pleurer à nouveau, tant elle avait sangloté devant ce petit être sans vie. Meg fit de son mieux pour la consoler.

– Tu auras d'autres bébés, Anne. Tu es encore jeune et forte.

Mais c'est à peine si Anne l'entendait. Elle restait assise sur la plage pendant des heures et, d'un air absent, regardait les vagues se briser les unes après les autres jusqu'à ce que le vent lui pique le visage comme du sable brûlant. Elle avait l'air sombre et semblait obsédée comme si elle avait vu quelque recoin secret au fond de son esprit, la « cave » dont son père lui avait parlé; même la lumière du soleil ne lui paraissait plus la même à présent.

Quand Rackham revint, il fut consterné de la trouver dans cet état. Ses joues étaient pâles et amaigries, elle n'était plus que l'ombre d'elle-même.

– Il faut que tu te fasses soigner, dit-il d'un ton ferme. Nous allons repartir à New Providence.

Elle le regarda d'un air las.

– Comment pouvons-nous y retourner? Rogers sera là, prêt à nous pendre.

– Non, Anne. J'ai rencontré Hornigold au large de Coxen's Hole. La période pendant laquelle on pouvait demander le pardon a été prolongée d'un an.

– Et tu l'as cru? Peut-être cherche-t-il simplement à obtenir la récompense en te livrant.

– Si c'était le cas, il m'aurait capturé sur-le-champ, rien ne l'en empêchait. Non, Rogers a appris la nouvelle de la bouche du roi lui-même. Il faut que nous revenions pour obtenir le pardon. Il ne nous arrêtera pas si nous nous rendons d'ici un mois.

– Ça me paraît vraisemblable, intervint Meg. On en parlait quand je suis partie. Bien sûr, ceux qui se sont fait pardonner tout de suite crient comme des putois parce qu'en restant à terre, ils ont perdu une année entière. Mais tu pourrais retourner à New Providence, Anne. Ça te ferait du bien.

– Pourquoi nous donnent-ils cette chance maintenant?

– Parce qu'ils ont besoin de nous, dit Rackham en riant. L'Angleterre va entrer en guerre avec l'Espagne d'un jour à l'autre et elle a besoin que nous l'aidions. Autre raison pour quitter cette île maudite : si la guerre survient, cela ne sera plus possible de donner des pots-de-vin en échange de notre sécurité.

Anne réfléchit un instant.

– Oui, Rogers est un homme de parole, me semble-t-il. Alors, partons.

Jack sourit.

– Entendu! J'ai déjà fait voter les hommes et ils sont d'accord. Nous lèverons l'ancre demain.

Quand ils quittèrent Cuba avec la marée du soir, ils contournèrent la crique jusqu'à Coxen's Hole. Là, ils aperçurent douze navires de guerre espagnols au mouillage au-delà de la barre. Avec leurs canons de quarante, tous pointés vers le large, ils ressemblaient à des loups prêts à bondir sur une proie.

– Bon Dieu! Toute la flotte est en train de se rassembler, murmura Mathias tandis qu'ils se faufilaient dans la nuit.

– Oui, dit Anne qui sourit pour la première fois depuis une semaine, que Rackham soit loué! Nous nous sommes enfuis de cette île de malheur juste à temps.

Durant leur absence New Providence s'était complètement transformée. Le fort avait été consolidé et réparé. Le port avait été débarrassé de la plupart des épaves, les quais n'étaient plus encombrés de détritus comme autrefois et on n'y voyait plus traîner de butin.

– Qu'est-ce qui est passé par ici? demanda Anne à Bess quand elle la vit.

– Un ouragan appelé Woodes Rogers! dit-elle en riant et elle raconta à Anne ce qui était arrivé.

– Quand Rogers a débarqué, il a distribué à tous les proclamations du roi, comme si c'était de la manne. Ici même, à la Chambre des lords.

– Et les pirates les ont prises?

– S'ils les ont prises? Ils ont bel et bien fait la queue! Six cents parmi les meilleurs, Davis et Cochran, et puis Auger et Burgess et Carter, et même ton Ben Hornigold. Et il a également donné aux autres des charges.

– Quelles charges?

– Des charges avec des titres ronflants comme en a tout bourgeois de Londres qui se respecte. Robinson a été fait prévôt, mon Jennings est maintenant l'aide de camp particulier du gouverneur, ne t'en déplaise, et cette racaille de Turnley se fait appeler maître pilote.

– Tu veux dire qu'il a pris ceux qui avaient le plus de chance de se révolter et les a réduits à sa merci en les parant de belles plumes, dit Anne en roulant des yeux.

Bess eut un gros rire.

– Oui, ma fille, il aurait fallu que tu voies le vieux Ben Hornigold, Davis et Burgess, chapeau à la main, quand on leur a fait jurer de veiller au maintien de l'ordre. Et ton Bonny à côté d'eux.

– James? Ah ça par exemple!

– Oui, il s'est mis dans la file, juste derrière ces bandits, et il tendait la patte, et maintenant il fait partie de la milice.

Anne hocha tristement la tête.

– Cet homme a toujours su de quel côté son pain était beurré.

– Oui, et puis Rogers a fait fermer les tavernes.

Anne en resta bouche bée.

– Et il est toujours vivant?

– Toujours vivant et en train de se pavaner, dit Bess le sourire aux lèvres. Il a dit aux hommes qu'ils n'auraient pas de rhum tant que ce trou de merde ne serait pas nettoyé. Il n'a pas fallu longtemps pour que même les catins soient de la fête. Quand quelques-uns se sont révoltés, il les a fait bosser aux heures les plus chaudes de la journée. Quand ils ont essayé de le soudoyer, il les a mis à creuser des tranchées. Et quand Chidley Bayard lui a offert la moitié des bénéfices s'il laissait ses contrebandiers libres d'entrer et de sortir du port, Rogers l'a fichu dehors à coups de pied et a mis le feu à sa belle baraque.

Anne se retourna et regarda le sommet de la colline. Les murs roses avaient disparu ; il ne restait plus qu'un amas de pierres noircies.

– Bayard reviendra, marmonna Anne.

– On dit qu'il a pas mal d'ennuis avec les Espagnols en ce moment, et qu'il n'a pas le temps de s'occuper de types comme Woodes Rogers, déclara Bess en riant.

– On dirait que Rogers cherche l'épreuve de force. J'aurais cru que ces fichus bonshommes se seraient déjà révoltés.

– Oui, bien sûr, quelques-uns l'ont fait. Mais le gouverneur a envoyé des bandits aux trousses des bandits. Hornigold et Cochran sont partis pourchasser ceux qui avaient filé et en ont capturé treize. Rogers les a pendus haut et court.

Anne fut stupéfaite que le reste des habitants de l'île ait toléré que ce genre de choses se passe chez eux.

– Oui, dit Meg. Le vieux Rob Morris, tu t'en souviens, Anne, l'ivrogne qui était borgne. Il est monté sur un tonneau, en brandissant un pistolet et en demandant une corde pour pendre le gouverneur !

Elle haussa les épaules et poursuivit :

– Rogers l'a abattu comme un chien d'un coup de pistolet alors qu'il était debout sur son tonneau. Il est tombé en plein dans la foule, bel et bien mort. Et Rogers a laissé les autres se balancer au bout de leur corde pendant deux jours.

Tandis qu'Anne parcourait l'île à pied, elle pouvait se rendre compte que Rogers ne plaisantait pas, et la république des pirates ne s'en portait peut-être que mieux. Certes, elle regrettait la liberté d'autrefois, la Chambre des lords et le temps où la vie était facile et exempte de tout tracas, mais elle appréciait de pouvoir se promener dans les rues sans craindre d'être abordée par un marin ivre.

Elle était heureuse de voir Jennings, Hornigold, Émilie et les autres. Ils ne semblaient pas avoir beaucoup changé durant son absence, pourtant elle avait l'impression de n'être plus la même. Elle se demandait si la vie lui semblerait jamais aussi intéressante, aussi libre qu'autrefois.

En compagnie de Jack, elle alla voir Woodes Rogers qui leur accorda son pardon.

– J'ai beaucoup entendu parler de votre beauté, madame, mais vous n'avez plus la mine très fraîche. J'espère que vous comprenez maintenant que la vie en mer n'est pas une vie pour une femme.

Elle hocha la tête sans mot dire.

– Vous êtes pardonné pour tous vos crimes antérieurs, dit-il en s'adressant à Rackham. J'exige que vous vous présentiez pour qu'on vous assigne une tâche, dès que vous serez installé. Quant à vous, madame, et il se tourna vers Anne, trouvez un endroit sûr pour recouvrer la santé.

Ayant reçu cette assurance, Jack emmena Anne dans une maison que Jennings leur avait procurée. Après plusieurs semaines de repos et de soins prodigués avec tendresse par Bess et par Meg, l'état d'Anne s'améliora. Ses anciens amis lui rendirent de fréquentes visites.

Le sujet qui passionnait le plus les femmes et donnait lieu à maintes conjectures était le célibat du gouverneur Rogers. Cela faisait près de huit mois qu'il était dans l'île et, dans la mesure où on pouvait le savoir, aucune femme n'avait partagé son lit.

– Il se réserve pour toi, Anne, sans aucun doute, dit Bess en riant. On raconte qu'il n'a peur de rien.

– L'homme qui n'a peur de rien est plus dangereux que le lâche, répliqua Anne en souriant à peine. Rackham me convient, merci beaucoup.

Néanmoins, quand Anne eut recommencé à se promener sur la plage, elle reçut un message de Rogers lui demandant de venir le voir. Rackham était également invité. Quand ils arrivèrent à la résidence du gouverneur, Jack la prit à part.

– Laisse-moi lui parler, ma fille. Je n'ai nullement confiance en ce coquin.

Rogers les accueillit à bras ouverts et les présenta à un officier de marine de la Couronne, le capitaine Charles Lewis.

– Le capitaine Lewis est en poste à la Jamaïque, expliqua Rogers. Selon certaines informations, les Espagnols rassemblent des navires de guerre et des sloops à La Havane ainsi que des troupes assez importantes.

Il jeta un rapide coup d'œil à Anne puis détourna les yeux.

– Il croit que New Providence va être envahie. Au cours de votre séjour à Cuba, avez-vous entendu des rumeurs ou vu quoi que ce soit qui confirmerait une telle intention?

Anne regarda Jack, puis fit un pas en avant.

– Plus d'une fois, messieurs. Les Espagnols ont souvent déclaré que les Bahamas leur appartenaient. En fait, juste avant de quitter Zagoa, nous avons entendu dire qu'un personnage officiel était arrivé à La Havane, venant de Madrid. Il a reçu le titre de gouverneur de New Providence.

Jack fronça les sourcils sans prononcer une parole.

Rogers hocha la tête et réfléchit :

– Cela signifierait qu'ils ont l'intention de nous attaquer. Avez-vous d'autres choses à m'apprendre ?

Anne et Jack lui confièrent alors tout ce qu'ils savaient sur l'importance des troupes espagnoles et les lieux où elles se trouvaient à Cuba et aux alentours. Comme Jack était resté dans l'île moins longtemps qu'Anne, il dut se taire tandis qu'elle essayait de faire un récit cohérent à partir des éléments qu'elle possédait. Quand ils furent prêts à partir, le gouverneur les remercia et s'inclina en serrant la main d'Anne.

– Aujourd'hui, vous avez démenti votre réputation et mérité votre pardon. Je me considère comme votre débiteur.

Petit à petit le chagrin d'avoir perdu son enfant s'estompa dans l'esprit d'Anne. Elle enfouit le souvenir de la naissance au plus profond d'elle-même ; bientôt le bébé ne sembla être qu'un rêve, un fantôme qui surgissait lors de ses nuits d'insomnie. Elle avait le cœur serré quand elle voyait un enfant jouer dans le sable. Elle s'efforçait de se persuader que ce qui lui arrivait était pour le mieux. C'était là sa seule religion, le seul espoir qui la soutenait aux heures les plus sombres. Pourtant la mort du bébé lui fit perdre confiance en son avenir. Quand elle essayait d'en parler avec Jack, il compatissait à sa douleur mais la perte de l'enfant le laissait indifférent.

– Qu'aurions-nous fait avec un bébé, ma chérie ? Peut-être vaut-il mieux qu'il soit mort.

Certes, Anne reconnaissait en partie le bien-fondé de ce qu'il disait ; c'était vrai que dans leur vie il y avait peu de temps et peu de place pour un enfant. Mais en son for intérieur, Anne se révoltait contre une telle pensée. Bientôt elle cessa d'en parler. Quand elle voyait un enfant patauger dans les vagues sur la plage ou se cramponner à la jupe de sa mère, elle détournait les yeux.

James Bonny avait prospéré sous le nouveau régime instauré par Rogers. Avant l'arrivée d'Anne et de Jack, il s'était insinué dans les bonnes grâces de Richard Turnley et avait été promu au grade de lieutenant dans la milice de l'île. En tant qu'officier, Bonny était chargé d'espionner : il devait repérer les fortes têtes dans les équipes d'ouvriers ou les rebelles parmi la population, et les signaler à Turnley. Rogers, pour sa part, trouvait cette tâche répugnante bien qu'il admît la nécessité d'être informé. Comme l'affirmait Turnley, nul n'était plus apte que Bonny à recueillir tous les commérages.

Bonny fréquentait des personnes de catégories différentes, sans toutefois être intime avec qui que ce soit. Il était accepté avec une certaine réticence par les planteurs qui étaient d'anciens pirates et ne voyaient en lui qu'un pêcheur de tortues inoffensif. À vrai dire, le principal titre de gloire de Bonny, c'était d'avoir été le mari d'Anne, la reine des pirates. Beaucoup supposaient qu'il devait avoir des talents cachés pour avoir séduit cette femme extraordinaire, bien qu'on ne l'ait presque jamais vu pendant les deux ans où lui et Anne avaient vécu à New Providence.

Cependant, quand Anne revint au bras de Calico Jack Rackham, le prestige de James Bonny chuta rapidement dans l'île. Il s'était entouré d'une petite cour de commerçants qu'il avait intimidés et de putains nouvelles dans le métier qui avaient bien trop peur de lui pour lui faire payer leurs services. Mais maintenant il entendait ricaner derrière son dos, et une catin alla même jusqu'à se moquer ouvertement de lui.

– Je vois que ta femme est de retour au port, Bonny. Est-elle déjà venue te voir? dit-elle en souriant. Ou a-t-elle trouvé quelqu'un qui la saute mieux que toi?

Bonny gifla la catin et la quitta, mais les paroles qu'elle avait prononcées, et surtout son rire, l'obsédaient au point qu'il prenait peu de plaisir à ses autres triomphes dérisoires. Il en voulait à Anne de lui avoir promis de faire de lui un gentleman, un soir dans la pénombre de la véranda. Il savait qu'il aurait pu en être un, qu'il aurait dû être autre chose qu'un officier de second ordre dans ce trou perdu qu'était l'île des pirates.

S'il ne l'avait pas épousée, il serait à présent propriétaire de la moitié de Charles Town. Tant qu'elle serait en liberté, pensait-il, il souffrirait de sa réputation de femme de mauvaise vie. Aucune honnête femme ne voudrait de l'ex-mari d'une putain qui, de surcroît, était pirate. Au fur et à mesure qu'Anne et Jack s'installaient confortablement chez eux dans l'île, sa frustration se fit de plus en plus vive et sa colère finit par éclater. Un soir il suivit Anne et Jack lorsqu'ils quittèrent la Chambre des lords pour rentrer chez eux, et resta une heure entière sous leur fenêtre, se demandant à quelles étreintes lubriques ils s'abandonnaient.

Bonny avait perdu la face et cela le minait. Il ne pensait qu'à se venger. Avec l'aide de Turnley, il choisit huit hommes sur lesquels il pouvait compter pour exécuter ses ordres sans poser de question. Un matin de juillet, à l'aube, Bonny et ses hommes de main se rassemblèrent sans bruit devant la maison où habitaient Anne et Calico Jack depuis leur arrivée, quatre semaines auparavant. Bonny ne s'était pas trouvé face à face avec Anne depuis son retour.

À présent, il attendait dans la pâle lueur de l'aube, avec ses hommes derrière lui. Lorsqu'il donna le signal, ils se glissèrent sans bruit à l'intérieur de la maison et encerclèrent le lit où dormaient Anne et Jack.

Il faisait chaud, Anne était couchée sur le drap, vêtue d'une chemise légère. Bonny dut faire signe trois fois à deux de ses hommes pour attirer leur attention. Ils étaient là debout, les yeux rivés sur Anne dont le corps était visible dans la pénombre.

Bonny finit par tirer Anne de son sommeil. Elle ouvrit les yeux et vit six pistolets braqués sur elle. Deux individus se trouvaient à la tête du lit, ils tenaient des menottes. Anne poussa un cri ; Jack se réveilla en sursaut et voulut s'emparer de son épée, mais d'un coup de pied, Bonny expédia celle-ci à l'autre bout de la pièce. Anne et Jack étaient menacés de tous côtés par des armes. Au bout d'un moment, Anne s'habitua à l'obscurité et aperçut James Bonny.

– James ! dit-elle, encore tout ensommeillée, au nom du ciel, qu'est-ce que tu fais là ?

– Tais-toi, putain, répondit-il avec hargne. Tu es en état d'arrestation.

– Pour quel crime? cria Jack. On nous a pardonnés!

– Moi, je ne vous ai pas pardonnés. Mettez les menottes, ordonna-t-il à ses hommes.

À ces mots, Anne explosa de colère. Il fallut deux hommes pour lui attacher les poignets et la tirer du lit, tant elle se débattait et blasphémait. Tandis qu'on la faisait sortir brutalement dans l'obscurité et que Jack la suivait en trébuchant, elle crut entrevoir le plan de Bonny : il s'agissait de traîner les deux amants à travers toute la ville pour les humilier, ce qui serait pour lui une façon indirecte de satisfaire son orgueil. Alors Anne se calma et se laissa conduire à la résidence du gouverneur. Elle était si docile que peu de gens s'aperçurent qu'un détachement de neuf officiers et deux prisonniers passaient dans les rues.

Woodes Rogers fut réveillé par le vacarme que fit Anne dès l'instant où elle fut chez lui. Elle se rebella, mordit et griffa les hommes qui essayaient de la tenir. Jack, debout derrière elle sans rien dire, tête baissée, était encore abasourdi par son réveil brutal. On les poussa dans le bureau de Rogers, et Bonny alla tambouriner à la porte des appartements privés du gouverneur.

– Au nom du ciel, que se passe-t-il? demanda Rogers en sortant de sa chambre.

– J'ai arrêté deux criminels, milord. Leurs crimes exigent un jugement immédiat.

– Sous quelle inculpation?

– La fille a forniqué avec un homme qui n'était pas son époux, répondit Bonny bien décidé à obtenir justice.

– Quel *imbécile* a porté cette accusation contre eux?

Bonny fit un pas en avant et salua – un salut militaire impeccable.

– Moi, milord, son mari, le lieutenant James Bonny.

Irrité, Rogers se renfrogna. Il se dirigea vers son bureau dont il ouvrit brusquement la porte. Il s'arrêta net lorsqu'il vit Anne, la dévisagea et ne trouva rien à dire sur le moment tant il était stupéfait. Anne était debout devant lui. Il y avait quelque chose de barbare dans sa beauté : elle était échevelée comme si elle avait affronté une tempête, ses yeux étincelaient. Une étoffe légère voilait à peine son beau corps souple et ses joues étaient rouges de colère.

Rogers se ressaisit et demanda d'un ton posé :

– Que signifie cette tenue, madame ? Il y a autant d'impudence à vous présenter nue devant moi qu'à porter contre vous cette accusation.

– C'est dans cette tenue qu'on m'a tirée du lit et mis les menottes, et c'est ainsi qu'on m'a traînée dans les rues.

Le gouverneur se retourna et lança à Bonny un regard furieux.

– Est-ce vrai, lieutenant ?

– Oui, milord. Mais il était nécessaire de la capturer par surprise, sinon elle se serait échappée. Jack Rackham, le pirate notoire...

– Pardonné, interrompit Jack.

– Pardonné, mais pas pour autant moins dangereux, milord. Il se serait battu à mort. Et elle aussi. C'est une harpie. Comme vous le savez vous-même, milord.

– Je n'en sais rien, Bonny. Soyez maintenant assez raisonnable pour lui mettre un vêtement, dit-il avec un geste de colère.

Un soldat apporta un manteau et le jeta sur les épaules d'Anne, mais comme elle avait des menottes aux poignets et qu'elle bombait la poitrine, il fut impossible de le boutonner. Elle rejeta la tête en arrière avec défi, indifférente aux regards des hommes. Sa beauté troubla un instant Rogers qui, depuis plus d'un an, n'avait pas couché avec une femme. Il fut soudain exaspéré, peut-être contre lui-même, et s'adressa sèchement à Anne :

– Veuillez avoir l'obligeance de vous rappeler, madame, que vous êtes dans un tribunal, aussi modeste soit-il. Je ne tolérerai pas que vous le déshonoriez en vous conduisant d'une façon qui sied mal à une dame distinguée.

– Votre Honneur, rétorqua Anne, rappelez-vous que vous avez des dettes à notre égard, comme vous l'avez vous-même reconnu. Rejetez cette accusation ridicule et arrêtez cet imbécile de James Bonny !

– Je ne me laisserai pas influencer par des services rendus dans le passé, madame ! La plainte est recevable. Aussi inconvenante soit-elle, ajouta-t-il en regardant Bonny. Le lieutenant est dans son droit, s'il peut prouver ce qu'il affirme.

– Arrêtez-le sous la même inculpation alors, cracha Anne. Demandez-lui avec qui il a couché depuis que je suis partie!

Rogers fit volte-face et s'écria :

– Il n'y a aucune loi qui lui dicte sa conduite, madame. Et puisque c'est vous qui, volontairement, avez quitté l'île et le lit conjugal, vous n'avez aucune raison de demander qui ont été ses compagnes. Maintenant c'est moi le juge ici et je ne me laisserai pas intimider par votre impudence. Les choses n'en iront que mieux pour vous si vous mesurez vos paroles en ma présence!

Anne était hors d'elle, mais elle se tut. Elle regarda Jack. Il se contenta de rouler des yeux furieux et se retira dans un coin de la pièce, l'air maussade, après avoir repoussé violemment les gardes qui le tenaient prisonnier.

Rogers feuilleta un énorme livre de droit qui se trouvait sur son bureau. Il finit par relever la tête et Anne vit passer l'ombre d'un regret sur son visage.

– La loi est claire. Tout est écrit noir sur blanc. J'aimerais que vous compreniez que c'est une affaire sérieuse. Si je vous déclare coupable d'avoir forniqué avec un homme qui n'est pas votre époux, vous serez condamnée à être fouettée publiquement et à deux ans de prison, ou bien à servir pendant quatre ans comme domestique.

Anne tressaillit un instant sous le choc, mais elle dissimula sa frayeur. « Seigneur! se demanda-t-elle, comment est-ce possible? » Elle jeta de nouveau un coup d'œil à James Bonny qui regardait ailleurs. Il était debout très raide, au garde-à-vous près de la porte. « Si je sors de ce pétrin, je ferai tout pour tuer ce mouchard. » En silence, elle s'en fit le serment.

Anne parvint à maîtriser son émotion.

– Si vous nous déclarez coupables de ce crime, dit-elle avec calme à Rogers, vous serez aussi coupable que nous. C'est vous qui m'avez accueillie ainsi que le capitaine Rackham à notre retour à New Providence, et vous étiez parfaitement au courant de notre histoire ainsi que de notre liaison. C'est vous qui lui avez dit de me mettre au lit et de bien me soigner.

Le gouverneur, mal à l'aise, fronça les sourcils.

– Il y a du vrai dans ce que vous dites. J'en tiendrai compte... ainsi que d'autres éléments en votre faveur.

Il se tourna vers Bonny et lui dit d'un ton brusque :

– Et vous, monsieur, n'avez-vous rien à ajouter? Comment se fait-il que vous ayez attendu si longtemps pour porter cette accusation contre cette femme?

Bonny, pris au dépourvu, répondit sans réfléchir :

– Je ne sais pas, milord, je m'employais à vous servir. Il y a peu de temps que j'ai appris comment elle se conduisait.

Il se redressa et poursuivit d'une voix forte :

– J'ai cru de mon devoir de porter l'affaire à votre connaissance, aussi pénible que ce soit pour moi, Votre Honneur.

– Oui, je vois, dit sèchement Rogers. Et était-ce nécessaire de procéder de cette manière?

– Oui, Votre Honneur! Comme je vous l'ai dit, cette créature est une harpie! Elle m'aurait tué si elle avait été avertie, ou du moins elle se serait échappée.

– Bon! Puisque vous avez porté cette accusation, je suis contraint de l'examiner, dit Rogers en soupirant.

Jack parut surpris et Anne se crispa.

– Avez-vous la preuve que vous êtes marié à cette femme? demanda Rogers.

Bonny s'avança et tendit un papier.

– Oui, milord. Voici le certificat de mariage signé par ma femme elle-même, il y a moins de trois ans.

Le gouverneur y jeta un coup d'œil, puis le montra à Anne.

– Contestez-vous l'authenticité de ce document?

– Je récuse seulement l'homme, milord, dit Anne dont les yeux lançaient des éclairs.

Rogers réfléchit un instant. Il se tourna vers Jack qui se trouvait dans un coin de la pièce, et avait pour tout vêtement un caleçon en coton.

– Et vous, monsieur, niez-vous avoir forniqué illégalement avec cette femme?

Jack regarda Anne, ne sachant trop que dire.

– Je dois vous informer, poursuivit Rogers, que d'après la loi de ce pays, vous êtes passible d'une seule peine : elle consiste à administrer vous-même le fouet en public à votre maîtresse. Si vous l'administrez d'une main légère, alors vous subirez le même sort qu'elle. J'attends votre réponse.

Pris au piège, Jack jura à voix basse.
– Milord, tout le monde dans cette île sait qu'elle et moi avons vécu ensemble comme mari et femme. Pouvez-vous me le reprocher, Votre Honneur? demanda-t-il en montrant Anne de la main.
Rogers rougit légèrement, et Jack se hâta de continuer.
– Je vous en prie, Votre Honneur, prenez en considération mon unique requête. Laissez-moi acheter cette femme à son mari. Un divorce sous forme de vente. Elle pourrait alors m'épouser et notre union deviendrait légitime.
Un lourd silence s'abattit sur la salle. Avant que Rogers ait eu le temps de répondre, Anne s'écria indignée :
– Je refuse d'être achetée et vendue comme une génisse au marché, messieurs.
– Vous préférez le fouet et la prison, alors? dit Rogers en haussant les épaules avec impatience.
– Je préfère que justice soit faite, cria Anne. *Voilà* le lâche qui devrait être fouetté pour oser porter devant vous une accusation aussi grave, dit-elle en désignant Bonny de ses mains liées par les menottes.
Rogers frappa du poing sur la table.
– Ce n'est pas lui que l'on juge ici, madame, et je vous condamnerai à la peine la plus sévère si vous continuez de troubler l'ordre dans ce tribunal...
– Je t'en prie, Anne, je t'en prie, tais-toi, dit Rackham en interrompant le gouverneur. Tu as dit toi-même que c'est un homme d'honneur. Il veillera à ce que justice soit faite.
– Si la justice devait être véritablement rendue, grommela Rogers, je devrais vous envoyer tous en prison à l'aube. Maintenant, écoutez-moi bien, Rackham. Je répugne à vous laisser acheter cette femme, car le divorce sous forme de vente est une pratique que, pour ma part, j'ai en horreur. Pourtant, dit-il avec calme, elle peut être acceptable dans des circonstances exceptionnelles, et c'est peut-être le cas ici. Quant à vous, monsieur, dit-il en se tournant vers Bonny, êtes-vous prêt à vendre votre femme?
Bonny hésita, restant sur ses gardes.
– Pour combien?
Le gouverneur frappa du poing sur la table et son visage se congestionna.

– Je ne veux pas de marchandage dans ce tribunal, monsieur. Voulez-vous, oui ou non, vendre votre femme ?

– Vous voulez dire maintenant, la laisser partir libre ? répondit Bonny qui avait blêmi. Milord, elle va me tuer !

– Si elle le faisait, répondit posément Rogers, elle serait pendue pour meurtre et, ajouta-t-il, tandis qu'un sourire se dessinait sur ses lèvres, en avez-vous donc si peur ?

La réponse était évidente, Bonny détourna son regard sans rien dire.

– Vous pouvez partir, lieutenant, ajouta Rogers avec mépris. Je n'ai plus besoin de vous.

Bonny quitta la pièce à grandes enjambées, le dos très droit, mais ses mains tremblaient.

Le gouverneur retourna à son livre de droit et le consulta une seconde fois, ne sachant pas encore quelle décision prendre. Au bout d'un bon moment, il leva la tête.

– Il y a là une porte de sortie. Un certain article de loi me permet de prononcer une condamnation avec sursis. Cela signifie que je pourrais fixer votre peine mais que le jugement ne serait pas exécutoire, à moins que vous ne comparaissiez à nouveau devant moi sous la même inculpation.

Il fit venir Jack et Anne devant lui ; ils étaient si près l'un de l'autre que leurs épaules se touchaient.

– Écoutez bien, madame ! Écoutez bien, monsieur ! Dorénavant vous cesserez d'avoir une conduite indécente. Si vous pouvez convaincre le lieutenant d'accepter un divorce sous forme de vente, tant mieux. Alors vous pourrez vous marier et vous conduire comme bon vous semble. Cependant s'il refusait de se laisser convaincre et si vous couchiez ensemble, je vous ferais arrêter sur l'heure et la sentence serait exécutée. Maintenant allez-vous-en tous les deux. L'audience est levée.

Anne ouvrit la bouche pour protester, mais les soldats la jetèrent dehors puis lui ôtèrent ses menottes.

– Le salaud ! s'exclama Anne qui étouffait de rage. J'avais cru que tous ces cochons d'hypocrites étaient restés à Charles Town.

Rackham la tira par la main.

– Viens, mon amour. Éloignons-nous d'ici avant qu'il ne change d'avis.

– Qu'il change donc d'avis! cria-t-elle. Mieux vaut l'enfer qu'un purgatoire où l'on crève à petit feu.

Jack l'entraîna loin de la demeure du gouverneur, loin des rues avant que la petite ville ne puisse être témoin de cette scène. Il la laissa toute seule dans leur maison et alla dormir dans la cabane de Jennings. Une fois chez elle, Anne se jeta sur le lit, déprimée et humiliée. Elle dormit tard, ce matin-là, et quand elle se réveilla, sa colère n'était plus qu'un vague mal de tête.

James Bonny l'avait trahie. Il l'avait trahie dans l'intention de lui nuire, comme son père, mais d'une façon encore plus abominable. Car James avait fait le serment de rester auprès d'elle pour le meilleur et pour le pire. Elle savait cependant qu'elle avait fait le même serment et elle ne l'avait pas respecté.

S'étaient-ils jamais aimés ? Où était le jeune homme dont le regard la transperçait à la Mouette Verte ? À vrai dire, où était la jeune fille qui avait renoncé à tant de choses pour connaître la passion ? Pourquoi l'avait-elle épousé ? Parce qu'il était tout ce que son père n'était pas... qu'il était aussi différent que possible de l'homme que son père aurait pu lui choisir ?

Elle se leva et alla se regarder dans le miroir. Elle se caressa doucement les seins. Elle avait eu un bébé. Elle avait fait l'amour avec six hommes et quelques jeunes gens. Elle examina de près sa peau pour y déceler les marques tracées par le chagrin qu'elle avait éprouvé. « La beauté engendre autant de malheurs qu'elle donne de plaisirs, pensa-t-elle. Si j'avais été laide comme un pou ou stupide, j'aurais pu passer inaperçue, on m'aurait laissée en paix. Des filles énormes, à l'esprit borné, cela ne manque pas, mais j'ai eu le bonheur, ou plutôt l'infortune d'être intelligente. Maintenant, mon esprit me paraît être une malédiction plutôt qu'un atout. »

Elle repensa aux femmes qu'elle avait connues. Les moins intelligentes étaient plus facilement satisfaites, elles avaient plus de chances d'être heureuses dans un monde comme celui-ci ; alors qu'elle et les femmes de sa trempe s'épuisaient à vouloir réaliser l'impossible ou se heurtaient à des obstacles insidieux, impossibles à surmonter.

Elle se rappela comme elle s'était sentie indépendante

quand elle s'habillait en homme et pouvait aller en toute quiétude là où bon lui semblait, sans être abordée, en toute liberté, car elle n'était pas entravée par des cerceaux, un corset ou des jupons. Lorsqu'elle portait des vêtements d'homme, elle était plus effrontée, voire arrogante et dominatrice, imitant en cela les hommes. Elle s'étonna de cette libération soudaine de l'esprit quand le corps ne subit plus de contraintes.

Anne s'éloigna du miroir, s'approcha de la fenêtre et regarda en direction de la mer. Jack lui manquait déjà. Il était sans doute allé à la Chambre des lords, l'endroit où il aimait se rendre pour oublier ses tracas. Bien sûr, toute la petite ville était au courant de son arrestation à présent. Anne frémit en secret à la pensée des quolibets que leurs amis d'hier et d'aujourd'hui allaient leur adresser à tous les deux. « Que le diable emporte James Bonny ! Il s'est montré vil et mesquin à mon égard. Et en public par-dessus le marché. Il m'a traitée de harpie. Eh bien ! Je serai une harpie. James Bonny regrettera amèrement le jour où il m'a tirée de mon lit et séparée de Jack Rackham. »

Elle s'habilla et rejoignit Jack à la Chambre des lords. Il y avait là tous leurs amis ; certains se mirent à ricaner, mais la plupart se montrèrent compatissants. Après plusieurs verres de rhum, Anne se sentit prête à monter sur la table, à brandir une épée et à proférer des menaces que tout le monde pourrait entendre à l'encontre de James Bonny. Mais elle se tut. Elle savait que James était assez malin pour l'éviter soigneusement. Sa situation par rapport à Jack était un problème plus urgent.

De toute évidence ils ne pouvaient pas rester dans l'île, séparés l'un de l'autre. L'idée de donner de l'or à James Bonny pour gagner sa liberté lui restait en travers de la gorge. Elle ne se laisserait pas acheter ni vendre sauf si elle n'avait pas le choix. Même si James était d'accord, il y avait toutes les chances qu'il ne la vende pas à Jack, sauf à un prix exorbitant, et Anne savait qu'il ne restait plus grand-chose du dernier butin de Jack.

Tandis que Jack la ramenait à la maison, elle s'appuya lourdement sur son bras.

– Alors, qu'allons-nous faire, Jack ? Vas-tu coucher avec moi ce soir ?

– Mais Anne, tu as entendu aussi bien que moi ce qu'a dit Rogers. Comment pouvons-nous coucher ensemble? demanda Rackham en la regardant fixement.

– En mer, bien sûr, répondit-elle en lui saisissant le bras. En tout cas, c'est là notre élément et non ce paradis d'hypocrites. Je refuse qu'on me dise où et avec qui je dois coucher.

C'était la première fois que Jack voyait une flamme aussi vive dans le regard d'Anne depuis qu'elle avait perdu l'enfant, et son énergie lui redonna du courage.

– Oui, mais comment? Le *Seahorse* est échoué et nous n'avons plus d'équipage.

– Nous prendrons le sloop de John Haman, le *Kingston*, le navire le plus rapide des Caraïbes. Il ne requiert qu'un équipage restreint, il est prêt et attend au port, approvisionné et impatient de partir.

John Haman était un planteur venu d'une île lointaine, qui, craignant l'attaque imminente des Espagnols, avait amené son épouse et ses enfants à New Providence. Il était entré dans le port deux jours auparavant, et toute l'île savait que son sloop était plus rapide que les autres bateaux. Il était à terre avec sa femme et il avait confié le *Kingston* à une garde réduite car il ne redoutait pas les pirates de l'île.

– Si tu réunis un équipage, dit-elle, moi, je m'emparerai du navire.

Tandis que Jack retournait à la taverne chuchoter ce qu'il avait à dire dans quelques oreilles susceptibles de l'écouter, Anne se hâta de rentrer chez elle. Elle comprima plus que jamais sa poitrine, rentra ses cheveux sous un vieux chapeau, et se noircit la peau avec du tanin. Elle se regarda dans la glace : elle avait l'air d'un mulâtre fraîchement arrivé d'une île lointaine. Jack avait caché un petit canot; elle le mit à l'eau et pagaya sans bruit en direction du *Kingston*, tandis que la lune se levait au-dessus de la rampe d'embarquement qui descendait très bas dans le port.

Elle s'approcha du sloop sans que l'homme de vigie ne remarque son arrivée. Se penchant par-dessus le bastingage, il ne vit qu'un indigène dans le bateau et lui fit signe de monter à bord.

– Le capitaine m'a dit d'aller voir si tout se passait bien pour vous, messieurs.

Elle baissa les yeux et parla en articulant mal à la façon d'un esclave affranchi tout à fait respectable.

– Oui, mon gars, dit l'homme de vigie en lui donnant une bonne tape dans le dos. Tu es nouveau à son service, pas vrai ?

– Oui, monsieur. La madame a pris ma femme pour les bébés, et le capitaine a été assez gentil pour prendre aussi le grand garçon.

Anne parcourut les ponts du regard et fit une moue pour marquer son étonnement.

– Seigneur Jésus, c'est un gros bateau, hein?

– Oui, dit en riant l'homme de vigie, c'est un vaisseau splendide et tu peux dire au capitaine que nous l'entretenons bien.

– Je vois ça de mes propres yeux, mon bon monsieur.

Anne suivit l'homme jusqu'à la cabine qui se trouvait sur le pont, notant avec soin l'emplacement des armes et des canons. Il ouvrit la porte et Anne jeta un coup d'œil au râtelier à mousquets sur le mur et aux trois marins qui se reposaient dans la pièce. L'un lisait à la lumière d'une chandelle; les deux autres jouaient aux dés, assis à une table. Ils levèrent la tête quand elle entra.

– Je vous demande pardon, mes bons messieurs. Le capitaine m'a dit de voir si son bateau ne courait aucun danger.

– Oui, pour l'amour du ciel, combien de fois faut-il qu'il le demande? marmonna un matelot. Cet homme est aussi nerveux qu'une femme.

La vigie le fit promptement taire.

– Le capitaine a le droit, Tom, et tu vas pas lui reprocher ça, hein?

– Non, fit-il d'un air las. Dis-lui que tout va bien.

– Les pirates, mes bons messieurs, ils empêchent le capitaine de dormir et ils le tourmentent.

– On a cette foutue racaille à l'œil, mon gars, et même si c'était pas le cas, ils oseraient pas toucher au sloop de John Haman.

– Tu pourrais lui demander d'envoyer un tout petit peu plus de rhum, mon gars, intervint l'autre garde. La brise qui vient du large vous transperce le corps.

Anne rit sous cape.

– Le petit gars va le lui dire, mes bons messieurs. Je vous remercie de votre politesse.

Anne s'inclina très bas en quittant la cabine, tournant le dos à la mer. Elle rejoignit à la rame le lieu de rendez-vous dont elle était convenue avec Jack.

– Combien y en a-t-il sur les ponts?

– Un seul, dit-elle en ôtant prestement son chapeau, et en s'essuyant la figure avec un chiffon. Et il y en a trois autres dans la cabine, mais ils ont assez de mousquets pour un équipage de vingt hommes.

– Bon, dit-il en regardant au loin le sloop. Nous aurons bien besoin de tout ça et même de plus.

– As-tu trouvé des gars capables de faire le coup?

– Oui, je t'ai dit que j'y arriverai. Ils seront là à minuit.

– Cela nous laisse du temps.

– Pour quoi faire? demanda-t-il.

– Pour apporter un petit tonneau aux pauvres gars qui sont là-bas, dit-elle en souriant. Envoie-leur un des hommes avec du rhum, en leur disant que c'est de la part d'Haman en personne. Ils prétendent que le vent du port les transperce.

– Il n'y a pas que ça qui va les transpercer avant la fin de la nuit, dit Jack avec un rire rauque.

Bientôt la lune fut haut dans le ciel, mais sa lumière était diffuse à cause des gros nuages noirs poussés par le vent, et un crachin se mit à tomber. Anne releva son col et replia ses jambes sous son corps. Jack maugréa contre le temps, mais Anne se réjouissait de tout ce qui pouvait empêcher trois des quatre gardes de sortir de la cabine.

Un groupe d'hommes se profila au loin sur la plage. Anne en connaissait deux, John Howells et Richard Corner, des marins expérimentés. Pour les autres, il lui faudrait se fier à la parole de Jack. Tandis qu'ils ramaient sans bruit en direction du sloop, Jack leur indiqua les grandes lignes de son plan.

Ils se glissèrent le long du navire et Anne se hissa jusqu'en haut d'une amarre, s'arrêtant juste au-dessous du plat-bord pour écouter. Dans la nuit, la pluie la cinglait et son chapeau ruisselait. Avec sa cape de marin, elle paraissait très grande. Elle n'entendit aucun bruit sur le pont à part le crépitement régulier de la pluie, passa par-dessus le bastingage et, toute tendue, se tapit dans l'ombre. Il n'y avait personne sur le pont. Elle n'en espérait pas tant; se penchant par-dessus le bastingage, elle fit signe aux hommes de monter.

Jack, Howells et Corner grimpèrent le long des cordages, tandis qu'elle surveillait la porte de la cabine en retenant son souffle. Son cœur battait à tout rompre dans sa poitrine, mais elle respira profondément à plusieurs reprises jusqu'à ce qu'elle sente des picotements au bout des doigts. À pas de loup elle alla se poster près de la porte. En moins de deux, les hommes furent à ses côtés.

Jack hâta le pas et ouvrit la porte d'une poussée, en brandissant deux pistolets. Anne vit deux gardes endormis dans leurs couchettes; deux autres, assis à la table, buvaient du rhum à grands traits.

– Nous prenons le sloop, les amis, dit Jack d'un ton bourru. Ou bien vous résistez et on vous tue, ou bien vous sautez sans rien dire par-dessus bord et vous avez la vie sauve.

Anne et Corner se postèrent derrière les deux hommes assis à la table. Le garde qui se trouvait devant Anne s'aperçut que c'était une femme, et sa main chercha à saisir le couteau qu'il avait à la ceinture. Elle lui mit aussitôt son pistolet sur la tempe.

– Si tu fais le moindre geste, je t'expédie droit en enfer, cria-t-elle d'une voix sifflante.

Il resta figé sur place en roulant des yeux effrayés.

Corner se rendit sur le pont et fit signe aux hommes qui attendaient dans le canot. Ils grimpèrent le long des flancs du sloop, et Jack fit descendre les gardes dans la yole. Anne les regarda s'éloigner à la rame.

On hissa les voiles en toute hâte et Jack se mit à la barre. Le bateau, prompt à réagir, fila à bonne allure vers le large. Le brouillard avait voilé le clair de lune. Ils voguèrent sans bruit dans l'obscurité, dépassèrent le récif puis les navires à l'ancre et gagnèrent la pleine mer.

Anne cria de joie en sentant le roulis du sloop et le mouvement régulier de la houle sous ses pieds. Elle savait que l'océan était pour elle une nécessité vitale. Quand elle en était éloignée trop longtemps, elle perdait toute son énergie et s'étiolait. À présent elle avait l'impression d'être une fleur fanée qui revenait à la vie. Elle se tourna vers Jack et le serra dans ses bras avec une passion que le sentiment de liberté exaltait en elle. Elle coucherait avec qui elle voudrait, quand elle voudrait! En silence elle se jura de ne jamais retourner sur la terre ferme, excepté pour une brève visite, et de ne jamais se plier à ses lois.

Le *Kingston* vogua vers le sud à la recherche d'eau douce et d'un havre sûr où l'équipage pourrait explorer plus à fond sa nouvelle prise.

Anne fouilla la cale et trouva des barils pleins de victuailles, de quoi se nourrir pendant au moins une semaine. Il leur faudrait ensuite prendre un autre navire, bien approvisionné, et il ne restait qu'une semaine pour préparer les hommes au combat.

La pluie du matin s'évaporait du pont, et les chauves-souris voletaient entre les mâts, attrapaient au vol des moustiques tout en se glissant autour des gréements et des haubans enchevêtrés. On avait beau inonder les ponts du sloop, ils restaient aussi brûlants que le sable de la plage. Les hommes pouvaient s'entraîner aux techniques d'abordage rapide et à des simulacres de duels le matin, mais dès midi, toute activité cessait presque en attendant que le vent se lève.

On avait surtout besoin d'autres matelots, car il n'était pas possible de s'emparer de prises importantes avec un équipage restreint. En regardant les hommes, Anne imagina comment elle pourrait compléter l'équipage.

Peu de temps après, Anne aperçut sa proie. Au large de Sainte-Catherine, près de Cuba, un énorme navire hollandais, bien armé, était à l'ancre. Le *Kingston* passa tout près sans hâte. Anne examina les ponts tandis que le sloop contournait le cap. La plupart des hommes semblaient à terre. Six seulement étaient de garde. Le *Kingston* poursuivit sa route.

Anne fit dépasser le cap au *Kingston* et débarqua deux hommes pour cueillir des fruits. Quand ils revinrent, elle montra aux marins comment se noircir la peau avec du tanin et les persuada de se dévêtir.

– J'aime pas ça du tout, grommela Corner, tout en

s'enduisant d'huile noire. Je me suis engagé comme pirate, pas comme nègre.

– Oui, dit-elle en souriant, mais un vrai pirate sait quand utiliser son intelligence plutôt que son épée.

Jack et elle firent monter cinq hommes dans une pirogue qui se trouvait sur la plage, remplirent leur embarcation de fruits et attendirent.

Le gars à bord de la goélette aperçut la pirogue qui s'approchait et cria à ses camarades :

– Ohé ! Des Arawaks à bâbord qui viennent troquer des fruits.

Les Hollandais s'empressèrent de descendre dans la cale chercher du drap et du rhum afin de les échanger contre les fruits que leur apportaient les sauvages. C'était le crépuscule et on ne voyait pas distinctement, mais ces indigènes ressemblaient fort à ceux qui étaient déjà venus en agitant leurs chapeaux de paille et en proposant leurs bananes.

Avec leurs paniers de fruits, les pirates montèrent par les échelles de corde que les marins leur avaient obligeamment lancées. En un clin d'œil, ils sortirent les pistolets et les dagues cachés sous les mangues, ligotèrent les six gardes, hissèrent les voiles et sortirent du port avant que ceux-ci aient eu le temps de dire ouf.

Ils firent le tour de l'île et retrouvèrent le *Kingston* en lieu sûr dans la baie. Anne et Jack eurent tôt fait de persuader les matelots capturés de se joindre à eux.

Un des hommes de l'équipage, un Hollandais, déclara alors :

– Si vous aviez mis cette fille-là toute nue dans le canot, en la barbouillant de jus de fruits, je vous aurais rejoints sur-le-champ, je vous le jure !

À présent Anne et Jack commandaient un équipage de vingt-deux hommes pour deux navires, ce qui était encore insuffisant, mais ils disposaient d'un arsenal important.

Ils s'emparèrent de la prise suivante en hissant un pavillon hollandais et en endormant les soupçons du capitaine d'un sloop espagnol. Avant que le vaisseau ainsi surpris ait eu le temps de s'éloigner, une horde de boucaniers déchaînés qui brandissaient leur sabre en hurlant monta à l'abordage. Ils étaient menés par une walkyrie impudente. Anne avait en effet tenu compte de la remarque du Hollandais : nue jusqu'à la ceinture pour le combat, elle bondissait sur les ponts, en fendant l'air de son sabre et en criant comme la dame blanche, les seins maintenus uniquement par les courroies auxquelles étaient attachées ses armes. Les Espagnols ouvraient des yeux ronds. En fait elle ne reçut pas de coups et n'eut pas à en donner un seul tant les marins furent ébahis.

Rackham refusa de prendre des Espagnols comme membres d'équipage : il les laissa partir après avoir allégé le navire d'une grosse cargaison d'or. Les pièces d'or leur remplirent les poches mais ne leur permirent pas d'acheter des hommes, du moins pas en mer.

Le lendemain matin, Anne, debout près du bastingage, regardait la mer changer de couleur. Elle n'avait pas bien dormi la nuit précédente. Jack s'était disputé avec elle à cause de la façon dont elle s'était comportée lors du dernier assaut; il était outré qu'elle se soit montrée à demi nue.

– Essayez-vous d'inciter tout l'équipage à vous violer, madame? Vous aviez l'air d'une vulgaire catin! Et devant les Espagnols par-dessus le marché!

Au début Anne essaya de calmer sa colère en plaisantant.

– Oh! Jack. Ça a marché, n'est-ce pas? Je doute que ces seins aient jamais fait perdre la vue à qui que ce soit, excepté à des bigots stupides. Pour ce qui est de nos gars, ils me considèrent comme un des leurs.

Mais Jack ne se laissa pas apaiser.

– Je ne veux pas que ma maîtresse se montre à d'autres toute nue! Je suis encore capitaine ici, et si tu l'oublies, je te ferai fouetter comme un mutin, par Dieu, je le jure!

– Avec ou sans mon justaucorps? demanda Anne, l'air moqueur. Je n'enlèverai plus ma tunique, capitaine. Mais je n'accepterai plus que vous me traitiez ainsi. Parlez-moi encore une fois sur ce ton et vous le regretterez.

Jack sortit alors de la cabine d'un pas lourd, la mine renfrognée. Il avait changé, son Jack. Mais peut-être avait-elle changé, elle aussi. Elle se promit d'être plus conciliante.

Tandis qu'elle observait les vagues, jamais lassée de voir la mer onduler au loin, l'homme de vigie cria du haut du grand mât. Aussitôt sur le qui-vive, Anne saisit sa longue-vue. Petit à petit, dans l'obscurité, on distinguait les formes et les ombres sur la mer et il y avait un peu de gris à l'horizon, le gris plus clair d'une voile. Jack s'approcha d'elle par-derrière et lui prit des mains la lunette d'approche.

– Qu'y a-t-il, ma chérie?

Il vit au loin la tache blanche significative.

– Monte là-haut, Billy, cria-t-il au plus jeune matelot qui avait une vue d'aigle. Dis-moi ce que tu aperçois. Si tu me racontes des sornettes, je te ferai baiser le cul du second au lieu de celui de sa fille!

Billy sourit et grimpa prestement en haut des haubans. Anne eut de la peine à garder son calme. Elle fit les cent pas le long du bastingage et s'efforça de distinguer le navire au loin sur la mer sombre, souhaitant qu'il fût plus proche.

La voix de Billy leur parvint du ciel.

– Il est anglais, monsieur. Il est porté par le vent, comme une mouette!

– On le prend! cria Anne, en jetant un coup d'œil à Jack pour voir si elle ne l'avait pas vexé une fois de plus en usurpant ses prérogatives de capitaine.

Il lui lança un regard furieux et incita les marins à passer à l'action.

– Allez-y, les gars! Allez-y! Grouillez-vous!

Les hommes encore ensommeillés dégringolèrent de leur couchette. En titubant et en protestant, ils se rassemblèrent près du bastingage et découvrirent le navire. La distance qui séparait les deux bateaux diminuait rapidement. Ils tendirent les écoutes, manœuvrèrent les bras et le sloop prit de la vitesse.

En un rien de temps le *Kingston* rattrapa la lourde frégate. Le capitaine, anxieux, cria:

– Quel est votre pavillon? De quel port venez-vous?

Jack brailla d'une voix qui porta loin par-dessus les flots.

– De la mer!

Il hissa le pavillon noir et les pirates, sortis de leurs cachettes, s'avancèrent vers le bastingage, levant leur sabre d'abordage et hurlant des menaces.

Anne frissonna d'horreur en voyant les sabords de la frégate s'ouvrir et les canons qui y étaient cachés apparaître, telle une rangée de dents de requins.

– Dégagez pour qu'on puisse tirer, hurla-t-elle en s'éloignant du bastingage.

Elle entendit un seul mot, « Feu », de l'autre côté de l'eau et le sloop fut ébranlé par une formidable bordée. Le coup avait été tiré un peu haut, mais une fumée suffocante emplit l'air et les ponts volèrent en éclats. Elle sentit une douleur vive à la cuisse au moment où un éclat de bois s'enfonçait dans sa chair. C'est à peine si elle pouvait respirer et ses yeux étaient pleins de larmes. Appuyant son épaule contre le canon de vingt-quatre qui était à ses pieds, elle aida à le mettre en place. Déjà chargés, les canons meurtriers étaient prêts à tirer. Le vent en pleine figure, Anne se tourna vers Jack.

Debout sur le gaillard d'arrière, il observait les hommes qui s'affairaient.

– Feu ! cria-t-il.

Il y eut une explosion assourdissante et Anne porta les mains à ses oreilles.

Le canonnier hurlait, faisait presser les hommes et leur donnait des bourrades tandis qu'ils accouraient avec de nouvelles munitions. Anne s'efforça de voir à travers la fumée et constata que la bordée du *Kingston* avait causé des dommages considérables à la frégate. Elle gîtait d'un côté et la moitié de ses ponts avait sauté.

– Rechargez ! Soyez prêts à tirer !

Dans un roulement de tonnerre, les canons furent à nouveau avancés, mais avant que Jack ait pu donner l'ordre de lâcher une seconde bordée, une voix cria :

– Ohé ! Etes-vous Jack Rackham de New Providence ?

Jack hésita un instant.

– Je suis Jack Rackham, venu de la mer. Qui est le capitaine ?

– Con Kesby ! Ne tirez pas !

Jack jeta un coup d'œil à Anne qui, appuyée contre le bastingage, se tenait la cuisse. La fumée enveloppait le bateau qui donnait de la bande, Anne essayait de voir celui qui venait de parler.

– Est-ce que tu demandes quartier, l'ami ? hurla Jack.

– Va te faire foutre ! Ne tire pas, Jack ! Con Kesby ne demande quartier à personne, pirate ou pas !

Tandis que le vent changeait de direction et que la fumée se dissipait, Anne aperçut la silhouette sur le pont de la frégate. C'était bien Con Kesby. Elle éclata de rire en dépit de sa douleur.

Le *Kingston* vira rapidement de bord pour accoster la frégate endommagée, et l'équipage, derrière Anne et Jack, monta à l'abordage du navire.

Anne se dirigea vers Kesby en boitant, un foulard autour de la cuisse, et le serra dans ses bras avec une émotion qui les surprit tous les deux.

– Ça, c'est trop fort, Kesby, dit Jack en donnant au vieux pirate une tape sur l'épaule, que fais-tu sur une frégate du roi ?

Kesby lui lança un regard noir.

– Où voudrais-tu que je sois autrement ? En train de biner le jardin de Rogers ? Au moins j'ai toujours la mer sous les pieds. Et toi, que fais-tu sous ce pavillon ?

– Nous n'avons pas pu supporter une vie douillette, Con, dit Anne en souriant. Tu te rappelles, tu m'as mise en garde contre la maladie du brigand – déjà à l'époque tu en voyais les symptômes.

– Oui, et tu en crèveras, dit-il en montrant du doigt la jambe d'Anne.

Anne invita le vieux pirate à venir dans leur cabine et les hommes de Kesby abandonnèrent de bon cœur leur navire endommagé. Tandis que les deux équipages buvaient ensemble un grog sur les ponts du *Kingston*, Kesby, Jack et Anne évoquèrent le bon vieux temps.

La frégate de Kesby avait une cargaison de sucre et de rhum ; Jack donna l'ordre de la faire transporter à bord du *Kingston*.

– Kesby, je doute que ce rafiot puisse rentrer au port. Il n'en reste pas grand-chose.

– Oui, mon salaud. Je ne le sais que trop. Tu m'as presque fait sauter la jambe par la même occasion.

– Eh bien ! Nous pouvons garder ceux de tes hommes qui veulent se joindre à nous et débarquer les autres au large de la Jamaïque, qu'en dis-tu ? Quant à toi, tu peux rester ou partir, comme tu veux.

Anne lança un rapide coup d'œil à Jack. Elle ne parvenait

pas à croire qu'il offrait une place sur son bateau à l'ancien chef pirate, un homme terriblement orgueilleux.

Kesby esquissa un sourire.

– Rackham, toi et moi, on s'entendrait comme chien et chat. D'abord je suis le meilleur capitaine des deux. Et puis, il y a ici ta donzelle, dit-il en laissant son regard impudent s'égarer sur le corps d'Anne, elle serait à moi avant la fin du mois.

Il dévisagea Jack en souriant. Ses yeux brillaient.

– Et alors, capitaine, tu servirais d'appât aux requins.

Anne vit Jack serrer les dents. La moutarde lui montait au nez.

– Dans ce cas, capitaine, choisis ton port et je veillerai à ce que tu débarques sain et sauf, dit-il avec un sourire forcé. Et la prochaine fois... demande quartier le premier pour nous épargner des ennuis à tous les deux. Mais crie fort, Kesby, ajouta-t-il, les yeux mi-clos. Parfois, le bruit des canons me rend sourd.

Le *Kingston* n'était qu'à un jour de mer de la Jamaïque et il jeta l'ancre le temps de déposer Kesby et la moitié de son équipage dans une petite île au large de la côte. Les autres préférèrent rester à bord du sloop pirate. Anne regarda tristement Kesby s'éloigner en barque vers le rivage. Il ne restait rien de son passé, c'était comme une poignée de sable qui lui glissait entre les doigts. Tant de vieux amis avaient disparu. Elle se demandait où elle serait dans un an. Sa jambe se remettrait, mais le passé était révolu à jamais.

Après deux semaines de repos dans une anse au large d'Antigua pour caréner le navire, Jack repartit pour le passage de Mona. Anne était guérie maintenant, mais deux hommes, qui n'avaient pas eu de chance, étaient morts des blessures reçues pendant l'escarmouche avec la frégate de Kesby. On les jeta à la mer dans des linceuls déchirés. Peu de temps après, on vit dans la baie une multitude de petits requins jaunes, rapides comme l'éclair. Les cadavres disparurent rapidement. L'équipage comptait maintenant trente et un matelots, Jack et Anne compris. Elle se demandait s'il y avait d'autres vaisseaux pirates que le leur. Depuis Antigua jusqu'à la passe, ils eurent la mer pour eux tout seuls.

Un système de hautes pressions s'était installé au-dessus d'eux, et pendant une centaine d'heures le sloop dériva sans qu'on sache où il allait, poussé dans une direction puis dans l'autre par les courants. L'homme de vigie en était arrivé à loucher et était devenu grincheux à force de garder les yeux fixés sur l'horizon, à la recherche d'un grain, d'un nuage, de quelque chose qui bougeait. Il y avait six longs jours qu'ils avaient quitté Antigua, six jours passés à observer le ciel et à se mouiller les doigts pour voir s'il y avait du vent, à attendre.

Anne jeta un coup d'œil à Billy appuyé au bastingage. Pour une fois il ne lui sourit pas; aucune expression ne plissa son visage. Les hommes étaient étendus sur le pont, pareils à des cadavres. Ils essayaient de rester à l'ombre des mâts, car le soleil était implacable. Leur corps était plus brun que jamais, même leur cuir chevelu avait la couleur de l'acajou.

Anne soupira. Il était difficile d'imaginer qu'il y avait de la vie en dehors de ce calme plat. Elle savait que Saint-Kitts était là-bas, quelque part à cinquante milles au sud, et que le passage de Mona se trouvait devant eux, perdu dans une brume miroitante. Mais elle ne s'intéressait à rien.

La veille, l'équipage s'était entraîné au tir en visant de vieux fûts de rhum qui flottaient près du sloop. Anne s'était jointe à eux pour se distraire. Mais Jack avait hurlé :

– En voilà assez! Vous gaspillez des balles!

Et les hommes, la mine renfrognée, étaient retournés se coucher comme des chiens.

Ce jour-là, Jack surgit par l'écoutille de la cabine, il fronçait les sourcils. Comme Anne, il portait une chemise légère et un pantalon; ses cheveux mouillés de sueur étaient collés et paraissaient plus foncés. Anne remarqua la nervosité qui émanait de toute sa personne, il avait l'air à cran.

– Toujours pas de vent, dit-elle calmement.

– Je suis capable de m'en apercevoir, rétorqua Jack.

Il s'avança vers l'avant du bateau. Anne le vit tressaillir sous la brûlure du soleil.

– Comment ça va en bas? demanda-t-elle.

– Pas bien, répondit-il d'un ton sec. Les rations d'eau sont insuffisantes.

– Je le sais. Mais il va falloir continuer comme ça, Jack. On pourrait être encalminés ici pendant des jours.

– Bon Dieu ! grogna-t-il.
– Peut-être aurons-nous un grain ce soir.
– Il faut l'espérer, Anne. Nous ne pouvons pas tenir longtemps avec des demi-rations d'eau par cette chaleur.
Anne détourna les yeux, le visage assombri par l'inquiétude. Elle s'abstint de répondre d'un ton cassant. « Bien sûr, il faut continuer à se contenter de demi-rations d'eau », songeait-elle. Elle avait la responsabilité de gérer les provisions et l'avait assumée au mieux. Maintenant, au lieu de la soutenir dans une décision qui était difficile à prendre, Jack était d'aussi méchante humeur qu'un mousse sans expérience.
Brusquement la vigie cria :
– Un grain ! Là-bas en avant !
Anne se précipita sur le pont, essayant de percer la brume du regard. Elle vit avec étonnement les vagues onduler, la houle se former, les voiles palpiter et reprendre vie petit à petit.
Elle se retourna : Jack, pareil à un gamin, faisait le fanfaron, comme si les voiles se gonflaient grâce à lui.
– Hissez les voiles, les gars ! Qu'on sorte de là !
Le *Kingston* se mit à avancer, lentement tout d'abord, puis il prit une allure plus rapide tandis que les voiles étaient déployées pour capter le moindre souffle d'air.
Une fois encore, l'homme de vigie cria comme s'il n'en croyait pas ses yeux :
– Une voile, capitaine, à bâbord !
Anne leva sa longue-vue, s'efforça d'apercevoir quelque chose. Elle finit par distinguer une voile blanche, et fit une grimace de déception. Ce n'était qu'un lougre, un tout petit bateau de pêche qui ne valait pas la peine d'être pris. Elle en informa Jack.
– Un lougre ? dit-il en saisissant sa longue-vue. On va s'en emparer.
Il allait donc engager la poursuite quand même, peu importaient la dépense d'énergie et le peu de vent. Une fois de plus les voiles claquèrent alors qu'ils viraient, mais ils ne bénéficièrent plus de la brise favorable. Le *Kingston* se cabra, puis dansa lourdement sur l'eau qui ondulait à peine, tandis qu'il se dirigeait vers le lougre. Anne essaya de ne pas penser à ce qui se passerait si le vent tombait.

Elle reprit sa longue-vue. Le lougre avait hissé ses voiles, levait son museau aplati et s'éloignait.

– Il peut nous battre à la course, capitaine, dit Corner. Nous sommes trop lourds pour cette foutue brise.

– Alors, tirez une bordée sur son étrave, cria Jack.

– Pourquoi, pour l'amour de Dieu? demanda Anne, exaspérée.

Jack se retourna brusquement vers elle.

– Oui, tu es toujours prête à semer la zizanie! Il se peut qu'il y ait de l'eau douce à bord, voilà pourquoi.

« Quel entêté! jura Anne, tandis qu'elle courait aider à charger les canons. Nous pourrions profiter du vent pour aller chercher de l'eau dans l'île, cela nous demanderait moins d'efforts. »

Sans tarder, le canon de quatre lança un défi. Un seul coup suffit, le lougre baissa docilement ses voiles et, résigné, attendit le bon plaisir de Jack en se balançant sur l'eau.

La cabine d'Anne lui parut presque fraîche après la fournaise du pont. Elle resta debout sans rien dire, près du hublot, pour calmer ses pensées et apaiser sa colère. Elle essaya de ne pas entendre les cris étouffés et les coups sourds lorsque les hommes montèrent à l'abordage du malheureux lougre. Tout ça pour quelques fûts pleins d'eau. Elle vit Jack rentrer avec un seul tonneau. « Ils en sont donc au même point que nous... et maintenant ils n'ont plus rien. Que Dieu leur vienne en aide, et à nous aussi, si le vent tombe de nouveau! »

Debout, sans ciller, elle se regarda dans la glace. Les mois passés en mer avaient marqué son visage. Elle aurait bientôt vingt ans, et elle ne savait absolument pas quand ces quelques rides s'étaient creusées entre ses sourcils. Sa peau était encore douce et souple, mais chaque fois qu'elle plissait un peu les yeux, comme maintenant, ou bien qu'elle les ouvrait tout grands, des pattes d'oie se dessinaient. Elle tendit les mains.

Elle avait les ongles cassés et très courts à force de travailler sur le pont. La peau sur le dos de ses mains avait commencé à laisser paraître des petits croisillons et un réseau de losanges, comme sur ses genoux. Elle se rappela la dernière fois qu'elle avait couché avec Jack. C'était facile de s'en souvenir puisque c'était à Antigua, près de trois semaines auparavant. Il s'était plaint que ses pieds rugueux l'écorchaient comme de la toile rêche, durcie par le sel. Elle fronça les sourcils. Elle l'aimait, ça, elle le savait. Plus qu'elle n'avait jamais aimé personne. Mais parfois elle lui en voulait aussi beaucoup. Elle avait besoin de lui et cela lui faisait très peur. Elle savait qu'elle le laissait commettre des meurtres sans rien lui dire, qu'elle lui permettait de la dominer par moments, parce qu'il était beau et fort. S'il avait été petit, trapu et laid comme un pou, elle l'aurait débarqué sur l'île la plus proche et aurait pris le commandement du navire il y a belle lurette. Mais aucun autre homme que Jack Rackham ne lui avait jamais donné l'impression de la posséder entièrement. Pas Ben Hornigold, et certainement pas James Bonny ni Stede Bonnet.

Souvent elle souhaitait que Jack disparaisse de sa vie, mais plus souvent encore, elle craignait d'être réduite à rien s'il la quittait. « Peut-être que chacun de nous est vraiment seul pour toujours, emporté sur ce minuscule radeau à la dérive en pleine mer », pensa-t-elle. Anne couchait de plus en plus rarement avec Jack à présent, et son désir de faire l'amour était moins vif qu'autrefois. Au cours de la journée, il y avait tant d'agitation et de brouhaha, la mer était si changeante, et Anne se dépensait tellement que, le soir, elle s'effondrait sur sa couchette et ne cherchait qu'à dormir d'un sommeil profond, sans rêves, bercée par ce navire qui la protégeait.

C'est à cette époque qu'Anne apprit vraiment le métier de boucanier. Comme c'était l'un des rares vaisseaux pirates en mer et certainement l'un de ceux qui avaient la plus mauvaise réputation, le *Kingston* de Calico Jack faisait impunément des prises dans les Caraïbes.

Il engageait rarement une bataille importante ou prolongée, car il choisissait sa proie avec soin et n'attaquait que les vaisseaux dont il était sûr qu'ils se rendraient sans grande résistance. Anne confectionna un drapeau plus pittoresque pour le *Kingston* : c'était une énorme bannière noire avec un crâne grimaçant aux orbites creuses, et en dessous, à l'emplacement de la gorge, il y avait deux épées croisées.

Tout en bas Anne avait cousu ces mots : « *M'attrape qui peut* ». Elle avait toujours un sourire ironique quand elle pensait à l'usage qu'elle faisait de ses cours de couture d'autrefois.

Les hommes étaient rassemblés autour du mât pour leur repas de midi. Debout près de la marmite commune, ils piochaient des morceaux de tortue. Anne marchait le long du bastingage et regardait le large.

Soudain la vigie cria :

– Dites donc, vous là-bas sur le pont ! Trois voiles à l'avant, à tribord.

Tirée en sursaut de sa rêverie, Anne saisit une longue-vue sur le râtelier. Trois voiles ondulaient à l'horizon, brisant la ligne qui séparait la mer et le ciel, à peine visible au loin.

– Tribord amures ! cria Anne au timonier.

Elle regarda autour d'elle pensant que Jack allait surveiller la manœuvre, mais il se reposait en bas. Les hommes près du mât se tournèrent vers elle en attendant les ordres. « Qu'importe ! pensa-t-elle. Il ne va pas tarder à monter. Pour le moment, je vais simplement le remplacer. »

– Tous les hommes aux bras et aux écoutes !

Les marins abandonnèrent leur repas, comme des chiens bien dressés, et allèrent rejoindre leur poste sans rechigner. Le *Kingston* fit une embardée sous la poussée de la brise, ses voiles montèrent et se gonflèrent. À ce moment-là, Jack arriva sur le pont, alerté par le changement dans le mouvement du navire.

– C'est un convoi, capitaine, cria la vigie. Il se dirige vers le nord ! Il y a au moins dix voiles.

– Bon Dieu ! murmura Anne. Un convoi et nous sommes les seuls pirates en mer.

Jack cria à la vigie, qui était sur le qui-vive :

– Quels canons ? Vois-tu les vaisseaux de garde ?

En attendant la suite des événements, Anne était en émoi. La saison était déjà avancée car les flottes mettaient le cap sur le continent. Les ouragans de la fin de l'été chassaient la plupart d'entre elles des mers bien avant juin. Mais peut-être celle-ci transportait-elle une cargaison qui valait la peine de prendre des risques.

Anne savait que si c'était un convoi britannique typique, il y aurait au moins deux navires de guerre. L'un, le guide ou navire d'avant-garde, protégerait l'avant de la flotte et déterminerait sa vitesse et la direction qu'elle devait prendre. Le deuxième navire de guerre, le Chien de garde, resterait à l'arrière pour parer à une embuscade.

Elle regarda une fois de plus avec sa longue-vue. De grands huniers blancs apparaissaient à l'horizon. Le navire de guerre se reconnaissait à ses drapeaux. Anne aperçut un éclat de lumière. C'était une lunette d'approche qui par deux fois brilla au loin. Elle sourit. « Ils nous observent tout comme nous les surveillons. »

Soudain le navire de guerre hissa en haut des drisses ses pavillons de signalisation qui se détachèrent sur le ciel bleu de cobalt. Elle entendit le roulement des canons, abaissa sa longue-vue et l'appuya sur sa cuisse pour se calmer. La situation était dangereuse, mais si le vent leur était toujours favorable, ils pourraient battre en retraite et distancer les navires de guerre, même en s'y prenant à la dernière minute.

La flotte tout entière comprenait douze navires. Ils se mettaient en formation plus serrée maintenant qu'ils avaient aperçu le sloop pirate. Anne imaginait les marins qui s'affairaient sur les ponts. Les navires marchands britanniques ne valaient pas grand-chose, c'était bien connu ; les hommes étaient pour la plupart recrutés de force et pleins de ressentiment, les marins expérimentés étaient rares. Le matelot anglais était d'un naturel fort indépendant, bien plus que son homologue français ou espagnol. Sans doute sur douze navires, il devait y en avoir au moins trois à bord desquels une mutinerie couvait en ce moment même.

Anne savait que les capitaines du convoi ne se laisseraient pas berner ; un matelot ne pouvait manquer d'identifier le genre de navire qu'était le *Kingston* : son importante voilure, ses canons, sa coque nue prête à fondre sur sa proie ne pouvaient appartenir qu'à un navire pirate.

Maintenant le vaisseau de garde changeait de cap et filait vent arrière à la poursuite du sloop pirate. Il était évident qu'il avait reçu l'ordre de poursuivre et de capturer tout navire à l'allure suspecte.

Des images tourbillonnaient dans la tête d'Anne. Elle

entendit les ordres de Jack : mettre toutes les voiles et foncer aussi vite que possible.

Soudain, elle revit en imagination une scène qui avait eu lieu au bord de la rivière à Bellefield, un jour où elle avait chassé la caille avec Charley toute la matinée. Elle se rappelait la façon dont la mère caille criait en simulant la terreur et courait en laissant pendre une de ses ailes pour éloigner les chasseurs de ses petits.

Anne alla trouver Jack.

– Pourquoi ne pas leur faire croire que notre navire est désemparé, Jack ? Fais vite hisser les voiles, comme si nous venions de les voir arriver. Que les hommes laissent le gui se balancer dans tous les sens et donnent l'impression d'être trop affolés pour faire la bonne manœuvre. Tu pourrais alors attirer le navire comme s'il était un chien de chasse qui flaire une piste.

Jack comprit en un instant et un grand sourire illumina son visage.

– Comme ça, ils laisseront leurs flancs dégagés.

Il cria ses ordres et les hommes réagirent avec enthousiasme à ce stratagème.

Anne sentit le vent passer de sa joue gauche à sa joue droite tandis que le *Kingston* roulait sous l'effet du brusque changement d'orientation des voiles. Pour le navire de guerre britannique, le mouvement du sloop semblait résulter de manœuvres maladroites qu'un équipage tente d'effectuer sous l'emprise de la peur. Jack criait et insultait les marins, les menaçait du poing, les envoyait en haut des mâts et les faisait redescendre pour essayer de remettre les voiles en place.

Anne pointa sa longue-vue et regarda vers la poupe. Le navire de guerre fonçait toujours sur eux, il était à peine à trois milles. Le *Kingston* avançait en dansant sur l'eau dans tous les sens, mal placé par rapport au vent. Il donnait l'impression de fournir des efforts désespérés pour fuir mais sans savoir comment s'y prendre. Bien sûr, même dans les pires conditions, le sloop pirate était plus rapide que le lourd navire de guerre, mais peut-être l'adversaire s'en rendrait-il compte trop tard. Maintenant le navire de guerre devait croire qu'il les avait à sa merci.

Il continuait de s'approcher. La lumière de l'après-midi commença à baisser et, comme Anne l'avait prévu, la distance entre le chasseur et sa proie diminua. Elle les avait dupés. Le *Kingston* et le navire de guerre s'éloignaient lentement du convoi ; les onze autres huniers avaient disparu de l'horizon lorsque le soleil fut sur le point de se coucher.

Pourtant le Chien de garde s'approcha encore. Sur ordre de Jack, les hommes de l'équipage, simulant la panique, se mirent à jeter des tonneaux vides par-dessus bord comme s'ils voulaient alléger le navire pour aller plus vite. Mais bientôt, avec la nuit qui tombait, il fut impossible de voir cette dernière feinte. Quand il fit tout à fait noir, sur les ordres de Jack le *Kingston* reprit sa course ; l'équipage tendit les voiles comme il convenait, le vent les gonfla, et le sloop pirate fonça en avant, comme soulagé de ne plus avoir à subir ces manœuvres maladroites et stupides.

Détendue, Anne sourit. Maintenant, la distance entre le sloop et le navire de guerre allait augmenter. Pourtant, le Chien de garde ne pourrait pas s'en rendre compte. Lorsque la lune se lèverait, le *Kingston* serait à des milles de là et filerait, poussé par le vent.

Après avoir navigué à vive allure pendant plusieurs heures, l'équipage amena toutes les voiles. Le *Kingston* ressentit une forte secousse comme s'il était entré dans une mer sirupeuse. Il s'immobilisa en se balançant sur les vagues et pencha en prenant le courant par le travers ; ses mouvements étaient désordonnés.

Anne sentit son cœur battre au rythme du roulis du sloop. Ils couraient un grand danger car ils étaient pour ainsi dire encalminés. Par ailleurs, aucune voile hissée ne signalait leur présence. Le navire de guerre pourrait passer tout près sans s'apercevoir que le *Kingston* était là.

Ils prirent en silence un souper froid ; il n'était pas question d'allumer du feu cette nuit-là. Anne et Jack descendirent dans leur cabine examiner des chiffres et des cartes. Ils firent leurs calculs une fois, puis les recommencèrent pour être sûrs de ne pas s'être trompés.

Corner n'avait pas cessé d'observer le navire de guerre avec sa longue-vue ; il se dirigeait toujours droit sur eux. Anne et Jack, debout près de Corner, regardèrent en silence les eaux noires tandis que le Chien de garde approchait. Le navire de guerre était de plus en plus gros. Ils virent son sillage miroiter au clair de lune, ses voiles se profiler sur les nuages, la lueur d'une lanterne sur le pont et même quelques étincelles s'envoler des pipes que fumaient les marins. Anne ferma les yeux, puis les rouvrit en retenant son souffle.

Lentement le Chien de garde s'approcha d'eux. À moins de deux cents mètres de leur proue, le navire de guerre avançait en pleine mer droit devant lui, à la poursuite d'un fantôme qui, l'espace d'un moment, se balança sans bruit à proximité.

Anne poussa un soupir de soulagement. Ils avaient pris de gros risques dans l'espoir d'être largement récompensés. Sans aucun doute, Dieu ne protégeait pas seulement les justes.

Anne alla vers Jack et passa son bras autour de ses épaules.

– Une manœuvre audacieuse, capitaine. Et ça a marché.

– Oui, dit Jack en souriant dans l'obscurité. Demain, ce convoi m'appartiendra si je fais l'effort de m'en emparer.

À l'aube, Anne sortit sur le pont et prit sa longue-vue. Il y avait des formes sombres devant eux, à l'horizon. Les navires du convoi étaient serrés les uns contre les autres comme des mouettes endormies ; ils ne se doutaient de rien, ils ne se méfiaient pas.

On battit discrètement le rappel des matelots, qui s'armèrent de pistolets, de mousquets et de piques. Les canons furent chargés, les hommes se préparèrent à l'attaque.

Le *Kingston* s'avança en fendant l'eau sans bruit et s'approcha de la poupe d'un brick qui s'était éloigné de la flotte. Les pirates se laissèrent glisser dans des canots et aussi rapides qu'un essaim d'abeilles, grimpèrent par-dessus le bastingage du brick avant que les vigies endormies aient pu donner l'alarme. Jack quitta le brick en y laissant six hommes, après avoir jeté par-dessus bord les membres de l'équipage qui refusaient de se joindre à la bande de pirates.

La prise suivante fut un énorme navire de la marine marchande jaugeant trois cents tonneaux, armé de dix canons à long tube. À nouveau, accablés sous le nombre des pirates qui se ruèrent à l'abordage, les hommes de garde ne surent jamais ce qui leur était arrivé.

Les pirates prirent un dernier navire, un brick, qui enfonçait profondément dans l'eau. Son capitaine lança un cri d'alarme, mais rien ne pouvait arrêter les hommes de Rackham qui s'emparèrent du navire et de l'équipage sans essuyer une seule perte.

Quand le soleil se leva, le *Kingston* et ses trois prises s'étaient repliés dans une crique tranquille et isolée; là les pirates explorèrent les cales.

– Nous sommes riches comme Crésus, les gars, cria Jack après avoir visité le troisième bateau. Il est plein d'argenterie et de rhum.

C'était vrai. Les navires transportaient de lourdes cargaisons à destination de Londres. On réclama le partage immédiat du butin, car plusieurs pirates se méfiaient de Rogers et de ses menaces, et voulaient retourner sans se faire remarquer sur la terre ferme avant d'être capturés en mer. Mais pour un pirate impatient de quitter le métier, il y avait plusieurs hommes désireux de s'y engager. Les marins du convoi du roi n'avaient jamais vu tant de richesses en cinq ans de service en mer.

Anne procéda à un vote rapide et compta dix-huit nouvelles recrues. Chose curieuse, les nouveaux venus ne s'étonnèrent pas de voir que le commandant en second d'un bateau pirate était une femme.

– C'est vrai, madame, nous avons entendu parler de Calico Jack et de sa femme. Mais nous n'avons jamais pensé que vous attaquiez les navires du roi.

– Oui, dit Jack en riant, et vos Chiens de garde non plus. Nous sommes bel et bien là et vous êtes tombés entre nos mains.

Anne accueillit les nouveaux et, suivant la tradition, leur fit jurer sur sa hachette de respecter les règles. Ce faisant, elle entendit en elle une petite voix lui murmurer un avertissement. « Ils me connaissaient donc comme étant la petite amie de Jack. » Une telle réputation ne la mettait pas à l'aise. Elle n'était pas non plus très fière d'être la donzelle de Jack. Mais pour le moment les navires étaient en sécurité, la cale était pleine à ras bord de butin, la mer était vaste et libre.

La flottille des pirates comprenait maintenant trois navires. Après avoir vendu l'un des bricks les plus lourds à Hispaniola, les pirates gardèrent deux navires marchands et le *Kingston*, le sloop le plus rapide des îles pour s'enfuir. Anne apprit avec une certaine tristesse que l'un de ces nouveaux navires, le *Queen Royal*, avait appartenu à Chidley Bayard. C'était sa cargaison qu'ils avaient volée, son navire qu'ils avaient capturé. Anne et Jack allèrent s'installer à bord du *Queen Royal*, afin de profiter des cabines plus spacieuses qu'il offrait.

Le butin ne comprenait pas seulement des coffres débordants de richesses. Peter Mazer, le nouvel armurier, était une recrue susceptible de rendre de grands services à l'équipage de n'importe quel bateau pirate. Il avait inventé un explosif rudimentaire, une bouteille remplie de plombs, de grenaille et de poudre, reliée à un petit détonateur. Anne admirait l'ingéniosité de cet homme. À la différence d'autres grenades qu'elle avait vues auparavant, celle-ci pouvait être programmée pour exploser quelques secondes ou quelques minutes plus tard en projetant de la grenaille et de la poudre enflammée dans toutes les directions. Peter faisait aussi d'excellentes bombes puantes : lorsqu'on lançait ces pots remplis de soufre, ils explosaient en répandant un nuage de fumée nauséabonde qui brûlait les yeux et empêchait de respirer. Mazer préférait ce qu'il appelait « son engin meurtrier » à toutes ses autres inventions. Il avait fabriqué un canon pivotant avec une gueule en forme d'éventail qui lançait, en les éparpillant sur une large étendue, des vieilles pointes de fer, des clous, des morceaux de faïence et du verre.

Parmi les quelques spécialistes de la mer capturés dans le convoi, Mark Read fut certainement la recrue que l'équipage du *Queen Royal* accueillit avec le plus de plaisir. C'était un jeune marin, beau et mince, peu loquace, qui baissait les yeux quand son regard croisait celui d'Anne. Il était expert dans l'art de se glisser au plus près d'un navire armé et il pouvait maintenir le vaisseau pirate dans l'étroit couloir de sécurité qui mettait le navire ennemi dans l'impossibilité de se défendre. L'habileté avec laquelle Read manœuvrait les voiles préservait le *Queen* de tout dommage et lui permettait de se faufiler à proximité d'une prise pour éventrer ses ponts avec ses canons.

Cory Dickson le borgne était, chose surprenante, le meilleur des nouveaux canonniers. Il tirait assez haut et son tir était groupé, si bien que l'agile Billy pouvait s'élancer de la proue du *Queen* et atterrir à l'arrière du navire qui se trouvait tout près. Billy, protégé par le feu des mousquets de ses camarades et armé d'un maillet et d'un coin de bois, grimpait comme un singe sur le gaillard d'arrière. En s'accrochant au gréement, il enfonçait le coin entre le gouvernail et l'étambot du navire en fuite et la prise était pratiquement paralysée car le gouvernail ne répondait plus. Avant que le navire ait pu changer de cap, les pirates lançaient des grappins, arrimaient à l'infortuné vaisseau le *Queen Royal*, pareil à une énorme sangsue, et se lançaient à l'assaut avec des haches d'abordage, des piques, des bombes puantes, des grenades, des pistolets, et d'autres engins meurtriers. Les hurlements que poussaient les assaillants s'ajoutaient au vacarme. Le tout était accompagné d'un roulement de tambour terrifiant. Pour compléter le chaos, des artificiers montaient aux mâts et lançaient des torches pour mettre le feu aux voiles. Souvent la reddition intervenait en quelques instants et il était rare qu'Anne eût même à dégainer son épée. Du gaillard d'avant, Jack criait les ordres. Les batailles étaient si brèves qu'il y avait peu de blessés.

Devenu le prédateur le plus meurtrier des mers, le *Queen Royal* manquait rarement sa proie.

Un des navires ainsi capturés par les pirates fut le *Tornade*, une frégate française qui venait des côtes d'Afrique. Elle transportait une cargaison d'esclaves, marchandise sans intérêt puisque les pirates ne pouvaient pas facilement les vendre au marché. Quand Jack voulut prendre le risque d'aller dans un port pour en tirer de l'argent, Anne protesta :

– Nous ne sommes pas un foutu négrier espagnol mais un navire pirate!

Anne suggéra de relâcher les malheureux à Hispaniola.

Jack accepta quand il découvrit que le *Tornade* transportait un autre trésor tout au fond de sa cale. Il rayonna de joie.

– C'est de l'opium, ma fille, confia-t-il à Anne. Un seul sac représente une fortune.

Il huma et goûta du bout des lèvres la poudre brune.

Tout d'abord, Anne se réjouit aussi.

– C'est merveilleux, Jack! Maintenant nos hommes n'ont plus besoin de craindre le bistouri du chirurgien! Nous avons de quoi insensibiliser des milliers de blessés.

Mais elle remarqua que Jack ne donnait que la moitié d'un sac au chirurgien de bord. Il partagea un sac entier entre les hommes car c'était une partie de leur butin, et contrairement aux règles en vigueur chez les pirates, il garda le demi-sac restant et le cacha subrepticement sous sa couchette.

Anne fut plus choquée par ce vol aux dépens de l'équipage qu'elle ne fut surprise de voir qu'il s'intéressait à cette étrange poudre brune. Elle n'avait jamais utilisé cette drogue jusqu'ici. À vrai dire il y en avait peu à Charles Town quand elle était petite, et on s'en servait uniquement dans le cas de blessures quasi mortelles. Elle avait entendu dire que le gouverneur prenait de l'opium car il avait souvent de la dysenterie et que cette poudre rendait les selles dures comme des petits cailloux bruns, mais elle ne pouvait comprendre pourquoi Jack voulait mettre de côté la drogue. Elle résolut de ne rien lui dire avant de connaître son plan. Il avait réagi vivement aux reproches qu'elle lui avait adressés ces derniers temps et ne pouvait supporter d'être questionné. Elle tint donc sa langue.

Deux nuits plus tard Anne fut surprise quand il lui demanda de bonne heure de le rejoindre dans sa cabine dont il ferma la porte. La cabine du capitaine du *Queen Royal* était beaucoup plus spacieuse que celle du *Kingston*. Dans un angle il y avait un luxueux fauteuil français recouvert de velours bleu, et dans l'autre angle, un petit lit à colonnes avec un baldaquin en damas. Jack l'attira sur le lit et Anne se demanda si c'était pour une de leurs rares étreintes.

De sa poche il tira une longue pipe étroite et un petit paquet de poudre brune.

– J'ai quelque chose qui pourra te faire plaisir, ma chérie, dit-il en souriant. La perle de l'Orient. Elle fera de toi une nouvelle femme.

Anne fronça le nez en voyant la poudre brune. Elle leva les yeux vers Jack et lui dit :

– Et qu'est-ce qui n'allait pas chez l'ancienne ? Je n'ai pas besoin de calmant, et toi ?

Mais Jack refusa de lui répondre. Il remplit l'étroit fourneau de la pipe, l'alluma, et tira lentement de longues bouffées. Le regard lourd, il lui tendait la pipe à travers la fumée.

– Essaie, ma fille. Ça te détendra.

Anne plissa le front et l'observa attentivement. De près, la fumée qui s'exhalait avait une odeur douce d'eau saumâtre.

– Je préférerais partager avec toi une cruche de rhum. Ça sent comme du linge qui moisit dans une pièce humide, dit-elle en faisant la grimace.

Il ne se laissa pas décontenancer et insista pour qu'elle prenne la pipe.

– Fais-le pour moi, Anne. Si tu m'aimes, essaie. Alors je te montrerai des choses que tu ne connais pas.

Avec hésitation, Anne porta la pipe à ses lèvres. La fumée lui piquait les yeux et lui irritait le nez, mais elle tira une petite bouffée.

– Encore, dit-il, et il lui remit le tuyau entre les lèvres.

Elle tira une autre bouffée et le regarda à travers les vapeurs. La chaleur de la fumée descendait dans sa gorge, plus âcre que celle de tous les tabacs qu'elle avait essayés. Elle réprima une petite toux. Il lui sembla que si elle continuait, elle tousserait au point de s'irriter les poumons.

Jack, radieux, était assis et l'observait.

Anne sentait sa volonté s'affaiblir alors qu'elle prenait une autre bouffée. Elle éprouvait une envie irrésistible de s'allonger sur le lit et ne savait pas pourquoi elle était si fatiguée.

L'espace d'un instant elle fut seule dans la cabine et la douceur du lit, le tangage et le roulis et la chaleur de la flamme de la chandelle étaient les seules choses dont elle eut conscience. Sa tête était légère, mais ses paupières étaient lourdes. Elle porta l'une de ses mains à sa bouche et put sentir l'odeur de sa peau. La caresse de ses doigts sur sa joue était pareille à celle de plumes humides. Elle retira sa main et vit qu'elle était mouillée, car ses paumes étaient moites.

Elle se demanda pendant un très court instant qui était de quart, si le navire ne courait aucun danger, si la mer était calme. Mais très vite sa pensée perdit sa cohérence. Elle concentra son attention sur le cadre doré d'un miroir accroché au mur et dans lequel vacillait le reflet d'une chandelle.

Jack tira Anne par le bras sans plus attendre et la força à s'allonger sur le lit. Elle se retrouva soudain nue, il était sur elle et ses mains se déplaçaient sur sa peau comme de la mélasse tiède, lui sembla-t-il. Son corps fut électrisé quand Jack la toucha. Elle l'accueillit avec passion, cambrant les reins pour le recevoir. Mais il y avait quelque chose qui n'allait pas. Malgré ses efforts, elle ne parvenait pas à le sentir en elle. Il sembla se ratatiner une fois qu'il fut en contact avec son sexe humide, puis il se retira.

Jack ne sembla pas déconcerté. Il se contenta de rouler à ses côtés, en souriant aux anges, perdu dans une rêverie.

Anne retomba sur le drap, fatiguée et triste, sans savoir pourquoi. Elle entendait une centaine de petites langues d'eau clapoter dans sa tête, tout comme les vagues caressaient le navire. Son esprit était aussi vide que son corps. Soudain elle pensa au nouveau-né qui était mort et qu'elle avait mis sur son sein. Elle se demanda s'il était mort en essayant d'affronter la vie ou bien s'il était resté mort en elle pendant des semaines et s'il n'avait même pas ouvert les yeux. C'était la première fois depuis longtemps qu'elle pensait au bébé, du moins consciemment. Elle ferma les yeux pour ne pas voir la multitude d'images qui surgissaient en elle comme des guêpes prêtes à la piquer. Elle s'empêchait de pleurer. Elle essaya de se libérer du passé, de s'obliger à penser à autre chose. Mais elle semblait avoir perdu toute volonté. Jack était ailleurs, peut-être avec quelqu'un d'autre; elle le voyait à son sourire sans expression.

Elle se redressa soudain, et quand elle s'assit sur le lit, la tête lui tourna. Le navire tanguait, la bile reflua dans sa gorge, ce qui ne lui était pas arrivé depuis qu'elle était enfant. Entre le moment où elle quitta brusquement la cabine d'un pas mal assuré et celui où elle arriva en chancelant au bastingage et vomit dans la mer, elle se jura de ne plus jamais toucher à cette infecte poudre brune. Non, même pour tout l'or du monde, elle ne perdrait plus ainsi le contrôle d'elle-même.

Au cours du mois qui suivit Jack se mit à fumer de l'opium de plus en plus souvent. Lorsque Anne descendait dans la cabine, elle avait l'impression d'arriver en enfer; la fumée emplissait la pièce et répandait partout une odeur douceâtre. Jack lui proposa de fumer avec lui encore une fois, mais elle refusa d'un ton si sec que jamais plus il n'insista.

– C'est un plaisir raffiné, ma chérie. Les Français l'apprécient.

– Que le diable les emporte, eux et leur saleté! Je ne vois pas quel plaisir tu peux trouver à perdre conscience, Jack. C'est une façon lamentable de se détraquer l'esprit, je ne veux pas en entendre parler.

Et elle tourna les talons en le laissant cligner les yeux et sourire dans l'obscurité.

Le matin, quand il était imprégné d'opium, il se tenait délicatement la tête dans les mains comme si elle lui faisait mal au moindre mouvement. Il fallait alors un ou deux grogs pour le remettre d'aplomb. Il dormait de plus en plus tard, ronflait et exhalait des vapeurs d'opium et de rhum si bien qu'Anne avait l'impression qu'il lui suffisait d'entrer dans la cabine pour que la tête lui tourne. Il suait à grosses gouttes. Son pantalon en coton naguère impeccable était mouillé et dégageait une odeur fétide. Pourtant les hommes ne disaient rien. Tant que la cale regorgeait de butin et qu'ils avaient le ventre plein, ils n'étaient pas pressés de capturer d'autres navires. Un petit nombre d'entre eux savaient que leur capitaine prenait autre chose que du rhum, et Anne, qui ne pouvait confier son secret à personne à bord, se sentait de plus en plus isolée.

Pour passer le temps, elle fit ce qu'elle put pour embellir le *Queen Royal* afin qu'il lui fasse honneur. Avec le butin prélevé sur les prises elle para le vaisseau comme elle prenait autrefois plaisir à se parer. Elle accrocha de lourdes tapisseries aux murs des cabines, recouvrit les parois des grandes salles de soie et de satin, et brûla de l'encens pour masquer les odeurs de la cabine où Jack paressait. Elle mit un énorme tub dans un coin de la pièce pour faire sa toilette, acheta un perroquet à un petit indigène, et installa la cage dans la coursive sous le pont.

L'oiseau au plumage bariolé apprit bientôt à crier : « M'attrape qui peut ! » quand Anne lui donnait un biscuit. Lorsque tout était paisible, elle se glissait jusque sur le gaillard d'avant, là où elle s'asseyait quand elle était petite, et elle lisait des livres trouvés dans les navires qu'ils avaient pillés.

En apparence, Anne paraissait calme, mais elle savait qu'en secret elle se préparait à prendre une décision importante. Elle était toujours tendue, à force d'essayer de cacher à l'équipage l'état de Jack, incapable de commander sous l'emprise de la drogue.

Les hommes se contentaient de se prélasser d'île en île, passant d'une plage de sable blanc à une autre. Aussi, dans l'immédiat, le besoin d'avoir un capitaine vigilant ne se faisait guère sentir.

Jack se trahit lorsque le *Queen Royal* s'empara d'un navire espagnol rempli de trésors au large d'Antigua. Quittant son poste habituel à la barre, il s'avança en titubant au milieu de la mêlée. Il était plus ivre que jamais. Le vacarme augmentait encore la confusion de son esprit. Tandis qu'Anne bondissait à ses côtés pour l'éloigner des hommes qui se battaient sur le pont, il rejeta brusquement la tête en arrière, horrifié. À ses pieds gisait un Espagnol décapité dont les bras s'agitaient dans tous les sens, en un ultime réflexe. Jack se trouvait dans un tel état de stupeur qu'il crut que le torse sans tête essayait de lui saisir les jambes. Il poussa un cri affreux, jeta son pistolet et, les yeux révulsés, gagna tant bien que mal le bastingage. Anne le retint juste avant qu'il ne saute par-dessus bord.

– Jack! lui cria-t-elle dans l'oreille, en le tirant par les épaules, retourne sur le pont.

Affolée, elle cherchait de l'aide, mais les pirates avaient maintenant atteint la partie dégagée du pont et s'apprêtaient à tuer les rares Espagnols encore vivants. Anne ne savait plus que faire. Elle avait besoin d'aide pour sortir Jack de sa crise d'hystérie, mais si un membre de l'équipage le voyait dans cet état, sa position de capitaine serait compromise. Elle leva soudain son sabre d'abordage et lui assena des coups violents dans le dos, avec le plat de la lame.

– Imbécile! Retourne à ton poste!

Jack s'avança vers elle en vacillant. Il tentait de lui faire lâcher le sabre et ne semblait rien voir.

– Chien d'Espagnol, hurla-t-il d'une voix rauque, sans la reconnaître.

Il avait l'air hébété.

Anne sortit son pistolet et le lui braqua sur la tempe en lui disant à l'oreille :

– Je vais te faire sauter la cervelle. Alors file!

Une lueur apparut dans les yeux de Jack. Il la reconnut. L'état de panique provoqué par la drogue disparut sitôt qu'il sentit le froid du canon du pistolet.

– Bon Dieu! Presse-toi! dit-elle à voix basse avec colère. Sinon, on va être fichus tous les deux.

Il la repoussa brutalement et avec une certaine dignité retourna en titubant à son poste à la barre. Anne le suivit sous le regard perplexe de quelques matelots.

Il était tard ce soir-là quand Jack vint dans leur cabine. Comme d'habitude, il était maussade parce qu'il avait mal à la tête. Il chercha à la prendre sans ménagement, mais elle se refusa à lui.

Elle replia les jambes puis lui donna de violents coups de pied et le fit tomber par terre.

– Dors sur le plancher ou dans un tonneau de rhum dans la cale. J'en ai assez de tes sales tripotages.

Sans un mot, il la fusilla du regard sous l'emprise d'une colère froide. Comment pourraient-ils jamais s'aimer à nouveau? Il quitta la cabine, l'air hautain, et ne revint pas cette nuit-là.

Pendant une semaine Anne et Jack s'évitèrent, cachant à l'équipage la haine qui les séparait, comme le font des parents devant leurs enfants. Mais peu de marins étaient dupes. Anne savait maintenant qu'il lui faudrait quitter Jack. Elle ne pouvait plus le protéger et elle n'en avait pas envie. Cela faisait deux mois ou plus qu'il ne l'avait pas satisfaite, ni en tant qu'amant, ni en tant que capitaine.

Elle regardait volontiers les autres hommes à bord du navire. À présent, elle remarquait leurs corps musclés et virils, alors qu'auparavant, Jack était le seul homme qui comptait pour elle.

Mark Read l'attirait particulièrement. Ses yeux étaient presque noirs, ce qui rendait son regard plus intense et plus perçant. Robuste et bagarreur, il était souvent le premier à sauter par-dessus le bastingage et à se jeter dans la bataille. Pourtant, plus d'une fois, Anne le surprit en train de contempler les étoiles. Elle supposait que, tout comme elle, il était en proie à un tumulte intérieur. C'était un solitaire, et elle n'osait pas l'aborder.

Anne évitait souvent d'aller dans la cabine qu'elle partageait avec Jack et passait de longues heures à contempler le sillage du navire, regrettant de ne pas avoir le courage de prendre elle-même le commandement. Son heure viendrait. Elle n'aimait plus Jack. Elle pouvait tout juste lui montrer assez de respect en étant polie avec lui, et savait qu'une bonne partie de l'équipage avait remarqué sa déchéance.

Elle osait à peine espérer qu'ils pourraient accepter d'être commandés par une femme plutôt que par un homme. Et elle ne pouvait rester à bord du *Queen* sans Jack, l'équipage ne le lui permettrait pas. Si elle défiait Jack ouvertement, il serait capable de la tuer pour sauver la face. Si elle attendait que quelqu'un d'autre défie son autorité, on la débarquerait sans doute, et elle serait réduite à se prostituer. Elle se vit passer d'un homme à l'autre, chacun moins ragoûtant que le précédent, jusqu'à ce qu'elle soit trop vieille pour plaire. Elle frissonna et s'enveloppa dans son manteau.

En jetant un coup d'œil dans l'obscurité, elle vit Mark Read appuyé au gréement, tout seul. Elle eut l'intuition que c'était une âme sœur, quelqu'un à qui elle pouvait parler.

D'un pas feutré, elle s'approcha de lui. Longtemps, elle ne dit rien et se contenta de regarder le carré éclairé par la lune qu'il contemplait. Le regard de Mark se posa un instant sur elle, mais il resta silencieux.

Au bout d'un moment, il murmura :

– Êtes-vous de quart?

Anne fit non de la tête. Presque malgré elle, elle osa ajouter :

– C'est simplement que... je n'ai pas envie de le rejoindre dans sa cabine.

Elle crut le voir sourire dans l'ombre, mais il n'ajouta pas un mot.

Anne avait conscience de la présence de son corps souple, tout chaud à côté du sien, là dans l'obscurité. Il semblait si calme et si fort. Il y avait en lui une pudeur naturelle qui l'attirait. Elle se demanda un instant s'il était possible qu'il soit encore puceau, s'il avait partagé le lit d'une femme. Il ne prenait jamais part aux plaisanteries scabreuses du reste de l'équipage. Quand Corner s'était glissé près de Billy pendant qu'il dormait et lui avait trempé la main dans l'eau tiède, lui faisant ainsi mouiller sa couchette, Mark s'était éloigné, dégoûté, tandis que les hommes éclataient de rire.

Sans réfléchir, poussée à la fois par la solitude et le désir, elle lui mit la main sous le menton et lui tourna délicatement le visage vers le sien. Elle repoussa son bonnet en arrière et approcha sa bouche pour l'embrasser. Soudain elle fut stupéfaite. Au clair de lune, ce n'était plus le même homme : son visage s'était adouci. Dès qu'elle le toucha, il se crispa.

– Mon Dieu! murmura-t-elle, qui es-tu?

Il recula pour se trouver à nouveau dans l'ombre, ramena son bonnet sur son front et s'exclama d'un ton bourru :

– Mark Read, bien sûr, vous le savez fort bien.

Mais il n'y avait plus de doute pour Anne maintenant. Elle lui saisit le bras.

– Tu es une femme, avoue-le. Tu es une femme, tout comme moi.

D'un signe de tête, il acquiesça. Anne éclata de rire.

– Je n'arrive pas à y croire. Comment as-tu fait pour nous duper? Et nous ne sommes pas les seuls, je suppose.

Silencieux, il sourit soudain timidement à Anne, toute honteuse à l'idée qu'elle n'était pas capable de reconnaître son propre sexe et qu'elle lui avait ouvertement exprimé son désir.

– Ça fait longtemps que je me fais passer pour un homme, madame.

Sa voix était basse, pourtant pas aussi bourrue qu'Anne l'avait imaginée.

– Je m'appelle Mary Read.

Les deux femmes s'assirent côte à côte et Mary entreprit de raconter à Anne son histoire.

Sa mère avait été mariée très jeune à un marin qui l'engrossa et la quitta peu de temps après pour faire un long voyage. L'enfant qui naquit était un garçon. Le mari disparut dans une tempête, sans doute noyé. La mère de Mary le pleura pendant plusieurs mois. Malheureusement c'était une femme « légère » qui se consola bientôt dans les bras d'un autre homme et fut à nouveau enceinte. Avant qu'on puisse s'apercevoir de son état, elle quitta Londres et la famille de son mari, prétendant qu'elle allait vivre à la campagne avec ses parents. Elle emmena avec elle son jeune fils, âgé tout juste d'un an. Peu de temps après, celui-ci mourut d'une fièvre, et son deuxième enfant naquit en 1692. Elle appela cette petite fille Mary.

Mme Read resta trois ans à la campagne jusqu'à ce qu'elle eût dépensé le peu d'argent qu'elle possédait. Elle songea à retourner à Londres pour trouver la famille de son défunt mari. Comme on l'avait vue la dernière fois avec un petit garçon dans les bras, elle travestit Mary et prétendit à sa belle-mère qu'il s'agissait de son petit-fils.

Mary grandit ainsi en passant pour un garçon. Elle avait appris très tôt à dissimuler son sexe. Si elle n'y parvenait pas, elle n'aurait plus rien à manger, lui disait sa mère. Finalement sa grand-mère mourut et les vivres furent coupés. Mary, qui avait maintenant treize ans, avait toujours l'air d'un jeune garçon. Elle entra comme valet de pied au service d'une Française.

– Pour sûr, je n'avais jamais été qu'un garçon, j'avais donc besoin d'être libre comme tous les hommes. Je m'enfuis et m'engageai sur un navire de guerre, car j'aimais la mer.

Tandis qu'elle parlait, Anne l'observait. Elle avait la silhouette d'un homme svelte, ses seins étaient petits, et faciles à cacher sous une veste de marin. Même ses jambes n'avaient rien de féminin. Ses cheveux n'étaient pas simplement enfouis sous son bonnet, ils étaient coupés court et rasés dans le cou.

– Pourquoi ne t'es-tu pas mariée? dit Anne en la dévisageant au clair de lune.

Mary haussa les épaules.

– Je ne voulais pas de ceux qui me désiraient et ceux que je désirais ne voulaient pas de moi. Ce que ma mère me disait du mariage ne m'en donnait guère envie, dit-elle en baissant la tête. Pourtant je me suis mariée une fois, ajouta-t-elle, et un sourire se dessina sur ses lèvres. Il était cadet dans la cavalerie. Je m'étais engagée dans l'armée de Flandre en quittant le navire de guerre, et je ne pus longtemps cacher mon identité à mon compagnon de chambrée. Nous aspirions tous deux à être promus au grade d'officier. Mais les brevets s'achetaient et se vendaient plus qu'ils ne se méritaient. Bien que nous nous soyons tous deux battus avec courage, nous avons quitté l'armée du roi sans rien d'autre que les vêtements que nous portions et quelques pièces en poche.

– Et personne dans le régiment ne savait que tu étais une femme? dit Anne.

– On me prenait pour une folle, répondit Mary, car je courais après mon amant et le suivais partout sur le champ de bataille. On disait que j'étais homosexuel. Il leur laissa croire qu'il l'était aussi plutôt que de trahir mon secret. Après la guerre nous avons ouvert une auberge près de Breda. Nous l'avons appelée Aux Trois Fers à Cheval pour nous porter chance. Mais ça ne nous a pas du tout réussi : mon compagnon est mort peu de temps après.

Elle se retourna et contempla la mer.

Anne attendit la suite du récit sans rien dire. Elle pensait à la souffrance que cette âme ténébreuse avait dû éprouver. Sans réfléchir, elle tendit le bras et caressa la main de Mary. Celle-ci, surprise, se tourna vers Anne.

– Après ça, je n'ai pas grand-chose à raconter. J'ai repris mon nom de jeune fille, remis mes vêtements d'homme, et suis repartie vers les Antilles pour trouver du travail. J'ai rejoint un convoi britannique et me voici sur un bateau qui navigue sous le pavillon de Calico Jack.

– Quelle aventurière tu es! souffla Anne, pleine d'admiration.

– On ne choisit pas son destin, mais on peut choisir son

genre de vie. Je ne pourrais pas me sentir... à l'aise dans un monde de femmes.

Dans la nuit tropicale, une légère brise ébouriffa les cheveux d'Anne qui se tourna à nouveau vers Mary.

– Je croyais être la seule femme à avoir choisi un tel métier.

Anne poursuivit comme si elle se parlait à elle-même :

– As-tu remarqué que dans la vie les choses ne se passent pas comme on pourrait s'y attendre ? On donne un os et on se fait mordre à la jambe. On mord et...

– On se fait mordre les couilles, dit Mary en l'interrompant.

Anne éclata de rire, mettant la main devant sa bouche pour qu'on ne l'entende pas.

– Oui, et on vient encore vous en faire baver davantage.

Elle eut envie de serrer Mary dans ses bras, mais elle était trop réservée pour le faire.

Celle-ci était détendue maintenant qu'elle avait livré son secret. Elle se tourna alors vers Anne pour l'interroger.

– Et comment en êtes-vous venue à partager la cabine du capitaine ?

Au moment où Anne allait lui répondre, elle aperçut du coin de l'œil une silhouette qui s'approchait, et se retourna juste à temps pour voir Jack se glisser silencieusement derrière Mary, un poignard à la main. Il se jeta sur elle, roula sur le pont, essayant de l'atteindre à la gorge. Anne lui sauta sur le dos, le frappa à l'épaule de toutes ses forces. Ils luttaient sans faire de bruit, mais c'était une lutte à mort, et Mary ne poussa pas un seul cri.

D'une bourrade violente Anne fit lâcher l'arme que Jack tenait dans sa poigne d'acier et puis la lança par-dessus bord.

– Bon Dieu ! Qu'est-ce que tu fais, bougre d'imbécile ? dit-elle d'une voix sifflante.

Il lui jeta un regard glacial.

– La ferme, maudite catin ! Je vais trancher la gorge de ton amoureux et le jeter aux requins. Après, ça sera ton tour.

Anne eut une expression de dégoût. Avant qu'il ait pu faire un geste de plus, elle déchira la chemise de Mary : ses seins apparurent dans la pénombre.

Jack ouvrit de grands yeux tandis que Mary essayait de se couvrir.

– Tonnerre de Dieu! dit-il en regardant Anne puis à nouveau Mary, qui baissait chastement les yeux.

Il s'éloigna sur le pont, l'air abattu.

– Deux gonzesses, c'est beaucoup, maugréa-t-il.

– Tu as eu diablement de la chance que personne ne t'ait vu sauter sur elle. C'est contre le règlement et tu le sais fort bien, dit Anne, furieuse.

Elle regarda Mary. Jack ne saurait jamais qu'elle avait failli le tromper.

– Garde son secret, Jack, et en quelques mots, elle lui raconta l'histoire de Mary.

Jack était décontenancé en pensant qu'il y avait deux femmes à bord, mais il se calma quand Anne lui rappela que Mark Read était le marin le plus habile qui soit pour manœuvrer en mer.

– De plus, précisa Anne, tu n'es pas capable de commander le navire toi-même, et moi, ils ne me laisseront pas le commander toute seule. Tu sais que les hommes voteront pour que tu ne sois plus capitaine si quelqu'un peut te remplacer. À nous deux – elle montra du doigt Mary, qui restait silencieuse dans l'ombre –, nous pouvons commander le bateau sans en avoir l'air et tu ne seras pas obligé de renoncer à ton poste de capitaine.

Jack comprit en un éclair; même dans l'obscurité Anne put voir qu'il parvenait à la même conclusion. Elle se demanda s'il n'avait pas cherché cette échappatoire. Il voulait être capitaine, cela ne faisait aucun doute, mais il n'était pas en mesure de commander le navire. Maintenant il pouvait donner des ordres, Anne et Mary veilleraient à ce qu'ils soient exécutés. Il ne serait plus capitaine, mais il en aurait toujours le titre. Anne se demanda combien de temps ils pourraient jouer la comédie. Que ce soit lui ou un autre qui commande le navire, les marins s'en moquaient éperdument du moment que la cale était pleine et qu'il y avait des vivres en abondance. Mais quand les difficultés commenceraient, l'équipage pourrait se précipiter sur eux comme des loups affamés et les jeter tous les trois à la mer. Ils conclurent un pacte tacite, là sous le mât, alors que les premières lueurs de l'aube apparaissaient par-dessus le bastingage : ils avaient tout à perdre et pas grand-chose à gagner en révélant la véritable identité de Mary.

Ainsi, Anne et Mary prirent le commandement du *Queen Royal.* Elles cherchaient souvent des endroits à l'écart pour bavarder en paix. Anne était heureuse d'avoir une amie intime, sa première véritable amie. Elle avait grand plaisir à se confier à une personne à laquelle elle pouvait parler directement sans avoir à donner d'explications. Anne avait l'impression de pouvoir tout dire à Mary. Il n'était plus nécessaire de faire des efforts pour être futée ou être belle, spirituelle ou désirable. Quand Anne parlait à un homme, elle était toujours consciente d'être différente, mais quand elle bavardait avec Mary, ce qui la frappait, c'étaient leurs points communs. Mary n'attendait rien d'elle, ne lui demandait rien en échange de son affection. Ainsi avait-elle le sentiment que son amitié pour Mary était plus parfaite, plus durable que ne l'avait été son mariage.

Mary avait souvent affirmé qu'elle ne serait plus jamais amoureuse. Anne la taquinait en lui disant qu'elle se trompait et qu'elle en aurait bientôt la preuve. Comme elle l'avait prédit, Mary dut bientôt reconnaître son erreur.

La prise suivante fut un navire qui venait de la Jamaïque et faisait route vers l'Angleterre. Un des hommes récemment recrutés était Tom Deason, marin fort habile pour les manœuvres en mer. Tom, qui n'avait pas encore vingt et un ans, avait six ans de moins que Mary. Pourtant elle était attirée par lui, et cela malgré la résolution qu'elle avait prise de rester à l'écart des hommes. Quand les pirates avaient essayé de persuader Tom de se joindre à l'équipage du *Queen Royal,* elle l'avait pris à part et averti :

– Reste là où tu es, mon gars. Cette vie-là n'est pas faite pour des gens comme toi.

Tom avait regardé de travers ce pirate qui semblait si soucieux de le conseiller. Le reste de l'équipage lui ayant énuméré les plaisirs et les avantages de la carrière de pirate, Tom s'était finalement laissé séduire par leur accueil et leurs beaux discours. Mary avait observé Tom avec des sentiments mitigés tandis qu'il signait le règlement pour devenir membre de l'équipage du *Queen.*

– Je jure que je ne sais pas ce qui m'a fascinée, chuchota-t-elle plus tard à Anne. Ce n'est qu'un gamin qui n'a pas la moindre expérience de la vie. Pourtant il me trouble, Anne, je veux tout à la fois qu'il soit près et loin de moi.

Anne sourit. Elle se rappela qu'elle avait éprouvé les mêmes sentiments pour James Bonny, il y avait de cela une éternité. Elle espérait seulement que Mary serait plus heureuse qu'elle.

Mary était tellement entichée de Tom qu'elle passait presque autant de temps avec lui qu'avec Anne. Le garçon en vint à faire confiance à ce partenaire étrange et silencieux qui était si souvent à ses côtés, et à admirer son adresse et son audace. Quant à Mary, elle venait trouver Anne à ses moments perdus et se plaignait d'avoir toujours à se déguiser.

– Comment puis-je lui faire savoir que je suis une femme sans que le reste de l'équipage soit au courant? C'est la première fois depuis que je les ai coupées que je regrette mes longues boucles.

Comprenant ce qu'elle éprouvait, Anne lui parla avec franchise :

– Ne te fais pas souffrir en cachant la vérité. Emmène-le dans un coin sombre, ma fille, et montre-lui qui tu es. Si c'est un homme, il saura quoi faire. Agis simplement comme je l'ai fait avec toi.

Mary eut un sourire malicieux en se souvenant de cette nuit-là, mais sa pudeur la retint encore quelque temps. Quand elle ne fut plus capable de maîtriser ses sentiments, elle s'arrangea pour être de quart sur le pont en même temps que Deason. Dans l'ombre, elle s'approcha de lui, tout intimidée. Au bout de quelques instants de conversation futile, elle hasarda une question :

– Que penses-tu de Mme Bonny, Tom?

Tom hocha la tête sans enthousiasme.

– Elle n'est pas à sa place sur ce bateau pirate. Elle a ruiné sa santé et sa beauté sur ce rafiot. Pourquoi donc? Pour coucher avec cette fripouille de Rackham.

Mary poursuivit avec appréhension :

– Tu n'as pas ta langue dans ta poche pour un nouveau venu, Tom. Si Jack t'entendait dire des choses pareilles...

– Oh! Je ne dirais ça à personne d'autre, dit Tom pour la rassurer. Mais c'est toi qui as posé la question.

« C'est vrai », se dit Mary en tressaillant, tandis qu'elle réfléchissait à une autre tactique.

– Et toi, tu es marié, mon gars?

– Non, dit-il en riant sous cape. Je n'ai jamais trouvé de femme qui veuille de moi, poursuivit-il en contemplant les flots argentés. Mais note bien que si j'en trouvais une, elle ne monterait pas dans un bateau comme une vulgaire catin. Elle resterait à la maison à m'attendre, en bonne épouse, et garderait son joli teint.

À cet instant même, Mary eut follement envie de le prendre dans ses bras. Cependant elle n'arrivait pas à trouver une façon élégante de lui dire la vérité. Elle craignait que les moments qu'ils pourraient passer ensemble ne se fassent rares dans les prochains jours. Déjà elle redoutait que l'équipage n'ait remarqué l'affection qu'elle portait au jeune matelot. Elle se rapprocha de lui.

– Tom, commença-t-elle avec courage, puis elle hésita. Tom, je ne suis pas ce dont j'ai l'air.

Il la regarda avec désinvolture. Elle bégayait mais cela ne le surprit pas. Il était simplement curieux d'en savoir plus.

– Non? dit-il. Es-tu un espion du roi?

Mary rougit, jeta un coup d'œil sur le pont et se rapprocha encore de lui. Elle fut soulagée de constater qu'il ne bronchait pas. Il se contentait de la regarder avec méfiance.

– Je suis une femme, Tom, murmura-t-elle.

Et elle entrouvrit sa tunique pour exhiber ses petits seins tout blancs.

Il sursauta. Mary se couvrit d'un geste rapide.

Le regard fixé sur le bastingage, elle se hâta de poursuivre :

– Je n'avais pas d'autre moyen de te prouver qui je suis, Tom. Je ne pouvais plus supporter de garder ce secret, de ne rien te dire.

Tom retrouva ses esprits, passa la main sur son front, se pencha et demanda d'un ton pressant :

– Est-ce que quelqu'un d'autre est au courant?

– Oui, acquiesça Mary d'un air triste, Rackham et Mme Bonny. C'est elle qui m'a dit de t'en parler.

– Pourquoi? demanda le jeune homme.

Mary se contenta de baisser les yeux. Tom sourit. Il n'était pas tout à fait aussi naïf que Mary l'avait supposé. Sans mot dire il l'attira dans l'ombre des gréements et elle lui raconta son histoire.

Dans les jours qui suivirent, l'admiration qu'avait Tom pour Mary, le marin, se transforma en désir et en amour pour Mary, la femme. Ils veillaient de plus en plus à cacher leurs sentiments au reste de l'équipage, mais malgré tout, pour finir, on s'en prit à eux.

Will Janner, un simple matelot qui venait de s'engager sur le *Queen*, avait observé Mark Read, le marin qui savait si bien manœuvrer en mer, et par deux fois, il avait essayé d'attirer Mary dans sa couchette. Mary l'avait repoussé en l'injuriant et avait sorti son poignard en guise de réponse. Il l'avait laissée tranquille ces derniers temps, mais maintenant qu'il voyait se resserrer le lien entre ce Mark Read et un nouveau venu, la vue du visage jeune et frais de Tom Deason le remplissait d'amertume tant il était jaloux et irrité. Il raillait souvent Deason lorsque le reste de l'équipage pouvait l'entendre.

– Espèce de pédé, disait-il en riant et en regardant autour de lui pour être sûr que tout le monde écoutait. Est-ce que tu tringles aussi bien qu'il sait se faire baiser? Fais bien attention qu'il ne te file pas la vérole!

Au début Tom prit la plaisanterie avec humour, sans y attacher grande importance, mais à mesure que les sarcasmes se faisaient plus fréquents et plus cinglants, et que grandissait son amour pour Mary, il se sentit blessé dans son orgueil. Il se mit à insulter Janner en retour, tous deux cherchaient la confrontation.

Un jour où Mary n'était pas dans les parages pour arrondir les angles, Janner se montra particulièrement odieux et Tom craqua. Il sortit prestement son poignard et s'écria :

– Ferme-la, sinon je te coupe la langue, Janner! Je ne veux plus entendre tes saloperies!

Janner s'amusa à tourner autour de lui, comme un chat tourne autour d'un oiseau estropié. Il se tapait sur les cuisses et le mettait au défi de se battre. Tom se rendit compte sur-le-champ de son erreur. Mary se précipita sur le pont juste à temps pour entendre Janner provoquer son amoureux en duel, conformément au règlement. La moitié de l'équipage en fut témoin.

L'air sombre, Mary resta à l'écart. Rackham s'avança et écouta Janner demander satisfaction en bonne et due forme dès que le navire accosterait. Il n'y avait pas moyen de revenir en arrière à présent. Il fallait que Tom se batte ou soit traité de lâche et abandonné sur une île déserte. Puisque c'était lui qui avait dégainé le premier, il ne pouvait pas se dérober.

Ce soir-là, Mary se glissa dans la cabine d'Anne et pleura dans ses bras.

– Il est incapable de se battre! dit-elle d'une voix larmoyante. Je l'aime, mais il est incapable de se défendre face à Janner! Il va se faire tuer sous mes yeux!

Anne la tenait dans ses bras et la berçait en silence tandis qu'elle sanglotait, s'efforçant de trouver une solution.

– On pourrait vous mettre tous les deux dans un canot avec des vivres quelque temps avant d'accoster. Personne ne serait au courant avant que vous soyez déjà fort loin.

– Non, dit Mary en hochant la tête. Il n'accepterait jamais. Il est trop orgueilleux.

Anne, exaspérée, haussa les épaules :

– Alors je suppose que tu pourrais descendre Janner avant qu'il tire. Mais c'est contre le règlement.

Mary se dégagea des bras d'Anne.

– Non, Anne. Tom ne pourrait vivre avec une telle honte.

Elle montra du doigt le poignard posé sur le lit.

– Il pense qu'il doit se battre pour moi.

– S'il n'y avait pas l'orgueil, les hommes seraient merveilleux. Les femmes ont davantage de bon sens. Que vas-tu faire, alors? dit-elle en prenant la main de Mary.

Le visage de Mary s'éclaira tandis qu'elle réfléchissait au problème.

– Je pense que je pourrais descendre Janner sans difficulté.

– Sous quel prétexte?

– J'en trouverai un.

– Que fais-tu de l'orgueil de Tom?

– Avec un peu de chance, il ne le saura pas avant que tout

soit terminé. Il vaut mieux avoir honte que d'être mort. Et c'est seulement vis-à-vis de moi qu'il aura honte. Personne d'autre ne le saura.

Anne serra chaleureusement la main de son amie.

– Je n'essaierai pas de t'en empêcher, ma fille. Pourtant j'aimerais bien pouvoir le faire. Je suis peut-être cruelle, mais par Dieu! je préférerais que Tom soit tué à ta place.

– Ne répète jamais cela, Anne, si tu es mon amie, dit Mary en s'emportant soudain.

Anne, résignée, hocha la tête.

– Il n'est pas assez bien pour toi.

– Et je suppose que Rackham est un oiseau rare?

Anne prit fort mal cette remarque. Cela la blessait de savoir que Mary et elle pouvaient se disputer pour si peu de chose, en particulier pour ces deux hommes.

– Non, ils ne valent pas plus cher l'un que l'autre. Aucun d'eux ne mérite qu'on se batte pour lui. Mais y a-t-il quelqu'un qui le mérite? ajouta-t-elle avec un sourire.

Mary s'adoucit et sourit à son tour.

– Eh bien! Tom est un brave garçon. Il est honnête, bien qu'il soit jeune. Et je ne pourrais pas supporter de le voir tomber sous une balle de Janner.

– Alors c'est toi qui seras tuée?

– Non, c'est moi qui le tuerai.

Quand le *Queen Royal* accosta le lendemain, les pirates se rassemblèrent sur la plage, impatients de se distraire. La plupart commençaient à être mécontents de la façon dont se comportait Rackham, leur capitaine. À leur agressivité répondait le désir de voir le sang couler, peu importait la victime.

Jack, penché par-dessus le bord du navire qui était à l'ancre, pressait le mouvement pour que le spectacle commence.

– Battez, tambour! cria-t-il, en riant comme un fou.

Debout à ses côtés, Anne observait en silence les pirates se diriger vers le rivage. Certains ramaient, d'autres pataugeaient dans l'eau. Tous manifestaient bruyamment leur joie d'aller à terre.

– Allons-y! Un petit effort, encore un effort! criait Jack en brandissant son sabre d'abordage.

Anne attendait. Bientôt elle vit Mary bousculer Janner et l'empêcher de monter dans le canot le plus proche. Mary portait un grand chapeau qu'elle s'était enfoncé sur la tête. Elle s'écria d'une voix hargneuse :

– Laisse-moi passer, fils de pute, ou c'est moi qui vais te casser la figure !

Janner fit volte-face, stupéfait d'être abordé de cette façon par Mark Read, qui était resté silencieux et renfermé pendant presque tout le voyage.

– Fais tes prières, mon gars, je suis pas d'humeur à prendre ces conneries à la légère, grommela-t-il.

D'où elle était, Anne put voir que le visage de Mary devenait blanc comme un linge sous l'effet de la colère.

– Des conneries, c'est ça ? Va te faire foutre ! Prouve donc que tu as raison avant de te faire étendre par ce jeune gars, dit-elle en montrant effrontément du doigt Deason, qui était encore sur le pont. J'aimerais bien avoir ta peau avant qu'il te fende la gueule.

– D'accord, dit Janner en souriant, enchanté de passer à l'action. Je vais m'occuper de vous deux ! Nom de Dieu ! Attends ton tour !

– Pas question, espèce de fumier ! C'est moi qui commence ! C'est ça ou rien !

Elle s'approcha tout près de Janner, lui envoya un coup de poing dans le ventre et lui cracha au visage.

– Je vais te faire la peau, fils de pute !

Les hommes qui se trouvaient autour d'eux poussèrent des hourras, et le bruit se répandit rapidement que Mark Read allait se battre en duel avec Janner avant Deason. Mary se retourna pour jeter un coup d'œil à Tom qui était venu jusqu'au bastingage, affolé par cette nouvelle. Anne se glissa auprès de lui et lui chuchota quelques mots à l'oreille. Tom poussa un cri de protestation qui s'étouffa dans sa gorge. Mary ne le quittait pas des yeux tandis qu'on l'emmenait en canot sur le rivage. Elle entendit vaguement Janner vociférer des injures. Tout ce qu'elle vit, c'était Tom, tandis que les deux canots s'éloignaient. Il avait le visage terreux, mais elle se sentait libre comme une mouette et savait ce qu'elle allait faire.

Les deux bateaux atteignirent la plage et Mary ne se

retourna pas une seule fois. Elle sentit le regard de Tom rivé sur elle, bien qu'ils fussent éloignés l'un de l'autre. Elle concentra toute son attention sur l'instant présent.

Corner les appela et plaça deux pistolets à silex, de la poudre et deux épées sur deux fonds de tonneaux. Il s'éloigna.

– Êtes-vous prêts, les gars?

Mary fit oui d'un signe de tête, sans quitter Janner des yeux.

– Et qu'est-ce que ça me rapporte si je gagne ce combat, mon vieux? dit Janner d'une voix rauque. Je tirerai sur ta poulette. Et puis je vous en mettrai plein le cul à tous les deux, hein? poursuivit-il avec un sourire méchant en tapotant le devant de son pantalon. Dans les deux cas, ça sera pas triste, je suppose. Ça vous apprendra à l'un et à l'autre qui est le maître.

Les yeux de Mary se firent tout petits. Depuis le pont, même Anne put voir qu'elle tendait ses muscles et se concentrait.

– Vas-y, Corner, grommela Mary à voix basse.

Corner s'adressa aux hommes qui les entouraient :

– Écoutez bien, les gars! Un défi a été lancé et accepté! Un coup chacun, suivant le règlement. Celui qui rate son coup meurt. Si tous les deux le ratent, alors combat à l'épée. Reculez-vous, les amis, car j'en ai vu qui tiraient comme des dingues, on aurait cru des femmes!

Les hommes firent cercle autour des deux adversaires, et ce fut le silence.

Mary eut l'impression que son esprit quittait son corps, l'espace d'un instant, et planait au-dessus d'elle. Pendant un moment elle ne sentit que la brise, n'entendit que le léger clapotis des vagues sur la grève. Elle n'osait pas se retourner pour regarder Tom dont le visage était livide. Elle s'arracha à ses pensées pour revenir au présent et se demanda si ce qu'elle avait éprouvé annonçait la mort.

Corner observait son visage crispé. D'un geste rapide, il abaissa la main et son épée fendit l'air.

Sans quitter Janner des yeux, Mary se saisit du pistolet. Elle le chargea, l'amorça, et le leva en visant la poitrine de son adversaire. L'espace d'un instant, elle vit une lueur d'étonnement dans ses yeux quand il se rendit compte qu'il avait été trop lent. Presque inconsciemment elle fit feu. Il y eut une forte détonation, et le recul du pistolet la déséquilibra. Janner s'affala sur les genoux. Une main tenait encore le pistolet, l'autre s'agitait en l'air, comme s'il avait espéré arrêter la balle. Une grande tache rouge vif apparut sur sa poitrine. Il vacilla un instant, puis Mary vit ses yeux perdre leur éclat, et il s'écroula la tête la première. Il était mort.

Il y eut un long silence dans la foule. C'est seulement à ce moment-là que Mary se retourna. Le *Queen Royal* dansait sur l'eau, pareil à une hirondelle de mer. Tout s'était passé si vite qu'elle n'avait pas eu le temps de prévoir ce qu'elle allait faire ou dire. Des membres de l'équipage s'approchèrent, l'un après l'autre, et lui donnèrent une bourrade amicale dans le dos tandis que deux hommes tiraient Janner par les talons jusque dans les broussailles. La seule preuve de leur confrontation, c'étaient une tache brune et deux longs sillons dans le sable qui menaient à la plage où son corps avait été déposé. Quand la marée monterait, il ne resterait plus rien.

Anne poussa un long soupir en voyant Mary se diriger d'un pas ferme vers le canot et y monter. Quand tout fut fini, Anne lâcha le bras de Tom. Alors, il traversa rapidement le pont pour aller au bastingage, à l'opposé de la plage, et vomit sans bruit par-dessus bord.

Le *Queen Royal* fit voile vers Trinidad pour se ravitailler. Là, Jack et Anne retrouvèrent leur vieux compagnon, le capitaine Charles Vane; Vane ne leur en voulait pas. Les deux équipages pirates mirent quasiment le village à sac et festoyèrent pour célébrer leurs retrouvailles.

À la taverne du Coq Rouge, Anne s'assit à la table de Vane qui leur raconta ses exploits depuis qu'il leur avait laissé le commandement du *Seahorse*. Cela faisait deux ans qu'elle ne l'avait pas vu. Certes elle lui devait beaucoup. Sous son commandement elle avait appris le métier de marin, signé son premier règlement, participé à sa première bataille et avait été acceptée comme pirate de plein droit. Pour Anne, Vane était comme un oncle qu'elle avait perdu depuis longtemps. S'il ne gardait aucune rancune d'avoir été évincé, c'est qu'il avait bien réussi.

– Après que vous nous avez débarqués, dit-il en colère, nous sommes partis pour le Honduras et nous avons fait sept prises en chemin.

Anne lui tapota la cuisse et le regarda droit dans les yeux avec un grand sourire pour le dérider.

– J'ai toujours pensé que vous réussiriez, capitaine.

Il lui sourit alors à son tour et vida sa chope de bière avec délectation.

– Oui, mais pas grâce à vous, madame, ni à ce mufle là-bas que vous avez sur les bras, dit-il en désignant Jack, mais nous nous en sommes mieux sortis que la plupart.

Tandis que les pirates faisaient la fête, la nouvelle que l'armada espagnole était en route pour New Providence parvint à Trinidad. Anne fut dégrisée par cette rumeur.

– Pauvre Rogers, dit-elle en hochant la tête. Cette racaille ne se battra jamais pour lui. L'île tombera aux mains des papistes d'ici une semaine. Et ceux de nos amis qui sont encore en vie ne le resteront pas longtemps, ajouta-t-elle en se tournant vers Jack.

Woodes Rogers avait été informé de l'attaque imminente et avait supplié Londres de lui envoyer des troupes et des navires de guerre, mais aucun renfort n'était arrivé. Réduit à se débrouiller tout seul, il travailla fébrilement à fortifier l'île, exhortant la population qui rechignait à fournir des efforts, et jouant sur la terreur qu'inspiraient les papistes : même la femme la plus réservée pouvait raconter des histoires sur les tortures que les Espagnols avaient fait subir à leurs malheureux prisonniers. Aussi Rogers réussit-il à inciter les habitants à participer activement à la défense. Il parvint à recueillir assez de nourriture et d'alcool pour que les pirates travaillent presque sans répit.

Il avait fallu près d'une année aux Espagnols pour mettre sur pied une armée d'invasion à La Havane. Bien entendu, tout le monde aux Caraïbes connaissait l'objectif, la république pirate de New Providence. Des rapports étaient régulièrement parvenus à Rogers l'informant des projets et des préparatifs des Espagnols ; pourtant le gouverneur était loin d'être prêt. Londres ayant fait la sourde oreille, même après avoir vidé les prisons et armé les vieillards et les enfants, Rogers disposait d'une force terrestre de moins de quatre cents hommes.

Sa flotte comprenait trois navires partiellement armés et une demi-douzaine de sloops ; l'un avait été équipé par le capitaine Ben Hornigold, les autres étaient commandés par d'anciens pirates peu enthousiastes, plus disposés à s'enfuir qu'à combattre. Avec cette petite troupe, Rogers avait l'intention de repousser l'armada espagnole : cinq navires de guerre puissamment armés, trois énormes brigantins et onze sloops transportant en tout deux mille hommes placés sous le commandement de don Francisco Cornejo.

– Je m'en fous pas mal ! cria Vane. Je hais Rogers comme la peste, mais pas question de rester là, les bras croisés, et de voir la république des pirates tomber aux mains des Espagnols ! Après tout, nous appartenons aussi à la confrérie.

Un murmure d'approbation se fit entendre dans toute la taverne.

– Nous sommes loin d'avoir assez de canons pour mettre en déroute cette flotte, dit Jack sans ambages. Nous irions droit à la mort.

Les yeux de Vane se rétrécirent et il se pencha par-dessus la table pour regarder Jack bien en face.

– Je crois avoir été chassé du *Seahorse* parce que je n'avais guère envie de me battre, capitaine Rackham. Vous êtes-vous ramollis en deux ans ? dit-il en jetant un coup d'œil à Anne, qui se raidit en entendant cette insulte. Bon Dieu ! Rentrons chez nous, les gars ! dit Vane en frappant du poing sur la table. Qu'en pensez-vous, madame ? ajouta-t-il.

Anne observa Jack, puis détourna son regard.

– Ce n'est certainement pas un endroit béni des dieux, alors il faut que nous l'aimions à leur place, répondit-elle en souriant. Oui, nous maintiendrons la république des pirates sous pavillon anglais !

Il y eut un tonnerre d'acclamations et le sort en fut jeté. Le lendemain, à l'aube, six navires pirates étaient en route pour New Providence. Le puissant *Queen Royal* était le vaisseau amiral, suivi du schooner de Vane et de quatre sloops rapides.

La décision avait été prise dans les plus brefs délais. Néanmoins la flotte espagnole, qui avait une avance considérable, fut la première à atteindre New Providence. Après avoir quitté Cuba, elle avait emprunté le détroit de Floride et abordé la république des pirates par le nord.

Tandis que les Espagnols jetaient l'ancre au large de Walker's Point, à l'est du port de New Providence, Rogers attendait tranquillement avec sa flottille dérisoire et environ quatre cents anciens pirates. Depuis leur position stratégique dans le port, les Espagnols ne virent pas de fortifications et présumèrent que l'île n'était pas prête à repousser leur assaut. Ils décidèrent d'envoyer quelques chaloupes pour établir une tête de pont, puis d'attaquer la ville par la terre tandis que leurs navires de guerre pilonneraient la colonie depuis la mer.

À leur surprise, ils furent assaillis par un petit détachement de cavalerie qui fonça au galop sur la plage en direction des chaloupes portées par la marée montante. Avant que les hommes puissent débarquer, les pirates à cheval, commandés par Woodes Rogers qui faisait tournoyer son épée en l'air, les attaquèrent et les repoussèrent vers les navires d'où ils étaient venus. Les Espagnols qui voulaient débarquer firent des signaux désespérés afin d'avoir le soutien des canons à l'entrée du port. Ils obtinrent satisfaction.

Les navires de guerre s'approchèrent aussi près que possible et pilonnèrent la plage d'un feu nourri. La cavalerie, dont la puissance de tir était inférieure, recula, laissant environ un quart de son effectif sur le terrain.

Les chaloupes espagnoles tentèrent à nouveau de prendre d'assaut la plage. Elles furent accueillies par le maigre tir de la milice de Rogers cachée dans les fourrés à quelque distance. Au lieu de s'enfuir à nouveau, les Espagnols se retranchèrent. Cent cinquante soldats prirent donc pied sur la plage et tirèrent dans les buissons. Plutôt que d'attaquer les pirates, les Espagnols tinrent bon, dans l'espoir que d'autres troupes débarqueraient et leur apporteraient leur appui. Ce fut une erreur fatale.

Soudain dans la courbe du port apparurent six sloops rapides qui se glissèrent avec audace entre les navires de guerre espagnols et le détachement isolé sur le rivage.

Debout sur le pont du *Queen Royal,* Anne pointa sa longue-vue d'abord sur la plage, puis sur les navires de guerre espagnols à l'entrée du port.

– Tenez bon, les amis, nous arrivons, murmura-t-elle.

Voyant que les bateaux espagnols ne savaient pas comment se comporter face à cette nouvelle attaque, elle donna l'ordre de hisser un drapeau de signalisation très haut pour qu'il soit visible de loin. En un instant les navires pirates réagirent et leurs canons tirèrent sur la plage, mettant en déroute le détachement de débarquement.

Sous l'effet de la surprise, les troupes de Rogers furent décontenancées pendant quelques instants. Puis, sans plus hésiter, elles joignirent leurs tirs à ceux des sloops. Les chaloupes furent rapidement mises en pièces et volèrent en éclats. Aveuglés par la fumée, les Espagnols poussaient des cris perçants qui dominaient les coups de feu et proféraient des jurons orduriers.

Anne était écœurée en observant la scène à la longue-vue : c'était une véritable boucherie. Elle se précipita vers le bastingage, cracha dans la mer et reprit son poste.

De là, elle pouvait voir toute la bataille, transmettre les ordres par signaux au reste de la flotte pirate et empêcher le détachement espagnol d'effectuer le moindre repli. Tout se déroulait alors sous son commandement, ce qui n'était pas sans lui plaire.

Elle donna une seconde fois un ordre bref, et un nouveau drapeau de signalisation monta en haut du mât. La flotte pirate vira de bord et fit route vers la pleine mer, prenant l'armada dans un mouvement de tenailles meurtrier. Les sloops pirates ouvrirent le feu tous ensemble. Il y eut soudain une explosion assourdissante : une soute à munitions avait été touchée. Des flammes et de la fumée jaillirent d'un des navires de guerre espagnols. Anne regarda à l'œil nu et vit l'ennemi mettre des canots à la mer, cette fois pour aller se réfugier à bord des navires qui n'étaient pas endommagés.

– Foncez dedans, foncez! cria-t-elle en courant jusqu'au pont le plus proche.

Les sloops bourdonnaient autour des énormes navires de guerre comme des frelons prêts à piquer, harcelant un flanc puis l'autre. La flotte espagnole avait la plus grande puissance de feu, mais les sloops pirates manœuvraient plus facilement dans ces eaux peu profondes. Un bâtiment espagnol tenait bon et lançait d'énormes boulets en direction de chaque sloop qui passait au niveau de son étrave, mais autant essayer d'écraser des mouches avec un pilon. Les pirates décrivaient des cercles autour des énormes bricks, les criblant de projectiles.

Anne dirigea alors sa longue-vue vers la plage et constata que les coups de feu avaient cessé. Depuis leur cachette, derrière Hog's Island, la flottille que Rogers avait rassemblée se lançait maintenant dans le combat. Bien que cette action privât la ville et le port de toute protection du côté de la mer, les efforts conjugués furent efficaces. Anne vit Rogers se pencher en avant par-dessus le bastingage et exhorter son équipage à s'activer. Pendant qu'elle regardait, un petit sloop bombarda un deuxième navire de guerre espagnol, endommageant ses canons et ajoutant au chaos.

Soudain, deux des bricks espagnols virèrent de bord et quittèrent le port. Ils battaient en retraite et se dirigeaient droit sur le *Queen Royal*. Anne hésita un instant. S'ils restaient sur place et combattaient, ils avaient de grandes chances de couler un bateau, peut-être les deux. Mais une chance tout aussi grande de voir leur bateau endommagé et de le perdre. Elle regarda Jack qui était sur le gaillard d'avant, mais ne put lire ses pensées sur son visage. Certains membres de l'équipage l'observaient, les autres épiaient Jack. Encore un instant et la décision serait prise sans eux, car le navire espagnol avançait rapidement dans leur direction. Jack ne disait toujours rien, comme s'il la mettait au défi de modifier le plan, de désobéir au commandement, de faire une brèche dans la ligne et de s'enfuir. En silence elle jurait toute seule.

– Virez de bord, cria-t-elle, en aidant à exécuter la manœuvre. Laissez-les passer!

Le *Queen* vira lentement, glissa en oblique, poussé par le vent, et le navire espagnol qui battait en retraite le dépassa. Deux des navires de Rogers foncèrent à la poursuite du navire de guerre, comme par défi, parce que le *Queen Royal* lui avait fait quartier. Les Espagnols eurent plus de succès en livrant un combat d'arrière-garde. Anne s'aperçut alors que leurs canons étaient toujours braqués sur le port et envoyaient des projectiles sur les sloops de Rogers.

L'un d'eux fut sérieusement touché et commença à couler; le navire de Rogers dut virer de bord pour venir en aide à son jumeau qui était en perdition. Les deux vaisseaux espagnols qui restaient s'éloignèrent vers le large, et le reste de la flotte suivit, du moins ceux qui étaient en état de le faire.

Plusieurs des sloops pirates étaient encore prêts à se battre, bien que certains fussent endommagés. Ils frôlèrent le navire amiral de Rogers et gagnèrent le large. Les marins agitaient la main, autant par dérision qu'en signe de triomphe.

Anne hésita. Elle se tenait sur le pont du *Queen* face à Rogers et une étroite bande de mer les séparait. Debout sur le pont de son navire, Rogers regardait l'un de ses bateaux auquel on portait secours. Anne savait que, si les pirates entraient dans le port, Rogers serait obligé de les capturer. Peu importait qu'ils aient aidé à sauver son île. Il lui faudrait les ramener à New Providence pour les pendre. Il n'avait pas le choix.

Elle lui fit un grand sourire quand il se retourna et la dévisagea. Tandis qu'elle l'observait, il leva une main, lui fit un salut, et puis revint vers son équipage.

Elle courut jusqu'au mât et hissa le pavillon du *Queen Royal* qui claqua au vent. « *M'attrape qui peut* », pouvait-on lire sur le drapeau. Le sens du message ne put échapper à Rogers.

Alors, sur ordre de Jack, le majestueux *Queen* vira lentement de bord et quitta les eaux de New Providence pour gagner le large et rentrer à Trinidad.

Un après-midi où elle se promenait sur la plage, Anne aperçut soudain un petit rassemblement : des hommes de l'équipage étaient réunis dans un endroit isolé, à l'ombre d'un palmier. Anne tressaillit, car elle comprit ce qui se tramait.

Elle s'approcha du groupe, se contentant de regarder et d'écouter sans rien dire. Plusieurs hommes levèrent les yeux, puis reprirent leur discussion, presque par défi. Les marins s'étaient réunis pour décider si oui ou non Rackham resterait capitaine.

Sans la regarder, Fenwick dit d'un ton maussade :
– Tu sais toi-même que ça fait près d'un mois qu'il ne dessoûle pas.

Anne vit qu'elle allait être obligée d'avouer la vérité sans tarder, sinon elle allait leur faire perdre à tous deux leur crédibilité.

– Vous vous trompez, les gars. Nous savons tous qu'il n'a pas été lui-même... mais personne d'autre n'est au courant. Certainement pas ceux qui se trouvent à bord des navires que nous capturons quand nous arborons son pavillon. Un pavillon qui décourage toute résistance. Si vous le gardez comme capitaine, du moins de nom, nous continuerons à être maîtres des mers. Sinon, la moitié de l'équipage partira avec lui et l'autre moitié se retrouvera sans le sou.

– Ce n'est pas étonnant que vous disiez cela, madame, et nous savons tous pourquoi, rétorqua calmement Fenwick. C'est vous qui commandez Rackham et le *Queen*, et personne ne peut s'opposer à vous. Mais le règlement, c'est le règlement, et je dis que Rackham n'a pas sa place dans la cabine du capitaine et vous non plus.

Anne mit la main sur son pistolet qui dépassait de sa ceinture. Elle braqua un regard d'acier sur Fenwick, un homme qu'elle n'avait jamais aimé.

– Moi, je ne suis pas de cet avis.

Elle fit lentement le tour du groupe, les yeux rivés sur ceux de chaque homme.

– Quelqu'un n'est-il pas content de sa part de butin? Quelqu'un a-t-il manqué de rhum ou d'autre chose? Quelqu'un a-t-il été humilié dans la bataille?

La plupart baissèrent les yeux.

– Non, c'est bien ce que je pensais. Ceux qui le désirent peuvent partir à bord du *Kingston*. Choisissez qui vous voulez comme capitaine sur n'importe quel navire excepté le *Queen*. Le *Queen Royal* est le navire de Calico Jack et le mien. Il le restera. Et il y a des gars comme Mark, Corner, Billy et Tom qui me seront fidèles et qui n'hésiteront pas à le dire.

Anne releva la tête avec arrogance et attendit.

La plupart des hommes parurent soulagés que quelqu'un se soit imposé et l'ait emporté. Seul Fenwick, l'air courroucé, continuait de la défier.

– Fenwick, dit-elle soudain, emmène les hommes qui ont envie de te suivre et pars ce soir. Le *Kingston* est à toi. Si je te trouve à bord du *Queen*, une fois la nuit tombée, je te jetterai aux requins. Je ne tolérerai pas que l'on conspire sur notre navire. Et Fenwick, ajouta-t-elle en se penchant et en chuchotant dans son oreille de façon que tout le monde puisse l'entendre, si je croise ton sillage sur ces mers, je te coulerai, car tu n'es qu'une canaille.

Fenwick vit que peu le soutenaient car tous les regards se détournaient de lui. Il se leva et s'apprêtait à saisir son épée comme pour se battre, mais Anne pointa sur lui son pistolet avant qu'il ait pu faire un pas.

– Va-t'en, lui dit-elle d'une voix sifflante.

Il pivota sur les talons et partit à grandes enjambées. Anne le regarda disparaître et se retourna vers l'équipage.

– Merci, les gars, je ne trahirai pas votre confiance, et Jack non plus. Le *Queen* vous appartient aussi bien qu'à nous.

Tandis qu'elle s'éloignait, elle se sentit vidée et épuisée à mesure que ses nerfs se détendaient. Elle n'allait pas dire à Jack qu'ils l'avaient échappé belle. Mais à Mary, oui, à Mary elle dirait tout.

Anne, reine des pirates, était au faîte de la gloire. Le *Queen Royal* était un château flottant avec un équipage complet qui comptait quarante hommes et un gaillard d'arrière magnifique.

Mary avait depuis longtemps renoncé à se déguiser en homme ; la plupart des membres de l'équipage en étaient venus à reconnaître ses talents, car cela faisait des mois qu'elle se montrait fort experte à exécuter les manœuvres et à manier l'épée. À la différence d'Anne, cependant, Mary n'affichait pas sa féminité. Elle portait toujours sa tenue de marin de couleur sombre et ses cheveux coupés court ; pieds nus, elle montait en haut des gréements et en redescendait avec agilité. On ne la distinguait pas des autres membres de l'équipage. Elle ne prenait aucun plaisir à se vêtir avec élégance comme un boucanier, alors qu'Anne passait ses heures de loisir à confectionner des tuniques en soie et des pantalons en velours.

Le second du *Queen*, George Featherston, faisait marcher le navire sans aucun incident et consultait Anne chaque jour au sujet des décisions à prendre. Rackham, qui était toujours officiellement le capitaine du navire, était heureux pourvu qu'il ait en abondance du rhum et de l'opium. Deux fois par jour il endossait sa redingote et arpentait les ponts. Il échangeait des propos cordiaux avec l'équipage, il complimentait sur la façon dont telle voile ou tel gréement était fixé, puis il jouait aux dés avec quelques-uns de ses compagnons préférés, ou bien il étudiait des cartes pendant des heures et évoquait en secret ses anciennes conquêtes et les lieux qu'il fréquentait naguère. Jack et Anne n'étaient plus amants, mais ils étaient toujours amis, presque frère et sœur, liés par leurs souvenirs communs et l'intérêt qu'ils portaient au *Queen Royal*.

Dans les rares occasions où ils couchaient ensemble, ils se témoignaient une tendresse infinie, comme s'ils tenaient entre leurs mains les fragments de leur rêve éphémère. Anne savait que leur situation actuelle ne pouvait pas durer éternellement, mais pour l'instant, elle était heureuse de vivre au jour le jour, fière de son bateau. Elle jouissait de sa liberté et de la mer.

Un jour, dans l'intimité de leur cabine, elle demanda à Jack pourquoi il buvait. Il répondit, en regardant d'un air rêveur une chope pleine :

– Le rhum desserre les liens qui maintiennent prisonnier le dieu qui est en nous.

À ces mots, Anne fut bouleversée car elle savait dans quel état de déchéance il était tombé.

– Tu veux dire la bête, rectifia-t-elle en faisant la grimace.

– Comme tu veux, dit-il avec tristesse.

Le premier navire capturé le mois suivant fut la plus grosse prise du *Queen*. C'était un bâtiment de grande taille, un navire marchand de la Nouvelle-Angleterre, qui enfonçait dans l'eau et avançait péniblement tant il était chargé. Mais quand Anne regarda avec sa longue-vue, elle compta un nombre inquiétant de sabords le long de ses flancs. Ils n'étaient pas simplement peints : ils étaient réels avec des canons de neuf bien alignés qui les menaçaient. Le navire glissait sur l'eau apparemment sans se rendre compte qu'il était traqué. Featherston s'approcha d'Anne.

– Voilà ce qu'il faut faire, madame. Faut montrer aux hommes que vous essaierez pas d'éviter la bagarre.

Anne songea à Vane et à la façon dont il avait été évincé pour avoir esquivé le combat. D'instinct, elle se rendait compte que c'était un trop gros gibier. Mais maintenant que tous les hommes comptaient sur elle pour engager la bataille, il était hors de question de battre en retraite.

Elle donna le signal pour que l'équipage se rassemble près du bastingage et observa le navire marchand avec la longue-vue. Là-bas, l'équipage paraissait inconscient du danger. Featherston prit la barre et Mary le fit manœuvrer afin d'avoir l'avantage du vent. Les marins dissimulés au-dessous du plat-bord couvaient des yeux leurs armes. Selon toute apparence, ceux d'en face ne virent qu'un gros sloop sur son lest, car il était nettement au-dessus du niveau de la mer et avançait vite.

Jack la rejoignit sur le gaillard d'avant.

– Une voile, capitaine, dit-elle, l'air ému, un navire de Nouvelle-Angleterre avec une pleine cargaison.

Il lui arracha la longue-vue des mains et prit son temps pour scruter le navire à l'horizon. Puis il jeta un coup d'œil sur les hommes cachés sous le bastingage.

– On va le prendre, s'écria-t-il, et il plaqua sa longue-vue sur la hanche.

Personne ne sourit car chacun avait maintenant un rôle à jouer.

Le navire fut à portée de voix avant que les couleurs soient hissées ou l'identité révélée comme l'exigeait la courtoisie en mer.

– *Prudent Hannah*, de Boston, Israel Bemis, capitaine! cria le patron du navire de la Nouvelle-Angleterre. Comment s'appelle votre navire? D'où venez-vous? ajouta-t-il en hissant le pavillon anglais rouge sang qui flottait au vent en haut du mât.

– *De la mer!* beugla Jack qui prit position sur le gaillard d'avant.

Anne vit Featherston donner le signal presque en même temps, et l'énorme canon de quatre sur le gaillard d'avant gronda. Le boulet projeta une gerbe d'eau sur la proue.

– À l'abordage! hurla Jack. À l'abordage!

Anne vit Mary hisser le drapeau d'un noir de jais et donner le signal aux marins. D'un bond, ils se levèrent aussitôt, hurlant comme des démons, leurs armes à la main. Anne se rua avec eux et ils grimpèrent par-dessus les plats-bords. Grâce à une manœuvre rapide, Featherston amena le *Queen* sous le vent le long du navire ennemi. Les grappins fendirent l'air comme des flèches et s'accrochèrent à ses gréements, rapprochant les deux sloops l'un contre l'autre.

La mêlée fut brève mais féroce. Tout fut terminé en quelques instants. Une lame meurtrière s'abattit en sifflant, Billy chancela et tomba à la renverse, le crâne fendu par l'épée. L'arme se redressa, décrivant une courbe en l'air avant de frapper à nouveau, mais à cet instant Anne tira son couteau et l'enfonça dans l'aisselle du marin anglais qui avait le bras levé. Il pénétra aussi facilement que dans du beurre, mais elle était si près de lui qu'elle craignit de voir l'épée retomber sur elle. Plutôt que de reculer, elle se rapprocha et s'écrasa contre sa poitrine haletante. Par chance, le matelot était petit, et Anne resta agrippée à son corps qui se recroquevillait jusqu'à ce que le sang jaillisse de sa bouche et que ses yeux se révulsent. Surprise par sa propre audace, elle retira son couteau, l'essuya vite et se retourna pour affronter l'ennemi suivant. Comme l'adversaire demandait quartier, le combat prit fin.

Israel Bemis, dont la joue ensanglantée était ouverte jusqu'à l'os, gémissait sur le pont du *Hannab*. On le balança dans une chaloupe ainsi que la plupart des membres de son équipage. Anne regarda Billy qui gisait à ses pieds. Il la fixait de ses yeux opaques et aveugles d'où émanait un calme surprenant. Elle faillit éclater en sanglots. Elle leva la tête et vit Jack toujours debout sur le gaillard d'avant. Il ôtait sa redingote de capitaine et d'une voix forte félicitait chaleureusement les hommes. Anne eut soudain l'impression d'être une vieille femme. Sa main paraissait flétrie et calleuse à côté de celle de Billy, qui était légèrement repliée comme celle d'un enfant.

Plus tard elle nettoya sa pique avant de la remettre au râtelier. Le sang épais qui coulait le long de la lame luisante lui rappelait la sauce qui dégoulinait de son couteau de poche au souper, et elle sentit le goût du métal tranchant dans sa bouche. Elle était écœurée d'avoir pris part à la tuerie.

Le lendemain Billy et deux autres cadavres furent jetés à la mer. Jack, suivant l'ancienne tradition, vendit aux enchères les affaires des morts. Anne acheta tout ce qui appartenait à Billy. C'était émouvant de voir comme il possédait peu de chose. Les tuniques allaient tout juste à Anne dont les épaules étaient plus larges que celles du jeune homme. Elle rangea dans sa cachette personnelle la flûte en ivoire dont jouait Billy, afin de se souvenir de ses yeux bleus et de son beau sourire.

Ce soir-là Anne cousait, assise dans sa cabine tandis que Mary nettoyait méticuleusement sa collection de pistolets. Elle en avait six qu'elle huilait avec autant de soin qu'une belle dame se coiffe et se brosse les cheveux. Tom et Mary étaient heureux comme un vieux couple. Ils se retiraient de bonne heure chacun dans sa cabine, travaillaient côte à côte pendant la journée, veillaient l'un sur l'autre durant la bataille. Mary ne se dérobait jamais aux corvées ni au combat, et jamais Tom ne la remplaçait. Anne trouvait que c'était une forme étrange de galanterie, mais elle ne disait rien. Remarquant l'air satisfait de Mary, Anne dit avec désinvolture :

– Tu sais, ma belle, d'une certaine manière je t'envie.

Surprise, Mary leva les yeux.

– Juste ciel, pourquoi ?

Anne garda les yeux baissés sur son ouvrage et continua à voix basse :

– Deux fois dans ta vie tu as connu l'amour. Une fois en Flandre et une fois en mer. Certaines femmes ne connaissent jamais l'amour, ajouta-t-elle en coupant un fil avec ses dents.

– Je ne te compterai certainement pas au nombre de ces malheureuses, dit Mary. Tu n'as sûrement jamais manqué d'amour.

– Je n'ai jamais manqué d'hommes, répondit Anne. Mais l'amour est quelque chose de tout à fait différent. Je n'ai encore jamais connu d'homme qui me connaisse et m'aime vraiment, de façon durable. Avec Jack, j'ai failli connaître le bonheur, mais à présent, même lui m'a abandonnée, dit-elle en baissant à nouveau la tête.

– Je ne verserais pas de larmes pour quelqu'un comme lui, répliqua Mary en haussant les épaules. Je me suis souvent demandé pourquoi tu en étais tellement entichée. C'est un ivrogne impénitent.

Anne se renfrogna, puis reprit d'une voix triste :

– Il n'a pas toujours été ainsi, Mary. Je ne sais pas pourquoi il a changé. Ce n'est pas simplement l'opium et le rhum. C'est comme s'ils lui permettaient de combler un vide qui était déjà en lui. Peut-être suis-je responsable d'une certaine manière, dit-elle en reprenant son ouvrage. Il n'a jamais été aussi fort qu'il le paraissait.

Mary se moqua d'Anne car elle n'était pas disposée à se laisser gagner par sa mélancolie :

– Tu veux dire pas aussi fort que toi, précisa-t-elle en examinant un pistolet vide. Regrettes-tu la vie que tu mènes ?

Elle montra les beaux draps et la cabine spacieuse.

– N'est-ce pas ce que tu as toujours désiré ?

Anne acquiesça d'un signe de tête.

– Non, je ne regrette pas ma vie. Mais – ses yeux assombris par un chagrin secret cillèrent, pour la première fois – j'ai... peur.

Elle fixa sur Mary son regard pénétrant et poursuivit :

– Oui, j'ai peur. De quoi, je n'en sais rien.

– Nous avons tous peur, lui dit Mary d'un air entendu. Mais je me suis toujours obligée à faire les choses qui m'effrayaient le plus, à prendre la peur par la peau du cou et à prétendre que je la maîtrise. C'est alors que j'ai vraiment le sentiment de vivre.

Anne continua à coudre, mais la confusion régnait dans son esprit. Il doit y avoir d'autres façons de se sentir vivante qu'en maîtrisant la peur et en risquant chaque jour sa vie. Serait-elle toujours condamnée à aimer un homme qui lui était inférieur ? Est-ce que ses sentiments seraient toujours aussi violents ? Perdraient-ils de leur intensité au point de la rendre passive et inerte ? Est-ce qu'elle ne pouvait se passer du danger et des drames, comme Jack ne pouvait se passer de rhum ? Anne lança un regard à Mary. « Elle semblait si sûre d'elle. Connaîtrait-elle le même bonheur, la confiance sereine en l'amour qui faisaient rayonner son visage ? » L'esprit agité, elle mit son ouvrage de côté et partit se promener sur le pont.

La vue des étoiles qui servaient de guides aux marins dans les mers tropicales l'apaisa. Se diriger d'après les étoiles était plus facile sous les tropiques qu'à des latitudes plus au nord, car il y avait moins de nuages et leur position changeait moins. Il n'y avait pas d'étoile polaire, mais Anne connaissait si bien les autres constellations qu'elles étaient pour elle comme des doigts lumineux qui lui indiquaient le chemin de sa destinée. L'immensité de la mer et du ciel lui donna l'impression qu'elle était toute petite; elle prit conscience une fois de plus que la terre entière n'était qu'un dérisoire radeau dans l'infini des ténèbres, que son navire était un point minuscule sur la planète, qu'elle était seulement un membre de son équipage. Et le sentiment de solitude qui la hantait était une pensée perdue dans l'univers de son esprit, rien de plus.

Le *Queen Royal* faisait route vers le nord. L'équipage était réduit à trente hommes. Anne n'était pas inquiète, puisque le nombre de matelots variait suivant les prises et les hommes enrôlés. Néanmoins, elle savait qu'ils n'étaient pas de taille à attaquer un vaisseau bien armé, et il fallut assigner à chaque matelot une tâche déterminée jusqu'à ce qu'ils retrouvent un effectif complet.

Juste au nord d'Hispaniola, le *Queen* arriva en vue d'un navire qui paraissait en bon état et naviguait sous le pavillon du Royaume-Uni. Anne observa prudemment le bateau avec la longue-vue. Elle savait qu'au moins trois navires de guerre, le *Diamond,* le *Ludlow Castle* et le *Winchelsea* étaient partis de la Jamaïque à la recherche du *Queen* et de son équipage de pirates. On ne pouvait guère se permettre d'affronter l'un des navires de guerre de Sa Majesté avec seulement trente hommes à bord. Dès qu'elle vit qu'il ne s'agissait pas d'un navire de guerre, elle appela Mary à ses côtés.

Sans rien dire celle-ci prit la longue-vue et scruta la mer, puis donna son accord d'un signe de tête.

– Il faut s'en emparer. Nous avons besoin de vivres et d'hommes.

Les femmes commencèrent à mettre le *Queen* en position d'attaque et George Featherston hissa toutes les voiles; en moins de trois heures ils furent tout près du navire qui, curieusement, n'essaya pas de fuir.

Anne se demanda un instant si elle devait réveiller Jack, qui s'était endormi après une bonne cuite. Elle décida de n'en rien faire. Elle ne pressentait aucun danger réel.

– Le nom de votre navire ? cria-t-elle à un officier en uniforme qui se trouvait sur le pont, tandis que le *Queen Royal* s'approchait.

– Le *Jewel*, navire prison de Sa Majesté. Je suis le capitaine Scarett et je vous conseille de vous éloigner.

Les deux navires étaient si près l'un de l'autre à présent qu'ils se touchaient presque. Anne courut vers un autre perchoir sur le pont afin de mieux voir. Une fois de plus Mary vint à ses côtés.

– As-tu vu ce chevalet?

Elle montra du doigt un engin bizarre au milieu du navire. Anne eut le souffle coupé quand elle se rendit compte de ce que c'était. Sur le pont du *Jewel* était installé un énorme instrument de torture avec de la place pour quatre hommes à la fois. Sur les bords il y avait des lanières de cuir pour écarteler les victimes jusqu'à ce qu'elles suffoquent et perdent conscience. De l'autre côté du pont se dressaient trois poteaux éclaboussés de sang. Ils servaient pour le supplice du fouet. Anne regarda à nouveau et vit que quelque chose, qui ressemblait à un homme, était attaché au poteau le plus éloigné et pendait, flasque, sans vie. Des chaînes, des fers et d'autres instruments aux formes étranges étaient dispersés sur le pont.

– Mon Dieu ! Avant notre arrivée on fouettait quelqu'un ! Le navire que ce salaud de capitaine commande est un enfer flottant. Tambour, battez ! cria-t-elle à Featherston.

Le jeune tambour se mit à battre à un rythme infernal et Anne cria au capitaine qui se trouvait de l'autre côté de l'étroite bande d'eau :

– Nous sommes de la mer.

Le drapeau noir flottait au sommet du mât.

– C'est le navire de Calico Jack Rackham, poursuivit-elle. Nous allons monter à l'abordage. Tous ceux qui résisteront seront tués.

Anne s'était adressée aux hommes qui attendaient, rassemblés sur le pont. Elle poussa un cri de guerre strident, dégaina son épée et bondit dans les gréements. Les deux navires furent aussitôt bord à bord mais il n'y eut pas de bataille.

Le capitaine Scarett eut beau exhorter ses hommes au combat, aucun ne bougea. Lorsque Anne et l'équipage montèrent à l'abordage du *Jewel,* ils trouvèrent les marins alignés au garde-à-vous, avec leur épée au fourreau et les yeux baissés, à bonne distance des pirates qui avançaient.

Anne fit signe à Mary qui se dirigea aussitôt vers le poteau pour délivrer le prisonnier affalé.

– Il est mort, cria Mary.

Anne se tourna alors vers le capitaine. Ses yeux verts étincelaient de fureur. En face d'elle, drapé dans sa dignité, le petit homme ventripotent lançait à ses hommes des regards courroucés. La cruauté se lisait sur son visage. Il cracha aux pieds d'Anne et s'exclama avec mépris :

– Vous êtes donc cette garce infâme de Bonny, hein ? La terreur des mers ?

Il lui tourna le dos et bomba le torse.

D'un geste prompt, Anne dégaina. Le capitaine fit volte-face en entendant siffler la lame, juste à temps pour prendre le plat de l'épée en travers de la joue. Le coup le fit tomber à genoux, une traînée de sang dégoulina le long de sa mâchoire.

Il se leva lentement.

– Fichez le camp ! Sinon je vous fais tous fouetter !

Anne regarda les marins qui semblaient pétrifiés et détournaient les yeux comme s'ils ne voulaient pas être témoins d'une telle infamie. Derrière elle, les pirates murmuraient et s'agitaient.

– Eh bien ! dit-elle. Il me semble que vous avez suffisamment administré le fouet pour la journée.

– C'est le navire de Sa Majesté ! Je suis officier de Sa Majesté. J'exige que vous quittiez immédiatement ce pont !

Anne pointa son épée sur la gorge de l'homme qui bredouillait et dit avec calme :

– Votre façon d'agir me déplaît, monsieur.

Elle appela Corner sans quitter un instant des yeux le cou ruisselant de sueur de Scarett.

– Dick, attache ce scélérat qui se dit capitaine au poteau.

Tandis que Corner emmenait l'homme sans ménagement, Anne perçut un bruit sous les planches du pont. C'était comme si des rats détalaient dans tous les sens.

– Qu'est-ce que c'est que ça? dit-elle en se retournant, l'épée à la main. Qui est là? Avancez et montrez-vous!

On entendit des pas lourds et un cliquetis de chaînes. Puis une créature en haillons émergea à la lumière du soleil, clignant les yeux. L'homme était barbu, mais ses poils ne pouvaient cacher les cicatrices qu'il avait sur le visage. D'anciennes blessures avaient laissé sur ses joues des traînées livides que l'on distinguait à travers sa toison sale. Les vêtements qui pendaient sur ses hanches étaient des loques répugnantes. Une chaîne reliait le collier de fer qui lui enserrait le cou à sa cheville gauche. Comme une vieille cigogne, il sautillait sur un pied nu qui tremblait et il traînait l'autre derrière lui. Il arriva sur le pont en clopinant, s'appuyant de tout son poids sur un bâton noueux.

– Grands dieux, l'ami, qui es-tu? dit-elle, épouvantée.

– Boyd, madame, criminel de la prison de Newgate, murmura l'individu.

– Et où vas-tu?

– Aux Antilles, madame, à ce qu'on dit. Pour travailler dans la canne.

– Seigneur Jésus, qu'as-tu fait pour être entravé de la sorte?

Le vieillard décharné recula avec un reste de dignité offensée.

– J'étais le bras droit du capitaine. J'ai eu plus de chance que la plupart.

Anne ouvrit de grands yeux, se dirigea vers les panneaux d'écoutille et tira sur le lourd anneau de fer. Il tenait bon.

– George! Corner! cria-t-elle, et plusieurs de ses hommes s'escrimèrent sur les volets de protection de la cale jusqu'à ce qu'ils cèdent.

Une bouffée d'air fétide sortit des profondeurs, obligeant Anne et Mary à reculer.

Corner sortit du rouf.

– Anne, il y en a un tas d'autres, dit-il en montrant Boyd du doigt, ils sont tous attachés comme du bétail, là-dedans.

Anne alla jusqu'au gaillard d'arrière et jeta un coup d'œil dans le rouf. Une douzaine d'hommes étaient blottis les uns contre les autres, enchaînés. On leur avait fait confiance pour travailler sur le pont, ils étaient donc les mieux traités parmi les bagnards déportés aux colonies.

Les autres prisonniers se trouvaient dans les entrailles du navire, véritable enfer où les malheureux se tordaient de douleur. Dans la pénombre, la puanteur était insoutenable. Anne, Mary, Tom et plusieurs autres réussirent à descendre avec des torches pour se faire une idée. Hommes et femmes, jeunes et vieux, étaient enchaînés comme des bêtes, recroquevillés dans leurs excréments. Il y avait des meurtriers, des violeurs et des brigands entassés avec des proxénètes, des putains et des voleurs à la tire. Beaucoup n'avaient plus rien d'humain. Certains avaient un « C » pour « criminel », marqué au fer rouge sur le front. Tous étaient incapables de bouger et sans force par suite des privations. C'est à peine s'ils levèrent la tête lorsque Anne et Mary descendirent par l'échelle avec précaution.

– Mon Dieu! murmura Anne, regarde-moi ça.

Elle dirigea sa torche vers le coin le plus sombre de la cale. Deux hommes étaient enchaînés l'un à l'autre; tous deux étaient morts. Les cadavres, presque décomposés, étaient dévorés par les rats.

Anne remonta lentement. Après le choc de la surprise, elle était révoltée par ce qu'elle avait vu. Lorsqu'elle arriva sur le pont, elle était blême de rage.

– Il faut qu'on les remonte, les gars, dit-elle, les mâchoires serrées. Ceux qui peuvent marcher marcheront. On transportera à la lumière du jour ceux qui n'en sont pas capables.

Chose étonnante, pas un homme ne regimba. Les uns après les autres, les prisonniers encore vivants furent déposés doucement sur le pont, le visage tourné vers le soleil. On avait ôté leurs chaînes. Lorsque les pirates se rendirent compte de la misère qui régnait sur le navire du roi, ils exigèrent que justice soit faite.

– Ligotez le capitaine, cria Featherston. Traînez-le derrière le navire et laissez les requins dévorer cette ordure!

– C'est ça, acquiescèrent les autres en chœur. N'oubliez pas les officiers!

Anne regarda l'équipage du navire : l'air abattu, tapis à l'ombre sous les plats-bords, les marins anglais l'observaient avec prudence. Ils n'avaient pas fait un geste pour l'aider ou pour l'empêcher de sauver les misérables qui étaient dans la cale. Mais Anne savait aussi que le capitaine n'avait pas agi tout seul.

– Non, dit Anne en arrêtant ses hommes, laissez les prisonniers s'en occuper. Ils rendront la justice eux-mêmes.

La plupart des bagnards étaient aveuglés par la lumière à laquelle ils n'étaient plus habitués, mais ils reprirent petit à petit des forces tandis qu'Anne et son équipage distribuaient de l'eau fraîche et du bouillon. Plusieurs prisonniers avaient perdu conscience, leurs membres déformés avaient été rompus par le chevalet. L'un d'eux délirait.

– C'est le chirurgien du bord, murmura Boyd à Anne. Il a essayé de nous défendre, mais le capitaine lui a fait subir le supplice du chevalet à lui aussi. La mutinerie a échoué car il y en avait trop contre nous.

Le chirurgien gémissait et se tordait de douleur sur le pont. Anne vit sur son dos d'affreuses cicatrices aux endroits où il avait été sauvagement fouetté. Malgré les tortures qu'il avait endurées, il paraissait moins mal en point que les autres.

– Son nom? demanda-t-elle à Boyd.

– C'est le docteur Michael Radcliffe, madame. Il s'est embarqué à Bristol. J'espère qu'il va survivre.

Anne serra les dents :

– Il vivra, Boyd, mais je ne réponds pas des autres, ajouta-t-elle en regardant le capitaine toujours attaché au poteau.

Après avoir reçu pendant plusieurs heures les soins qui pouvaient leur être dispensés avec les moyens du bord, les prisonniers encore vivants se rendirent enfin compte qu'ils étaient libres.

Avant qu'Anne pût maîtriser leur fureur, ils se jetèrent comme des bêtes enragées sur le capitaine ligoté, l'attaquant à main nue. Un bagnard sortit un fouet, un autre saisit une pique; en l'espace de quelques instants, leur bourreau ne fut plus qu'une masse de chair inerte et sanguinolente, son uniforme était en lambeaux. Ses yeux exorbités étaient révulsés par la terreur.

Les hommes s'en prirent ensuite aux officiers car leur vengeance n'était pas encore assouvie. Plusieurs membres de l'équipage sautèrent dans la mer par-dessus le plat-bord plutôt que de subir les tortures horribles qui avaient été infligées au capitaine.

Anne savait qu'elle ne pouvait endiguer cette vague de violence insensée, car son propre équipage était solidaire des prisonniers. Elle donna l'ordre de ravitailler le *Jewel* et le laissa repartir. Mary et elle recueillirent le chirurgien qui était à peine capable de mettre un pied devant l'autre même avec leur aide, puis elles abandonnèrent le navire du roi à son sort.

Quand Anne arriva sur le pont du *Queen Royal*, elle regarda derrière elle : le lieutenant de vaisseau du navire de Sa Majesté avait été fouetté à mort, puis obligé de s'accroupir devant la gueule du canon. Un bagnard alluma la mèche. Le boulet fit éclater le crâne de l'homme comme une citrouille, le pont fut éclaboussé de sang et jonché de débris d'os et de cervelle.

Anne se tourna vers Mary qui, elle non plus, n'avait pu s'empêcher d'observer la scène et marmonna :

– Quand les vivres viennent à manquer, les rats se jettent les uns sur les autres.

Mary fit la grimace et les deux femmes descendirent le chirurgien à demi inconscient.

Chose incroyable, Jack avait dormi presque tout l'après-midi, malgré le tohu-bohu. Il était maintenant assis dans son lit, l'œil trouble, et essayait de se remettre les idées en place.

Anne et Mary transportèrent le chirurgien par la coursive jusqu'aux quartiers de Featherston et le couchèrent. Quand le docteur se laissa tomber dans la couchette, il donna instinctivement un coup de poing à Anne, l'obligeant à reculer, puis il essaya de se soulever sur un coude; ses yeux étaient ouverts, mais il avait le regard sombre d'un obsédé. Il retomba tout aussi vite et resta de nouveau immobile.

Debout, Anne l'observa un moment. « Même face à la mort, il refuse d'abandonner la partie, pensa-t-elle. C'est un lutteur. »

Cette nuit-là, Anne arpenta le pont, en proie à une violente agitation. Ses pensées étaient à l'échelle de la mer. Il y avait en elle une grande faille, une solitude infinie. Maintenant, elle ne pouvait partager ses tourments avec personne. « Mary, ma sœur à bien des égards, s'est éprise de Tom. Tant mieux pour elle. »

Les pensées d'Anne étaient semblables à un vent capricieux qui souffle sur une terre stérile. Elle ne pouvait chasser Jack de son esprit. Comment leur amour avait-il dégénéré en ce manque de respect et de confiance? Ils avaient déjà assez de mal à rester amis. Qui saurait dire quelle main frappe la première quand on se querelle?

Ses pensées furent interrompues par des chuchotements et des murmures tout près d'elle. On complotait dans la nuit. Les hommes s'étaient rassemblés sous le mât pour donner libre cours à leurs griefs, mais elle ne pouvait s'approcher d'eux. Elle s'éloigna d'un pas décidé et se dirigea vers la poupe.

Tout comme elle l'avait craint, le lendemain matin eut lieu la confrontation inévitable. Le canonnier Harwood s'avança, tenant à la main le résultat du vote. C'était comme un faire-part de deuil. Il tenait bien haut la feuille pour que tout le monde la voie, puis en silence il la tendit à Anne. Elle fut outrée. C'était à *elle* qu'il l'avait remise et non à Jack. Ce dernier tenait fermement la barre et contemplait le large. Il serrait puis desserrait les dents, seul signe qui trahissait ses sentiments.

Anne déplia fébrilement la note et lut : « Nous accusons Jack Rackham de ne pas dessoûler et de se défiler quand il s'agit de faire des prises. Nous prenons le commandement du navire et le retirons à ces femmes incapables de tenir la barre. Les vivres commencent à manquer, la cale est vide. »

Bouleversée, Anne hocha la tête et, sur le moment, fut incapable de parler. Jack bloqua la barre et s'avança parmi les hommes, arrachant le papier des mains d'Anne. Dans la mesure où elle pouvait en juger, il n'était pas du tout ivre.

Après un rapide coup d'œil au papier, il le jeta d'un air dédaigneux et s'éloigna.

Il était seul face à l'équipage. Anne vit qu'il se redressait avec fierté et semblait plus résolu que jamais. Elle voulut se précipiter vers lui et le serrer dans ses bras, comme elle l'avait fait dans un passé lointain. L'espace d'un instant il redevint son Jack d'autrefois. Il la regarda d'un air glacial. Dans ses yeux apparut l'éclat d'une volonté inébranlable.

– Croyez-vous que je ne sais pas ce que vous voulez, les gars ? demanda-t-il l'air sombre. Un navire qui marche avec un bon capitaine, et une cale pleine de butin. Et croyez-vous que je ne sais pas pourquoi nous sommes maintenant dans de beaux draps ? ajouta-t-il en regardant le visage des uns et des autres, sans se tourner une seule fois vers Anne.

Un des marins se mit à maugréer. Jack se jeta sur l'homme, prêt à se battre.

– Eh bien ! Parle donc, ton capitaine t'écoute.

L'air renfrogné, Carty marmonna sans lever les yeux.

– C'est les donzelles, Jack. Tu le sais bien. On a la poisse à bord. On s'est pas engagé sur un navire hôpital, et maintenant il y a des blessés en bas. À force de donner nos vivres, il nous reste presque plus rien dans nos gamelles.

– Oui, cria un autre, d'un ton plus assuré. Ou bien tu es un vrai chef, ou bien tu t'en vas, Calico ! Et t'emmènes ta gonzesse avec toi !

Jack se mit alors à sourire, avec la gentillesse d'un vieil oncle. Anne sentit son pouls battre de plus en plus vite à mesure que sa colère montait, mais elle resta muette.

– Oui, les gars, dit Jack en gloussant de rire, je le sais bien. C'est vrai, je me suis fait avoir par la donzelle et je me suis soûlé au rhum pendant un certain temps. Mais je ne suis pas le seul.

Jack donna une tape amicale sur l'épaule de celui qui se trouvait le plus près de lui.

– Et toi, Corner, les femmes et le rhum t'ont fait perdre la tête, il y a pas si longtemps. Et toi, Earl, et toi aussi, Featherston, continua-t-il en s'esclaffant, mais il y avait quelque chose de tranchant dans son rire. Et qui, parmi vous, me jette la pierre, hein ?

Jack lorgna Anne d'un air paillard, invitant presque les autres à l'imiter.

Anne fut choquée et se sentit humiliée. « Les voilà tous contre moi, maintenant, pensa-t-elle, et c'est à mes dépens qu'il va se sortir de ce pétrin. »

– Les balles ne peuvent rien me faire, les gars, poursuivit-il sur un ton de franche camaraderie, et j'invite chacun de vous à le vérifier. En fait, ajouta-t-il d'une voix menaçante, pour me prendre mon navire, il faudra vous battre avec moi l'un après l'autre. J'enfermerai la donzelle dans la cale si c'est nécessaire, mais je ne me laisserai pas destituer de mon commandement.

– C'est trop tard pour ça, Jack, dit Corner d'un ton ferme. Les gars ne veulent plus de toi.

– Et tu veux me remplacer, Corner, rétorqua Jack, furieux. Tu t'imagines que tu peux faire marcher le *Queen* à ma place ? Je dis que tu n'as pas assez de cran pour affronter mon épée, mon gars.

Il eut un rire démoniaque.

– J'accepte ton défi, Jack, dit Corner d'une voix placide, parce que c'est ce que veulent les gars.

Jack fixa un instant son regard sur lui. Anne ne put deviner ce qu'il pensait.

– C'est bien. Alors je vais me mesurer à vous tous l'un après l'autre comme le veut le règlement, jusqu'à ce que je vous batte ou que vous m'étripiez.

Maintenant que tout était réglé, il y eut un silence de mort sur le pont, tandis que chacun imaginait ce qui allait se passer. Jack se tourna vers Anne en plissant les yeux.

– Et toi, sale pute, file en bas. Quand j'aurai montré à tous ces gars qui est le capitaine du *Queen*, ce sera à ton tour.

Anne réprima son envie de lui répondre vertement. Elle savait à présent que Jack ne lui ferait pas de quartier devant l'équipage. Elle soutint son regard un instant, mais ses lèvres tremblaient. Suivie de Mary, elle s'éloigna, indignée.

On jeta l'ancre dans une anse à proximité. Jack et Corner furent emmenés à terre dans deux canots séparés ; chacun était accompagné de ses amis qui criaient à tue-tête des encouragements. À la dernière minute, faisant fi de l'ordre que lui avait donné Jack de rester à bord, Anne sauta dans une autre embarcation. Elle se rappela la violente discussion qu'elle avait eue avec Jack la nuit précédente.

– Comment oses-tu devant les hommes rejeter sur moi la responsabilité de ta propre faiblesse ? lui avait-elle craché au visage. J'aurais dû leur parler de tes vices. Tu es encore pire qu'ils le supposent, tu es aussi incapable de commander que de faire l'amour, à cause de ta fichue pipe et de ton rhum.

Il s'était détourné d'elle sans perdre son sang-froid.

– Et qu'aurais-tu voulu que je leur dise ? S'ils me débarquent sans que je me batte, ils te débarqueront aussi, et nous largueront tous les deux sur un îlot perdu où nous crèverons de faim ou pis encore. Mais si je suis vainqueur de Corner, tu le seras aussi et rien ne changera pour toi, dit-il avec un sourire. Cela, tu le sais bien.

Elle était sortie comme une furie de la cabine et était allée soigner le chirurgien. Il commençait à reprendre conscience pendant des périodes plus longues, mais il n'avait ni parlé ni reconnu son entourage. Elle se demandait ce qui lui arriverait si Jack et elle étaient chassés du navire.

Les hommes avaient maintenant atteint le rivage. Jack et Corner allèrent jusqu'au bout de la plage. Tous les matelots se tenaient à distance : aucun ne devait intervenir avant la fin du combat.

Jack amorça son pistolet, mine de rien. Corner vérifia sa mire. Harwood compta vingt pas tandis que les hommes s'éloignaient l'un de l'autre, dos à dos. Soudain ils se retournèrent et tirèrent ; en guise de réponse des oiseaux effrayés s'envolèrent des palmiers en poussant des cris.

Anne cligna les yeux et vit à travers la fumée que tous deux, chose incroyable, étaient encore debout et ne chancelaient pas. Chacun avait manqué sa cible. Sans savoir pourquoi, elle s'étonna que Mary se soit battue à mort pour celui qu'elle aimait, alors qu'elle, Anne, était là à regarder, presque avec calme, Jack, son ancien amant, engager un combat qui semblait perdu d'avance.

Harwood donna un second signal. Les deux hommes dégainèrent prestement leur épée et se jetèrent l'un sur l'autre. Leurs armes se croisaient et s'entrechoquaient, le bord des lames d'acier étincelait. Anne compta le nombre de fois où elles se heurtèrent. Elle essayait de concentrer son attention sur la bataille, mais bientôt eut la vue brouillée par la sueur qui coulait sur son front et tombait dans ses yeux.

Corner bondissait avec agilité, esquivant la lame meurtrière de Jack. Bientôt Jack croisa le fer avec moins de rapidité. Les bottes qu'il portait contre Corner manquaient de vigueur.

Anne ferma les yeux car ils lui faisaient mal. C'était en plein midi et le soleil dardait ses rayons implacables. Elle ne pouvait supporter de regarder la scène. Les deux hommes étaient légèrement blessés à présent, aucun ne semblait se soucier de ses blessures, ils cherchaient seulement à faire couler le sang de l'adversaire. Anne n'osait pas faire de geste brusque de peur d'attirer l'attention de Jack et de le déconcentrer.

Corner était fatigué. Il trébucha une fois, puis deux. En un instant Jack le fit tomber à la renverse et il se retrouva étalé de tout son long sur le dos. L'épée de Jack le menaçait. Assoiffés de sang, les hommes poussèrent des cris de joie.

Jack chuchota à l'oreille de Corner des mots qu'il fut le seul à entendre. Le laissant étendu par terre, il alla retrouver les hommes alignés sur le rivage puis lança un coup d'œil à Anne. Elle ne parvint pas à lire ses pensées et fut surprise de constater que l'atmosphère était toujours tendue. On entendait des soupirs et des murmures. Anne sentait que ses jambes ne la portaient plus. Elle était prête à s'écrouler sur le sable. Néanmoins elle resta debout en plein soleil.

Les mains sur les hanches, Jack se tourna vers les hommes.

– Prends ton arme, Featherston. Maintenant on va voir si tu es plus fort que Corner.

Featherston fit semblant de ne pas entendre la remarque sarcastique de Jack.

– C'est terminé, les gars, dit-il. Je ne voudrais pas être capitaine, même si j'étais le plus fort.

Il y eut à nouveau des murmures. Une voix domina les autres.

– Ce n'est pas un seul combat qui fait de quelqu'un un capitaine !

– Alors, mesure-toi à lui si tu en as envie ! grommela Featherston.

Personne ne bougea. Au bout d'un moment, Harper sortit du rang.

– D'accord. Et si je gagne, il n'y aura plus de femmes à bord du *Queen* sauf des catins !

Il s'attendait à être acclamé, mais tous restèrent silencieux.

Jack prêta à peine attention à Harper. C'était un homme de petite taille, qui avait l'air d'un putois. Il n'avait jamais été vraiment accepté par les autres matelots. Jack s'éloigna et lui tourna le dos. Harper le rejoignit et resta derrière lui, souriant, la main sur son pistolet.

Harwood donna une fois de plus le signal, les deux hommes pivotèrent sur leurs talons. Un coup de feu claqua. Anne tressaillit. Environné de fumée, Harper titubait, son visage défiguré par la panique. À l'approche de la mort, il leva la main comme pour la repousser. Ses yeux étaient révulsés par la terreur. Il fit des gestes désespérés pour arrêter le flot de sang qui coulait de sa blessure à la poitrine, avant d'expirer en gémissant.

L'air satisfait, bombant le torse, Jack s'avança à nouveau vers le groupe.

– À qui le tour, les gars ? demanda-t-il d'un ton placide.

– Ça suffit comme ça, dit Featherston. Il est capitaine et il le reste.

Anne savait qu'il y aurait des protestations, mais la mutinerie avait pris fin. Jack était invulnérable, il avait maté la rébellion. Pour l'instant.

Quand elle remonta à bord du *Queen*, Anne serra aussitôt Mary dans ses bras, puis descendit dans sa cabine sur le pont inférieur. Elle était soulagée que Jack ait sauvé sa peau et du même coup lui ait permis de garder ses responsabilités, heureuse et surprise qu'il ait retrouvé son courage de naguère. Pourtant elle n'éprouvait aucune gratitude à son égard.

Anne ne pouvait oublier que Jack l'avait livrée à ces hommes pour se tirer d'affaire. Tout ce qu'il pourrait dire afin de se justifier était inutile. Ce triomphe allait-il l'inciter à ne plus s'enivrer ? Dans combien de temps la trahirait-il de nouveau ? Elle n'eut guère le loisir de réfléchir, car elle entendit le docteur Radcliffe à l'autre bout de la coursive.

Michael Radcliffe avait passé quatre années dans l'armée britannique et l'avait quittée après avoir acquis le grade de capitaine pour devenir médecin. Sa compétence était indiscutable, mais ses choix étaient peu orthodoxes ; il avait préféré exercer dans une clinique à Whitechapel, l'un des quartiers les plus sordides de Londres, plutôt que de soigner ceux qui étaient le plus à même de lui payer ses honoraires. Grand, plutôt bien fait de sa personne, il repoussa les avances des dames de la haute société qui auraient pu l'aider, et préféra épouser son assistante, Barbara Teasley.

Radcliffe était torturé par son sens du devoir. Il souhaitait exercer la médecine, mais il était révolté de voir tant de pauvreté et de désespoir autour de lui. Il s'indignait facilement et s'en prenait à ceux qui auraient pu lui apporter une aide financière. Il lui arrivait souvent d'insulter les dames riches venues le consulter ; attirées par sa réputation, elles étaient très vite déconcertées par cet homme qui ne s'intéressait pas à leurs petits maux.

Aussi Radcliffe ne trouvait-il jamais la paix de l'esprit, malgré ses efforts pour résoudre ses problèmes personnels. Il préférait soigner ceux qui avaient vraiment besoin de lui, mais il était conscient de pécher par orgueil. Son épouse finit par le convaincre de la nécessité de plaire aux clientes qu'il avait dédaignées s'il voulait assurer correctement son avenir.

Avant même qu'il ait eu le temps de se faire une nouvelle clientèle, un fléau, qui tua des milliers de personnes, s'abattit sur Whitechapel. La peste noire, transmise par les puces et par les rats, se propagea comme une traînée de poudre à travers la ville, exterminant riches et pauvres sans distinction. Son épouse ne tarda pas à succomber ; Radcliffe tenta en vain de sauver son tout jeune fils, mais le bébé mourut dans ses bras. À bout de forces, malade lui aussi, il mit le feu à sa maison et resta pendant des jours allongé sur un grabat dans une mansarde de sa clinique. Qu'il vive ou qu'il meure, cela lui était bien égal.

Cependant il survécut. Il vendit le peu d'affaires qui lui restaient et investit l'argent dans des parts de la compagnie de la Jamaïque. Refusant de vivre à Londres, qui lui rappelait de mauvais souvenirs, il s'embarqua pour les Antilles.

Le seul bateau qui acceptait de prendre à bord des passagers venus du port contaminé par la peste était le *Jewel*, qui transportait des prisonniers et avait besoin d'un chirurgien. Michael signa son engagement.

Quand le bateau eut quitté le port, le docteur Radcliffe exerça son métier par habitude, sans prêter attention à l'environnement. Peu à peu, bien qu'il fût obsédé par ses propres malheurs, les choses horribles qui se passaient à bord du navire l'émurent. Outré, il finit par se plaindre au capitaine Scarett des conditions inhumaines dans lesquelles vivaient les prisonniers au fond de la cale.

Le capitaine prit mal la chose.

– Je suis désolé que vous trouviez nos méthodes détestables, docteur. J'aimerais vous rappeler que nous avons affaire à de vulgaires criminels. Si nous les traitons comme des bêtes, c'est parce qu'ils ont perdu le droit d'être traités comme des hommes.

– Seul Dieu est à même de les priver de ce droit, interrompit Radcliffe.

– Je suis Dieu à bord de ce bateau, rétorqua Scarett d'un ton sec.

Comme pour le prouver, il fit monter sur le pont plusieurs prisonniers parmi les plus récalcitrants. Alors que chacun d'eux était enchaîné et empoigné par deux officiers, Scarett imprima un « C » au fer rouge sur le front d'un des bagnards qui hurla. L'odeur de chair humaine brûlée tira brusquement Radcliffe de sa léthargie. Cela lui rappela la peste de Londres. Il s'emporta, frappa Scarett, lui arracha des mains le fer rouge afin de molester les deux officiers. Trois des prisonniers enchaînés qui nettoyaient le pont tentèrent de se joindre au médecin dans cette mutinerie improvisée, mais ils n'étaient pas assez nombreux. Ils eurent beau se débattre, ils furent rapidement maîtrisés par l'équipage et battus jusqu'à en perdre connaissance.

Pendant longtemps Radcliffe resta dans un état semi-comateux. Un jour, il se retrouva attaché au poteau et entendit le claquement du fouet qui le frappait et le meurtrissait. Scarett était penché sur lui, la bouche déformée par un rictus de haine. On le jeta à nouveau dans la cale, près d'un cadavre, dont un pied en décomposition était tout contre sa joue. Il replongea dans le cauchemar de la réalité quand on lui infligea le supplice du chevalet. Des hommes tiraient de toutes leurs forces sur ses bras et sur ses jambes. Tout son corps tressaillait de douleur. Incapable de supporter une telle torture, il se réfugia à nouveau dans les ténèbres de l'inconscience.

Quand il se réveilla, il était allongé sur un petit lit dans un couloir sombre. Les membrures du navire grinçaient. Il se crut à bord du *Jewel.* Une femme était penchée sur lui, le regard anxieux.

Le lit, l'atmosphère paisible et cette femme, tout cela lui semblait irréel. Il ferma les yeux, dans l'espoir de comprendre ce qui s'était passé. Quand il les rouvrit, la femme était toujours là. Dans l'obscurité, sa silhouette se dessinait avec la précision d'une créature entrevue en rêve. Elle avait une chevelure auburn aux reflets dorés, des yeux verts comme la mer. Elle était superbe.

Michael essaya de parler. Il reconnaissait à peine le murmure rauque de sa propre voix.

– Qui êtes-vous?

– Je suis Anne Bonny.

Michael fronça les sourcils, il osait à peine y croire.

– La femme pirate?

– Oui. Vous avez entendu parler de moi?

– Bien sûr. Mais je m'attendais à voir une Gorgone, dit-il en regardant alentour. Où suis-je?

– Sur le gaillard d'arrière du *Queen Royal,* notre navire.

– Par quel miracle?

– On vous y a transporté. Vous étiez sur le pont du *Jewel.*

Michael hocha la tête tandis que des souvenirs se remettaient en place.

– Et le *Jewel*? Que sont devenus les hommes qui étaient à bord?

– Nous avons remis le bateau aux prisonniers. Sans doute maintenant sont-ils devenus pirates. Ou alors ils ont débarqué. Scarett est mort, comme la plupart de ses officiers, je suppose. Et vous, vous êtes en vie.

Soudain Michael remarqua qu'il avait une chemise propre, que ses joues étaient bien rasées et ses cheveux peignés.

– C'est vous qui avez pris soin de moi?
Anne sourit.
– Vous êtes un drôle de pirate.
– Je suis d'abord une femme et ensuite un pirate.
Elle se demandait ce qui l'avait poussée à parler ainsi. Jamais dans le passé elle n'aurait fait un tel aveu.
Dans les jours qui suivirent, Radcliffe se rétablit rapidement. Il se leva et se promena à petits pas sur le pont, fit des exercices physiques pour se détendre et accomplit de menus travaux. Anne était attirée par lui, par son corps élancé, ses cheveux d'un noir de jais, sa mâchoire volontaire, ses yeux bleus. Il n'avait ni la vigueur ni la musculature de Jack, mais il possédait une sérénité, une force de caractère qui la fascinaient. Sa voix avait une autorité naturelle qui lui semblait familière, et la vivacité de son esprit lui rappela la soif de connaissance qu'elle avait naguère. Pour la première fois depuis longtemps, elle ne se trouvait pas à la hauteur et regrettait d'avoir oublié tout ce qu'elle avait lu. Le souvenir de l'époque où elle était à Charles Town lui revint en mémoire.
Michael passait des heures appuyé au bastingage, à contempler la mer. Au début, elle l'observait de loin, se demandant à quoi il pouvait bien penser, à qui il songeait. Puis elle s'approcha et l'interrogea. Il lui conta brièvement son histoire, avec une certaine brusquerie comme s'il avait chassé de son esprit cette partie de sa vie. Mais elle voyait bien que la plaie était toujours à vif.
– Je vous comprends, dit Anne d'une voix douce. J'ai perdu un enfant, moi aussi. Je connais cette douleur, cette angoisse.
Elle s'interrompit et s'éloigna rapidement, étonnée d'avoir à refouler ses larmes, ce qui ne lui était pas arrivé depuis un an. Pendant tout ce temps-là, elle n'avait pas voulu parler de son bébé ni même y penser.
Un peu plus tard, elle attira Mary dans l'intimité de sa cabine. Elle avait l'intention de parler de Rackham et des difficultés qu'elle avait avec l'équipage, mais au lieu de cela, elle se surprit à ne parler que de Radcliffe comme si c'était la seule chose qui comptait pour elle.
– Est-ce que tu as envie de lui? demanda brusquement Mary.

Anne ne s'était même pas posé la question, mais elle répondit sur-le-champ.

– Oui. Et j'aimerais qu'il ait envie de moi.

– Je peux enfin te retourner le conseil que tu m'avais donné, ma fille, dit Mary en souriant. Si tu as vraiment envie de Radcliffe, couche avec lui.

Anne, embarrassée, sourit. Cela faisait longtemps qu'elle n'avait pas couché avec un homme et cette perspective la rendait nerveuse. Plus que nerveuse, confuse et tremblante. Mais elle savait que Michael la trouvait belle; il le lui avait dit.

Avec patience, elle attendit le moment propice. Quand ils se retrouvèrent seuls sur le pont, un soir de pleine lune, elle s'approcha de lui. Elle portait sa tunique de soie rouge et sa chevelure aux reflets dorés retombait sur ses épaules. Il se tourna vers elle, surpris. Aussitôt, elle se pressa contre lui, l'enlaça et plongea son regard dans le sien. Elle fut étonnée de l'entendre rire tout bas. Il eut un léger mouvement de recul, des paillettes de lumière éclairaient son regard sombre.

– Vous êtes sacrément intimidante, madame Bonny. Les hommes sont-ils toujours aussi stupides devant vous?

– Presque tous jusqu'ici, répliqua-t-elle.

Ses lèvres tremblaient.

Il la regarda au fond des yeux.

– Est-ce que cela vous amuse?

Elle se contenta de sourire, ne comprenant pas le sens exact de ses paroles.

Il s'éloigna du bastingage, tenant à mettre une certaine distance entre eux deux.

– Cela fait longtemps que je n'ai pas couché avec une femme, Anne.

– Comme c'est intéressant!

Pourquoi avait-elle dit cela? Elle se mordit presque les lèvres tant sa confusion était grande.

Il fronça les sourcils.

– Je suppose que c'est une chose à laquelle vous attachez de l'importance.

– Que voulez-vous dire?

– Faire l'amour, Anne. N'ayons pas peur des mots. C'est

ce que vous attendez de moi? Ou peut-être désirez-vous rendre Rackham jaloux?

– Ce que je veux de vous, c'est ce que vous souhaitez me donner.

Il sourit pour la première fois.

– J'en doute. Je suppose que vous voulez ce que vous souhaitez prendre. Mais vous vous moquez de moi. Et cela, vous n'avez ni le droit ni aucune raison de le faire.

– Moi, me moquer de vous?

Tout allait de travers, pas du tout comme elle l'avait imaginé. Elle ouvrit lentement sa tunique. Ses seins apparurent dans toute leur perfection. Grâce à Dieu, la nuit était chaude et ils étaient seuls.

– Levez les yeux, Michael. N'aimeriez-vous pas me serrer dans vos bras?

Il posa son regard un moment sur la poitrine d'Anne, puis sur son visage avec un air mélancolique.

– Je ne suis peut-être pas un amant aussi fougueux que votre pirate, Anne, mais je me refuse à être un jouet entre vos mains. Quand le moment sera venu, s'il arrive, nous nous en rendrons compte tous les deux. Pour l'instant, je ne me laisserai pas manipuler comme une vulgaire marionnette. Ce ne sera pas vous mais moi qui déciderai si je vous désire et à quel moment.

Il la salua brusquement, et s'éloigna du bastingage.

Durant une semaine Anne ne lui adressa pas la parole. Tantôt elle était folle de rage, tantôt elle se sentait humiliée quand elle songeait aux dernières paroles qu'il avait prononcées. Elle se consacra pleinement à ses occupations et essaya de chasser Michael de son esprit. Cependant, en dépit de la tension qu'elle éprouvait, il y avait au fond d'elle-même une sorte de paix. Comme si à une question difficile une réponse avait été donnée une fois pour toutes. Dans une certaine mesure elle avait perdu, mais elle avait aussi gagné. Un jour où ils se trouvèrent à tirer ensemble sur le même cordage, elle osa rompre le silence.

– Un chirurgien pourrait nous être utile, Michael, fit-elle en le regardant.

Il lui prêta une oreille attentive, oubliant qu'ils ne s'étaient pas parlé la semaine précédente.

– Oui, vous pourriez même commander. Rackham n'est qu'un homme de paille, vous savez, dit-elle en évitant de le regarder en face. Le moment venu, vous pourriez être capitaine du *Queen Royal*, Michael.

L'idée sembla amuser Radcliffe.

– Rien ne me paraît aussi dérisoire que la piraterie. Quand je me bats, c'est pour une cause qui a un sens. Quand je détruis, j'ai l'espoir de reconstruire quelque chose de meilleur. Ce n'est jamais pour le plaisir de détruire.

Anne se crispa, son visage s'empourpra, ses yeux étincelèrent.

– Vous croyez que je n'ai aucun but dans la vie ? Que je détruis par plaisir ?

Il lui prit les bras, sentant que c'était là la seule manière de l'apaiser.

– Je crois que vous devez être vous-même, Anne, et que moi, je dois être moi-même. Un ouragan souffle en chacun de nous, mais pas dans la même direction.

– Alors plus vite nous serons séparés l'un de l'autre, mieux ce sera ! fit-elle en se dégageant, puis elle s'éloigna.

Soudain Rackham apparut. Allongé à l'ombre des voiles, il avait surpris leur conversation. Il n'était pas ivre, mais ses mains tremblaient. Son regard était vague, comme si l'effet du rhum se faisait encore sentir.

– Méfie-toi d'elle, marmonna-t-il à Michael.

Il s'approcha en titubant, agrippé au bastingage. Anne se retourna, toujours en proie à la colère, juste à temps pour l'entendre ajouter :

– Elle te détruira. Tu ne seras pas le premier homme dont elle aura causé la perte.

– Toi, j'ai l'impression que tu te détruis tout seul, Rackham, répliqua Michael et il se hâta de rejoindre Anne qui était allée se réfugier dans sa cabine.

Il la trouva sur le gaillard d'arrière, encore tremblante de fureur.

– Vous pouvez vous emporter autant que vous voulez. Je ne me laisserai pas impressionner par votre colère. Vous ne marquerez pas un point dans la discussion en m'assenant des coups puis en vous enfuyant.

Elle tenta de se dégager, mais il la retint par les épaules.

– Vous vous emportez trop facilement, Anne. Votre colère vous aveugle et vous ne voyez plus la vérité.

– Votre vérité, vous voulez dire.

– Oui, ma vérité, dit-il en souriant. Il est important à mes yeux que vous la voyiez.

Elle fut surprise par le ton de sa voix et devina que les paroles qu'il prononçait avaient un sens caché. Elle attendit.

– Vous pouvez changer d'avis, Anne. Vous pouvez changer de vie. Jusqu'à votre dernier souffle, vous aurez le pouvoir de décider. Vous *devez* faire le bon choix, sinon vous vous détruirez.

– Je ne comprends pas, dit-elle en faisant une petite moue.

Il l'attira vers lui.

– Vous avez trop joué avec la chance. Choisissez une autre vie.

– Et quelle autre vie suggérez-vous?

– Une vie qui ait un but.

– Comment pourrais-je choisir cette vie? Où pourrais-je aller? On me pourchasse sur toutes les mers.

– Il n'est pas de problème qui ne puisse se régler, Anne. En fait chaque difficulté dans la vie a une solution cachée. On se pose un problème parce qu'on en cherche la solution, mais ce n'est plus votre cas, n'est-ce pas? Vous saurez bientôt comment vivre votre nouvelle vie. Pour ce qui est de l'endroit où vous irez, le Nouveau Monde s'offre à vous, vous aurez l'embarras du choix. Voyez-vous, je me rendais à la Jamaïque...

Elle l'interrompit, l'air désabusé.

– On me pendrait haut et court à la Jamaïque.

– Alors choisissez un autre endroit. Une autre île, si vous aimez tant la mer. Sinon, vous avez toute l'Amérique qui vous attend, aussi vierge qu'un sou neuf. Nous pourrions trouver un endroit sûr où personne n'a entendu parler d'Anne Bonny, la femme pirate.

Anne, une fois de plus, fut étonnée par les paroles qu'il avait prononcées. « Nous », c'est ce qu'il avait dit. Elle cherchait à se rassurer, elle n'osait pas prendre le risque d'être rejetée à nouveau.

Il s'approcha doucement, releva une mèche rebelle qui tombait sur la joue d'Anne, puis de la main il suivit le contour de son menton jusqu'à ses lèvres. Un frisson la parcourut de la tête aux pieds. Son visage semblait rayonner d'une lumière intérieure, elle rougit et baissa les yeux, envahie soudain par une timidité inexplicable.

– Je sais maintenant où vous en êtes avec Rackham. Vous êtes longtemps restés amants. Autrefois vous vous entendiez bien.

– Qui vous a dit ça? demanda-t-elle, retrouvant sa voix.

– J'ai des yeux, Anne. Je vois que vous dormez seule.

– Depuis un certain temps...

Il l'interrompit en posant un doigt sur ses lèvres.

– Cela ne m'intéresse pas.

Imperturbable, elle attendait la suite. Lentement, il l'attira vers lui jusqu'à ce que ses lèvres soient tout près des siennes. « Je te désire, » disait son regard, mais ses lèvres restaient muettes.

Elle sentait la chaleur de son souffle, le courant qui passait entre eux. Cependant elle attendait, les yeux mi-clos. Ils étaient proches l'un de l'autre, de plus en plus proches. Enfin elle murmura :

– Le moment est-il venu?

Il esquissa un sourire, de l'amour plein les yeux, ses lèvres tout près des siennes.

– Seulement si c'est ce que tu désires aussi.

Ses lèvres effleuraient à peine celles de Michael, son corps s'arc-boutait contre le sien.

– Dis-le-moi, chuchota-t-elle.

– Je te désire, dit-il sans hésiter.

Elle se sentit fondre de bonheur et l'embrassa. Il la serra jusqu'à ce que leurs cœurs battent à l'unisson.

Cette étreinte fut interrompue par Mary, qui apparut sur le gaillard d'arrière et faillit buter sur eux dans l'obscurité.

– Ah, tu es là! s'exclama-t-elle.

– Oui, dit Anne, se dégageant des bras de Michael.

– Je suis vraiment désolée de vous déranger, dit Mary, ravie de les voir heureux. On dirait qu'une tempête se prépare. On ferait mieux de mettre le cap sur Sainte-Catherine.

Anne acquiesça et remonta sur le pont. Elle avait envie de

grimper dans les gréements et de clamer sa joie au monde entier, mais elle se contenta de sourire et de manœuvrer avec habileté le *Queen Royal* pour entrer dans le port de Sainte-Catherine.

Tandis que l'équipage faisait ribote dans une taverne, Anne et Michael explorèrent l'île, la main dans la main. Ils se promenèrent le long des plages bordées de palmiers, gravirent les pentes verdoyantes pour s'enfoncer dans l'intérieur des terres. Ils se frayèrent un chemin à travers des buissons d'épines enchevêtrés, à la recherche de splendeurs cachées, s'imaginant être les premiers à les découvrir et riant comme des enfants dans un monde neuf. Ils se faufilèrent dans un labyrinthe de palétuviers et parvinrent jusqu'à un talus couvert d'herbe qui surplombait la mer.

Le soleil était levé, sa chaleur était déjà accablante et l'eau avait des reflets irisés.

– La tempête est passée, je suppose. Le ciel est clair, dit Anne.

Michael lui prit la main, jouant avec ses doigts.

– D'une certaine façon, je le regrette. Les ouragans ont un côté spectaculaire.

– Pas en mer, docteur, dit Anne qui éclata de rire et étreignit sa main. Le *Queen* a eu de la chance. Il n'a jamais affronté de fortes tempêtes. Nous avons toujours pu nous abriter à temps.

– C'est peut-être là le fond du problème. Malgré tous les beaux récits de bravoure, il ne faut pas être tellement courageux pour être pirate.

– Quoi ? fit-elle en retirant sa main sans cesser de lui sourire. Il vaut mieux que ces brutes ne t'entendent pas, Michael. Ils te couperaient la gorge pour te prouver leur courage.

Il éclata de rire.

– Il n'est pas nécessaire d'avoir du courage pour couper la gorge de quelqu'un, Anne. Du courage, il en faut pour cultiver un lopin de terre et le faire fructifier jour après jour. Pour affronter un monde hostile et réussir grâce à son intelligence et à ses talents. Mais se mettre aux aguets et voler ce que d'autres ont gagné à la sueur de leur front, cela demande autre chose. De l'audace, peut-être, mais pas vraiment du courage.

Le sourire d'Anne disparut.

– Tu te crois sacrément supérieur, Michael. Tu ne dois pas avoir une haute opinion de moi pour parler ainsi.

– Tu me trouves arrogant. C'est mon défaut, je le sais, dit-il, les yeux rivés sur elle. Mais que penses-tu donc de toi-même?

– Le monde me prend pour un pirate, répondit-elle aussitôt. Un pirate téméraire.

– Le monde ne sait pas juger les hommes à leur juste valeur, mais c'est pire quand il s'agit des femmes. Il faut moins de preuves pour condamner une femme que pour noyer un chien. Aussi ta réputation ne veut rien dire, Anne. Mais *toi*, que penses-tu de toi-même?

Elle détourna le regard un instant, l'air songeur. Elle était déconcertée, désabusée même.

– Je me souviens, à la maison... à Bellefield, dit-elle en se retournant vers Michael, quand Gillah voulait faire une poule au pot, elle ne se contentait pas d'en attraper une et de lui trancher la tête sur un billot. Elle préférait lui verser une cuillerée de rhum dans le bec jusqu'à ce qu'elle soit ivre et inconsciente, ensuite elle lui tordait le cou. À ce moment-là, la bête se moquait pas mal de ce qui lui arrivait. Gillah disait que la poule mourait heureuse et que son sort était préférable à celui du commun des mortels.

Soudain les yeux remplis de larmes, Anne prit la main de Michael sans réfléchir et continua :

– Souvent je me suis sentie comme cette poule. J'ai eu envie de mourir pour être heureuse. Souvent j'ai eu l'impression de ne pas avoir vécu. Comme si ma vie n'avait été qu'une longue attente. L'attente d'un commencement. Mais je n'ai cessé de croire que je suis de taille à affronter les difficultés de la vie.

Elle se redressa et essuya une larme, le visage à nouveau serein.

– Moi aussi, dit-il en lui souriant. Je n'ai jamais connu de femme aussi courageuse que toi. Pourquoi t'es-tu lancée à corps perdu à la poursuite de la mort, je ne le saurai jamais. Tu étais faite pour jouir de la vie.

Il l'aida à se relever et elle regarda l'horizon. Tandis qu'ils conversaient, des nuages noirs s'étaient amoncelés et la pluie menaçait. Anne se jeta dans les bras de Michael et soudain il se mit à pleuvoir. En riant, ils coururent se mettre à l'abri. Un peu plus haut sur la colline, ils trouvèrent une grotte. Ils décidèrent de s'y réfugier et durent s'accroupir pour y pénétrer. Le sol était recouvert d'une épaisse couche de mousse.

– Je suis trempée jusqu'aux os, s'exclama Anne en secouant la tête.

Elle le dévisagea, soudain sérieuse. Tout excité, il s'approcha d'elle et la prit dans ses bras. Il lui mit la main sur les reins, puis un peu plus bas, et son corps épousa le sien.

– Anne, tu es si belle.

Il lui effleura la gorge de ses lèvres. Serré contre elle, il lui murmura :

– Tu sais que je te désire depuis longtemps.

– Oui, balbutia-t-elle, moi aussi.

Il la prit par la taille et la souleva. Ses yeux plongèrent dans les siens. Il l'embrassa alors avec passion, explorant tendrement sa bouche. Puis il parcourut son corps de ses mains puissantes, vibrantes de désir en chuchotant :

– Je voulais nous donner du temps. Je ne te connaissais pas... assez pour t'aimer.

– Et maintenant? dit-elle dans un souffle.

– Maintenant je sais que tu es belle et que tu as une force de caractère plus extraordinaire encore.

Il l'embrassa de nouveau, l'embrassa avec tant d'ardeur que tout en elle répondit à son désir.

– Je t'aime, Anne. Et toi?

En guise de réponse, elle attira la tête de Michael contre la sienne, ses lèvres contre les siennes.

– Oh oui, Michael, je t'aime, murmura-t-elle.

Elle se prit à réfléchir un instant. Il y avait si longtemps qu'un homme ne l'avait pas caressée, possédée. Mais l'avait-elle jamais été véritablement? Elle s'était souvent imaginée nue dans les bras de Michael, et ces pensées voluptueuses n'étaient que des chimères comparées à la réalité.

Le regard de Michael était voilé par l'émotion. Dans un élan de tendresse, elle lui embrassa les yeux, les joues, la gorge. Lentement il lui déboutonna sa tunique qu'elle rejeta d'un coup d'épaule.

– Tes seins ressemblent à des petites lunes, murmura-t-il en prenant délicatement ses mamelons entre ses lèvres. Comme ils sont doux.

Elle soupira. Il fit glisser le pantalon d'Anne et s'agenouilla devant elle. Il remarqua une cicatrice le long de sa jambe et frémit à la pensée de la souffrance qu'elle avait dû endurer. Anne tressaillit quand il l'embrassa tendrement là où la peau était marquée. Il avait envie de lui dire qu'elle était belle, merveilleuse. Il le lui fit comprendre avec ses mains, ses lèvres. Ses doigts remontaient le long de ses jambes, sur la courbure de ses mollets, les muscles fermes de ses cuisses, jusqu'à ce qu'ils parviennent à la hauteur de son pubis qui lui effleura le visage. Il se releva et elle se pressa contre lui.

– Je t'en supplie, vite! Ne me fais pas attendre!

Il se déshabilla aussitôt et l'allongea nue auprès de lui sur le tapis de mousse de la grotte. Il la prit dans ses bras et murmura son nom. Pour la première fois, elle connut le plaisir exquis d'avoir tout son corps contre le sien. Plus rien ne les séparait.

Son esprit se fondait dans le sien, son cœur battait avec son cœur, avec son âme, comme s'ils ne faisaient qu'un, pour s'unir en une secrète communion qui n'avait nul besoin de mots pour s'exprimer mais de soupirs, nul besoin de gestes mais de murmures mystérieux, et son corps vibrait dans une danse intime destinée à lui seul.

Bien après, elle s'en rendit compte, Michael avait gémi et murmuré des mots tendres. Dans cette extase partagée, il l'avait serrée, il s'était donné totalement à elle. Submergée de tendresse et d'amour, torturée par un désir lancinant, elle comprit alors qu'elle ne pourrait jamais vivre sans lui.

Un instant plus tard, ils étaient étendus côte à côte sur la mousse, la main dans la main; les battements de leur cœur s'apaisèrent. Anne était bouleversée au plus profond de son corps et de son âme. Michael lui avait donné bien plus que du plaisir physique; elle avait éprouvé quelque chose d'autre, un je-ne-sais-quoi de nouveau, de merveilleux, de puissant qu'elle était incapable de décrire faute de mots. Il y avait chez lui une tendresse, une compassion qui la réconfortaient, et pourtant elle restait libre d'être elle-même. Et cette tendresse n'était pas un signe de faiblesse. Contrairement aux hommes qu'elle avait connus, Michael était le seul avec lequel elle avait envie de s'abandonner. En qui elle avait confiance.

Il roula sur le côté, et la regarda. Il l'embrassa dans le cou, puis déposa un baiser sur sa joue.

– À quoi penses-tu? demanda-t-il.

– À toi. À moi, répondit-elle, en toute sincérité.

Elle essaya de se redresser, il desserra son étreinte et, en riant, elle retomba dans ses bras.

– Je ne suis pas sûre de pouvoir marcher, murmura-t-elle d'une voix entrecoupée.

– Alors, je vais te porter. N'est-ce pas cela, l'amour?

Anne sentit son cœur cesser de battre un fragment de seconde en l'entendant parler d'amour, mais elle rit au fond d'elle-même.

– L'amour, je ne sais plus ce que c'est. Mais c'est bien autre chose qu'être ou ne pas être dans tes bras, cela j'en suis certaine.

Elle regarda autour d'elle, tâtant le sol d'une main, s'agrippant à Michael de l'autre.

– Est-ce que tu vois mon pantalon?

– Il s'est envolé.

Elle éclata de rire et se mit à califourchon sur Michael, épousant les formes de son corps. Elle se plaqua contre lui si bien que sa peau semblait coller à la sienne.

– Tu exagères, grommela-t-il en riant.

– Je sais, mais n'est-ce pas extraordinaire? Crois-tu qu'on va longtemps continuer comme ça?

– Au moins quelques jours.

– Petite canaille, murmura-t-elle.

Elle le couvrit de baisers ardents. Il la pénétra de nouveau.

Après avoir fait l'amour, Anne se détendit dans ses bras.

– Que c'est bon de rire! Avec toi.

Elle s'étira, heureuse. Elle se sentait si bien.

Il s'appuya sur un coude et plongea son regard dans le sien.

– Il n'y a rien de plus intime que l'amour. Je l'avais oublié. Tu me l'as rappelé.

– Moi?

– Oui. Je passe mon temps à essayer de changer le monde. Mais toi, tu sais vivre. Anne, ajouta-t-il après un instant d'hésitation, je ne peux te laisser partir. Te laisser retourner en mer. Te savoir loin de moi.

– Être en mer, c'est donc être loin de toi? demanda-t-elle en souriant et en s'allongeant une fois de plus sur lui, le menton contre sa poitrine. Je suis si heureuse, j'ai de la peine à être sérieuse.

– Alors, je te harcèlerai matin et soir jusqu'à ce que tu me répondes.

– Te répondre?

– Veux-tu m'épouser?

Elle s'interrompit, soudain muette. Elle plissa le front avec tristesse, se rappelant la réalité malgré elle.

– Je suis déjà mariée, murmura-t-elle.

– Peu importe. De mari il n'a que le nom. Nous trouverons un moyen de nous marier, si tu le souhaites véritablement. Veux-tu de moi, Anne?

– Oh! Michael, fit-elle en se retournant vers lui. Je donnerais ma vie pour toi. Tu accepterais vraiment d'épouser une femme pirate?

– Non. Mais une femme, oui. Pourrais-tu renoncer à ce genre de vie, Anne? lui demanda-t-il en lui prenant le menton dans les mains. Pourrais-tu choisir une autre vie? Avec moi?

Elle entrevit, en un éclair, ce qu'elle désirait. Cet homme offrait une union parfaite fondée sur un respect mutuel, une volonté de guider et d'être guidé, d'adorer, de glorifier, de puiser sa force en l'autre, sans jalousie, sans agressivité. Nul besoin de mettre cet homme à l'épreuve, de se livrer à des jeux futiles avec lui. Elle était soulagée. Prête à abandonner la vie de pirate... mais non sans une dernière mise au point.

– Mon amour, je suis prête à choisir une nouvelle vie. Mais pas à changer ma personnalité. Je serai toujours une hors-la-loi.

– Veux-tu dire une criminelle? demanda-t-il en s'éloignant, le front soudain rembruni.

– Non, je dis bien une hors-la-loi. Tout comme un dauphin est un hors-la-loi en mer. Alors que le requin est un assassin. Je vis en marge des lois, je refuse toute contrainte, je suis libre. Je préfère l'incertitude à la sécurité, l'anarchie et l'irrationnel à la morale.

– Et si on te capture?

– Je ne me laisserai pas faire. D'ailleurs, je ne me ferai pas prendre si j'abandonne le métier. Ce qui est pour moi un châtiment, c'est seulement le jugement d'autrui, tel celui que tu portes sur moi.

– Moi?

– Oui. Je vais abandonner cette vie-là, j'en suis capable, mais tu devras d'abord comprendre que je prends cette décision parce que je ne trouve plus aucun plaisir à mener ce genre de vie.

Il s'approcha d'elle et l'étreignit.

Anne recula et le regarda, l'air sérieux.

– Tu dis que la chance me quitte, Michael. Ce sera vrai quand je cesserai d'être moi-même et que je serai ce que les autres veulent que je sois. On projette sur vous une image, je m'en suis aperçue. Moi, je suis incapable de ressembler à cette image.

– Ce n'est pas ce que je souhaite que tu fasses, dit-il en l'embrassant avec tendresse. Je serais un imbécile si j'essayais d'étouffer la flamme qui brûle en toi. Surtout quand j'ai besoin de réchauffer mon âme auprès de cette flamme. Je te pose à nouveau la question, Anne, dit-il en lui relevant le menton, veux-tu m'épouser?

– Oui, Michael, fit-elle avec une hésitation à peine perceptible. Quoi qu'il advienne.

Le lendemain matin Anne revint au village à contrecœur en compagnie de Michael. Les pirates devaient se rendre en bateau à Cuba pour mettre en lieu sûr des tortues et d'autres provisions. Michael accepta de les accompagner, car il avait besoin de médicaments.

– Toi et Mary, appareillez le *Queen*.

– Pour quelle destination?

Anne était prête à partir, mais elle ne connaissait aucun lieu où ils seraient en sécurité.

– Quand je serai à Cuba, je chercherai un endroit sûr, dit-il, et il lui prit le visage dans ses mains. Je t'emmènerai avec moi, Anne. Partout où j'irai.

Il fut décidé que Tom Deason resterait avec Anne et Mary afin de les aider à transporter à terre les vêtements qui avaient besoin d'être aérés, et de faire avec le reste de l'équipage les préparatifs pour appareiller. Rackham et cinq autres pirates se terraient dans la seule taverne de Sainte-Catherine, trop ivres pour bouger. Michael et dix des membres de l'équipage décidèrent de traverser le détroit pour se rendre à Cuba. Sur le rivage, Anne leur fit des signes d'adieu jusqu'à ce que le canot ait disparu au loin.

Tandis qu'Anne et Mary préparaient le *Queen Royal*, des nuages menaçants commencèrent à se former çà et là. Anne s'arrêta un moment sur la plage pour observer le ciel bleu qui s'obscurcissait.

– Mon Dieu! cria-t-elle à Mary. Voilà la tempête!

Un calme, qui ne présageait rien de bon, régnait sur l'île. Mary s'approcha d'Anne et la tira par le bras pour la ramener vers le village.

Un grand vent se mit à souffler et se déchaîna très vite avec la violence d'un ouragan. Les palmiers se courbaient tandis qu'Anne tentait de s'abriter dans les buissons. La mer battue par les vents était démontée, la pluie tombait à torrents. Le monde entier semblait être devenu un monstre noir comme de l'encre, agité de soubresauts.

– Michael va sombrer! Nous devons l'aider! hurla Anne, épouvantée, le regard perdu au-delà des rouleaux gigantesques.

Anne, Mary et Tom avancèrent tant bien que mal jusqu'aux arbres.

– Ne sois pas insensée! s'écria Mary. On n'arrive même pas à tenir debout ici, ce serait de la folie de prendre la mer!

Comme pour justifier ses paroles, une soudaine bourrasque plaqua Anne sur le sable. Mary s'agrippa à un tronc d'arbre et Tom la saisit par le bras pour l'emmener vers un abri.

– À la taverne! hurla-t-il.

Tom et Mary réussirent tout juste à entraîner Anne loin de la plage. Ses cheveux lui fouettaient le visage, et elle gémissait, luttant contre la tourmente et contre sa propre peur. Arrivés au village, ils la forcèrent à descendre dans la cave de la taverne, où tous les habitants de l'île s'étaient réfugiés.

Rackham la regarda entrer en chancelant, l'air affolé, le visage blême sous l'effet de la peur. Anne le reconnut à peine, tant elle était obsédée par ce qui pouvait arriver à Michael. Elle chuchota comme si elle se parlait à elle-même :

– Il va se noyer. Mon Dieu, Michael ! Michael !

Rackham lui tourna le dos, se pelotonna dans un coin et attendit que passe l'ouragan. Le vent gémissait comme si lui aussi avait perdu un compagnon.

Après des heures qui parurent interminables, la tempête s'apaisa. Anne était parvenue à se calmer à force de volonté, refusant de perdre espoir. Elle craignait, cependant, que Michael ne fût perdu. Il y avait une chance infime pour que les pirates aient vu arriver la tempête et aient eu le temps de se réfugier dans une île ou dans une crique abritée. Elle se torturait l'esprit, essayait de se souvenir d'un endroit où ils auraient pu se réfugier, mais elle ne voyait rien d'autre que les vagues à perte de vue. C'était la pleine mer entre Sainte-Catherine et Cuba, et à moins d'une chance inouïe, le canot était certainement détruit et tout l'équipage perdu. Elle eut un sommeil agité cette nuit-là, elle rêvait de la mer, de Michael qui la caressait et qui, de son bateau, lui faisait signe de la main ; la mer rugissait, les vagues noires étaient déchaînées.

Le lendemain matin elle se réveilla épuisée, mais résolue à retrouver Michael. Tout s'était passé si vite. En quelques heures, elle avait découvert l'amour, connu la passion physique, elle s'était engagée corps et âme et avait tout perdu. Même quand elle accomplissait des tâches matérielles à bord du *Queen Royal* ou préparait un canot de sauvetage, elle avait l'esprit confus et engourdi, comme si elle sortait d'un profond sommeil. Soudain elle s'immobilisa, examina sa main écorchée par le filin qui descendait un autre canot à la mer. C'était comme si son corps était séparé de son esprit et agissait sous l'impulsion d'une force en elle qu'elle ne maîtrisait pas.

Featherston et Corner appareillèrent le navire. Pendant ce temps Anne partit avec Tom, Mary et John Davies, le matelot, à la recherche des survivants. Alors qu'ils ramaient de toutes leurs forces, Anne scrutait la mer et le ciel, s'efforçait de découvrir quelque indice susceptible de la renseigner sur ce qui était arrivé à Michael. Le ciel était d'un gris maussade et les vagues ne s'étaient pas apaisées. La mer semblait avoir encore des accès de colère, elle frappait les flancs du canot et l'assaillait sans répit, on aurait dit qu'elle cherchait toujours à se battre. « Comme si cela ne lui avait pas suffi », songea Anne.

En contournant l'île, ils aperçurent les débris d'une épave sur le rivage. Anne se précipita vers la plage et courut sur le sable, rassemblant des morceaux de bois et d'aviron.

– Michael! Jeff! Harris! appela-t-elle en tremblant.

Elle ne se rappelait plus le nom des autres membres de l'équipage qui les avaient accompagnés.

– Michael!

Avec angoisse elle regarda autour d'elle. Elle s'attendait à tout instant à découvrir sous les feuillages le corps de Michael, mais elle ne trouva que des débris : c'était la preuve que le canot du *Queen Royal* s'était fracassé sur le récif avant d'être rejeté sur le rivage. Peut-être sur différents rivages, car les fragments de l'épave échoués sur le sable ne représentaient qu'une partie du canot. Mary s'approcha d'elle, la serra dans ses bras et lui murmura quelques paroles de réconfort qu'elle entendit à peine.

Tom poussa un cri. D'un geste instinctif Anne repoussa Mary, courut, et aperçut, dans un creux rempli d'eau, le corps d'Harris Simon, le canonnier du *Prudent Hannab*. Il était couvert de sable et d'algues; son visage était serein. S'il y avait eu jusqu'ici l'ombre d'un espoir, il s'était envolé maintenant. Michael n'avait pu survivre à une telle tempête. Il n'avait pas été recueilli par une main providentielle qui l'aurait tiré de l'eau et sauvé. Il était perdu.

Quand Anne en prit conscience, il lui sembla recevoir un coup en pleine poitrine, elle se laissa tomber à genoux sur le sable, serrant toujours les débris qu'elle avait ramassés sur la plage. Pour la deuxième fois de sa vie elle pleura toutes les larmes de son corps.

Durant deux jours Anne et ses compagnons parcoururent la côte de Cuba à la recherche de Michael. Il fallait qu'elle le trouve, qu'elle constate qu'il était bien mort avant d'envisager une vie nouvelle. Mais il ne lui était pas donné d'avoir la preuve de cette mort. Il restait introuvable. D'autres corps, d'autres épaves étaient échoués sur les plages, mais aucun signe de vie. Pas d'empreintes, pas de vêtement abandonné, pas de fumée ni de cendres. Et pas de cadavre. Rien. Michael avait disparu dans la mer comme la pluie, sans laisser de trace.

Mary finit par convaincre Anne de s'éloigner.

Tandis que les marins ramaient, Anne, assise dans le canot, avait le regard perdu sur les vagues. Elle avait les yeux secs, mais elle était encore sous le choc. La mer, son refuge, son havre préféré, avait pris la seule personne au monde qu'elle aimait. Elle ne croyait ni aux fantômes ni à la fatalité, mais elle ne pouvait s'empêcher de maudire les flots placides et leurs profondeurs glauques, de maudire également la vie qui l'avait plongée dans un tel désespoir. Comme cela lui était déjà arrivé, elle ressentit un vide atroce dans son cœur. Elle était déprimée, apathique. C'est à peine si elle réagit lorsque Mary tenta de la ramener à la réalité.

– Ne perds pas espoir, Anne. Michael n'aurait pas aimé que tu renonces à la vie pour lui.

– Ce que Michael voulait, c'est que j'abandonne cette vie-là. Que j'abandonne la mer et que je devienne sa femme, dit-elle à Mary qui la regarda, surprise. Et c'est ce que j'allais faire, Mary. Mais maintenant peu importe. Cela m'est égal de mourir d'une façon ou d'une autre.

De retour à Sainte-Catherine, elle se replia sur elle-même. Les autres pirates, privés de leur chef, ne savaient plus que faire. Il ne restait plus que neuf hommes d'équipage. Featherston, Corner et Rackham étaient les seuls susceptibles de prendre le commandement, mais aucun d'eux ne pouvait ni ne voulait déployer les efforts indispensables pour appareiller le *Queen*.

Rackham se comportait encore en chef, mais il se montrait tellement inconséquent que peu d'entre eux souhaitaient le voir assumer le commandement à lui seul. Mary prit Anne à part.

– Il faut quitter l'île, dit-elle d'un ton pressant. Il ne reste pratiquement plus de vivres et les hommes ont besoin d'un chef. Certains se plaignent de toi, de Rackham et de Corner.

S'ils s'en vont, on risque d'être bloqués ici jusqu'à ce qu'on nous capture.

– Et alors? dit-elle en regardant Mary. Que veux-tu que je fasse?

– J'aimerais que tu reprennes goût à la vie, répliqua-t-elle en secouant Anne par les épaules. Tu dois t'accrocher, Anne. Moi aussi, j'ai perdu celui que j'aimais, mais la vie continue. Ce sera pareil pour toi.

Anne se détourna, découragée.

– Fais ce que tu veux. Prends le commandement. Moi, je n'en ai plus envie.

– Quel commandement? Le *Queen* est trop lourd pour neuf hommes.

– Je m'en fiche! s'écria Anne dont la colère l'emporta sur la souffrance. Ne comprends-tu pas? Pars ou reste, je m'en moque! Vole un bateau de pêche si ça te chante et va-t'en!

Mary s'éloigna sans rien dire. Deux nuits plus tard, elle fit une incursion en secret jusqu'au village et vola un petit sloop. Elle fit monter Anne de force à bord, indifférente à ses accès de colère qui succédaient à des crises de dépression. Puis Mary et Tom prirent le commandement du petit vaisseau avec l'aide de Featherston et de Corner.

Ce soir-là, Anne se languissait sur une couchette étroite dans l'entrepont. L'air triste, elle avalait un maigre repas, Rackham s'approcha d'elle et la regarda bien en face.

– Ainsi tu as perdu ton galant, marmonna-t-il sans prêter la moindre attention à l'éclair de colère qui brillait dans le regard d'Anne. Que comptes-tu faire maintenant?

Un instant, saisie de peur, elle ressentit comme des sueurs froides. Elle eut envie de se réfugier dans les bras de Jack, mais ce n'étaient plus les bras qui l'avaient entourée naguère. Et ce n'était pas l'homme dont elle se souvenait. Il semblait si froid, si distant. Comme elle hésitait, il la provoqua.

– Alors, parle. Tu as perdu ta fougue habituelle. Qu'est-ce que tu décides? Un nouveau bateau? Une nouvelle vie? s'exclama-t-il en ricanant. Un autre homme?

La colère montait en elle et lui redonnait des forces.

– Je ne partagerai plus ton lit, si c'est ce que tu veux dire.

Le sourire qu'il lui adressa manquait de chaleur. Il n'avait plus grand-chose à voir avec celui qui éclairait, il y avait si longtemps, ce robuste visage bronzé par la mer.

– Je ne l'ai pas demandé ?

Il descendit la passerelle en chancelant. Cependant ce soir, il n'était pas ivre, il oscillait avec le roulis du navire. Mais Anne et Jack n'avaient rien à se dire. Tout ce qu'ils avaient connu ensemble avait été gâché par la jalousie, le soupçon, le mépris. Sa beauté, qui avait séduit Jack, n'avait plus aucun attrait pour lui. Elle n'en souffrait pas, elle regrettait seulement leurs querelles incessantes, surtout en cet instant où elle avait besoin d'un ami.

Tout au long du mois d'août, le sloop des pirates, rebaptisé le *Providence*, sillonna les Caraïbes sans but précis. À cause de sa petite taille, la plupart des prises étaient risquées. À la fin du mois, l'équipage de Rackham, autrefois redoutable, fut réduit à s'emparer d'un petit bateau de pêche au large de la Jamaïque, simplement pour trouver de quoi se nourrir. Les pirates dérobèrent une cargaison de poissons, des tortues et du rhum, mais ces vivres furent vite épuisés.

Au début du mois de septembre, toujours à la recherche de nourriture, ils firent une incursion dans un village de pêcheurs de Harbour Island. Après avoir rassemblé une demi-douzaine de pêcheurs et leur famille dans l'une des cabanes, Corner et Featherston pillèrent le misérable village. Pendant ce temps Mary, Tom et le reste de l'équipage fouillaient plusieurs bateaux dans le port pour se procurer de l'argent, tandis qu'Anne faisait le guet à bord du *Providence*.

Elle les rejoignit plus tard, à la demande de Mary. Ils surprirent alors Dorothy Thomas, une villageoise, qui rentrait chez elle dans un canot plein de produits frais en provenance d'une plantation voisine. Elle aussi dut céder sa cargaison. Ainsi les pirates firent main basse sur quatre cochons, six poulets, plusieurs gros poissons, un baril de patates douces, une boîte de sel et quelques pains.

Avec des provisions pour quelques jours, les marins se dirigèrent vers Hispaniola, en quête d'une proie plus intéressante. Après avoir passé une semaine à écumer en vain les mers, ils furent une fois de plus contraints de débarquer pour tuer des bêtes sauvages. Un soir qu'ils tiraient les carcasses jusqu'à la plage pour festoyer, ils aperçurent un bateau désemparé qui donnait de la gîte.

C'était un navire marchand et ils s'aperçurent qu'il ne transportait aucune cargaison. Avec générosité, les pirates offrirent aux nouveaux venus de partager la moitié de leur viande contre la moitié de leur rhum.

Autour du feu de camp, l'un des marchands appela Mary Read « Mme Bonny ».

– Vous faites erreur, dit Mary en éclatant de rire.

Mary désigna alors Anne qui, assise en dehors du cercle de lumière, s'était mise à l'écart du groupe.

– Mme Bonny, c'est elle.

– Celle qui ne dit rien ? ricana le marchand. Je m'attendais à ce qu'une femme pirate aussi célèbre ne soit pas aussi discrète !

– Elle a beaucoup changé ces temps-ci, répondit Mary.

– À cause de la mort de son mari James Bonny ? demanda le marchand à voix basse.

– Non, murmura Mary en sursautant. Elle ne sait pas la nouvelle ! Où et quand cela s'est-il passé ?

– Aux Bahamas. Son bateau de pêche a été pris dans la tempête et son corps rejeté à New Providence.

Mary courut aussitôt annoncer la nouvelle à Anne, espérant susciter chez elle une réaction de tristesse ou de joie. Celle-ci se contenta de hausser les épaules.

– Peu importe ! Si j'avais appris cela quand Michael était encore en vie... Maintenant...

Les marchands apportaient d'autres nouvelles de New Providence. Le gouverneur Rogers était au bord de la faillite, ses caisses étaient vides et les lords propriétaires d'Angleterre avaient fait la sourde oreille quand il leur avait demandé de les renflouer. La colonie allait à vau-l'eau et il était question d'accorder de nouveau un pardon.

– Je n'y crois pas, dit Mary. Mais si c'était le cas, ça me ferait réfléchir.

– Courage, les gars ! dit Tom en riant. La chance finira bien par tourner. Dieu sait que ça ne peut pas être pire !

Certains membres de l'équipage du navire marchand se laissèrent facilement convaincre de rejoindre les pirates. Étant maintenant plus nombreux, les boucaniers reprirent la mer, plus résolus que jamais. De nouveau ils écumèrent les Caraïbes. Ils attaquèrent un schooner, deux navires marchands au large de la Jamaïque et plusieurs villages de pêcheurs. Seul le schooner, capturé près de la baie de Porto Maria, fut une prise fructueuse. Ils dérobèrent au capitaine, Thomas Spenlow, une montre en or et une bourse pleine de pièces.

– Vous vous en repentirez ! s'exclama Spenlow, fou de colère. Je ne mourrai pas avant de vous voir tous pendus !

Du pont Anne les vit reprendre la mer. Elle frissonna de la tête aux pieds. L'heure était venue pour elle de quitter l'équipage. Pour cela, elle décida de gagner un port tranquille et de s'enfuir dès que possible. Elle ne souhaitait pas faire ses adieux. Mary, Tom, Jack et les autres lui manqueraient. Mais elle n'avait plus grand-chose à espérer maintenant. Eux non plus d'ailleurs.

Tom Spenlow se plaignit directement au gouverneur Lawes de la Jamaïque et exigea que l'on capture la bande de Rackham. Lawes en avait assez d'être bafoué par cette Bonny et il était d'autant plus furieux qu'elle avait l'audace de naviguer dans les eaux placées sous son autorité. Il recruta un jeune capitaine de la marine, Charles Barnet, et lui fournit un sloop rapide, équipé de canons ; il n'arborait aucun pavillon officiel ni aucune marque distinctive. Cachés à l'avant du navire se trouvaient deux canons de quatre et un équipage bien armé.

Le sloop de Barnet longea la côte, fouillant chaque crique et chaque anse à la recherche du *Providence*, qui se trouvait alors ancré au large de Negril Point. Les pirates venaient de s'emparer d'un bateau de pêche transportant quatre tonneaux de rhum.

Aussitôt les marins mirent les tonneaux en perce et invitèrent les pêcheurs à trinquer avec eux. La fête dura toute la nuit et se prolongea jusqu'au lendemain, le 21 octobre. Tous les pirates, sauf Anne, Mary et Tom Deason, étaient affalés sur le pont ou vautrés dans la cale, complètement ivres.

Les pêcheurs réussirent à regagner leur bateau, à lever l'ancre et à reprendre la mer. Comme ils contournaient la pointe, ils furent interceptés par le sloop de Barnet.

– Vous arrivez trop tard. D'autres pirates nous ont tout pris ! hurla le skipper, en riant du tour que la malchance lui avait joué.

Le capitaine Barnet se pencha par-dessus le bastingage et s'écria :

– Quels pirates?

– Là-bas! Soûls comme des barriques après avoir bu mon rhum! fit le capitaine en faisant un geste ample vers la côte.

Prudemment, Barnet contourna la pointe avec son sloop. Quand il aperçut l'embarcation des pirates, il observa la direction du vent de terre qui soufflait fort, puis s'approcha de la côte et fit voile vers le *Providence*.

Mary fut la première à remarquer ce navire étrange qui cinglait vers eux.

– Qu'est-ce que c'est? demanda-t-elle à Anne en le montrant du doigt.

Tom saisit une longue-vue et observa le bateau.

– Ce n'est qu'un sloop. Il paraît inoffensif. Qu'en penses-tu, Anne?

Anne s'abrita les yeux de la main et scruta la mer au loin.

– Je crois que Tom a raison, dit-elle d'une voix morne. Il paraît vraiment inoffensif.

Mais Mary n'était pas tranquille. Elle vérifia ses pistolets, s'aperçut que les pirates étaient endormis sur le pont.

– On ferait mieux de réveiller ces soûlards, fit-elle en donnant un coup de pied à Rackham adossé à un tonneau vide.

– Debout, Jack! Un bateau se dirige vers nous!

Rackham se contenta de grommeler. Mary lui donna un autre coup de pied.

– Allons, debout!

Jack ouvrit vaguement un œil.

– Pourquoi m'embêtes-tu, ma belle?

Mary ne se perdit pas en explications, elle réveilla aussi brutalement les autres pirates.

– Debout, sales ivrognes! Debout!

Deux des quatre pirates étendus sur le pont remuèrent à peine. Les autres protestèrent violemment et Mary, occupée à les injurier, ne remarqua pas que le sloop de Barnet obliquait soudain et, toutes voiles déployées, fondait sur eux.

– On nous attaque! hurla Tom.

Le cri d'alarme tira Anne de sa léthargie. En un instant elle retrouva sa fougue d'autrefois.

– Tous au bastingage! ordonna-t-elle. Repoussez les assaillants! Dégainez vos épées!

Elle traversa le pont précipitamment et saisit un sabre. Au même moment le sloop de Barnet fit feu de ses deux canons. Atteint par un boulet, le mât s'effondra, heurtant Anne à l'épaule. Elle tomba et se trouva empêtrée dans le gréement. Le fracas réveilla les pirates qui se levèrent d'un bond, mais la plupart d'entre eux, pris de panique, se précipitèrent dans la cale.

Au bastingage, Tom était le seul à son poste pour repousser les assaillants qui n'étaient plus qu'à quelques mètres. L'un des tireurs le mit en joue. Atteint d'une balle de mousquet en pleine poitrine, il mourut avant même de tomber sur le pont.

Mary se précipita vers lui en hurlant. Elle se redressa brusquement, incrédule devant le sloop de Barnet. Puis elle retourna à la hâte sur le pont, folle de rage.

– Bande de lâches ! cria-t-elle, en courant vers l'écoutille ouverte par où presque tout l'équipage était descendu.

Anne pendant ce temps appelait Mary. Elle essayait de se dégager du gréement et coupait les cordages avec son sabre. Mary fit feu avec ses deux pistolets dans l'écoutille en hurlant.

– Espèces de froussards ! Bandes de salauds ! Vous l'avez tué !

Anne entendit Jack pousser un cri du fond de la cale.

– Tu m'as blessé à la jambe, sale garce !

Anne bondit vers Mary et la ramena à la raison en la secouant. Lorsqu'elles se retournèrent, elles se trouvèrent face aux attaquants, sabre au clair. Il était trop tard. Les hommes de Barnet avaient déjà franchi les plats-bords. Anne combattit avec courage, aux côtés de Mary qui luttait à mort elle aussi, le visage tordu par la fureur. Très vite elles furent maîtrisées.

Anne avait la joue ensanglantée, l'épaule douloureuse et meurtrie. Elle se retrouva brutalement enchaînée, les bras derrière le dos. Tandis qu'on l'emmenait avec Mary, elle se retourna pour voir Rackham et le reste de l'équipage sortir de la cale, tête basse, les mains sur la tête en signe de reddition.

Cinquième Partie

1720
PORT ROYAL
(LA JAMAÏQUE)

Le grand amour engendre toujours des miracles.

Anonyme

Port Royal semblait frémir sous la chaleur du soleil comme un chaudron d'huile rance sur le feu, et la puanteur du port encombré de détritus rappela à Anne ses premiers jours à New Providence. Port Royal avait la réputation d'être « la ville la plus pervertie du monde » et se vantait d'avoir plus de bordels que Paris et plus de gosses déguenillés et difformes que les bas quartiers les plus sordides de Londres.

Sous le soleil tropical impitoyable, on fit descendre rudement Anne du sloop de Sa Majesté. Elle trébucha sur le quai et heurta Mary qui, les fers aux pieds, attendait au bord de l'eau, triste et silencieuse. Anne essayait tant bien que mal de faire glisser ses menottes sur les poignets, là où la peau était moins écorchée.

La courte traversée de Negril Point à Port Royal, de ce côté de l'île, avait été difficile mais fort heureusement brève. Anne et Mary furent confinées dans le roof pieds et poings liés, sous la garde de six matelots de Sa Majesté. Il régnait une chaleur étouffante. Le bras de Mary était couvert de sang séché à l'endroit où un sabre l'avait blessée et Anne ressentait une douleur lancinante à la tête, à la suite du coup qu'elle avait reçu quand le mât était tombé. La dernière fois qu'elle avait vu Jack, on l'emmenait dans l'entrepont sur le sloop de Barnet, les mains sur la tête. Il grimaçait de peur.

Ainsi ils avaient tous fini par se faire prendre. Leur capture avait été si inattendue qu'Anne était encore sous le choc. Juste au moment où elle avait décidé d'abandonner la vie de pirate et de devenir honnête, le destin, avec un clin d'œil ironique, l'avait remise aux mains de ses ennemis. Elle maudissait en silence sa malchance. Elle regarda une nouvelle fois autour d'elle dans l'espoir de trouver un moyen de s'échapper.

On faisait maintenant débarquer sans ménagement le reste de l'équipage. Rackham, Featherston, Corner, Davies et les autres gagnaient le quai en trébuchant. Anne se tourna une fois de plus vers Mary qui semblait avoir oublié sa condition de prisonnière. Immobile, elle contemplait la mer. Les gardes frappaient brutalement les matelots qui essayaient de se parler; on les conduisit tous vers des tombereaux qui les attendaient sur le rivage. Anne sentit le regard de Jack se poser sur elle une fois, deux fois, mais elle ne se retourna pas.

Les deux femmes furent poussées dans une charrette garnie de piquets en guise de barreaux. On entassa les autres membres de l'équipage dans le dernier tombereau. Des marins armés, tous des soldats du roi, escortaient les charrettes qui roulaient lentement, aussi Anne eut-elle tout son temps pour contempler la ville.

Le soleil devint plus ardent alors qu'ils s'éloignaient du port, en suivant le chemin creusé d'ornières. « Compte tenu de sa réputation, Port Royal a l'air singulièrement surpeuplé, triste, sans caractère », se dit Anne. Les bâtisses étaient massives, d'affreuses masures en meulière et en torchis. Trois seulement étaient à certains égards imposantes. Près du front de mer se dressait une église à la flèche dorée et de l'autre côté de la ville, là où Anne savait que les aristocrates, les notables et les riches planteurs possédaient leur maison, un bâtiment de trois étages, construit en brique, avait des reflets roses au soleil. « Ce doit être le palais royal, la résidence officielle de sir Nicholas Lawes quand il est au port », pensa Anne. Mais la construction la plus impressionnante était la citadelle, une forteresse sinistre érigée sur un promontoire qui surplombait le port. Douze canons, encastrés dans un épais mur de pierre, étaient littéralement suspendus au-dessus de la mer, et des sentinelles en uniforme écarlate avançaient d'un pas raide sur les chemins de ronde. Leurs mousquets étincelaient au soleil.

Au-delà de la ville et de sa forteresse, Anne apercevait les Montagnes Bleues et les étendues verdoyantes de la plaine de Liguanea où tous ceux qui s'affairaient dans les plantations de canne à sucre apparaissaient comme de minuscules points. Anne regarda le port tandis que les tombereaux roulaient en grinçant jusqu'au centre de la ville. Elle se demanda si jamais elle sentirait à nouveau le tangage de la mer sous ses pieds.

Il y avait plus d'agitation que de coutume dans la grand-rue. Anne devinait qu'on attendait fébrilement l'arrivée des prisonniers. Des prostituées s'arrêtèrent pour regarder les deux charrettes passer lentement. Elles leur lancèrent des quolibets et des insultes. Quelques Noirs paressaient à l'ombre d'un banian et des chèvres, conduites par un bouc efflanqué à la maigre barbiche, avançaient en procession d'un pas majestueux et tranquille, le long de la route d'où montait un nuage de poussière. Une petite fille de dix ou onze ans était accroupie près d'un panier en osier qui contenait quelques bananes gâtées et des ananas. On devinait qu'elle avait du sang africain et du sang arawack dans les veines. Quand les charrettes approchèrent, elle sourit et leva son panier, laissant apparaître deux petits bras horriblement décharnés sous ses haillons. L'un des gardes en tête de la colonne lui cria de déguerpir et donna un grand coup dans son panier, faisant tomber tous les fruits par terre. L'enfant regarda la charrette d'un air malveillant, puis prit une banane dans chaque main, et les lança de toutes ses forces à la tête d'Anne et de Mary avant de détaler, en montrant ses petits pieds nus, tout roses au soleil.

Les fruits s'écrasèrent contre la rambarde de la charrette et tombèrent sur le foin, tirant pour quelques instants Mary de sa torpeur. Anne lui prit la main, la serra et essaya de retrouver sur son visage l'air provocateur qu'elle affichait naguère.

– Il n'a rien senti. Il est mort sur le coup.

– Oui, dit Mary, sortant vaguement de sa léthargie.

Elle se tourna vers la charrette qui les suivait. Les pirates étaient enchaînés les uns aux autres. La tête sur la poitrine, ils formaient un groupe sinistre.

– Je parie que pour nous ce sera différent, dit Mary qui se replia sur elle-même et referma les yeux.

Anne sentait que son amie voulait oublier la chaleur, la poussière, la capture, l'avilissement, la peur, et même chasser Anne de son esprit. Elle eut une brève pensée pour Michael, elle était heureuse qu'il ne fût plus en vie pour être témoin de son humiliation.

La prison de Port Royal était construite dans la paroi de la falaise. C'était un labyrinthe souterrain constitué de minuscules cellules humides et froides d'où émanait une odeur nauséabonde. Il n'y avait qu'un pot ou deux en terre cuite pour les excréments, deux bancs de bois rudimentaires et, en guise de couverture, quelques guenilles où grouillait la vermine. Pas de fenêtre, la seule lumière qui passait à travers les épais barreaux provenait de lanternes dont la flamme vacillait et fumait.

Anne et Mary furent traînées le long de couloirs sales jusqu'à une petite cellule où on les jeta après leur avoir enlevé les chaînes. Mary s'appuya contre le mur de pierre et se frotta les poignets d'un air absent. Anne se mit à marcher de long en large devant la porte.

– Que le diable les emporte ! dit-elle hors d'elle.

Elle ne décolérait pas à la pensée que l'équipage avait été si lâche et s'était rendu de façon aussi lamentable.

Anne s'immobilisa et prêta l'oreille. Elle commençait à s'habituer aux bruits dans la pénombre. Quelqu'un approchait. Soudain la porte s'ouvrit et un gardien à la forte carrure jeta à terre deux bols et une cruche d'eau, répandant le liquide sur le sol sale. Il se forma de petites flaques boueuses à leurs pieds.

– Voilà le dîner, mesdames !

Il éclata d'un rire malveillant et repartit sans se presser dans le couloir. Anne attendit que le bruit de ses pas s'atténue pour examiner la nourriture.

– Je suppose qu'ils vont nous pendre bientôt, car ils ne nous soignent pas.

L'eau était fraîche et ne sentait pas le croupi, mais les bols ne contenaient rien de plus que quelques croûtons de pain noir et deux bananes trop mûres.

– Tu peux prendre ma part, dit Mary, l'air dégoûté.

Anne s'assit à côté d'elle et se mit à manger le pain méthodiquement. Elle coupa de petits morceaux, écrasant les bananes par-dessus et essaya de forcer Mary à manger. Le jour déclinait.

Anne évoqua surtout le passé, les aventures, les bons moments, les secrets qu'elles avaient partagés, afin de tenter de réconforter Mary. Celle-ci restait silencieuse, mais Anne avait besoin d'elle, même si elle faisait la sourde oreille.

– Quand Michael a disparu, poursuivit-elle à voix basse, j'ai souhaité mourir. Du moins pendant un certain temps. Tu sais dans quel état j'étais. Tu m'as aidée, Mary. Tu m'as fait tenir le coup jusqu'à ce que je reprenne courage, ajouta-t-elle en la regardant pour voir si elle écoutait.

Mary esquissa un sourire. C'était la chose la plus belle qu'Anne ait jamais vue et ne verrait peut-être jamais plus. Encouragée, elle continua :

– Tu m'as dit que je connaîtrais à nouveau l'amour, tu te souviens ?

Un long moment après, Mary lui répondit. Il y avait un soupçon d'amertume dans ses paroles.

– Maintenant, que veux-tu qu'il arrive ? Ils vont nous pendre, Anne. Il ne reste plus de temps ni pour les excuses ni pour les regrets. Nous serons mortes dans moins d'une semaine, crois-moi.

Anne lui prit de nouveau la main.

– Je n'arrive pas à me faire à cette idée, Mary. C'est impossible ! Tant que je n'aurai pas la corde autour du cou, je refuserai d'y croire. Et toi aussi, tu dois ne pas y penser.

Elle serra très fort la main de Mary, essayant de lui faire mal : tout était bon pour la tirer de sa torpeur.

– Tom est mort, Mary, mais toi, tu es encore *en vie*. En vie. Et on peut s'en sortir !

Le visage de Mary se crispa soudain, comme si tout son corps était douloureux.

– Oui, je suis en vie! Je suis plus qu'en vie! J'attends un enfant!

Anne recula, effarée, les yeux écarquillés.

– Mon Dieu! Mary, murmura-t-elle. En es-tu sûre?

Les yeux fermés, refoulant ses sanglots, Mary acquiesça tristement.

– Je suis enceinte de près de trois mois, fit-elle en se jetant dans les bras d'Anne. Tom était si heureux! Il voulait un fils.

Et elle donna enfin libre cours à son chagrin.

Alors qu'elle étreignait son amie et lui murmurait des paroles de réconfort, Anne s'alarma soudain. Elle n'y avait pas attaché d'importance, mais elle non plus n'avait pas eu ses règles. Depuis deux mois, ou bien était-ce seulement un mois? Elle l'avait remarqué, mais avait attribué ce retard à son chagrin et au choc causé par la mort de Michael. « Peut-être, mon Dieu, peut-être qu'elle aussi attendait un enfant? » Désespérée, elle promena son regard autour de la cellule. Être en prison, c'était déjà angoissant, mais en plus être enceinte... C'était être doublement pris au piège!

Elle tâcha de se remémorer les symptômes de sa première grossesse, mais elle était trop bouleversée et trop effrayée pour avoir les idées claires. Elle se souvenait seulement du petit être grisâtre et inerte tout contre sa poitrine. Sans hésiter, elle chassa cette image de son esprit. Elle ne révélerait pas son désespoir à Mary. La petite voix de la raison lui parlait : seul le temps lui apprendrait la vérité. Elle fit le serment de ne rien en dire pour le moment. Une femme enceinte dans la cellule, cela suffisait.

Cette nuit-là, allongée sur le banc de bois, elle essayait de trouver le sommeil. Fort heureusement Mary s'était vite endormie, épuisée par l'épreuve qu'elle venait de traverser et par le chagrin. Allongée dans l'obscurité, Anne écoutait le bruit que faisaient les rats. Dans son malheur elle avait la chance que le banc fût à environ trente centimètres du sol en terre battue. Elle croyait savoir ce qu'était l'obscurité, mais rien ne pouvait se comparer à ce misérable trou noir. Elle ne voyait rien, mais son ouïe s'en trouvait aiguisée de telle sorte qu'elle entendait même un cancrelat détaler à ses pieds.

Elle resta étendue durant des heures qui lui parurent interminables jusqu'au moment où des pas feutrés s'approchèrent. Quelqu'un s'arrêta devant la porte de la cellule. Anne vit la lueur d'une bougie. Brusquement la porte s'ouvrit dans un claquement sec, pareil à un coup de fusil dans le silence. Dans la pénombre, elle fut presque aveuglée par la lumière d'une chandelle.

Le gardien était de retour. Sans un mot, il jeta un coup d'œil aux deux femmes. Un sourire bestial apparut sur son visage ridé. Anne comprit aussitôt ce qu'il était venu faire. Elle songea au bébé dans le ventre de Mary. Peut-être dans le sien aussi. Elle préférait mourir plutôt que de laisser cet individu les toucher. Un grognement sourd sortit de sa gorge. Sa voix retentit, menaçante, dans la cellule exiguë.

– Fous le camp d'ici! hurla-t-elle, serrant les poings et se relevant d'un bond.

Le gardien hésita un instant et se passa nerveusement la langue sur les lèvres. Il se tourna vers Mary qui s'était réveillée et affrontait son regard; puis vers Anne, immobile, dressée comme un serpent. En un éclair il essaya d'attraper le bras d'Anne; avec la même rapidité elle replia puis détendit l'autre bras, et le gifla violemment. Il poussa un cri de douleur et de surprise. L'éclat de ses yeux s'éteignit comme une flamme sur laquelle on souffle.

– Dehors! vociféra Anne et son hurlement résonna dans le couloir.

Elle entendit des pas, d'autres sentinelles accouraient; le gardien fit demi-tour et claqua l'énorme porte derrière lui. S'immobilisant un instant, le visage déformé par un rictus menaçant, il lui lança un regard furieux par le judas. Puis il disparut.

– Vite! murmura Mary. La chandelle!

Anne ramassa le bout de chandelle par terre, l'éteignit et le cacha dans sa tunique. Mary avait raison. La moindre chose pouvait être utile dans cet enfer.

Elles restèrent confinées dans la cellule, elles étouffaient de chaleur pendant le jour et grelottaient de froid la nuit. Comme il n'y avait ni lumière ni fenêtre, seuls les changements de température leur permettaient d'avoir une idée de l'heure. Les gardiens, au nombre de deux, continuaient de leur jeter une maigre pitance. Elles mangeaient, non parce qu'elles avaient faim mais parce qu'elles devaient garder des forces pour s'évader. En fait, la fuite était leur seul sujet de conversation, leur obsession.

Il n'y avait aucune chance de sortir de là par la force. Les murs étaient épais, et la porte n'était jamais ouverte assez longtemps pour leur permettre de maîtriser les geôliers même si elles avaient eu des armes. Elles savaient qu'un jour ou l'autre on les ferait sortir de leur cellule pour être jugées. Leur grand espoir était de ne pas rester enfermées trop longtemps, car elles craignaient de ne plus avoir la force de courir si l'occasion leur en était donnée. Elles attendaient et se réconfortaient mutuellement pour ne pas désespérer.

Au bout d'une semaine arrivèrent des visiteurs poussés par la curiosité. Anne et Mary se réjouissaient de voir la lumière de leurs torches, leur venue les distrayait. La bonne société de l'île, les épouses des planteurs aux toilettes raffinées, une ombrelle de soie à la main, s'aventuraient dans le couloir obscur; elles étaient venues en groupes ou au bras de leur mari afin de voir les prisonnières.

Anne et Mary étaient des objets de curiosité non pas parce que c'étaient des « femmes qui avaient mal tourné » car, en vérité, des spécimens de ce type étaient nombreux dans les îles, mais parce qu'elles avaient pénétré dans un bastion réservé aux hommes et avaient écumé les mers durant près de deux ans.

Les dames, une à une, appuyaient leur nez délicat contre le judas de la porte massive de la cellule. Surprises, elles examinaient les captives de la tête aux pieds, en clignant les yeux comme s'il s'agissait d'une nouvelle espèce d'insectes. Elles se tournaient soudain l'une vers l'autre, avec des exclamations d'horreur et de stupéfaction, comme si Anne et Mary ne pouvaient comprendre ce qu'elles disaient. Au bout d'un moment elles se retiraient, plus sûres et plus imbues que jamais de leur vertu et de leur supériorité. Au début, Anne fut contrariée d'être une bête curieuse, mais très vite elle se réjouit de tout ce qui pouvait leur apporter un peu de distraction, chaque visiteuse étant un nouveau sujet de conversation.

Mais un jour, un nouveau visage apparut à la porte de la prison. Une voix d'homme murmura :

– Anne ! Anne Cormac ! C'est toi ?

Anne sursauta en entendant son nom de jeune fille. Elle se précipita vers la porte et regarda par le judas.

– Oui, c'est Anne Cormac. Qui est là ?

Une figure vaguement familière s'approcha. La bougie éclairait les contours d'un visage buriné mais rayonnant, encadré par une grande barbe grise. Anne sentit la chaleur qui émanait de ce visage même à travers la porte, mais elle ne parvenait pas à l'identifier. Familier... et pourtant inconnu.

La voix se fit entendre à nouveau, et cette fois il y eut un déclic dans son esprit et des souvenirs d'enfance lui revinrent en mémoire.

– C'est moi, ma fille ! Robin ! Ton vieux compagnon à bord du *Profit* !

– Robin ! s'écria Anne en riant, les yeux remplis de grosses larmes. Robin, mon vieil ami !

Elle essaya de tendre la main et de lui toucher le visage, mais le judas était trop petit et les barreaux trop étroits pour permettre à sa main de passer.

– Mais comment diable m'as-tu trouvée ? s'exclama-t-elle d'une voix tremblante.

– Ta réputation a largement dépassé les Caraïbes, ma fille. Tout le monde sait que tu es là. Ça fait plus de deux ans que j'entends parler de tes équipées.

– Oh mon Dieu ! Comme c'est bon d'apercevoir un visage ami dans cet enfer. Que tu es gentil d'être venu !

– Je ne pouvais pas faire autrement, ma petite souris. Tu te rappelles quand je t'appelais « ma petite souris » ? Tu n'étais qu'une polissonne pleine de malice alors. Mais, dit-il en baissant la tête, je n'aurais jamais cru que tu finirais de cette façon.

– Moi non plus, Robin. Mais c'est comme ça. As-tu des nouvelles ? Que vont-ils faire de nous ?

– C'est l'événement le plus important de l'île cette année. Sir Nicholas a l'intention de vous pendre tous. Mais y a plein de gens qui s'y opposent, et moi, j'en fais partie ! Y a ceux qui disent qu'il faut pas pendre une femme, quel que soit son crime. Aussi, toutes les deux, vous avez encore une chance, ma fille. Au moins une.

Anne s'empressa de poser d'autres questions à Robin, sachant qu'à tout moment le gardien pourrait l'interrompre. Depuis dix ans Robin était matelot sur un navire marchand. De Charles Town, son port d'attache, il se rendait à New York, Terre-Neuve, Bristol et sur la côte d'Afrique.

– Oh ! j'ai entendu parler de cette Bonny de sinistre réputation dans la plupart des mers du Sud. Je savais que c'était toi, car j'avais entendu dire que tu avais épousé ce lascar de James Bonny et fui la colère de ton père.

Anne ne dit rien, mais se contenta de baisser les yeux en entendant mentionner son père.

– Il peut pas t'aider, ma fille ? C'est encore un personnage important dans les Carolines et peut-être pourrait-il...

– Il ne voudra jamais m'aider, Robin, interrompit Anne. Il m'a abandonnée il y a bien des années, car il me considérait comme une fille perdue, ce n'est pas maintenant qu'il va se rappeler que je suis sa fille. Non, dit-elle avec amertume, je ne dois compter que sur moi pour sortir de ce pétrin.

– Tu sais que je ferai tout ce qui est en mon pouvoir, dit-il en s'approchant le plus près possible des barreaux. Je ne resterai pas comme ça à attendre qu'on vous pende toutes les deux.

Anne eut la gorge serrée, et chercha de nouveau à toucher son visage, mais les barreaux l'en empêchaient.

– Robin, c'est si bon de te revoir.

Robin se retourna en entendant les gardiens approcher.

– Ne perds pas courage, ma petite souris. Je ne suis qu'un vieux matelot, mais je ne te laisserai pas tomber. Les vieux amis doivent se serrer les coudes, pas vrai ?

Puis il disparut.

Anne eut envie de le rappeler, de lui crier de revenir, mais elle parvint à se contrôler. Elle se tourna vers Mary qui avait tout écouté sans rien dire.

– Tu crois qu'il peut nous aider ?

– S'il le peut, il le fera, dit-elle sans y croire vraiment.

Après deux longues semaines de privations et de désespoir, on tira les deux femmes de leur cellule pour les conduire jusqu'à la charrette qui devait les emmener à Santiago de la Vega, également appelé Spanish Town, siège du gouvernement de la Jamaïque.

Anne marchait sur la route d'un pas mal assuré, les mains attachées par-devant. La lumière violente lui brûlait les yeux. Elle savait par Robin que Jack, Featherston, Corner et les autres membres de l'équipage avaient eux aussi séjourné dans les profondeurs de ce labyrinthe, mais elle fut malgré tout bouleversée quand elle les aperçut menés comme un troupeau, tous enchaînés les uns aux autres et poussés dans une autre charrette.

« Et nous, avons-nous l'air aussi pitoyable? » se demanda-t-elle. Elle était atterrée de constater avec quelle rapidité le moral s'effondre quand on est privé d'une chose aussi élémentaire que la lumière. Les hommes ressemblaient à des bêtes. Ils clignaient les yeux comme des chauves-souris, regardaient autour d'eux, bouche bée et muets. Elle chassa cette pensée de son esprit et songea au long trajet qui les attendait. « Peut-être que la cellule à Spanish Town sera plus confortable... Dieu seul le sait, ça ne pourrait pas être pire », pensait-elle.

En fait, la prison de Spanish Town était plus agréable, non parce que le gouvernement s'était montré bienveillant à leur égard, mais parce que la nature s'était déchaînée inopinément. Le même ouragan, qui avait ravagé Sainte-Catherine et noyé Michael, avait également dévasté la Jamaïque. Comme la prison à Port Royal était en partie souterraine, elle avait été relativement épargnée. En revanche la prison de Spanish Town avait été frappée de plein fouet par les vents. Les cellules avaient subi peu de dégâts, mais on voyait de légères fissures dans les murs et les petites fenêtres qui laissaient passer l'air et la lumière. Cependant ces avantages s'accompagnaient de certains inconvénients. Comme les cellules étaient moins isolées du reste du monde, les geôliers gardaient les prisonniers enchaînés.

Anne et Mary furent emmenées dans une cellule dont un mur était en pierre et les autres en bois. Leurs chevilles étaient écorchées par les lourdes chaînes qui les entravaient, et elles craignaient que leurs plaies ne s'infectent rapidement.

Au bout du couloir elles apercevaient la cellule où étaient emprisonnés les autres membres de l'équipage. Le jugement était prévu pour le lendemain, 16 novembre.

Le jour dit, personne ne vint chercher Anne et Mary. Jack et les autres pirates furent brutalement tirés de leur cellule, et les femmes allèrent en traînant les pieds à la petite fenêtre pour les voir traverser la cour jusqu'au bâtiment officiel. Malgré leurs chaînes, les hommes étaient toujours sous bonne garde.

– À moins d'un miracle, comment pourraient-ils s'enfuir si leurs chaînes leur laissent aussi peu de liberté de mouvement que les nôtres, dit Anne avec amertume.

La place grouillait de spectateurs. Ils étaient beaucoup plus nombreux que ceux qu'elle avait vus quand elle était dans la charrette. Devant sa fenêtre il y avait une foule de belles dames et de gentilshommes, d'ouvriers venus des plantations, de marchands, de marins et d'indigènes. Elle était séparée d'eux seulement par une haute palissade de bois et un cordon de gardiens en armes.

– Regarde! s'écria Mary en pointant le doigt.

De l'autre côté de la place un colporteur vendait des potences en miniature pour lesquelles il faisait de la réclame.

Toute la journée Anne et Mary attendirent qu'on vienne les chercher. Personne ne vint. Anne se torturait l'esprit, examinait la cellule de fond en comble pour découvrir un moyen de s'échapper. Elle espérait, contre toute raison, que peut-être l'équipage avait imaginé un plan. Jack allait sûrement les délivrer.

– Bon Dieu! Je ne me laisserai pas faire sans rien dire, s'exclama Anne, quand ils viendront me chercher, j'en descendrai au moins un.

– Ce ne sera vraiment pas facile avec les mains liées et les jambes attachées.

– Il faudra bien qu'ils nous détachent.

– J'ai vu pendre des hommes enchaînés.

Les deux femmes se turent, songeant aux pendaisons auxquelles elles avaient assisté. Anne ne pouvait admettre de finir ainsi. Cela n'arrivait qu'aux autres, pas à elle. Elle n'acceptait déjà pas d'être en prison, encore moins la perspective du jugement et de la sentence qui s'ensuivrait. Et de surcroît elle était enceinte. Elle savait maintenant, bien qu'elle ne voulût pas en parler, ni même y penser, qu'elle portait l'enfant de Michael.

Toute la journée, ce fut un va-et-vient de curieux dans la cour. Ceux qui ne pouvaient entrer dans le bâtiment se regroupaient à l'extérieur, échangeant les derniers potins. De temps à autre, Anne captait quelques bribes de conversation. Les deux femmes passèrent la journée à attendre dans l'inquiétude.

Puis, en fin d'après-midi, les hommes furent une fois de plus ramenés à leur cellule sous bonne escorte. Howells et Davies avançaient comme des somnambules, les yeux baissés, le visage sans expression. Anne se sentit gagner par une étrange léthargie. En pensant à ce qu'avait dû être la condamnation, une chape de plomb s'abattit sur elle, étouffant toute velléité de révolte.

Plus tard, un gardien vint dans la cellule des femmes et leur demanda de s'approcher de la porte.

– On va les pendre, dit-il et la douceur de sa voix atténua la cruauté de ses paroles.

– Oui, fit Anne, que sa gentillesse rendait méfiante. Nous avions deviné.

– Si c'est possible, murmura-t-il, je laisserai Rackham venir vous voir un moment.

– Pourquoi feriez-vous ça?

– J'ai une femme moi aussi, madame, dit-il. Si je devais mourir demain, c'est sûr que j'aimerais la revoir ce soir.

Anne sourit, mais resta éloignée de la porte.

Cette nuit-là, Anne entendit le cliquetis d'une chaîne, puis vit la lueur d'une chandelle à l'entrée de la cellule. La porte s'ouvrit. C'était Jack. Anne s'approcha de lui sans dire un mot et le serra dans ses bras un court instant. Toute la rancœur qu'elle avait éprouvée à son égard – pour la manière dont il l'avait lâchement trahie et pour sa faiblesse – s'était estompée. Devant elle se trouvait un homme qui naguère l'avait aimée, qu'elle avait aimé et auprès duquel elle avait combattu. Un homme qui allait être pendu.

Elle relâcha son étreinte et recula afin de scruter son visage. Il était grave et serein. Peut-être était-il harcelé par des démons, mais il n'en laissait rien paraître.

– Raconte-nous, Jack, fit Mary.

– Ils nous ont vite eus, dit-il, l'ombre de son sourire d'autrefois sur les lèvres.

– Des témoins? demanda Anne.

– Oui, suffisamment pour pendre tous les pirates de la terre. On ne leur a pas fait de quartier. Quelle est la sentence?

Il se passa la main dans les cheveux. Ce geste familier brisa le cœur d'Anne.

– Je ne sais pas, répondit-elle, les yeux brouillés de larmes. Le crieur a annoncé la nouvelle du haut de la fenêtre du tribunal, mais la racaille a poussé tant d'acclamations et ri si fort que nous n'avons pas pu entendre les détails.

– Mais tu connais le verdict.

– Oui, dit Anne, les yeux baissés. Coupable.

– On ne peut plus coupable. Lawes bave de plaisir à l'idée de nous voir pendre. Il a fait venir Spenlow et...

– Spenlow! s'exclama Anne.

– Oui. Après tous les bateaux qu'on a pris, nous faire tomber pour ce rafiot, ça c'est se moquer de nous. Spenlow a raconté comment on l'avait capturé ainsi que sept autres bateaux de pêche et deux navires marchands. Puis ce salaud de Dillon est venu raconter aux juges comment on a pris le *Mary*. Tu te souviens, au large de la baie de Dry-Harbor, l'année passée.

Anne acquiesça.

– Eh bien! Ils ont tout inscrit dans ce satané petit carnet noir, et ils ont dit qu'on serait pendu dans deux jours, fit-il en riant tristement. On nous a accordé un jour de plus, parce qu'ils veulent juger le vieux Fenwick demain et nous pendre tous en même temps. Pour que tout le monde nous voie, je parie.

– Fenwick! s'exclama Anne. Ils l'ont eu aussi?

– Oui. Et Tom Brown. Ils les ont capturés au large de Kingston, il y a quatre jours. Les imbéciles ont volé Spenlow en juin dernier.

« Ainsi Fenwick avait fini par devenir capitaine pirate. Malheureusement, il était tombé aussi entre les mains de Barnet. » Anne serra les lèvres et garda le silence. Elle ne savait comment réconforter Jack.

– Nous aurions dû accepter le pardon.

– Oui. L'enfer est pavé d'espoirs déçus.

– Si tu t'étais contentée de rester sur l'île de Rogers, dit-il avec découragement, on serait libre, aujourd'hui. Mais non. Il a fallu que tu me traînes en mer pour faire de moi ton amant.

Soudain Anne comprit que Jack la rendait responsable de son échec, de sa déchéance et, pour finir, de sa capture. Au lieu d'éprouver de la colère, elle ressentit seulement de la pitié et de la lassitude. Oui, c'était vrai, c'est elle qui l'avait poussé à quitter l'île une seconde fois. Mais c'était lui qui avait fait d'elle un pirate. Lui qui s'était adonné au rhum et à l'opium, et lui qui, en fin de compte, s'était caché dans la cale, les livrant ainsi à Barnet. Il lui en voulait depuis longtemps. Mais elle se refusait à discuter du passé en ces derniers instants. De toute évidence ils n'avaient plus rien à s'offrir, pas même un peu de réconfort.

– N'as-tu rien à me dire, Anne?

– Que veux-tu que je te dise?

– Que tu regrettes d'avoir gâché ma vie, de m'avoir conduit au pied de la potence. Que tu regrettes tout.

– Je suis désolée pour tout, Jack, soupira-t-elle. Pour tout ce que j'ai pu faire, qui nous a conduits *tous les deux* ici, aujourd'hui. Mais si tu t'étais battu comme un homme, tu n'aurais pas à mourir comme un chien.

Il ricana et devint agressif.

– Oui, tu as toujours le dernier mot. Et toujours ta langue de vipère. Dieu fasse que tu trouves un homme digne de toi dans une prochaine vie, car il est certain qu'aucun ne t'arrive à la cheville dans celle-ci.

Il se mit à marteler la porte de ses poings.

– Gardiens, je veux retourner à ma cellule!

Puis il ajouta :

– Un homme devrait pouvoir trouver un peu de sérénité dans les derniers moments de sa vie. Ce n'est pas ici que j'en trouverai.

La porte de la cellule se referma avec fracas, le silence qui suivit ne présageait rien de bon. Anne se jeta sur le banc, furieuse, triste et épuisée à la fois. Elle avait envie de crier comme une folle. Personne ne pouvait l'aider, seule Mary pouvait l'entendre.

Le lendemain on sortit de force Tom Brown et John Fenwick pour les juger, ils passèrent devant la fenêtre d'Anne. Ils étaient méconnaissables. Le tribunal du gouverneur Lawes prit encore moins de temps avec ces prisonniers qu'avec Rackham et son équipage. À peine quatre heures plus tard on les ramena dans leur cellule. On les avait condamnés à la pendaison.

Le jour suivant, les gardiens, suivis d'un prêtre et d'un pasteur, s'approchèrent de la cellule. Sous les yeux d'Anne transie de peur, les ecclésiastiques en soutane noire s'avancèrent dans le couloir en priant.

Le moment était venu. Anne s'affola. « Mon Dieu! Il n'y aura donc pas moyen de s'échapper. » Elle avait misé sur un miracle, sur un plan extraordinaire qui, sans qu'on sache comment, les aurait tous délivrés.

Après ce qui sembla n'être que quelques secondes, les hommes enchaînés sortirent de leur cellule, les uns derrière les autres, suivis des ecclésiastiques. Mary s'approcha d'Anne; ensemble elles regardèrent leurs camarades défiler, encadrés de gardiens armés. Ils allaient à la mort.

Anne fut parcourue d'un étrange frisson, comme si elle aussi était avec les condamnés, comme si la corde lui frôlait le cou. Elle savait qu'elle ne reverrait plus aucun de ces hommes. Ni dans cette vie ni dans l'autre, car elle ne croyait pas en l'au-delà. Elle s'efforça de rester calme. Elle savait qu'avant de mourir, elle n'apprécierait pas les débordements hystériques des badauds. Elle se jura d'être aussi forte que possible, d'être un modèle de courage pour ceux qui en auraient besoin. « Mon Dieu! Les voilà. »

George Featherston ouvrait la marche d'un pas rapide, la tête baissée, le visage sévère. Il détourna les yeux furtivement, et elle esquissa un vague sourire d'adieu. C'est tout juste s'il croisa son regard, il se pressait comme s'il avait hâte d'en finir.

Richard Corner le suivait; sans doute espérait-il avoir plus de courage en lui emboîtant le pas. Il avait le visage blanc comme un linge, les yeux écarquillés, vides. Il était déjà dans l'autre monde. Anne pria à voix basse pour qu'il ne se rendît compte de rien comme il l'avait souhaité.

Puis vinrent John Davies et Dobbins. Pauvre Davies, il n'avait même pas eu le temps de profiter de son butin. Il ne possédait plus rien, il était au bout du rouleau. Dobbins était trop simple d'esprit pour avoir conscience de ce qui l'attendait.

John Howells et Pat Carty étaient côte à côte, agrippés l'un à l'autre. Un rictus aux lèvres, ils regardèrent Anne comme pour lui dire : « As-tu jamais vu chose pareille ? »

Thomas Earl suivait en pleurant sans bruit, et en se tordant les mains de désespoir.

Noah Harwood, le vieux canonnier qui était enclin à malmener les nouvelles recrues, lança un coup d'œil féroce à Anne quand il passa devant elle. Il s'arrêta, cracha haineusement aux pieds des deux femmes et s'éloigna.

Enfin Jack fermait la marche, juste devant les ecclésiastiques. « C'est étrange qu'il soit le dernier », se dit Anne. Le premier à les mener au combat et le dernier à marcher vers la mort. Il avait le regard plus vif maintenant que dans la cabine du *Queen* lorsqu'il était abruti par l'opium. Elle eut le cœur brisé quand elle se rappela comment ils s'étaient quittés. Elle voulait se précipiter vers lui, le toucher une dernière fois comme elle toucherait un frère dans le malheur. Ils étaient devenus pour ainsi dire frère et sœur, ce qui impliquait des tensions et des jalousies. Il s'arrêta un instant, si brusquement que les ecclésiastiques faillirent buter contre lui.

– Au revoir, Anne, dit-il d'une voix forte et résolue. Pardonnons-nous l'un à l'autre. Je veux mourir dans la dignité et l'honneur.

Elle lui sourit avec gratitude.

– Moi aussi, Jack. Tu as été leur capitaine dans la vie. Sois leur capitaine dans la mort.

– Oui, répondit-il avec une ironie désabusée. Aux portes de l'enfer, je crierai « À l'abordage ! À l'abordage ! »

Ses paroles se perdirent au loin tandis qu'on l'emmenait.

Anne se laissa tomber par terre, Mary était près d'elle.

Elles restèrent silencieuses, car il n'y avait rien à dire. Mary lui prit la main et la tint doucement. Chacune était perdue dans ses souvenirs. Anne éprouva, au fond de son cœur, une soudaine reconnaissance envers ce brigand de Lawes qui leur avait épargné le spectacle de la pendaison. Il y aurait suffisamment de badauds à Gallows Point.

Anne espérait que tous les hommes, mais surtout Jack, resteraient courageux jusqu'au dernier instant. Qu'aucun d'entre eux ne donnerait à ces hypocrites l'occasion de dire : « Vous voyez, après tout ces pirates n'étaient que des lâches. »

Cette nuit-là, le gardien qui avait autorisé Jack à rendre visite à Anne vint les voir.

– Quelles nouvelles? demanda Anne dès qu'il entra avec la nourriture.

– Ils sont morts courageusement, à ce qu'on raconte. Rackham a fait un discours avant de se balancer au bout de la corde.

– Qu'a-t-il dit?

– Il a demandé qu'on ait pitié de vous, mesdames. Il a affirmé qu'on vous avait forcées contre votre volonté, répondit-il en les regardant d'un air sceptique. Les huées l'ont alors réduit au silence, mais il est mort sans pousser le moindre cri.

Les paroles du gardien leur donnèrent à réfléchir, Anne et Mary jurèrent de mourir dans la dignité. Elles comprirent la signification de leur serment et se murèrent dans le silence. Elles ne se préparaient plus à s'enfuir mais à mourir.

Deux jours plus tard le gouverneur Lawes en personne se rendit dans leur cellule. Escorté par trois hommes, il entra, un sourire dédaigneux aux lèvres.

Anne ne se leva pas de son banc, elle jeta un regard à Mary, allongée dans un coin, et se redressa, le buste droit, un peu raide à force d'être sur ses gardes.

Lawes ne perdit pas de temps à faire des plaisanteries.

– Ainsi, madame, nous nous revoyons. Et cette fois, vous n'avez pas de Chidley Bayard pour vous défendre.

– Ni pour vous acheter, dit Anne d'une voix doucereuse.

Lawes éclata de rire.
– Je n'attendais pas autre chose de Bonny, la célèbre garce. Je suis simplement venu vous dire que votre jugement est prévu pour le 28 novembre. Dans tout juste neuf jours. Comme je n'ai nulle envie de voir défiler chez moi de vieilles dévotes scandalisées, soucieuses de votre salut, je suis venu vous demander si vous avez besoin de quelque chose pour vous préparer à la mort. Un prêtre? La Bible peut-être? Même les pirates ont une âme, paraît-il.
Mary eut simplement un mouvement d'humeur et détourna la tête. Elle s'évertuait à rester calme malgré les sarcasmes. Anne savait qu'elle devait en faire autant, mais elle ne put résister à la tentation de faire assaut d'esprit.
– Les pirates doivent se préoccuper de leur âme, car ils défient la mort chaque jour. Ce n'est pas le cas des gouverneurs, ne sont-ils pas les créatures du démon? Pour vous, je suppose qu'une âme, c'est comme la cinquième roue du carrosse.
Lawes eut un sourire pincé, son visage restait sombre.
– Vous n'essayez pas de gagner mes faveurs, je vois. Ou d'adoucir votre sort.
– Serait-ce donc possible?
Il rit, cette fois avec un réel plaisir.
– Certes pas, madame. Certes pas.
Elle s'éloigna sans broncher.
– Je crois que nous avons certains droits même sur *votre* île. Et l'un d'eux, c'est de ne pas être traité comme un chien.
Sur ce, elle lui tourna le dos délibérément.
D'un bond il fut à ses côtés, la secoua, et lui saisit le menton avec brutalité.
– Un chien est un chien jusqu'à ce qu'il soit en face de vous. Alors il devient quelqu'un, et c'est vous qui lui devez le respect, madame.
D'une tape, elle lui repoussa la main. Ses yeux brillaient même dans la pénombre de la cellule.
– Sortez d'ici, lui cracha-t-elle au visage.
Il lui lança à nouveau un regard furieux et sortit en claquant la porte derrière lui.
– Pourquoi est-il venu à ton avis? demanda Mary. Certainement pas pour nous annoncer la date de notre jugement. Crois-tu que quelque chose le tracasse?

Anne fut absorbée un instant par ses pensées, elle cherchait à ralentir les battements de son cœur, à se calmer.

– Serait-ce que des gens ne veulent pas que nous soyons pendues? Mais laisse-moi réfléchir un instant. Robin nous en a parlé, n'est-ce pas? Il a dit que certaines personnes s'opposent à ce que des femmes soient pendues, ajouta-t-elle en frappant dans ses mains. Ah, Mary! Ça doit être ça! Ce fils de pute est venu ici en personne afin de pouvoir dire qu'il s'est soucié de notre salut, que nous avons refusé la Bible et le réconfort de la religion! C'est exactement ce qui s'est passé, dit-elle d'un air sombre.

Brusquement son visage s'éclaira. « Peut-être qu'on pourrait en tirer parti. »

Elle s'assit et se mit à ruminer ses pensées.

Elle s'imaginait au tribunal, et se demandait si on venait de lui donner des arguments pour se battre. Michael avait dit que chaque problème avait une solution. Si seulement elle pouvait la trouver.

Le lendemain, un nouveau visiteur s'annonça. Anne se prépara à l'affrontement, certaine que Lawes revenait les harceler.

Mais cette fois quand la porte de la cellule s'ouvrit, Anne resta interdite, incapable de faire le moindre geste.

– Dieu du ciel! s'écria Mary.

Anne était incapable de dire un mot. Elle clignait simplement les yeux. Sa bouche était ouverte, mais aucun son n'en sortait.

– Michael! laissa-t-elle enfin échapper et elle se précipita dans ses bras.

Alors elle se mit à pleurer, s'agrippa à lui, le serra contre sa poitrine comme pour s'assurer qu'il était bien là en chair et en os.

– Anne, murmura-t-il, la voix brisée.

Il la tenait tout contre lui, la calmait, enfouissant son visage dans ses cheveux.

– Chut! C'est moi. C'est bien moi, fit-il en riant.

Anne essayait de se dégager et de lui toucher le front.

– Mais qu'est-ce... Comment?

– Je suis là, Anne. Dieu soit loué, je t'ai trouvée à temps, avant qu'il soit trop tard!

Ce fut un flot de paroles. Ils s'étreignaient, sanglotaient, s'embrassaient. Néanmoins il parvint à lui raconter son histoire.

– Tu avais raison, l'ouragan nous a surpris, ma chérie. Il s'est abattu sur nous et nous a laissés pour morts. Le canot a été réduit en miettes et j'ai eu la chance de m'accrocher à un espar.

– Mon Dieu! fit-elle en pleurant et en lui pressant les mains.

– J'ai été emporté par le vent et les vagues, traîné par d'énormes rouleaux, jusqu'à un récif auquel je me suis agrippé en attendant que la tempête s'apaise. J'ai été rejeté sur le rivage, à moitié mort et jamais de ma vie je n'ai été aussi heureux de sentir le sable sec sous mon visage.

Mary pleurait sans bruit dans son coin, tandis qu'il poursuivait son récit.

– Puis je me suis dirigé vers un village, sans savoir exactement où j'étais. J'ai persuadé un pêcheur de m'emmener à Sainte-Catherine. Quand j'y suis arrivé, tu étais partie.

– Oh! Michael. On t'a cherché partout, partout!

– Oui, je m'en suis douté. Mais bien entendu je n'avais aucune idée de l'endroit où tu étais allée car le *Queen* était toujours là. J'avais le cœur brisé de le voir à l'ancre, et toi, tu étais partie, je ne savais pas où.

– Dire que je... je cherchais des traces de ton passage dans chaque crique.

– Enfin je suis monté à bord d'un navire marchand en partance pour la Jamaïque, après un mois d'attente au moins sur cette île maudite. Je suis même retourné à notre grotte une fois pour t'imaginer plus près de moi.

Elle l'étreignit avec fougue, des larmes de joie dans les yeux.

– Finalement, poursuivit-il, je suis parti pour Kingston. À mon arrivée, j'ai entendu dire que tu avais été faite prisonnière, j'ai vite accouru. Anne, murmura-t-il en lui prenant les mains, je ne les laisserai pas te pendre, je le jure. Ni toi, dit-il en se tournant vers Mary. Je suis déjà allé voir Lawes. Il est têtu comme une mule, et bien décidé à vous voir vous balancer au bout d'une corde, mais on a des atouts en main. Et on va s'en servir, crois-moi!

– Michael! s'écria Anne, s'effondrant dans ses bras. Je

suis si heureuse que tu sois vivant, je ne peux penser à rien d'autre. Comment se fait-il qu'il t'ait permis de me voir?

– Je lui ai dit que j'étais le frère de Mary qu'elle croyait perdu depuis longtemps. Les gardiens m'ont fouillé avec tant d'acharnement qu'ils ont failli déchirer la couture de mon pantalon.

Anne éclata de rire, elle était si heureuse de le voir qu'elle en oublia où elle se trouvait.

– Anne, j'ai vu les hommes, dit-il avec une expression soudain grave. Ils ont pendu Rackham, Featherston, Corner, Davies et Howells à Gallows Point. Ils ont laissé les autres à Kingston, Harwood, Dobbins, Carty et Earl.

« Ils ont été séparés, se dit Anne, même au moment de la mort. »

– Et Fenwick et Brown?

– On les a pendus le lundi suivant à Gallows Point.

« Aux côtés de Jack. Le destin s'est joué d'eux, pensa-t-elle. Fenwick, lui qui, toute sa vie, avait cherché à prendre la place de Jack, était mort à ses côtés. Et ils n'avaient pas voulu les pendre un dimanche. »

Anne ne fut pas longtemps triste; par sa présence Michael lui avait rendu le sourire malgré la gravité du moment.

– Michael, dit-elle enfin en un murmure, moi aussi, j'ai un souvenir de notre grotte. J'attends un enfant, dit-elle, rayonnante de bonheur.

Au début, la stupéfaction se lut sur le visage de Michael, un sourire apparut, puis une tristesse poignante crispa ses traits. Il serra Anne dans ses bras.

– Mon amour, murmura-t-il. Ma chérie. Mon Dieu! qu'allons-nous faire?

Longtemps elle l'étreignit, se rappelant avec amertume ce qui s'était passé la première fois, quand elle avait annoncé qu'elle attendait un enfant. Mais au bout d'un moment, il recula pour mieux la regarder.

– Anne, nous aurons notre enfant. Et nous vivrons ensemble. Je te le jure.

Elle se blottit dans ses bras, leur tête était l'une contre l'autre, ils se disaient des mots doux. Et puis ils envisagèrent l'avenir, firent des projets. Cette nuit-là, pour la première fois depuis des semaines, Anne sombra dans le sommeil, emportée par une vague de lumière et de paix.

Les jours qui précédèrent le jugement s'écoulèrent très vite. Michael n'eut l'autorisation de la revoir qu'une seule fois. Lors de sa visite, il tira de sa poche un petit paquet soigneusement enveloppé.

– Je voulais t'apporter un souvenir de la mer, dit-il en le mettant dans la main d'Anne. Toute créature meurt quand on la sort de l'eau. Sauf celle-ci. Elle survit. Si tu lui coupes une branche, il en pousse une autre, encore plus vigoureuse, encore plus belle qu'auparavant. Elle est à ton image, Anne.

Anne défit le mouchoir qui enveloppait une petite chose. Une étoile de mer. Une créature d'un orange éclatant dont les cinq branches pointaient dans toutes les directions. Elle était vivante et elle sentait la mer. L'une de ses branches avait disparu dans un combat qu'elle avait livré naguère avec ses semblables ou bien alors qu'elle fuyait un prédateur. À la place, il y avait un petit bourgeon qui grandissait rapidement. Il était plus arrondi que les branches et avait une couleur plus vive. Anne passa délicatement la main sur les innombrables ventouses.

– À Charles Town, ils appelaient cela une étoile de mer.

– Ce nom lui convient parfaitement. Les Africains disent que les étoiles sont les enfants de la lune et les étoiles de mer sont ces enfants descendus sur terre.

Elle remit la petite créature dans son papier et la lui tendit.

– Merci pour le souvenir, Michael. Reprends-la, afin qu'elle vive. Quand j'étais enfant, je croyais toujours que la lune me suivait.

Il éclata de rire et prit Anne dans ses bras.

– Elle te suit sans doute encore.

Le 28 novembre arriva : l'aube était limpide, la chaleur étouffante. Anne et Mary s'étaient préparées à jouer leur rôle, s'attachant aux moindres détails comme si elles s'apprêtaient à livrer bataille. Elles avaient répété, prévu chaque mot, chaque geste, elles y avaient mis le même soin que lorsque naguère elles préparaient leurs pistolets. On leur avait donné des chemises propres la nuit précédente, afin de ne pas choquer la pudeur des spectateurs. Elles avaient les poings liés, mais leurs chevilles avaient été débarrassées de leurs chaînes et Anne éprouvait un vif plaisir à pouvoir marcher de nouveau.

Quand elles traversèrent la cour, Anne regarda la foule. Des centaines de badauds entouraient la place, des catins tout comme des dames, des marchands et des planteurs, des Noirs, des Blancs et des Arawaks. On aurait dit que toute la population de la Jamaïque et de la moitié des îles alentour était rassemblée sur leur passage. Tous tendaient le cou pour mieux voir, sifflaient, lançaient des huées. On fit des propositions obscènes aux deux femmes qui marchaient en silence, tête baissée. Elles s'étaient dit qu'un air insolent ne pourrait que leur nuire, aussi prirent-elles l'attitude de victimes maltraitées, muettes, drapées dans leur dignité. Aux derniers rangs de la foule, Anne aperçut Michael qui lui souriait et lui adressait des petits signes d'encouragement. Elle eut grand-peine à ne pas lui sourire ouvertement, car elle avait envie de jouer au plus fin.

Dans le tribunal, il y avait autant de monde que dans la cour. Anne et Mary furent amenées à la barre des accusés, en face d'une longue table basse. Douze hommes en redingote rouge les toisaient avec sévérité; leur perruque poudrée et leurs chaussures noires à boucle étaient déplacées dans cette île torride. Le greffier rappela la cour à l'ordre.

– Son Excellence, sir Nicholas Lawes, chevalier, gouverneur de la Jamaïque, ici présent à la Haute Cour de l'Amirauté, à Santiago de la Vega, le vingt-huit novembre de la septième année du règne de notre souverain George Ier, par la grâce de Dieu, roi de Grande-Bretagne, de France et d'Irlande, roi de la Jamaïque, seigneur et défenseur de la foi, appelle les prisonnières à la barre. Mary Read et Anne Bonny, écoutez l'accusation.

Le public se pencha en avant, tout murmure cessa.

– Vous, Mary Read, et vous, Anne Bonny, le premier jour de septembre, en haute mer, dans un sloop non identifié agissant en félonnes et en criminelles, vous vous êtes entendues avec John Rackham, George Featherston, Richard Corner, John Davies, John Howells, Patrick Carty, Thomas Earl, James Dobbins et Noah Harwood, pour saisir et piller tout navire que vous pourriez croiser en haute mer; et afin de mettre à exécution ces desseins criminels par la force et les armes, après avoir quitté Harbour Island, soumise à la juridiction de cette cour, vous avez commis des actes de piraterie, de félonie et de guerre en attaquant et en prenant d'assaut sept bateaux de pêche ainsi qu'en capturant un pêcheur.

Anne était assise, impassible, tête baissée, malgré l'envie qu'elle avait de regarder la salle et les juges. Elle surprit un mouvement et vit Lawes faire un geste d'impatience en s'adressant à son clerc. Le greffier respira profondément et poursuivit.

– Vous, Mary Read et Anne Bonny, par la suite, le premier jour d'octobre, après avoir quitté l'île d'Hispaniola, soumise à la juridiction de cette cour, vous avez agi par la force et par les armes, en haute mer, et commis des actes de piraterie et de félonie, en attaquant et en prenant d'assaut deux navires marchands d'une valeur de mille livres jamaïcaines dont vous vous êtes emparées.

Un murmure parcourut alors la salle. Lawes dut exiger le silence.

– Vous, Mary Read et Anne Bonny, par la suite, le dix-neuvième jour d'octobre, vous avez agi par la force et par les armes en haute mer, après avoir quitté la baie de Port Maria dans l'île de la Jamaïque soumise à la juridiction de cette cour, et commis des actes de piraterie et de félonie, en attaquant un schooner non identifié, dont Thomas Spenlow était le capitaine, et vous avez volé et emporté une somme d'une valeur de vingt livres jamaïcaines.

Nouveau murmure dans la foule, suivi d'un rappel à l'ordre et d'un long soupir poussé par le greffier à bout de souffle.

– Enfin vous, Mary Read et Anne Bonny, vous avez par la suite, le vingtième jour d'octobre, agi par la force et par les armes en haute mer à environ trois milles de la baie de Dry-Harbor, dans l'île de la Jamaïque soumise à la juridiction de cette cour, commis des actes de piraterie et de félonie, en attaquant et prenant d'assaut un navire marchand du nom de *Mary*, dont Thomas Dillon était le capitaine, et vous avez menacé de le tuer ainsi que tous les autres marins, puis vous

vous êtes indûment emparées dudit navire d'une valeur de trois cents livres jamaïcaines.

Quand le greffier eut terminé, les murmures reprirent de plus belle ; une fois de plus, Lawes réclama le silence.

– Mesdames Anne Bonny et Mary Read, plaidez-vous coupables ou non coupables ? cria Lawes dans la salle.

Anne prit aussitôt la parole. Mary n'eut pas le temps de bouger le petit doigt.

– Milord, nous plaidons non coupables.

Lawes leva les yeux au ciel et, d'un ton agacé, donna un ordre au greffier :

– Greffier, faites entrer les témoins au nom du roi.

À son appel, six hommes et une femme défilèrent devant les accusées et vinrent s'asseoir entre les prisonnières et leurs juges. Le greffier leur fit prêter serment à tous simultanément, puis dit à voix haute :

– Dorothy Thomas, avancez et faites votre déposition.

Une femme corpulente quitta brusquement sa place et alla d'un pas résolu jusqu'au milieu de la salle. Nullement décontenancée, elle regarda bien en face Anne et Mary, les désigna du doigt, se remémorant le passé avec rage.

– C'est celle que nous avons prise dans le canot, murmura Mary.

Anne ne dit rien, mais regardait toujours droit devant elle.

– J'ai vu ces deux catins avant, Vos Seigneuries. J'étais dans mon canot au nord de l'île, je rentrais d'Orchards avec des provisions pour une semaine, quand elles sont tombées sur moi comme la foudre ; elles ont volé tout ce que j'avais et l'argent par-dessus le marché !

– Tu te rappelles l'argent ? dit Anne à Mary, assez fort pour qu'on l'entende.

– On n'a pas pris un sou, répondit Mary à haute voix.

La femme lança un regard furibond aux deux accusées, et continua en faisant de grands gestes en direction de la foule.

– Et ces deux-là étaient à bord du bateau de Calico Jack et de ses pirates. Elles juraient comme des charretiers et menaçaient de tuer tout le monde.

– Comment étaient-elles habillées, madame ? demanda le greffier.

– Elles avaient une jaquette d'homme, un pantalon et un

foulard rouge autour de la tête. Et même un mousquet et des pistolets à la ceinture. Mais, malgré ça, j'ai bien vu que c'étaient des femmes !

– Et comment saviez-vous que c'étaient des femmes ?

– Par la grosseur de leurs seins, bien sûr, dit-elle avec une moue, et l'assistance éclata de rire.

Tous tendaient le cou pour mieux voir les prisonnières.

– Elles ont dit aux hommes de me tuer, Vos Seigneuries ! hurla-t-elle d'une voix tonitruante. Pour que je témoigne pas contre elles plus tard. Mais me voilà ! ajouta-t-elle avec un sourire triomphant.

On appela Thomas Spenlow à la barre. Il jura que les deux femmes étaient à bord du sloop de Rackham et « semblaient prêtes à tout ou presque ».

Cet aveu ravit les spectateurs.

John Besnick et Peter Cornelian, deux Français, comparurent et prêtèrent serment, et M. Clarke servit d'interprète. Tous les trois déclarèrent qu'Anne et Mary étaient non seulement présentes quand Rackham s'était emparé de leur sloop, mais qu'elles « se démenaient comme de beaux diables ». Anne en personne passait la poudre. Elle portait des vêtements d'homme et de femme et faisait la même chose que les hommes « sans qu'on la force ».

Enfin Thomas Dillon vint à la barre et raconta ce qui s'était passé après que l'équipage de Rackham se fut emparé de son sloop, le *Mary* :

– J'ai vu les deux femmes, penchées par-dessus le bastingage, poussant leurs compagnons à engager le combat. Celle-là, dit-il en montrant Mary du doigt, avait un pistolet à la main et jurait qu'elle les battrait tous à l'abordage, qu'elle serait la première à attaquer avec son sabre, sauf s'ils sautaient avant elle pour lui prouver qu'ils étaient les plus forts !

– De quelle femme s'agit-il ? interrompit le gouverneur.

« Bon sang ! commenta Anne en aparté. Il y prend plaisir. »

– Celle-là, milord, précisa Dillon en désignant Mary Read.

– Vous avez entendu les témoins de la partie adverse, dit le greffier d'une voix chantante. Voulez-vous les interroger ?

Les deux femmes firent non de la tête.

– Avez-vous des témoins à faire comparaître ou des questions à poser?

Anne jeta un rapide coup d'œil dans la salle, espérant que sa tactique était la bonne. Elle poussa du coude Mary qui prit la parole.

– Non, milord. Pas de questions.

– Emmenez-les! s'écria le gouverneur.

Aussitôt deux gardiens arrivèrent derrière elles et les firent sortir brutalement. Moins d'une heure plus tard, on les convoqua pour entendre la sentence.

– Vous, Mary Read et Anne Bonny, vous avez été déclarées coupables de piraterie, de vol et de félonie, accusations qui ont été portées devant cette cour, annonça d'une voix forte le gouverneur. Vous allez retourner à l'endroit d'où vous venez et de là vous serez amenées au lieu d'exécution où vous serez pendues haut et court jusqu'à ce que mort s'ensuive. Que Dieu dans Sa bonté infinie ait pitié de votre âme! Avez-vous quelque objection? dit-il en les transperçant du regard, et un sourire apparut sur ses lèvres. Si vous avez une requête à présenter, mieux vaut la faire maintenant.

Anne se leva soudain et sa voix retentit clairement dans la salle.

– Milord, nous alléguons l'état de notre ventre!

Des huées fusèrent de toutes parts. Des dames outrées en avaient le souffle coupé.

Lawes prit un air renfrogné et rageur.

– La cour ne comprend pas la requête. Vous voulez dire que vous êtes devenues pirates parce que vous aviez faim?

– Non, milord, dit Anne d'un air digne. Nous attendons toutes deux un enfant. Comme vous le savez en tant que représentant de la loi de Sa Majesté, vous ne pouvez pas nous faire pendre dans cet état.

La foule explosa.

– Silence! Silence! s'exclama le gouverneur, mais en vain.

Il s'écoula un long moment avant que sa voix puisse dominer les rires et les commentaires de l'assistance. Tous se poussaient pour mieux voir les femmes enceintes.

Lawes était en furie.

– Silence ! s'écria-t-il d'une voix tonitruante tandis que le calme revenait peu à peu. Vous serez toutes deux examinées par au moins deux – non, trois médecins, mesdames ! Et si vous tournez la cour en dérision en inventant d'autres mensonges ou s'il s'avère que vous n'êtes pas enceintes, je veillerai à ce que vous soyez pendues de façon à mourir *d'une mort lente* !

Anne eut à peine le temps d'adresser à Michael un sourire victorieux. Elles furent reconduites dans leur cellule.

Cet après-midi-là, trois médecins les examinèrent chacune séparément, et tous trois admirent à contrecœur qu'elles étaient bel et bien enceintes. Mary de quatre mois, Anne de trois. Lawes et son greffier leur rendirent visite dans leur cellule peu de temps après, impatients de connaître le diagnostic des médecins. Quand le gouverneur fut mis au courant, il s'adressa aux deux femmes à travers les barreaux.

– Ainsi nous retarderons l'exécution ! Mais nous ne faisons qu'y surseoir ! Chacune d'entre vous sera pendue après la naissance de son bébé !

Il sourit. Une pensée lui avait traversé l'esprit.

– Vous pourrez mourir en vous demandant comment vos petits bâtards seront accueillis dans des foyers chrétiens.

Les jours qui suivirent, Anne et Mary devinrent le principal sujet de conversation dans l'île de la Jamaïque, et même dans toutes les Caraïbes.

Des cohortes de dames bien intentionnées vinrent leur rendre visite dans leur cellule pour leur offrir le réconfort de la religion pour leur âme et des fruits frais pour leur ventre qui s'arrondissait. Tout en étant choquée par ces intrusions, Anne appréciait les fruits, car la nourriture de la prison était détestable, et Mary commençait à se plaindre d'une toux pénible accompagnée de fièvre.

Un après-midi, Anne vit, à la porte de sa cellule, une femme âgée au visage flétri qui l'examinait de façon étrange. Contrairement à la plupart des autres visiteuses, elle n'était pas particulièrement bien habillée. De toute évidence, elle avait traversé bien des épreuves dans le passé. Anne l'observa avec méfiance, mais ne dit rien.

Au bout d'un moment, la femme prit la parole.

– Ainsi c'est vous, Anne Cormac. Vous êtes bien comme on vous a décrite.

Anne se leva d'un bond et s'approcha de la porte pour regarder de plus près le visage. Malgré tous ses efforts, elle ne pouvait y mettre un nom. Pourtant il lui disait quelque chose. Elle reconnaissait les traits, mais pas la femme.

La vieille femme sourit.

– Je ne vous aurais pas reconnue non plus, ma fille. Le temps nous a malmenées l'une et l'autre. Je suis Mme Darcy. J'étais une amie de votre sainte mère. Mes filles et moi, nous étions venues vous rendre visite, il y a une éternité de cela. Vous vous rappelez?

Anne eut l'impression de recevoir un coup de poing dans l'estomac, elle fut stupéfaite. Elle se souvint de ses efforts, ce jour-là, pour être agréable à Rachel Darcy, sa sœur et... à deux cousines en visite. C'était bien cela. Fully, assise dans un coin, lui soutenait le moral durant ces longues heures où elle s'ennuyait. Elle sourit. Après tout, pourquoi ne pas se montrer aussi aimable que naguère.

– Oh! bien sûr que je me souviens de vous, madame Darcy, mais il ne fait pas très clair ici. Que faites-vous donc à la Jamaïque?

Son sourire niais faillit la faire éclater de rire.

Mme Darcy lui répondit d'un ton aussi serein que si elle prenait à nouveau le thé chez les Cormac.

– Oh, quand M. Darcy est mort, nous avons vendu la maison de Broad Street, et Rachel est venue s'installer à Kingston. Vous ne l'avez pas su? Un bel homme, propriétaire d'une plantation juste au nord de Free Town. Il s'appelait Conrad Groves. Vous avez dû entendre parler de la chance que Rachel a eue.

– Oui, madame, dit Anne. Je me rappelle très bien avoir entendu dire qu'elle était heureuse.

Évidemment Anne n'avait pas pensé une seule fois à Rachel Darcy depuis plus de cinq ans. « Pour avoir vieilli à ce point, elle a dû avoir bien des chagrins », se dit Anne, en dévisageant la vieille femme.

– Naturellement, poursuivit celle-ci, Rachel a insisté pour que je vienne la rejoindre, et comme sa sœur était également mariée, il m'était difficile de refuser. Depuis j'apprécie les charmes de la vie à la campagne.

Anne sourit, attendant l'inévitable question. Elle arriva.

– Mais vous, ma pauvre enfant. Est-ce que c'est vrai tout ce que l'on raconte?

Anne eut brusquement envie qu'elle s'en aille.

– Oui, madame, c'est vrai.

La veuve Darcy eut un petit rire de sympathie, comme si Anne venait de lui dire que sa belle robe était abîmée. Elle sortit un petit paquet et le glissa à travers les barreaux.

– Tenez, ma fille, je vous ai apporté cela. Pour vous et votre bébé. C'est le moins que je puisse faire en souvenir de votre pauvre mère. Que son âme repose en paix!

Anne, stupéfaite, regarda le paquet qu'elle avait à la main. La vieille femme avait fait tout le trajet depuis Kingston pour lui apporter un écheveau de laine et des aiguilles à tricoter. Comment avait-elle pu les passer sous le nez des gardiens, Anne ne le saurait jamais. Peut-être que la veuve Darcy n'était pas aussi folle qu'elle en avait l'air. Elle tendit à Anne le paquet avec une expression candide et puérile, sans jamais laisser paraître qu'elle venait de remettre à Anne une arme qui pourrait lui permettre de s'échapper.

– Merci, dit Anne en souriant. Ça m'aidera à passer le temps.

– Bien sûr, ma fille. Et je prierai pour vous chaque soir, jusqu'à ce que vous soyez auprès du Seigneur. Oh! dit-elle en se préparant à sortir, avez-vous un message pour Rachel?

Anne faillit éclater de rire.

– Oui. Dites-lui, je vous prie, que je me réjouis de la savoir si heureuse et que je lui souhaite une vie longue et prospère.

La veuve exultait. Elle n'était décidément pas venue pour rien.

– Vous êtes comme votre mère, une dame qui a toujours été très aimable. Je transmettrai à Rachel votre bon souvenir, mon enfant.

Elle s'éloigna dans le couloir.

Le lendemain quand Michael eut l'autorisation de lui rendre visite, comme chaque semaine, elle lui montra le cadeau de la veuve.

– Anne, il ne faut pas penser encore à ce moyen d'évasion, lui dit-il en l'incitant à la prudence.

– Michael, gémit-elle, je passe mon temps à chercher à

m'échapper! Si j'avais un pistolet, je tuerais tous les gardiens sans l'ombre d'un regret et je mettrais la moitié de la ville à feu et à sang.

– Je sais, lui dit-il d'un ton apaisant, et je ne te le reproche pas. Mais il nous reste six mois pour obtenir le pardon. Il peut se passer bien des choses pendant ce temps-là, Anne. Le pardon signifierait la liberté, pas seulement pour toi, mais pour notre bébé. Peux-tu me faire encore confiance? Peux-tu me laisser entreprendre des démarches pour obtenir ta libération, du moins jusqu'à ce que nous constations que nos efforts sont inutiles.

Anne eut un pincement au cœur. Michael ne pouvait savoir combien elle souffrait d'être ainsi enfermée, elle qui pendant des années n'avait connu que la liberté.

La nuit elle rêvait de la mer et du vent, puis elle se réveillait et se retrouvait dans une cellule nauséabonde, avec pour seule compagne Mary, qui ne disait pas un mot et toussait la plupart du temps. Anne restait assise, l'air placide, telle une religieuse, le regard rivé sur une minuscule fenêtre. Elle ne parvenait pas à faire comprendre à Mary le désespoir qu'elle éprouvait, avec son ventre qui grossissait chaque jour, sa crainte que l'enfant qu'elle portait ne vienne à mourir, et qu'elle meure en même temps. Et s'il vivait, elle mourrait avec la crainte de ne pas savoir ce qu'il deviendrait. Mais pour l'instant, Michael était son seul espoir. Elle lui ferait confiance le plus longtemps possible. À la fin, s'il le fallait, elle essaierait de sauver sa peau ou bien elle mourrait en tentant de s'évader.

– Oui, Michael, je peux attendre quelque temps.

Il l'embrassa avec une infinie douceur à travers les barreaux, puis la quitta encore pour une semaine.

Le lendemain matin Anne fut tirée de ses préoccupations en constatant que Mary était réellement malade. Elle ne se leva pas de son banc, et quand Anne s'agenouilla auprès d'elle et lui toucha le front, elle fut atterrée. Il était brûlant.

– Gardiens! s'écria-t-elle, en frappant de toutes ses forces contre la lourde porte. De l'eau! Vite, appelez un médecin!

Elle attendit une heure entière avant qu'on accède à sa demande. Un gardien apporta de l'eau fraîche et l'informa qu'aucun médecin ne pourrait venir avant la tombée de la nuit. Rongée par le remords parce qu'elle ne s'était pas rendu compte plus tôt que Mary était malade, Anne arpentait de long en large la cellule. Elle observait Mary qui s'était plainte de maux de tête tout au long de la semaine, et frissonnait la nuit. La veille, Mary avait refusé de s'alimenter, mais Anne était tellement habituée à son silence qu'elle l'avait à peine remarqué et ne lui en avait même pas demandé la raison. Mary était maintenant d'une pâleur cadavérique. De la sueur perlait sur sa lèvre supérieure convulsée par la souffrance.

Anne passa l'après-midi penchée sur Mary. Elle lui épongeait le front, lui massait les mains, déplorait de ne pouvoir la guérir. Anne demandait sans arrêt de l'eau, lui passait une éponge mouillée sur le front, pour faire tomber la fièvre. Elle regrettait amèrement de ne pas avoir écouté Fully lorsqu'elle lui avait dit que faire en cas de fièvre. Elle ne savait comment soulager son amie. À un moment, Mary ouvrit les yeux et lui sourit.

– N'aie pas peur, Anne. C'est simplement mon bébé qui essaie de sortir.

– Tu veux dire que tu es en train d'accoucher? demanda Anne, surprise car c'était bien trop tôt.

– Oui, cela a commencé à l'aube.

– Mais Mary, il n'y a pas...

Elle s'interrompit, ne voulant pas inquiéter Mary. Rien n'indiquait que le travail avait commencé. Elle n'avait pas perdu les eaux, il n'y avait pas de contractions, apparemment pas de vie.

– Je vais t'aider, ma chérie, dit-elle d'un ton qui se voulait rassurant. Le médecin va bientôt arriver. En attendant, toutes les deux, on peut s'en sortir.

Mary ferma les yeux, apaisée.

Anne se faisait du souci. Quand elle avait accouché d'un enfant mort-né, elle avait eu plus de contractions, plus d'énergie que Mary. Jamais non plus elle n'avait eu tant de fièvre. Elle essaya de se rappeler tous les détails de son accouchement, mais elle n'avait pas les idées claires.

Quelques heures plus tard Mary se réveilla de nouveau. Cette fois elle délirait. Elle appelait Anne « Tom » et demandait de la poudre à canon pour livrer des batailles imaginaires. Un instant elle se débattait, repoussait le linge humide qu'Anne tenait à la main, l'instant d'après elle était immobile et souriait aux anges.

Anne se pencha sur Mary, de plus en plus près. Horrifiée, elle s'aperçut que Mary était morte. Elle lui toucha la joue, encore brûlante de fièvre. Une larme s'était glissée entre ses paupières closes.

Anne fit un bond en arrière et martela le mur de la cellule de ses poings serrés, folle de rage et de désespoir jusqu'à ce qu'elle s'effondre, épuisée, sur le sol glacé en sanglotant.

Elle fut autorisée à accompagner le corps de Mary hors de la prison, avec une escorte de six gardiens armés. Le matin du 4 décembre, on enterra Mary Read dans un terrain non consacré derrière l'église Sainte-Catherine. Il n'y eut pas de cloches, pas de cérémonie religieuse, pas de cortège funèbre. Un pasteur proposa ses services à Anne, mais comme il l'avait déjà prévenue qu'il ne pourrait pas dire de prières sur la tombe de Mary, elle le renvoya avec mépris et découragement. Debout à côté du trou, elle était seule à l'exception des gardes et d'un corbeau noir qui s'éleva dans le ciel, porté par les courants, puis piqua vers le sol si près qu'Anne aperçut son bec. Le bruit du vent qui soufflait dans les arbres était pareil à celui des vagues. Anne murmura quelques paroles d'adieu. Mary s'était trouvée face à la mort qui les talonnait depuis des mois : elle avait un regard glacé, vide, la peau parcheminée. Maintenant Mary n'était plus de ce monde. « Quel que soit mon destin, se dit Anne, désormais je dois affronter la mort toute seule. » En regagnant sa cellule, elle sentit le bébé bouger dans son ventre pour la première fois, comme si, avec des yeux aveugles, il se retournait pour regarder la tombe béante.

Michael eut le droit de lui faire sa visite hebdomadaire le lendemain. Depuis longtemps il ne prétendait plus venir seulement pour Mary. Il adressait requête sur requête au gouverneur, le priant instamment de gracier les deux femmes. Il consola Anne de son mieux.

– C'était l'amie la plus sincère que j'aie jamais eue, dit Anne, la gorge nouée. Et pourtant je lui ai à peine prêté attention ces deux dernières semaines. J'étais si absorbée par mes propres souffrances et par mes projets que pas une seule fois je n'ai essayé de l'arracher à son désespoir.

Michael ne se risqua pas à lui dire qu'il valait mieux que Mary soit morte, car tous deux savaient que c'était un mensonge.

– Elle n'est plus concernée par tout cela à présent, Anne, dit-il. En fait, d'après ce que tu m'as raconté, elle vivait en dehors du monde depuis qu'elle était prisonnière.

– C'est vrai. Elle n'était plus du tout la même. Depuis la mort de Tom.

Il s'approcha et lui effleura le visage. Elle sentit tout son corps prêt à se fondre en lui.

– Je ne te laisserai pas mourir, Anne. Je te le jure.

Malgré son chagrin, elle sourit. La voix énergique de Michael la réconforta. En soupirant, elle s'éloigna de la porte.

– Qui sait, Michael? Mary avait une foi que je n'ai jamais partagée. Peut-être a-t-elle trouvé un havre de paix qu'elle n'a jamais connu ici-bas.

– Les croyants sont plus nombreux que les autres, ma chérie. Ce qui pour la chenille est la fin du monde est l'aube de la vie pour le papillon.

– Je te remercie de ne pas me parler de Dieu, Michael. Pour l'instant, je n'ai nullement besoin d'entendre ce mot, du moins tant que je serai enfermée ici.

– Pourtant c'est en ce genre d'endroits que tu entendras prononcer Son nom le plus souvent, fit-il en souriant. Dans les profondeurs de l'enfer créé par l'homme. Mais je ne profanerai pas ta solitude avec des pensées importunes. Pour l'instant, essaie de ne plus songer à Mary. Tu ne subiras pas le même sort. Mary t'a finalement rendu un immense service.

Anne le regarda, perplexe.

– Grâce à sa mort, j'ai pu persuader le gouverneur de t'accorder quelques petites libertés. Tu auras désormais le droit de faire de l'exercice en plein air chaque jour, tu auras de meilleurs repas. Ainsi toi et le bébé, vous pourrez rester en bonne santé.

– Oui, fit Anne, avec une moue de dégoût. Rester en bonne santé pour aller à la potence. Il ne veut pas rater le spectacle.

– Peut-être, dit Michael. Mais quelle que soit la raison qui l'a poussé à agir ainsi, nous pouvons en tirer profit. Ce n'est que le premier pas, Anne, mais c'est un pas qui nous rapproche de la liberté.

Elle ne semblait pas y croire.

– Tu ne vois donc pas? poursuivit-il. Il y a certainement une autre raison pour laquelle Lawes veut que tu restes en vie, ce n'est pas uniquement pour que tu sois pendue. Peut-être d'autres que moi ont-ils fait pression sur lui.

Elle s'appuya contre les barreaux, soudain lasse de tous ces faux espoirs et de ces déceptions. Michael s'en alla. Elle resta plantée là, les yeux rivés sur ce minuscule carré de lumière, se demandant si un jour elle serait libre.

Durant deux semaines Anne arpenta sa cellule, regardant mille fois par jour le banc où Mary avait posé la tête pour la dernière fois. Elle appréciait les promenades quotidiennes qui lui permettaient de se dégourdir les jambes. Elle n'en courrait que mieux, si c'était un jour nécessaire.

Noël approchait. Anne sentait souvent l'enfant bouger en elle. La nuit, lorsqu'elle ne parvenait pas à dormir, elle se tenait le ventre et parlait à son enfant, lui disant tout ce qu'elle désirait qu'il sache, au cas où elle ne serait plus de ce monde pour lui raconter son histoire.

Dans ces moments-là, elle songeait à son passé, car il ne semblait pas y avoir d'avenir. Souvent elle entendait la voix de sa mère qui lui parlait du vice et de la vertu. Anne avait toujours pensé que c'étaient des distinctions ridicules, des questions sans importance. Elle avait essayé de s'élever audessus de ce que les autres appellent la moralité et de vivre simplement une vie intense. Le terme « péché » n'avait jamais fait partie de son vocabulaire. Maintenant elle réfléchissait à tout cela.

Jamais elle ne pourrait ni ne voudrait, même si elle était angoissée, demander pardon à Dieu, car elle avait l'impression de s'adresser au néant, à un être illusoire, qui n'existait pas. Dans l'obscurité de la cellule, quand elle posait les mains sur son ventre, elle comprenait que le péché n'est pas ce qu'il est censé être. Le péché, ce n'est pas le vol, le mensonge, la fornication. Le péché, ce n'est certainement pas l'enfant qu'elle portait bien qu'elle ne fût pas mariée. Le péché, c'est le mépris avec lequel on traite autrui, l'indifférence aux blessures qu'on laisse derrière soi. De ce péché-là, elle se savait coupable. Alors, au fond d'elle-même, elle se repentit, et s'adressa non à un dieu, mais à ses camarades disparus, ses amants abandonnés, ses parents à qui elle n'avait pas pardonné. Maintenant elle leur pardonnait et demandait qu'ils lui accordent leur pardon, où qu'ils soient.

La veille de Noël, tard dans l'après-midi, Anne se reposait. Son esprit était à mille lieues de là, lorsque soudain elle entendit un bruit de pas. Avant qu'elle ait eu le temps de réagir, trois gardiens entrèrent dans sa cellule, lui ligotèrent les poignets et la poussèrent dehors.

Lorsqu'elle eut quitté la prison, elle regarda autour d'elle, inquiète.

– Qu'est-ce qui se passe ? Où m'emmenez-vous ?

Les gardiens ne répondirent pas.

Quand ils passèrent devant son lieu de promenade habituel, Anne fut prise de panique. « Mon Dieu ! se dit-elle, ils vont me pendre, sans témoins, sans plus attendre, en l'absence de Michael et je ne peux rien faire ! » Elle faillit hurler de terreur. On l'emmena à la résidence royale, on lui fit monter l'escalier, et avant qu'elle ait eu le temps de se calmer, on la jeta dans une pièce où trônait un énorme bureau.

Derrière le bureau était assis le gouverneur Nicholas Lawes. Michael, qui se tenait dans un coin, s'approcha d'elle.

– Anne, ne dis rien, murmura-t-il. Rien qui puisse l'irriter.

Elle retint son envie de lui poser des questions, ne s'emporta pas, ne s'indigna pas de la façon dont elle était traitée. Elle attendit patiemment.

– Madame, nous sommes à la veille de Noël.

Anne regarda Michael à la dérobée. De la tête, il fit un geste imperceptible.

– Je sais, milord, dit-elle avec calme et dignité.

Il saisit deux lettres et les lui tendit comme si c'était une offrande. Ses mains liées l'empêchèrent de faire un geste.

– Avez-vous une idée de ce que c'est? demanda-t-il.
– Non, milord, répondit-elle nerveusement.
Il se carra dans son fauteuil.
– L'une d'elles est une bien jolie missive du capitaine Woodes Rogers. Je suppose que vous le connaissez? dit-il en regardant la feuille posée devant lui. En voici le texte :

J'estime que la dame Bonny mérite le pardon. Si l'on ne tient pas compte de son passé, elle possède de grandes vertus. Elle a un jour contribué à chasser les Espagnols de New Providence au péril de sa vie et de sa liberté. Moi, en qualité de gouverneur et de président de la cour de justice des Bahamas, je n'ai pas rendu de jugement satisfaisant en réponse à une accusation mineure portée contre elle, ce qui probablement l'a incitée à reprendre sa vie de hors-la-loi. Comme vous pouvez le supposer, je ne souhaite nullement empiéter sur vos prérogatives, mais j'aimerais vous inviter à lui accorder le pardon pour ses crimes passés.

Il leva les yeux.
– Qu'en pensez-vous, madame?
Elle se tourna vers Michael.
– Je suis particulièrement reconnaissante au capitaine Rogers de sa requête en ma faveur, Votre Honneur.
Lawes sourit d'un air désabusé.
– C'est plutôt naturel, madame. Plutôt naturel, fit-il en se penchant en avant. Mais j'ai encore une autre lettre. Devinez-vous ce qu'elle dit?
Imperturbable, Anne garda le silence. Sa patience était mise à rude épreuve.
– Non, vous ne pouvez pas deviner, poursuivit-il. Ce message particulier est d'un certain William Cormac.
Il leva les yeux en entendant le cri de surprise que poussa Anne, déplia la feuille et lut le texte.

Je vous prie, Votre Honneur, de pardonner à ma fille son passé. Elle a toujours été obstinée et volontaire, mais elle est excusable. Intelligente et affectueuse, elle pourrait être une femme parfaite si elle refaisait sa vie. Acceptez, je vous en conjure, de lui accorder cette chance. J'aimerais humblement vous rappeler ces sages paroles de Swift :

« Il en est des hommes comme des âmes, il s'y trouve parfois un filon d'or à l'insu de celui qui le possède. »
On peut dire la même chose des femmes, bien sûr, et certainement de ma fille, Anne.

Anne, livide, était stupéfaite. Des larmes coulaient silencieusement le long de ses joues. Elle avait la gorge serrée.
– Des hommes vertueux ont plaidé en votre faveur, madame, poursuivit le gouverneur. Et nous sommes en cette saison de l'année où l'on fait preuve de charité et de bonne volonté. Si je vous accorde la liberté, promettez-vous de quitter ces îles et de ne jamais y revenir?
Anne s'éclaircit la voix. Elle était bouleversée.
– Oui, milord.
– Et de ne plus jamais prendre les armes contre un vaisseau?
– Oui, milord.
Il se renversa sur sa chaise, se balança lentement, tapota sur la table et essaya de deviner qui était réellement Anne. Dans le silence, Michael s'avança.
– Votre Honneur, si vous voulez bien lui accorder la liberté, nous nous marierons. Si vous voulez bien célébrer ce mariage maintenant, je vous fais le serment d'éloigner à tout jamais Mme Bonny de ces mers.
Le gouverneur pointa le doigt vers elle.
– Madame, je vous accorde le pardon. Ainsi qu'un nom à votre enfant. Et que Dieu ait pitié de vous si je vous revois un jour!
Debout devant le bureau, la main dans celle de Michael, Anne prononça pour la seconde fois de sa vie les serments du mariage. Elle était profondément émue. Son cœur débordait de joie. Elle pleura en silence, sans se soucier de ceux qui pouvaient voir ses larmes.

Le lendemain soir, sur les quais de Port Royal, Anne et Michael regardaient un schooner prêt à appareiller. Dans moins d'une heure ils partiraient pour Norfolk.
Elle se souviendrait toujours de ce qui s'était passé la veille. Elle s'était enfin retrouvée dans les bras de Michael. Il lui avait sauvé la vie et avait assuré le salut de son âme, en lui épargnant une mort certaine. Elle savait qu'il la protége-

rait la vie durant – c'était le fondement même de leur union – et quand il n'en serait plus capable, ils mourraient ensemble. Les yeux ruisselants de larmes, elle s'était blottie contre son épaule et avait enfoui son visage dans le creux de son cou. Il l'avait étreinte et lui avait caressé les cheveux. Même dans ce simple geste, elle avait senti tout son corps frémir comme s'il obéissait à un appel irrésistible. Elle l'avait attiré contre elle, enlacé de ses bras et de ses jambes, lui faisant épouser chaque courbe de son corps, s'abandonnant à la vague de désir ardent et sauvage qui jaillissait en elle, l'envahissait, l'obligeait à fermer les yeux. Jamais elle n'avait éprouvé une telle sensation.

Après avoir fait l'amour, épuisée, elle lui avait posé à nouveau la question :

– À ton avis, pourquoi m'a-t-il relâchée?

Michael, en riant, avait effleuré son corps du bout des doigts.

– Ce n'est pas le remords qui l'y a poussé, tu peux en être certaine, dit-il en lui passant la main dans les cheveux et en les enroulant autour de son poignet. Les rumeurs vont bon train à ce sujet, mais il y en a une que je suis prêt à croire. As-tu jamais entendu parler du capitaine Roberts?

Elle avait réfléchi, puis hoché la tête.

– Je préfère ça. Ce capitaine a entendu parler de toi, ma chérie. Et à ce qu'on dit, il a adressé une lettre à notre ami Lawes lui intimant l'ordre de libérer Anne Bonny, sinon il aurait à subir les foudres de ses canons, de Port Royal à Kingston et de Kingston à Port Royal.

– Dieu du ciel! s'était exclamée Anne, ahurie. Bartholomew Roberts? Je n'ai jamais rencontré cet homme. Mais je sais qu'il commande une flotte d'au moins quatre navires.

Elle avait alors jeté un regard malicieux à Michael, et rejeté la tête en arrière si bien qu'il avait eu envie de la prendre dans ses bras et de la serrer très fort.

– Je te jure que je ne l'ai jamais vu. J'ai entendu dire que c'est un hâbleur qui passe son temps à glorifier le nom du Seigneur, et qui est la terreur des femmes à bord de son navire.

Michael avait soupiré, feignant d'être soulagé. Il lui avait caressé les cheveux, puis le ventre. Anne s'était mise à pousser des gémissements de plaisir.

Alors qu'ils attendaient sur le rivage, tout heureux, il lui prit le bras et l'amena au bord de l'eau. Il se baissa et lui ôta ses chaussures. Ensemble ils marchèrent dans l'écume des vagues, et regardèrent la lune.

– Vas-tu apprendre à nager à notre enfant, chérie ? Ou lui défendras-tu de respirer l'air de la mer ?

Elle sourit, l'air songeur.

– Empêcher un enfant de s'approcher de l'eau, c'est l'éloigner de la vie. Il aimera la mer autant que moi. Mais il lui faudra autre chose pour être heureux.

Michael pencha alors la tête vers Anne, la serra dans ses bras, lui donna mille baisers tandis que les vagues venaient mourir à leurs pieds.

– Tu es une femme extraordinaire, murmura-t-il, ses lèvres contre les siennes. Tu m'aimes ? Dis-moi que tu m'aimes.

Elle sourit.

– La devise de mon drapeau, c'est « *M'attrape qui peut* ».

Il la regarda avec tendresse.

– Et tu me suivrais n'importe où dans le monde.

Approchant ses lèvres des siennes, elle les effleura avec une tendresse infinie.

– Seulement si j'en ai envie.

Il l'embrassa doucement mais avec passion.

– Même si je suis arrogant, orgueilleux et assommant ?

Elle fit la moue, et il sentit l'haleine tiède de sa bouche.

– Je te quitterais aussitôt, dit-elle, en se blottissant contre lui.

– Dis-le-moi, dis-le-moi, murmura-t-il.

– Je t'aime, et elle l'embrassa en s'abandonnant, le cœur libéré.

Postface

En mai 1721, une jeune épouse écrivit une lettre à sa mère qui se trouvait à New York. En Virginie, elle et son mari s'étaient joints à un convoi de chariots qui faisaient route vers l'Ouest. Elle racontait qu'elle avait rencontré un autre couple qui partait vers de nouvelles frontières au-delà des Appalaches, un homme et une femme qui faisaient partie du voyage et étaient fort bien acceptés par les pionniers. L'homme était chirurgien et sa femme avait un bébé superbe auquel elle donnait le sein.

Voici ce que la jeune épouse écrivait :

Maman, nous avons des compagnons dont la présence nous réconforte au cours de ce voyage épuisant vers l'Ouest. La femme est belle et enjouée. Alors que nous toutes, nous serrons notre bonnet pour nous protéger du vent et de la chaleur, elle laisse sa longue chevelure rousse flotter librement.

Remerciements

Cela n'est pas à proprement parler une œuvre de fiction, ce n'est pas non plus une œuvre totalement véridique. La plupart des événements de la vie d'Anne Bonny sont répertoriés dans des archives et je me suis évertuée à les rechercher dans les réserves de la bibliothèque du Congrès et sur les rayons peu accessibles des sociétés d'histoire de Charles Town. Mais après tout, l'histoire d'Anne Bonny doit associer les faits, la légende et l'imagination. À dire vrai, je crois que c'est ce qu'Anne Bonny aurait souhaité. Je m'éloigne parfois de la réalité, par exemple en ce qui concerne l'histoire de ses amants, mais il ne fait aucun doute qu'elle les a tous aimés. Tout changement, toute modification ajoute de la véracité à l'histoire et de l'histoire à la fiction, et je l'espère, le lecteur qui cherche à comprendre l'univers d'Anne ne tiendra pas compte des libertés que j'ai prises.

Je suis particulièrement redevable à John Carlova dont l'excellente biographie d'Anne Bonny, *Maîtresse des mers*, a été ma source principale d'informations.

Naturellement mon livre n'aurait pas vu le jour sans l'aide d'un grand nombre de personnes, dont la plupart ont partagé mon enthousiasme pour l'histoire d'Anne. Je remercie tout particulièrement Allen H. Stokes de la bibliothèque de l'université de la Caroline du Sud; A. Osborn et Mme Isabella Leland de la Société d'histoire de la Caroline du Sud; Wylma A. Wates, archiviste de la section des Archives de la Caroline du Sud; Patrick Frazier et M. Coker de la bibliothèque du Congrès. J'aimerais également adresser mes remerciements à tous les bibliothécaires des petites villes qui m'ont aidée à réunir les centaines de livres sur les pirates et la vie au XVIIIe siècle qu'exigeait cette recherche. En fait, sans ces textes anciens, sans les nombreux auteurs qui portent le même intérêt que moi aux pirates et à Anne Bonny, ce livre n'aurait jamais été écrit. En règle générale, l'histoire appartient à ceux qui l'écrivent, et leur imagination tout comme les récits des aventures d'Anne font maintenant à tout jamais partie de la trame de sa vie.

Pour ajouter une note personnelle, j'aimerais remercier mes parents, qui m'ont soutenue dès le début avec leur enthousiasme habituel, leur foi, et leur bonne humeur; ma belle-mère, Juanita E. Koons, qui m'a accompagnée dans mes voyages pour découvrir la vérité sur Anne Bonny aussi loin que notre imagination et sa voiture ont pu nous conduire; et tous les autres membres de ma famille, mes amis qui se reconnaîtront et savent le rôle qu'ils ont joué dans l'élaboration de ce personnage.

Je voudrais enfin exprimer toute ma gratitude et mon affection à une amie et agent littéraire qui m'est chère, Roslyn Targ, qui dès l'origine a cru en Anne et n'a jamais douté que j'étais capable d'écrire son histoire.

Table des matières

Cet ouvrage a été réalisé par la
SOCIÉTÉ NOUVELLE FIRMIN-DIDOT
Mesnil-sur-l'Estrée
pour le compte des Éditions Belfond
en septembre 1994

Imprimé en France
Dépôt légal : septembre 1994
N° d'édition : 3208 – N° d'impression : 27596